KB272181

극우의 시대

극우의 시대

정의를 외치는 극단적인 사람들

폴 하이드먼 지음

신재일 옮김

Igloo

*** 일러두기**

1. 외래어 인명과 지명 등은 국립국어원 외래어표기법에 따라 표기했다.
2. 단행본·신문·잡지는 겹낫표(『 』), 기사·보고서는 홑낫표(「 」), 라디오·TV 프로그램은 홑화살괄호(〈 〉)로 표기했다.
3. 본문에 있는 각주는 모두 옮긴이주다.

"도널드 트럼프가 사라진다고 해도 '또 다른 트럼프'가 나타날 것이다. 저자는 미국 정치에 대한 신선하고 정교한 분석을 통해 분열된 기업 엘리트들과 막대한 억만장자 자금이 어떻게 공화당을 개인적 권위주의자들의 온상으로 만들었는지를 해부한다. 이 책은 '트럼프의 시대'가 앞으로도 계속될 것임을 보여준다."

— 넬슨 리히텐슈타인Nelson Lichtenstein (미국 캘리포니아대학 역사학 교수)

"2016년 도널드 트럼프가 공화당 대통령 후보로 선출된 이후, 우리는 정치경제와 정당정치를 깊이 이해하면서도 날카롭게 분석할 수 있는 책을 기다려왔다. 트럼프가 공화당을 장악하는 과정에서 기업계가 어떤 역할을 했는지를 설명해줄 책 말이다. 이 책은 트럼프주의와 미국 정치의 미래를 가장 정교하게 분석한다."

— 코리 로빈Corey Robin (미국 뉴욕시립대학 정치학 교수)

"우리에게는 현대 미국 공화당의 역사를 명쾌하고 치밀하게 연구한 책이 절실히 필요하다. 이 책은 공화당의 지도층과 기업계가 얽혀 있는 복잡한 관계를 매우 설득력 있게 드러내고 있다."

— 토머스 퍼거슨Thomas Ferguson(미국 매사추세츠대학 명예교수)

"이 책은 공화당이 로널드 레이건과 조지 W. 부시의 정당에서 도널드 트럼프와 마저리 테일러 그린의 정당으로 변모한 과정을 단순하게 설명하지 않는다. 이 책은 공화당 내부의 파벌 갈등과 미국 기업계의 재편 속에서 이 급격한 변화가 비롯된 뿌리를 집요하게 추적한다. 공화당, 더 나아가 미국 정치의 최근 역사를 신선하면서도 대담하게 재해석한 책이다."

— 릴리 가이스머Lily Geismer(미국 클레어몬트매케나대학 역사학 교수)

"힘세고 몸집 큰 트럼프의 난폭한 활보에 세상은 대혼돈이다. 이 책은 기업계의 분열과 정당의 약화라는 프리즘으로 이 혼돈이 아주 오래 지속되어온 것임을 생생히 보여준다. 어쩌면 민주주의에 무지한 트럼프의 등장은 단순한 우연이 아니다. 앞으로 더 심해질 혼돈의 미래를 보는 팔란티어palantir(수정 구슬)로 이 책을 추천한다."

— 안병진(경희대학교 미래문명원 교수)

"이 책의 효능은 분명하다. 신자유주의 통치 체제에서 사람들은 무엇으로 사는가. 살기 위해 '이익'이 먼저인가, 너무 절망한 나머지 '이념'을 찾는가? 문제는, 버려진 사람들이 이익 대신 '진리(이념)'를 추구하게 되었다는 사실이다. 이들은 진리(극우)의 헌신적인 사도들이다. 이 책은 미국 정치라는 창을 통해, 전 세계적인 극우의 출현 현상을 예리하게 분석한다. 한국의 극우와 정당정치를 이해하는 데 손꼽힐 만한 참고문헌이 등장했다."

– 정희진(여성학·평화학 연구자)

"지금까지 인류가 만들어온 거의 모든 인권·평화·민주주의 규범을 미국 안팎에서 마구잡이로 파괴하고 있는 '폭주하는 대통령 트럼프'는 어떻게 가능했는가? 세계 민주주의자들에게 지금 이것만큼 중대한 화두는 없을 것이다. 이 책은 1854년 이후 미국 민주주의를 지탱해온 역사적인 정당, 공화당이 어떻게 트럼프에게 대통령 후보직을 내주고 그의 사당私黨이 되어갔는지에 대한 역사 기록이다."

– 서복경(더가능연구소 대표)

매카시가 몰고 온 '반공 광풍'

도널드 트럼프Donald Trump와 조지프 매카시Joseph McCarthy는 여러 면에서 차이가 있다. 트럼프는 뉴욕에서 태어나고 자란 전형적인 '신흥 부자'로서 사치와 과시를 즐긴다. 반면, 매카시는 위스콘신주의 시골 농장에서 태어났다. 트럼프는 금주가로 알려져 있어 술이나 다른 중독성 물질을 멀리했지만, 매카시는 평생 알코올 중독에 시달리다 마침내 간경화로 생을 마감했다. 매카시는 1954년 '육군·매카시 청문회' 이후 TV에서 얻은 인기가 급격히 떨어지며 몰락했으나, 트럼프는 오히려 TV에서 화려하게 성공을 거두었다. 그는 리얼리티쇼를 통해 이름을 알렸고, 논란을 일으키는 능력으로 미디어의 관심을 독차지하며 큰 인기를 얻었다.

하지만 두 사람에게는 주목할 만한 공통점도 있다. 트럼프와 매카시 모두 공화당 소속 정치인으로, 이들의 행보는 당 내부에 깊은 분열을 초래했다. 트럼프에 대한 반발은 차라리 민주당을 지지하겠다는 공화당원들을 양산했다. 매카시 역시 당내에서 자신을 반대하는 세력을 양산했을 뿐만 아니라 드와이트 아이젠하워Dwight Eisenhower와 로버트 태프트Robert Taft 같은 당 지도자들의 반감을 샀다. 두 사람 모두 진실과 거짓에 크게 개의치 않았고, 지지자들로 하여금 적을 향한 분노를 부추기는 '선동 정치'를 했다는 점도 닮았다. 이런 행보는 기업 이사회부터 군 관료 조직에 이르기까지, 미국 엘리트들에게서 강한 반발을 불러일으켰다.

이 마지막 공통점은 또 다른 차이점을 보여준다. 1954년, 공화당 엘리트들의 반대에 직면한 매카시는 사실상 정치적 생명을 다해 고립되어 영향력을 잃었다. 반면, 트럼프를 둘러싼 공화당 엘리트들의 저항은 효과적이지 못했다. 2016년 대통령 선거에서 트럼프의 당선을 막지 못했으며, 2020년 대선 결과를 뒤집으려는 트럼프의 시도는 기업 CEO들의 강력한 비난을 초래하기는 했지만, 공화당에 대한 지배력을 완전히 잃지 않았다. 트럼프는 반대자들을 당내에서 몰아내며 자신의 정치적 운명과 공화당의 운명을 긴밀히 묶는 데 성공했다. 이처럼 극우 선동가에 대한 엘리트의 반발이 서로 다른 결과로 귀결된 두 사례는 지난 수십 년간 미국 정치 전반, 특히 공화당의 변화 과정을 이해하는 데 중요한 시사점을 제공한다.

매카시는 1950년 웨스트버지니아주 휠링Wheeling에서 한 연설에서 국무부에 근무하는 205명의 공산주의자 명단을 가지고 있다고 주장하며 명성을 얻었다. 그러나 매카시는 실제로 그런 명단을 가지고 있지 않았으며, 시간이 지나면서 그가 주장한 숫자도 여러 차례 바뀌었

다. 하지만 이런 사실은 크게 중요하지 않았다. 냉전은 해리 트루먼
Harry Truman 행정부가 들어서기 몇 년 전에 이미 시작되었고 1950년
이 되자 '반공 광풍'이 휘몰아쳤다. 1945년에 하원은 '반국가행위조사
위원회'를 상설위원회로 설치하는 안건을 통과시켰고, 1947년에 트루
먼은 반공주의 광신자 존 에드거 후버John Edgar Hoover가 이끄는 연방
수사국에 연방정부 공무원들의 배경 조사를 자유롭게 할 수 있는 권한
을 부여했다. 이런 환경 속에서 공산주의자 명단의 존재 여부는 명단
을 가지고 있다고 주장하는 것보다 덜 중요한 문제가 되었다.

반공주의 확산 과정에서 훨씬 더 중요한 역할을 한 이들이 있었지
만, 매카시를 특별히 두드러지게 하여 그 이름을 반공주의의 대명사
로 만든 것은 바로 매카시가 퍼붓는 맹렬한 비난이었다. 매카시는 자
신의 '십자군 운동'을 의심하는 자들을, 좋게 보아도 공산주의자들의
순진한 앞잡이로, 최악의 경우 공산주의의 음모에 적극 가담한 공범으
로 몰아세웠다. 매카시는 언제나 새로운 비난거리를 만들어 자신을 지
지하는 언론인과 반대하는 언론인이 헤드라인을 쉽게 뽑을 수 있게 해
주었다. 자신만이 미국 사회에서 영향력 있는 위치에 널리 퍼진 공산
주의자들을 뿌리 뽑을 수 있는 유일한 사람이라고 주장하며, 끊임없이
새롭게 등장하는 각종 '변절' 사안을 조사하며 선동을 이어갔다.

이런 무모한 방법들로 매카시는 미국 엘리트들과 충돌했으며, 이로
인해 두 가지 위협이 생겨났다. 첫째, 많은 엘리트는 매카시의 무책임
한 공격이 반공주의의 신뢰를 훼손해 '반공 십자군 운동'을 더욱 힘들
게 만들지는 않을까 우려했다. 전前 공산주의자이자 『내셔널리뷰』 편
집자였던 휘터커 체임버스Whittaker Chambers는 친구에게 '매카시 상원

의원이 언젠가 돌이킬 수 없는 실수를 저질러 전체 반공주의에 대한 노력이 신뢰를 잃을까 두렵다'는 편지를 보내 이런 우려를 드러냈다. 둘째, 매카시는 지나친 열정에 사로잡혀 미국 주류 세력이 사실상 기꺼이 받아들이는 기관과 인물들조차 공격했다. 예를 들어, 1951년에는 제2차 세계대전 참전용사이자 마셜플랜Marshall Plan의 설계자인 조지 마셜George Marshall을 비난했다(사실, 마셜플랜은 미국이 유럽에서 정치적·경제적 헤게모니를 유지하기 위한 장치였다). 매카시는 마셜을 '미국의 세계적 영향력을 축소하려는 거대한 음모'의 일원이라고 비난하며, '소비에트 내부 음모와 러시아 군사력 때문에 미국이 견제당하고 좌절되며 결국 희생양이 되도록 하려는 것'이 마셜플랜의 목적이라고 주장했다. 비슷하게, 1953년에는 '변절자들에게 관대하다'는 이유로 군대를 공격했는데, 이는 결국 매카시 몰락의 서막이 되었다.[1]

'매카시 클리어링하우스'를 설립하다

매카시의 행동은 점차 미국 엘리트들의 강한 반발을 불러일으켰으며, 비록 널리 알려지지 않았지만, 이것이 매카시 몰락의 핵심 요인이 되었다. 물론 매카시를 지지하는 기업인도 적지 않았다. 반공주의는 미국 기업계에 깊이 뿌리내렸고, 기업들은 반공주의를 노동운동이나 정부 개입에 맞서기 위한 만능 수단으로 적극 활용했다. 그러나 국가를 대표하는 대기업 지도자들 중 다수는 매카시가 오히려 반공주의에 해를 끼친다고 평가했다.

미국 역사학자 엘런 슈레커Ellen Schrecker가 지적했듯, 이들은 "위스콘신주 상원의원(매카시)이 분명 문제적 인물이지만 완전히 틀린 것은 아니다"고 여겼다. 대기업은 전후戰後 미국 사회에서 어느 때보다 조직적이었으며, 경제개발위원회와 '비즈니스 카운슬Business Council' 같은 단체를 통해 기업계 거물들뿐만 아니라 정부와도 긴밀하게 연결되어 있었다. 이 조직들이 매카시의 몰락에 결정적인 역할을 했는데, 이 네트워크에 속한 인물들이 매카시를 약화시키기 위해 물밑에서 노력했기 때문이다.[2]

이들 네트워크 내에서는 일찍부터 매카시를 반대했다. 1951년 가을, 코네티컷주 상원의원이자 광고업자이며 경제개발위원회 설립의 핵심 인물인 윌리엄 벤턴William Benton은 매카시를 공개적으로 저격했다. 그는 상원에 매카시의 제명 동의안을 제출했는데, 이와 같은 공식적인 행동은 상원 역사상 처음 있는 일이었다. 매카시는 늘 그렇듯이 투쟁적인 태도를 보이며(도널드 트럼프 스타일로) 벤턴을 '코네티컷의 지적장애 소인'이라며 '리틀 윌리 벤턴Little Willie Benton'이라고 맹비난했고, 200만 달러의 명예훼손 소송을 제기했다. 그러나 이 사건은 매카시에 대한 광범위한 상원 내 반대 여론 형성에 별다른 도움이 되지 못했다. 한 상원의원은 이 사건이 "두 사람을 한꺼번에 몰락시키기 좋은 소재"가 될 수도 있었다고 농담으로 말했다.[3]

그래도 벤턴의 실패는 매카시 반대 인사들의 결집을 촉진시켰다. 그중 한 사람이 모리스 로젠블랫Maurice Rosenblatt이다. 그는 1948년에 설립된 진보 성향의 '효과적인 의회를 위한 전국 위원회National Committee for an Effective Congress, NCEC'의 창립 멤버였다. 이 위원회는 1946년 중간선거에서 공화당의 갑작스러운 승리에 대응하기 위해 만들어졌는데, 초기에는 의회 내 고립주의의 부활을 저지하는 데 주력했다. 그러나 벤턴의 시도가 실패한 후에는 매카시를 겨냥하기 시작했다. 로젠블랫은 나중에 이렇게 말했다. "벤턴 같은 선의의 사람들이 매카시를 공격했지만 아무런 효과도 없었다.……그래서 이 위원회와 내가 결국 매카시와 맞서게 된 것은 필연이었다." 1953년 봄, 모리스 로젠블랫은 NCEC의 프로젝트로 '매카시 클리어링하우스McCarthy Clearinghouse'를 설립했다. 이 조직의 목표는 매카시와 관련한 자료를 수집해 매카시를 반대하는 사람들에게 배포하고, 매카시 반대 운동을 격려하는 것이었다. 매카시 클리어링하우스는 벤턴과 함께 경제개발위원회를 공동 창립한 폴 G. 호프먼Paul G. Hoffman에게서도 자금 지원을 받았는데, 호프먼은 자동차 제조사 스튜드베이커Studebaker의 전 CEO이기도 했다.[4]

기업 엘리트들은 매카시 클리어링하우스를 후원하는 동시에, 아이젠하워에게 매카시에 대해 강경한 입장을 취하라고 압박했다. 아이젠하워는 공화당의 기업 엘리트 계파 출신으로, 대통령이 되기 전 경제개발위원회와 비즈니스 카운슬에서 활동한 경험이 있었다. 매카시를 점점 더 우려하던 기업계 거물들은 1950년대 초 아이젠하워를 공화당 대선후보로 추대하는 운동을 조직했다. 비록 아이젠하워 자신은 동생의 말처럼 "이보다 더 증오할 만한 사람이 없을 정도로 매카시를 혐오했"지만, 공개적으로 비난을 삼갔다. 매카시가 공격한 자신의 멘토 조지 마셜에 대한 칭찬을 연설에서 제외하는 등 일정 부분 매카시를 방치해 매카시의 성장 가능성을 열어주기도 했다.

그러나 아이젠하워를 지지하는 기업의 CEO들은 1953년 말부터 매카시에 대해 단호한 조치를 취하라고 강력히 요구했다. 경제개발위원회의 공동 창립자이자 제너럴일렉트릭 이사회 의장 필립 리드Philip Reed는 아이젠하워에게 "높은 자리든 낮은 자리든 많은 사람이 매카시를 잠재적 히틀러로 보고 있다"고 경고했으며, 폴 G. 호프먼은 "매카시즘은 단순한 골칫거리를 넘어 치명적인 위협이 될 수 있다"고 주장했다.[5]

1954년, 백악관의 입장이 서서히 바뀌었다. 그전까지 미 육군은 행정부 전체와 마찬가지로 매카시의 조사에 순응하며 협조해왔다. 실제로 매카시가 결혼하던 1953년에 육군성 장관이자 매카시의 가장 큰 적수가 될 로버트 스티븐스Robert Stevens는 매카시의 결혼식에 초대받기도 했다. 그러나 매카시가 조사하던 한 장군을 공개적으로 모욕한 후, 육군의 '매카시의 반공 선동'에 대한 대응은 크게 달라졌다. 백악관의 지시에 따라 스티븐스는 자신의 부하들이 모욕당하는 것을 절대 용납하지 않겠다는 성명을 발표했다. 더 나아가 매카시가 많은 군 관계자의 출석을 요구하자, 스티븐스는 매카시가 영향력을 행사해 최근 징집된 상원의원 보좌관을 군대 내 유리한 근무지에 배치하도록 압력을 넣었다고 비난하면서 반격에 나섰다. 이러한 고발과 맞대응이 1954년 봄 TV로 생중계된 '육군·매카시 청문회'의 발단이 되었다.[6]

'육군·매카시 청문회'와 매카시의 몰락

'육군·매카시 청문회'에서는 수많은 극적인 장면이 연출되었지만, 실제로 중요한 움직임은 청문회 밖에서 일어났다. 1954년 4월, 매카시는 스티븐스와 격렬하게 논쟁을 벌였다. 그런데 스티븐스는 군 출신이 아니라, 아이젠하워 행정부에서 임명되기 전 미국 굴지의 섬유회사 사장이자 비즈니스 카운슬 회장을 역임한 인물이었다. 그의 형제 역시 경제개발위원회 이사로 활동했다. 매카시와의 대립 이후, 스티븐스는 비즈니스 카운슬 회의에 참석하기 위해 비행기로 이동했는데, 미국 기업 지도자들로 구성된 대표단이 공항에 나와 그에 대한 지지 의사를 밝혔다. 얼마 지나지 않아 이 기업 CEO들은 백악관 관계자들에게 매카시의 쇼맨십에 굴복한 것에 대한 거센 비난을 쏟아냈다. 이것은 아이젠하워 행정부가 마침내 매카시에 대해 단호한 입장을 취할 용기를 내는 데 큰 힘이 되었다.[7]

하지만 결정적인 타격은 백악관이 아니라 동료 의원한테서 나왔다. 1954년 3월, 윌리엄 벤턴의 친구이자 경제개발위원회 회원이며 비즈니스 카운슬 부회장을 역임한 버몬트주 상원의원 랠프 플랜더스Ralph Flanders는 상원 본회의장에서 매카시를 정면으로 비판했다. 평소 온화한 말투로 알려진 플랜더스였지만, 이번에는 히틀러의 등장이 연상된다며 매카시의 '선동 정치'를 강하게 규탄했다. 1954년 6월, '육군·매카시 청문회'에서 매카시가 평판에 결정적인 타격을 입은 후, 플랜더스는 매카시에 대한 비난 결의안을 상정했다. 그는 NCEC에서 연설문 작성과 의회 내 반대파 조직 등 다양한 방식으로 도움을 받았다.

플랜더스는 자신이 "NCEC의 철저한 준비 덕분에 매카시를 쓰러뜨릴 수 있었다"고 말했다. 매카시 반대를 내건 기업 네트워크도 즉각 플랜더스의 결의안 지지에 나섰다. 경제개발위원회의 폴 G. 호프먼은 23명으로 구성된 위원회를 조직해 모든 상원의원에게 결의안 지지 촉구 전보를 발송했다(이 위원회 멤버 중 6명은 경제개발위원회 이사였고, 8명은 각계 기업 경영진이었다). 이에 상원은 결의안을 심의하기 위한 특별위원회 설치안을 가결했다. 1954년 12월, 상원은 매카시가 동료 의원을 경멸했다는 혐의로 공식 질책 결의를 압도적인 표차인 67대 22로 가결했다.[8]

상원 표결 후 매카시는 완전히 몰락했고, 이후 약 2년 반 동안 상원에서 친구 하나 없이 외면 받으며 떠돌다가 1957년 알코올 중독으로 세상을 떠났다. 매카시는 자신의 '십자군 운동'으로 많은 사람의 삶을 파괴했으며, 광범위한 반공주의로 미국 정치에 큰 영향을 미쳤다. 그러나 기업계 엘리트들에게 위협으로 인식되면서 결국 미국 정치 무대에서 사실상 퇴출당했다. 그런데 약 60년이 지난 뒤, 또 다른 극우 선동가가 더욱 강경한 태도로 등장하게 된다.

대기업들이 트럼프를 반대한 이유

도널드 트럼프 역시 미국 기업계 엘리트들에게서 상당한 비판을 받았다. 매카시처럼 트럼프도 자신을 지지하는 기업가들이 있었는데, 여기에는 극우 성향의 억만장자들뿐만 아니라, 더 많은 관세 부과를 통해 이익을 얻으려 했던 일부 기업들도 포함되어 있었다. 그러나 2015년 대선 출마 선언 직후부터, 트럼프는 고용주 집단의 강한 반발에 직면했다. 공화당을 오른쪽으로 몰아간 '정치적 성장클럽Political Club for Growth'이나 텍사스 출신 석유화학 재벌 코크 형제 같은 대표적인 보수 성향의 친親기업 단체들조차 트럼프에 대해 공식적인 반대 입장을 밝혔다. 대선에서는 기업계의 기부금이 힐러리 클린턴Hillary Clinton으로 대거 쏠리면서 '총알 세례' 현상이 벌어졌고, 힐러리가 트럼프보다 2배에 달하는 선거자금을 쓸 수 있었다.

트럼프가 대통령에 당선된 이후에도 기업계 내 반대 기류는 계속되었다. 물론 대기업들은 대규모 법인세 감면부터 규제 완화에 이르기까지 트럼프 행정부와 여러 분야에서 협력했지만, 기업계와의 긴장은 잦은 갈등으로 이어졌다. 예를 들어, 트럼프가 버지니아주 샬러츠빌Charlottesville에서 열린 남부연합 기념비 철거 반대 시위와 관련해 '양쪽 모두 책임이 있다'는 입장을 취하며 노골적인 백인우월주의자들이 포함된 집회를 두둔한 것으로 해석되자, 주요 기업계 자문위원들이 대거 사퇴했고 결국 트럼프는 위원회를 해산시켰다. 예상대로, 2020년 대선을 앞두고도 기업계의 기부금 쏠림 현상은 2016년 대선과 다르지 않게 특정 후보로 집중되었다.[9]

그러나 트럼프에게 가장 결정적인 전환점은 2020년 대선 결과를 뒤집으려는 시도 이후 찾아왔다. '포천 500' 기업 중 123개가 넘는 기업들이 트럼프의 대선 결과 뒤집기 시도를 지지한 공화당 의원들에 대한 보이콧을 선언했다. 이 기업들의 총수익은 미국 국내총생산GDP의 4분의 1을 넘는 규모였다. 대표적인 경제 단체인 상공회의소와 비즈니스 라운드 테이블도 국회의사당 폭동을 공개적으로 규탄하며 트럼프에게 평화적인 정권 이양을 촉구했다. 전미제조업협회는 트럼프 행정부에 수정헌법 제25조(대통령 직무 수행 불능 시 권한 이양 조항)를 적용해 대통령을 해임해야 한다고 주장하기도 했다. 한동안 트럼프는 매카시처럼 공화당 역사상 가장 악명 높은 인물로 낙인찍혔으며, 역사적 수치로 기억되었다. 오직 논란을 즐기는 일부 인사들만 트럼프를 옹호

할 뿐이었다.[10]

그러나 트럼프는 쉽게 무너지지 않았다. 그 후 4년 동안 공화당 내에서 그의 영향력은 더욱 공고해졌다. 2024년, 트럼프는 공개 토론을 거부한 채 치른 공화당 대선 예비선거open primary에서 거의 모든 주를 석권했다. 한때 트럼프를 노골적으로 경멸했던 공화당원들조차 이제는 두려움 속에 그 앞에서 머리를 조아리는 모양새였다. 60여 년 전에는 대기업이 공화당의 방향을 좌우할 수 있었지만, 이제는 거대 자본조차 공화당을 마음대로 움직일 수 없는 듯 보였다.

2021년 1월 6일, 트럼프 지지자들이 국회의사당을 급습해 선거 결과 인증을 방해한 사건 이후, 공화당을 통제하지 못한 기업계의 실패는 공화당과 미국 자본가들의 관계에 깊은 의문을 던졌다. 전통적으로 공화당은 기업계가 선호하는 정당이었다. 20세기 내내 공화당은 대체로 기업계의 신뢰와 지지를 받았다. J. P. 모건J. P. Morgan은 백악관을 자신의 손아귀에 쥐고 있었고, 아이젠하워는 20세기 중반 기업 엘리트들과 긴밀한 관계를 유지했으며, 조지 W. 부시George W. Bush는 거대한 기업 연합체를 구축했다. 그러나 트럼프가 등장하면서 분명히 변화가 일어났다.

이것은 지난 수십 년간 공화당이 겪어온 광범위한 변화의 한 부분에 불과하다. 정치학자들은 미국 정치의 양극화, 즉 양당 간 입장 차이가 점점 벌어지는 현상이 주로 공화당의 우경화에서 비롯되었다고 오래전부터 지적해왔다. 반면 민주당은 상대적으로 변화가 적었다. 따라서 트럼프를 공화당 내에서 전례 없는 독특한 현상으로 보는 것은 잘못된 해석일 수 있다. 오히려 트럼프는 수십 년 동안 우경화해온 공화당의

변화 속에서 나타난 하나의 정점으로 이해하는 게 더 적절하다.[11]

　공화당은 점차 보수화되는 동시에 내부 분열 또한 심화되었다. 이는 다소 뜻밖의 현상이다. 정당 간 양극화가 심해졌다는 것은 본질적으로 1970년대 이전에 비해 정당 내부가 정치적으로 더 응집되었다는 뜻이기 때문이다. 그렇지만 공화당 내 갈등이 크게 늘어난 점은 주목할 만하다. 이미 1997년에 그 징후가 나타났다. 1994년 '공화당 혁명'을 이끈 총사령관 뉴트 깅그리치Newt Gingrich는 자신을 하원 의장 자리에서 물러나게 하려는 당내 쿠데타 시도에 직면했다. 매우 이례적인 사태였고, 깅그리치가 표결 전에 이를 진압했으나, 이 사건은 공화당의 새로운 분열을 보여주었다.

　조지 W. 부시 2기 행정부 때 내부 갈등이 폭발했는데, 이 시기 부시는 민주당보다 자신의 공화당 동료들과 더 잦은 충돌을 겪었다. 이민 개혁부터 2008년 금융위기 대응에 이르기까지 다양한 현안을 두고 다툼이 이어졌다. 그 이후 공화당은 서로 다른 파벌 간 갈등이 자주 발생했다. 최근 3명의 공화당 하원 의장은 모두 당내 반대에 부딪혀 자리에서 물러났다. 1950~1960년대 민주당 역시 남부 보수파 딕시크랫Dixiecrat과 북부 진보파Northern liberal로 갈렸지만, 당시에도 지금처럼 심한 당내 분쟁은 없었다.[12]

　공화당의 우경화와 당내 갈등 격화는 기업계가 트럼프를 반대하는 최근 현상과 맞물려 나타난 또 다른 변화와도 연결된다. 1990년대부터 공화당은 오랜 후원자였던 기업계와 점점 충돌하기 시작했다. 2008년 금융위기 당시 미국의 주요 기업 단체들이 구제금융 법안을 지지했지만, 다수의 하원 공화당 의원은 이를 반대했다. 버락 오바마

Barack Obama 행정부 시절에는 공화당이 연방정부 셧다운shutdown(일시적 업무 중지)을 강행하고, 예산 우선순위가 충족되지 않으면 국가부채 상환을 거부하겠다고 위협했다. 이로 인해 상공회의소와 비즈니스 라운드 테이블 등 주요 기업 단체들의 강한 반발을 샀다. 따라서 트럼프와 기업계의 갈등도 결국 공화당의 최근 역사에 뿌리를 두고 있다고 할 수 있다.

공화당의 내부 갈등과 슈퍼팩의 등장

지난 수십 년간 공화당 역사에서는 크게 세 가지 중요한 변화가 나타났다. 첫째, 공화당은 훨씬 더 보수적인 정당으로 변화했다. 둘째, 공화당 내에서 훨씬 더 심각한 내부 갈등이 발생했다. 셋째, 공화당은 미국 기업 지도자들과 점점 더 빈번하게 충돌하는 상황에 직면했다. 이 책은 이러한 변화를 설명하고자 한다. 최근 공화당과 미국 보수주의에 관한 연구들에서 흔히 볼 수 있는, 유권자 여론의 변화나 지성사적 흐름의 변화에 원인을 두기보다 이 책은 미국 사회의 핵심 제도들이 어떻게 변화해왔는지에 주목한다. 특히 두 가지 제도적인 변화, 즉 미국의 정당 체계와 경제개발위원회나 비즈니스 카운슬 등 미국 기업계의 핵심 조직이 공화당이 변화한 토양이 되었다고 주장한다. 미국의 정당들은 다른 유사 국가들에 비해 상대적으로 항상 약한 편이었다. 대통령제와 권력 분립이라는 헌법적 구조와 더불어 연방주의는 전국적으로 통일된 정당의 형성을 강력히 억제해왔다. 20세기 초까지도 미국 정당은 대체로 지역 엘리트들의 '연합'에 불과했으며, 전통적으로 다른 선진국의 주요 정당들이 갖춘 정책적·제도적인 기반을 갖추지 못했다.

이런 상황은 뉴딜부터 시민권 운동 시기에 변화되었다. 뉴딜은 민주당을 노동자와 그 지지자들, 즉 당시 미국에서 가장 진보적인 세력의 연합으로 공고히 했으며, 남부의 딕시크랫은 가장 반동적인 세력으로 남았다. 이후 30여 년 동안 민주당 내 진보파들은 딕시크랫을 축출하고 통합된 진보정당을 만들기 위해 분투했다. 한편, 공화당 내 보수파들은 '동부 주류파'라고 불리는 온건파 공화당원들의 집단에서 당의 통제권을 빼앗기 위한 싸움을 벌였다. 이 동부 주류파는 뉴딜 정책과 타협한 온건한 주류 세력으로서, 당내 권력 구조를 사실상 조정하는 역할을 해왔다. 그런데 1960년대 중반 시민권 운동은 남부 보수 성향의 백인들이 민주당에서 공화당으로 이탈하는 계기가 되었으며, 이는 양당 내 극단적 분열 세력들이 추구하던 '이념적 분리'를 현실로 만들었다. 이로써 미국 역사상 처음으로 한 당에는 보수파가, 다른 당에는 진보파가 뚜렷이 자리 잡는, 이념적으로 응집된 정당 체계가 형성되었다.[13]

그러나 양당이 새로운 방향을 모색하는 와중에 정당은 점차 약화되고 있었다. 20세기 초 도입된 예비선거 제도 등 여러 개혁으로 19세기 당 조직의 전성기 때에 비해 정당의 조직력이 크게 약해졌기 때문이다. 1960년대에는 민주당 진보파의 강력한 추진으로 예비선거 제도가 대통령 후보 지명까지 확대되었다. 한편, 1960년대 중반 파벌 싸움에 지친 공화당은 '서비스 정당 모델'을 도입했다. 이 모델에서는 정당 조직이 당의 방향을 결정하기보다는 후보자들의 선거 활동을 지원하는 데 집중하는 역할을 맡게 되었다.

이 모든 변화의 배경에는 1970년대부터 시작된 선거 비용의 급격한 증가가 있었다. 여기에 정당보다는 후보 개인의 선거운동위원회에 유리하게 설계된 새로운 연방선거자금법이 더해지면서, 정당은 독립적인 의사결정 기구라기보다는 후원자의 변덕에 더 민감하게 반응하는 조직으로 변했다. 2010년 '시민연대 대 연방선거위원회Citizens United v. Federal Election Commission'의 연방대법원 판결로 '슈퍼팩Super PAC'이 합법화되었는데, 이 슈퍼팩은 후보자 선거운동위원회나 정당과 직접 협력하지 않는 한, 기부자들에게서 무제한 자금을 받을 수 있는 독립적인 조직이 되었다. 이로 인해 정당의 개입 여지는 감소했고, 완전히 새롭고 방대한 선거자금 생태계가 형성되었다. 이 생태계 속에서 정당의 역할은 점점 더 축소되고 있었다.

이 새로운 환경에서는 당 지도부가 어느 때보다 당원과 후보자들을 통제하기 어려워졌다. 후보자나 '통제 불능' 의원이 필요한 자금을 스스로 마련할 수 있다면, 당 지도부가 이들을 제어할 방법은 거의 없기 때문이다. 오늘날 공화당에는 마저리 테일러 그린Marjorie Taylor Greene과 같은 극단적인 인물이 있는데, 당을 당혹스럽게 하고 내부 갈등을 부추기며 해를 크게 끼치지만, 뛰어난 자금 모금 능력 때문에 사실상 그를 제지하기 어려운 상황이다.[14] 그런데 정당의 약화가 마저리 테일러 그린 같은 극우적인 의원들이 당 지도부를 무시할 수 있는 이유를 설명할 수는 있지만, 공화당 전체가 미국 기업계와 충돌하는 상황까지는 설명하지 못한다. 정당이 단순히 자금의 영향을 많이 받는다면, 오히려 이전보다 더 기업계에 순응하는 모습을 보여야 할 것이다. 그런데도 공화당이 기업계와 갈등을 빚고 있다면, 그 핵심 원인은 바로 미국 기업계 자체의 조직력 약화에 있다.

다른 자본주의 민주국가들과 달리, 미국에는 최고 수준의 단일 기업가 단체가 존재한 적이 한 번도 없었다. 이러한 현상은 오랜 논의 주제인 '미국 예외주의'에 뿌리를 두고 있다. 기업 조직 연구자들이 오랫동안 지적해온 바와 같이, 기업가들은 일반적으로 노동조합에 대응해 단체를 조직하는 경향이 있다. 그러나 미국에서는 노동조합이 항상 약했기 때문에, 기업들은 스스로 조직을 결성해야 할 필요를 느끼지 못했다. 실제로 20세기 대부분의 기간에 미국 자본계의 양대 조직이라 할 수 있는 상공회의소와 전미제조업협회는 공화당 실무자들이 외부에서 조직한 단체로, 기업계와 정당의 유대를 강화하기 위해 만들어졌다.

구유에 몰려든 돼지들

1970년대에 접어들면서 미국 기업계의 조직화 양상은 큰 변화를 겪었다. 세계 경제의 격변과 미국 내 현장 노동자들의 대대적인 투쟁에 흔들린 기업들은 그 어느 때보다 적극적으로 조직화에 나섰다. 이들은 개별 기업이나 산업 부문을 대표하는 차원을 넘어, 기업 전체 계급을 대변하는 비즈니스 라운드 테이블을 새로 결성했다. 이제 상공회의소 같은 조직은 기업가들의 인맥 네트워크 중심지가 아니라, 뉴딜의 유산을 뒤집고자 하는 계급투쟁에 전념하는 조직으로 변모했다.

이들의 목표는 곧 실현되었다. 1980년 로널드 레이건Ronald Reagan의 대통령 당선은 자유주의 세력과의 타협이 끝났음을 알리는 신호였다. 그러나 눈앞의 적을 물리친 후, 기업계는 전투의 열기 속에서 어렵게 이루어낸 단합을 더는 유지할 수 없다는 사실을 깨달았다. 기업 단체들은 점차 무기력해졌고, 회원들은 이미 레이건 행정부가 자신들이 원하는 대부분을 이루어주고 있는데 이런 조직의 존재 이유가 무엇이냐고 의문을 제기했다. 기업 단체들은 서로 경쟁하며, 백악관에 있는 자신의 친구들이 제공하는 혜택을 두고 어느 부문, 어느 기업이 가장 많이 누릴지 서로 다투었다. 레이건 행정부의 한 고문은 이를 두고, 기업계가 더는 엄격히 통제되는 정치세력이 아니라 '구유에 몰려든 돼지들처럼' 행동했다고 표현했다.[15] 1970년대에 채택했던 조직화 모델은 이런 새로운 환경에서 와해되었고, 분명히 새로운 접근법이 필요해졌다.

1990년대에 접어들면서 미국 기업계는 새로운 현실에 직면했다. 비즈니스 라운드 테이블과 상공회의소 같은 주요 조직은 기업 전체 계급의 이익을 대변하는 조직인 척하지 않고, 각 회원사의 매우 작고 특수한 이해관계에만 집중하게 되었다. 당시 비즈니스 라운드 테이블을 가장 자극했던 사안은 빌 클린턴 행정부가 추진한 기업 CEO 보수 규제였다. 한편, 상공회의소는 개별 기업의 이미지 세탁 역할을 맡으면서 새로운 기능을 찾아냈다. 상공회의소는 업종별 무역협회의 성격을 갖고 있어, 세금 신고 시 기부금 내역을 공개할 의무가 없고, 이를 통해 기부자의 신원을 익명으로 유지한 채 기업들이 대중적으로 비판받는 사안에 대해 로비하는 역할을 대신할 수 있었다. 이로 인해 기업가 전체의 일반적인 이익을 대변한다는 명분은 완전히 사라지고 말았다.

기업계의 새로운 방향 전환은 공화당을 더욱 우경화하려는 보수진영의 정치 거물들에게 기회를 열어주었다. 뉴트 깅그리치, 폴 라이언Paul Ryan, 미셸 바크먼Michele Bachmann 같은 정치인들이 이 역할을 맡았는데, 기업계의 정치적 행동이 점차 분열되고 협소해지면서 보수진영의 정치 거물들은 두 가지 방식으로 이득을 보았다. 첫째, 분열된 기업 네트워크는 이제 자사의 이익을 위협하는 공화당을 효과적으로 통제하지 못하게 되었다. 정당 내부의 권력 구조가 복잡해지고, 기업 단체들이 지엽적이고 단기적인 이해관계에만 집중하면서, 불필요하게 대립적인 정치에서 벗어나 당의 방향을 바꾸는 것은 점점 어려워졌다. 둘째, 기업계의 조직력이 약화되면서 더 많은 기업이 정치적으로 독자적인 행동을 하게 되었고, 다른 고용주들의 선호와 관계없이 고유한 목표를 추구했다. 코크 인더스트리스Koch Industries 같은 기업들은 다른 대기업들이 반대하는 정치인이나 정책을 지지하기 위해 막대한 자금을 투입했다. 물론 공화당을 우경화하려는 정치 거물들은 뉴딜 시기 이후로 꾸준히 존재해왔으나, 1970년대 이후 미국 정당과 기업 조직의 변화 덕분에 코크 형제와 같은 인물들이 실제로 자신의 목표를 이룰 수 있게 되었다.

공화당의 점진적인 보수화와 분열된 비즈니스 엘리트 집단의 관계는 매우 복잡하고 역동적이다. 일부 비즈니스 부문은 오히려 이러한 보수화에 적극적으로 불을 지폈다. 또 다른 부문은 극단적인 반反노동·반反분배 정치가 자신들에게 유리하다는 이유로 이를 지지하면서도, 동시에 그러한 정책이 불러오는 정치적·사회적 불안정성에는 강한 반감을 드러냈다. 제도적으로 약한 정당과 분열된 기업 계급이 결합하며, 1990년대 이후 공화당 내에서는 반복되는 순환 구조가 형성되었다. 당내 반란 세력은 정치적 방향을 더 오른쪽으로 몰고 가려는 일부 기업의 자금 지원을 받아 당 지도부에 도전했다. 결국 이 반란 세력이 지도부를 장악해 자신들의 주장을 밀어붙였고, 또 다른 새로운 반란 세력이 등장하며 이 악순환은 반복되었다.

이 순환 구조는 1980~1990년대 뉴트 깅그리치가 급부상하면서 처음 형태를 갖추었다. 레이건 행정부의 타협적인 노선에 불만을 품은 깅그리치는 공화당을 훨씬 더 완고하고 보수적으로 만들기 위한 정치 캠페인을 시작했다. 다만 이 캠페인이 연방선거자금법의 허점을 적극 활용한 대규모 모금 조직에 힘입어 뒷받침되었다는 사실은 잘 알려지지 않았다. 미국 정치학자 매슈 그린Matthew Green과 제프리 크라우치 Jeffrey Crouch가 지적했듯, 이 조직은 '그림자 공화당 전국하원위원회' 의 역할을 수행했다. 1994년, 깅그리치는 반세기 만에 공화당을 하원 다수당으로 이끌고 나서 곧바로 새로운 공화당 주류의 자리에 올랐지만, 곧이어 당을 한층 더 극단적인 우파로 몰아가려는 공화당 내 반란 세력들과 다시 맞서야 했다.[16]

트럼프의 선동 정치

조지 W. 부시의 임기 동안 아버지 조지 H. W. 부시George H. W. Bush 가 대표했던 구舊정당 기득권과 당내 반란 세력 사이에 통합이 인상적으로 이루어졌다. 조지 W. 부시 행정부의 정책 의제는 기업 이사회가 주도하는 '비즈니스 공화주의'와 기독교 우파의 '문화 정치'를 결합한 형태였다. 첫 임기 동안 이 동맹은 강력했으며, 공화당원들로 하여금 영구적인 공화당 다수당을 꿈꾸게 해주었다. 그러나 두 번째 임기에는 당내 균열이 심화되어 중심 세력이 무너졌다. 특히 이민 정책을 둘러싼 분열이 당을 갈라놓았고, 새롭게 부상한 강경 반反이민 세력이 공화당의 의회정치를 장악하게 되었다. 이는 조지 W. 부시가 원래 대기업의 요청에 따라 이민 개혁을 지지했다는 점에서 더욱 두드러진다. 더욱 놀라운 사실은 2008년 금융위기 당시, 거의 모든 기업계가 구제금융의 필요성을 주장했는데도, 공화당 의원 대부분이 기업계와 달리 구제금융에 반대한 것이다.

조지 W. 부시의 임기 이후, 공화당은 1960년대 배리 골드워터Barry Goldwater와 넬슨 록펠러Nelson Rockefeller의 갈등 이래 가장 치열한 당내 분열을 겪었다. 공화당 내 다수는 조지 W. 부시 행정부를 '가짜 보수주의'의 전형이라며 거부하고, 자신들을 '티파티tea party 공화당'으로 재규정하며 더욱 강경한 보수주의를 내세웠다. 이 우파 세력은 오바마 행정부와 무모한 대립을 벌여 연방정부 셧다운과 국가부채 한도를 둘러싼 충돌을 초래했고, 이는 미국 기업계로 하여금 공화당이 자신들의 이익을 책임감 있게 대변하지 못한다는 확신을 심어주었다. 동시에, 코크 형제를 중심으로 새로운 보수 성향의 네트워크가 성장했으며, 이들은 복지국가와의 전면전을 선포하도록 공화당을 압박했다. 조지 W. 부시 행정부의 노선을 고수하려는 공화당 주류 세력과 반란을 일으킨 강경 세력의 내분은 오바마 행정부 기간 내내 당을 잠식했다.

이러한 당내 파벌 싸움은 도널드 트럼프에게 길을 열어주었다. 기득권 세력과 반란 세력이 서로의 목을 겨누는 동안, 트럼프의 선동 정치가 자신들의 당 장악력에 위협이 될 것임을 어느 쪽도 알아차리지 못했다. 2016년 대선 예비선거 기간에 양측 모두 트럼프의 출마가 자신들에게 유리하다고 생각해 서로에게 공격의 화살을 집중했다. 그러나 기존 기득권 세력과 반란 세력이 간과한 사실이 있었으니, 그것은 바로 트럼프는 공화당 유권자 상당수가 자유시장경제에 대한 환멸을 느끼고 있다는 점을 꿰뚫어보고 있었다는 점이다. 그 덕분에 트럼프는 사실상 공화당에 무혈입성할 수 있게 되었다.

예산 삭감 중심의 공화당 노선에 대한 반감 덕분에 트럼프는 근소한 차이로 힐러리 클린턴을 제치고 백악관에 입성했다. 트럼프는 공화당을 자신의 통치 체제에 적응시켰고, 그 결과 공화당 전체를 자신에게 굴복시키는 전례 없는 과정을 이어갔다. 미국 역사상 유례없는 개인 중심 정치를 구축한 것이다. 물론 동시에 이러한 극단적인 개인 중심 정치는 미국 행정부를 장악하는 데는 전혀 어울리지 않는 약점도 드러냈다. 트럼프의 대통령직은 결국 허술하고 혼란스러웠으며, 스스로 자초한 각종 위기로 점철되었다. 그러나 2020년 대선 패배 이후에도 트럼프의 공화당 내 지배력은 오히려 강화되었다. 2021년 1월 6일 쿠데타는 미국 자본가 계급의 상당 부분이 등을 돌리는 결과를 낳았으나, 트럼프는 여전히 공화당에 없어서는 안 될 존재로 남게 되었다. 2024년 대선에서는 카멀라 해리스Kamala Harris가 전임자들처럼 트럼프에 비해 막대한 정치자금을 모금할 수 있었지만, 2016년과 마찬가지로 자금 우위는 승리를 보장하기에는 충분하지 않았다.

트럼프는 2024년 대선 기간 내내 대기업의 지지를 거의 받지 못했지만, 그의 승리가 점차 확실해지자 기업의 CEO들은 조금씩 입장을 부드럽게 바꾸었다. 1월 6일 쿠데타 이후 트럼프를 반대했던 공화당의 거액 기부자들조차 대선이 본격화될 무렵에는 다시 트럼프 진영으로 돌아섰다. 대선 막바지에는 많은 기업 엘리트가 위험 분산 차원에서 트럼프 캠프와 소통하기 위해 무진 애를 썼다. 트럼프가 당선되자, 이러한 '구애'는 곧 '노골적인 청탁'으로 바뀌었고, CEO들은 새 행정부의 환심을 사기 위해 앞다퉈 안간힘을 쏟았다. 이처럼 기업계의 정치 행동이 얼마나 분열되고 파편화되었는지는 너무나도 분명했다. 기업들이 자사 이익만을 좇아 서로 경쟁하는 데 몰두한 나머지, 미국 자본주의가 나아갈 큰 방향에 대해서는 별다른 고민을 하지 않았다.[17]

트럼프 2기 행정부가 시작되면서, 이 책에서 설명한 정치적 역학 관계는 그야말로 두려울 만큼 극심한 수준에 이르렀다. 트럼프의 통치는 여전히 극단적인 개인 중심적 성격을 띠고 있으며, 특히 이번에는 일론 머스크Elon Musk라는 미국 자본가가 J. P. 모건마저 당황하게 만들 정도로 직접적으로 정책을 주도할 권한을 갖게 되었다.[*] 동시에 트럼프 2기 행정부는 이전 임기보다 법치주의에 노골적인 경멸을 분명히 드러내고 있다. 이로 인해 공화당의 변화는 1861년 남부가 분리 독립한 이후 그 어느 때보다 극단적인 정치 상황으로 이어질 가능성이 한층 커졌다.

---

[*] 일론 머스크는 트럼프 2기 행정부에서 정부효율부DOGE를 이끌었지만, 2025년 5월 트럼프의 감세 정책을 비판하며 사퇴했다.

1980년대 이후 공화당의 궤적은 같은 시기 진행된 두 가지 제도적인 변화에 의해 형성되었다. 하나는 미국 기업가 단체의 해체와 분열이고, 또 하나는 미국 정당의 약화다. 이 두 힘이 결합되면서 보수진영의 정치 거물들이 당을 꾸준히 더 오른쪽으로 몰고 갈 기반이 마련되었다. 이러한 변화를 이해하지 못하면, 공화당에 무슨 일이 일어났는지 제대로 알 수 없다.

제1장에서는 미국 기업가 단체의 해체와 분열에 초점을 맞춘다. 이 분열은 1980년대 이후 미국 정치에서 특히 두드러졌지만, 사실 미국 사회 전반에 걸친 근본적인 구조 변화라고 할 수 있다. 오랫동안 미국 자본가들은 서유럽 자본가들과 달리 강력한 노동운동이나 강한 사회주의 정당의 압박에서 비교적 자유로웠다. 지배적 지위를 확신한 미국

자본가들은 서유럽처럼 보편적이고 엄격한 통제력을 갖춘 포괄적인 비즈니스 조직을 구축할 필요성을 느끼지 않았다.

그 대신, 훨씬 더 지역적이고 자기 이익에 집중된 정치 행위 방식을 선호해왔다. 1970년대 위기에 대응해 잠시 이런 경향이 중단되었지만, 1980년대 결정적인 승리를 거두면서 기업계 전체가 똘똘 뭉칠 수 있었던 조건들이 무너지고 다시 분열되었다. 이러한 분열은 정치적으로 쪼개진 자본가 계급을 낳았고, 그 일부는 공화당 내 반란 세력을 적극적으로 후원하는 상황으로 이어졌다.

기업들이 조직화하지 못한 이유

비즈니스 조직은 자본주의 형성 초기부터 거의 함께 존재해왔다. 1776년 애덤 스미스Adam Smith는 『국부론』에서 "자본가들은 임금을 현재 수준 이상으로 올리지 않으려는 암묵적이고 지속적이며 일관된 연합을 어디서나 이루고 있다"고 지적했다.[1] 임금을 낮게 유지하려는 목적만이 자본가들이 조직을 이루는 이유는 아니지만, 흔히 나타나는 목표 중 하나다. 기업가 단체는 정부와의 협상에서 회원들을 대변하는 일부터 특정 산업의 제품을 홍보하거나 회원들에게 정보와 전문 지식을 제공하는 등 다양한 역할을 수행한다. 그러나 이 과정에서 기업계는 여러 문제에 직면한다. 그중 일부는 고전적인 집단행동 문제인데, 예를 들어 '무임승차 승객'을 어떻게 처리할지가 그러하다. 또 다른 문제는 자본가들만 겪는 특수한 문제로, 자본가들 사이에 경쟁 관계가 존재한다는 점이다. 코카콜라와 펩시의 사례처럼, 이해관계가 일부 겹

치더라도 서로 협력하는 일은 결코 쉽지 않다.

비즈니스 조직은 단순히 개별 기업의 이익을 대변하는 데 그치지 않고, 각 기업의 작은 이해관계를 넘어서는 집단적인 이익을 형성하는 데도 적극적인 역할을 한다. 비즈니스 조직은 "조직적 통제 메커니즘을 활용해, 집단이자 계급의 이익이 일상적으로 유지되도록 한다. 이는 개별 기업이 눈앞의 이익만 좇다가 결국 자기 발등을 찍을 수 있는 것"을 방지한다. 개별 기업이 치열한 시장경쟁 속에서 숙련된 노동자를 확보하기 위해 고임금을 지급하는 게 최선이라면, 결국 전체 고용주에게 피해를 주는 임금 인상의 악순환이 발생할 수 있다. 비즈니스 조직은 자본가들이 이런 결과를 피하도록 행동을 조율할 수 있게 하며, 노동시장을 자신들에게 유리한 방향으로 재편하기 위한 정책 수립에도 관여한다. 즉, 자본주의 체제에서 발생하는 문제들에 대해 자본가들이 집단적으로 대응할 수 있도록 돕는 역할을 한다.[2]

카를 마르크스Karl Marx가 지적했듯, 자본가들은 '원수지간'이기 때문에 비즈니스 조직이 자연스레 형성되지는 않는다. 애덤 스미스의 말이 암시하듯, 비즈니스 조직은 노동자들의 집단행동에 대응하는 과정에서 형성된다. 독일 사회학자 클라우스 오페Claus Offe와 헬무트 비젠탈Helmut Wiesenthal은 자본주의 사회에서 조직이 어떻게 형성되고 유지되는지를 다음과 같이 말했다.

"모든 자본주의 국가에서 역사적 순서는 다음과 같다. 첫째, 소규모 상품 생산자의 생산수단이 청산되고 자본주의적 산업 기업으로 통합된다. 둘째, 노동자들이 자신을 방어하기 위한 결사체(노동조합 등)를 조직한다. 셋째, 자본주의 기업들은 자본 합병을 하는 동시에, 자신의 일부 집단적 이해관계를 증진하기 위해 공식적인 조직에 참여하려고 노력한다."[3]

이 설명은 대체적으로 이해가 된다. 이미 1900년대 초, 경제학이라는 새로운 학문 분야에서 기업계의 집단행동을 연구하기 시작했을 때, 연구자들은 이러한 조직이 대부분 노동자들의 조직화에 대응해 형성된다는 사실을 발견했다. 한 경제학자는 1906년 출간한 책에서 비즈니스 조직에 관한 장chapter을 이렇게 시작했다. "노동자들이 조직화되어 노동 계약 체결 과정에서 유리한 위치를 차지할 만큼 충분히 강해진 후에야, 그들에게 집단적으로 대응하기 위한 비즈니스 조직이 비로소 생겨난다."(최근의 국가간 비교 연구 또한 이와 유사한 결론에 도달했다. 즉, 강력한 노동조합이 존재할 때 기업가 단체가 생겨날 가능성이 훨씬 높다는 것이다.)[4]

기업들은 노동자가 조직화할 때 비로소 조직을 만든다. 노동운동이 강력하게 진행되지 않는 한, 기업들은 비즈니스 조직이 직면한 과제를 전체 계급 차원에서 보는 장기적이고 포괄적인 관점보다는 당장의 경쟁적이고 단기적 이해관계를 우선시할 가능성이 크다. 이에 따라 자본주의 국가들은 비즈니스 조직의 존재 정도와 역할에서 차이를 보인다. 북유럽처럼 노동·자본·정부가 함께 정책을 조정하는 '코퍼러티즘Corporatism'을 갖춘 국가에서는 비즈니스 조직이 국가에서 지정한 역할을 수행하며, 단체교섭이나 노동조합과 정부 대표가 참여하는 위원회에 참석한다. 이러한 국가에서는 비즈니스 조직이 중앙집중적이고 강력해 자본가 계급 전체를 위한 정책 수립에 관여한다(이들 국가에서도 1980년대 이후 '조정의 정도'가 줄어들었다. 그렇지만 이들 국가의 전체적인 비즈니스 조직 수준은 자본주의 사회에서 여전히 가장 높다).[5]

반면 미국에서는 비즈니스 조직이 항상 분산되어 있고 그 범위도 제한적이었다. 미국 기업의 강력한 다수를 대표하는 최고 수준의 단일 비즈니스 조직은 존재하지 않았다. 그 대신 미국에는 대기업들로 구성된 여러 소규모 협의체와 함께 회원제로 운영되는 다수의 기업가 단체가 공존해왔다. 이러한 단체들은 미국 정치에 강력한 영향력을 행사해왔지만, 개별 기업의 이해관계를 전체 계급의 관점으로 전환하려고 하지 않았다. 미국 정치학자 캐시 조 마틴Cathie Jo Martin이 지적했듯, "미국의 기업가들은 다른 나라 기업들에 비해 자신들의 집단적이고 장기적인 이익을 고려하는 데 훨씬 어려움을 겪"는다. 여러 조직이 기업의 이익을 대변하기 위해 경쟁하는 상황에서, 비즈니스 조직도 시장점유율에 민감할 수밖에 없다. 그 결과 이들은 '긍정적인 정책 변화를 지지하는 것'보다 '단기적인 이의 제기 표출'을 더 쉽게 선택한다.[6]

상공회의소와 전미제조업협회의 탄생

미국 기업가들의 대규모 조직화는 19세기 후반에 나타났으며, 이는 미국 노동운동이 확고한 기반을 다진 시기와 거의 일치한다. 1880년대 노동기사단Knights of Labor*은 급격히 성장해 75만 명에 이르는 회원 수를 기록했지만 곧 빠르게 몰락했다. 그러나 세기가 바뀔 무렵 미국노동총연맹은 노동기사단의 기록을 넘어 더욱 견고한 기반 위에서 성장했다. 거의 같은 시기에 미국의 주요 기업가 단체인 상공회의소와

---

* 노동기사단은 노동자의 이익 옹호를 위해 1869년에 설립된 미국의 급진적인 비밀 조직이다. 19세기 후반의 미국 노동운동을 주도했다.

전미제조업협회가 설립되었다. 이들 조직은 상당한 단결력을 보이며 오늘날까지도 영향력을 행사하고 있지만, 그 역사를 면밀히 살펴보면 계급 전체를 포괄하는 전면적인 집단적 조직이라기보다는 훨씬 좁은 범위의 이해관계를 대변하는 데 치중해왔음을 알 수 있다.[7]

전미제조업협회는 1896년에 설립되었는데, 이 해는 중요한 의미를 지닌다. 1896년은 주요 선거가 있던 해이기 때문이다. 전미제조업협회는 기업가 단체의 집단적인 행동을 촉진하기보다는 주로 공화당의 부속 조직 역할을 했다. 당시 공화당은 미국 기업들의 대표 정당으로 입지를 굳혀가고 있었다. 이 협회의 설립을 주도한 인사들은 윌리엄 매킨리William McKinley 후보의 선거운동에 깊이 관여했으며, 매킨리를 위한 캠페인과 후보자 기조연설 같은 화려한 행사도 주최했다. 그러나 그 이후 협회는 정체 상태에 빠졌다. 1901년 이 협회는 1,082명의 회원을 보유했다고 주장했지만, 1900년 인구조사에서는 미국 내 제조업체 수가 29만 6,400개에 달하는 것으로 집계되었다. 이는 당시 협회가 제공하는 역할에 대한 수요가 거의 없었음을 시사한다.[8]

이에 대응해 전미제조업협회는 자체 역할을 변화시켰다. 당시 미국에서는 노동조합의 조직화가 눈에 띄게 증가했으며, 미국노동총연맹 회원 수는 1897년 50만 명 미만에서 1904년 200만 명 이상으로 급증했다. 전미제조업협회가 반反노동조합 입장을 내세우자, 기업들은 빠르게 호응해 새로운 노선이 발표된 지 불과 몇 달 만에 회원 수가 2,700개에 달했다. 이 협회의 초기 역사를 다룬 한 연구는 "이 협회가 강경한 반노동조합 운동의 선두주자가 되기 전까지는 회원 수나 재정 규모, 활동 범위 면에서 결코 주도적인 위치를 차지하지 못했다"고 평가했다.[9] 하지만 뉴딜 이전 미국 기업가들의 강한 반노동조합 분위기 속에서도, 이 협회는 계급 전체를 대표하는 비즈니스 조직으로서 존재감을 드러내지 못했다. 1920년대에도 기업 회원 수는 5,000개 남짓에 불과했다. 반노동조합 기조 외에는 긍정적이고 포괄적인 정책 프로그램을 결집하지 못한 채 표류했다. 이 협회 관계자들도 "우리는 조각조각 흩어진 조직이다. 임원은 있지만 회원이 부족하다"고 인정했다.[10]

상공회의소 역시 비슷한 궤적을 밟았다. 이 단체 역시 기업가들보다는 정치인들이 더 적극적으로 조직했다. 이번에는 상무부 관리들이 미국 기업 조직 수준이 유럽 경쟁국에 비해 뒤처진 점과 이로 인한 미국 수출의 경쟁력 저하를 우려했다. 1912년 상무부 장관이 상공회의소 창립 회의를 주최했고, 윌리엄 하워드 태프트William Howard Taft가 연사로 참석했다.[11] 미국 경제정책 집행부와의 긴밀한 연계 덕분에 상공회의소는 곧 전미제조업협회보다 더 큰 영향력을 갖게 되었다. 또한 상공회의소는 산하 지역 비즈니스 조직의 규모에 따라 투표권을 배분하는 제도를 도입해 지역 단체들이 적극적으로 가입하도록 유도했다. 존 캘빈 쿨리지John Calvin Coolidge와 허버트 클라크 후버Herbert Clark Hoover는 공개적으로 상공회의소를 높이 평가했고, 비공식적으로 자문하기도 했다. 1929년 기준 상공회의소는 1만 3,000개 이상의 개인과 기업 회원을 보유했으며, 예산도 200만 달러가 넘었다.[12]

그러나 상공회의소 역시 전미제조업협회와 마찬가지로 미국 기업 전체를 아우르는 포괄적인 행동 프로그램을 마련하는 데 실패했다. 미국 역사학자 콜린 고든Colin Gordon의 지적처럼, "겉보기에는 효과적"이었지만 실제로는 "기업가와 은행가들의 견해를 '전체 기업계'의 의

견인 것처럼 보이게 하는 역할"에 그쳤을 뿐이다. "광범위한 이익을 조직하거나 대표하는 데 효과적이지 못했고, 사실 그런 역할에 큰 관심도 없었다." 이로 인해 대공황 시기에는 조직 내 심각한 갈등이 겉으로 드러났고, 회원들은 뉴딜 정책을 둘러싸고 찬성과 반대를 오가는 혼란을 겪었다. 그 결과 회원 수가 감소했다. 1936년, 백화점 소유주 에드워드 파일린Edward Filene은 상공회의소 이사회에 공개서한을 보내 사임 의사를 밝히며 다음과 같이 비판했다.

"상공회의소는 진정한 비즈니스 조직이 아니라, 그저 '기업가들의 모임'에 불과하다. 이 조직은 전체 기업계의 요구가 무엇인지 체계적으로 연구하려는 노력도 없고, 단지 몇몇 기업가의 특정 견해를 홍보하는 데에만 치중하고 있다.……지금과 같은 구조로는 경기가 좋을 때는 성공한 기업가들의 사교 클럽에 머무를 뿐이며, 변화가 필요한 시기에는 강경 보수의 중심지로 작용할 뿐이다. 이러나저러나 기업계 전체에 실질적인 도움을 주지 못한다."

이런 비판은 파일린의 생각만은 아니었다. 1930년대에 이르러 많은 기업은 정부가 경제에서 새로 맡게 된 역할에 적응하는 법을 배웠다. 실제로 파일린이 서한을 발표한 그해, 상공회의소 창립 멤버였던 자동차제조업자협회는 탈퇴를 선언했다. 이제 상공회의소에 소속되는 것은 정부에 영향력을 행사하기 위한 효과적인 수단이 아니었다.[13]

행정부에서 영향력을 행사한 경제개발위원회

20세기 중반 미국에서 가장 영향력 있는 기업가 단체는 경제개발위원회였다. 이 단체는 제2차 세계대전 중 상공회의소와 전미제조업협회의 조직 방식에 불만을 품은 기업계 온건파들이 설립했다. 그 후 경제개발위원회는 기업계와 정부를 위한 주요 정책 기획의 중심으로 자리 잡았으며, 소속 회원들이 연방정부 고위직에 임명되었다. 그러나 이런 영향력에도 경제개발위원회는 미국 고용주 집단 내 소수 의견을 대변하는 경우가 많았고, 더 광범위한 통합이나 일관성 있는 목소리를 내는 데는 한계가 있었다. 사실상 기업가 단체라기보다는 싱크탱크에 가까웠으며, 이 조직의 여러 성공 사례조차 20세기 중반 미국 기업계의 조직적인 분열과 혼란을 보여주었다.

경제개발위원회는 1942년, 상공회의소와 전미제조업협회의 일방적인 반대 노선만으로는 기업계가 정책 결정에서 실질적인 영향력을 행사하기 어렵다고 우려한 기업계 리더들이 앞장서 설립했다. 설립 목적과 조직 구성은 브루킹스연구소를 모델로 삼아, 로비 단체보다는 싱크탱크의 역할이 강조되었다. 주로 미국 대기업 엘리트 출신으로 구성되었으며, 27명의 창립 이사 중 21명이 기업계 출신이었고, 그중 14명은 설립 시점이나 이후에 '포천 500' 기업에 포함된 대기업 소속이었다. 주요 소매업체나 투자은행 출신도 3명 있었다.[14]

경제개발위원회는 해리 트루먼 행정부에서 가장 큰 영향력을 행사했다. 실제로 경제개발위원회의 많은 회원이 행정부 내 여러 직책에 임명되어 "회원 보강을 위해 별도의 회의를 소집해야 할 정도"였다. 이 시기 경제개발위원회는 미국 정치경제 구조 형성에 몇 가지 커다란 성공을 거두었다. 첫째, 미국의 세계적 역할과 관련해 의회에서 브레턴우즈Bretton Woods 협정이 논의될 때 기업계의 지지를 조직하는 데 결정적인 역할을 했다. 해리 트루먼은 경제개발위원회가 "의심할 여지없이 브레턴우즈 법안 통과에 결정적인 역할을 했다"고 칭찬했다. 뒤이어, 경제개발위원회는 마셜플랜을 위한 대중과 의회의 지지 확보에도 크게 기여했다. 마지막으로, 미국의 대외 냉전 전략 토대가 된 국가안전보장회의 각서 제68호NSC-68에 대한 지지를 체계적으로 뒷받침했다. 의회 내 보수파가 서유럽에 상시 주둔할 미국 군대의 재정 문제를 우려할 때, 경제개발위원회는 유럽 내 지출 확대와 한국의 6·25전쟁 예산 증액을 지지하기 위해 비공식적으로 힘썼다. 예컨대, 경제개발위원회는 전후 미국의 세계 전략 형성에 매우 중요한 영향력을 행사했다.[15]

경제개발위원회가 냉전 자금 확보에 성공한 이후, 그다음으로 중요한 역할은 재무부와 연방준비제도(연준)의 지속 가능한 합의를 이끌어낸 일이다. 제2차 세계대전 이후, 재무부와 연준 사이에는 금리 정책을 둘러싼 갈등이 있었다. 해리 트루먼과 재무부는 국방비 지출을 위해 저금리를 원했지만, 연준은 인플레이션 억제를 위해 고금리를 선호했다. 이 갈등에 경제개발위원회가 개입했다. 경제개발위원회는 연준과 밀접한 관계를 유지했는데, 여러 연구원이 연준에서 근무한 경험이 있었고, 연준의 신임 의장 토머스 매케이브Thomas McCabe도 경제개발위원회의 창립 이사이자 최초 연구위원이었다.

경제개발위원회는 수년 전부터 행정부에서 연준이 독립적이어야 한다고 지지했으며, 1948년 발표한 보고서「더 큰 경제 안정성을 위한 통화와 재정정책」에서 "연준은 국채 지원 수준을 줄일 자유가 있어야 하며, 통화 긴축을 이끌 더 나은 대안이 없다면 그렇게 해야 한다"

고 밝혔다. 경제개발위원회가 연준을 지지하자 행정부는 한발 양보했고, 연준의 독립성을 앞으로 모든 행정부가 존중하기로 합의했다. 이 합의는 매우 중요한 사건이었다. 미국 경제학자 제럴드 엡스타인Gerald Epstein과 줄리엣 쇼어Juliet Schor는 "어떤 단일 사건보다도 이 합의가 미국 통화정책 체계의 골격을 세운 사건"이라고 평가한다.[16]

그런데 이런 커다란 성공에도 경제개발위원회는 결코 미국 기업계 전체를 대표하는 통일된 목소리를 내는 조직으로 자리 잡지 못했다. 오히려 다른 기업 단체들과 우파 진영 내에서 끊임없이 공격을 받았다. 『월스트리트저널』은 경제개발위원회를 '공산주의적'이라고 비난한 적도 있는데, 이에 대해 경제개발위원회는 자유기업 시스템을 신뢰한다는 입장을 재확인하는 성명을 발표해야 했다. 영국 역사학자 하월 존 해리스Howell John Harris는 경제개발위원회에 대해 "실용적 보수주의자이자 반동적인 인사들이 기업 공동체 내에서 수적으로 더 많았고, 이들이 영향력을 행사했다"고 결론 내렸다.[17]

경제개발위원회가 정책 형성에 성공했지만, 그것이 기업 내 소수파적 흐름을 대변했다는 점은 20세기에 걸친 미국 기업계의 분열된 현실을 보여준다. 이러한 분열에도 여러 기업 단체가 존재했다. 이들 단체는 매우 강력해 거의 예외 없이 노동조합을 정책 결정 과정에서 배제할 수 있었다. 하지만 이러한 기업 단체들의 절대적 우위가 오히려 기업계의 분열을 심화시키는 결과를 낳았다. 노동계급의 도전이 거의 없었던 탓에, 미국 기업가들은 20세기 초 유럽 경쟁 국가들처럼 단결해야 할 필요성을 크게 느끼지 못했다.[18]

기업과 노동조합의 싸움

1960년대 후반과 1970년대 초반, 미국 기업의 오랜 지배력이 도전을 받기 시작했다. 정치적·경제적 변화와 맞물려 기업의 경영진들 사이에 어두운 그림자가 드리웠다. 이에 대응해 미국 기업가들은 1970년대에 전례 없는 기업계 동원 캠페인을 벌이게 되었다. 기업가들이 행동에 나서게 된 결정적인 계기는 규제 정책 강화, 건설 비용 상승, 경제적 불안정이었다. 이 시기에는 강도 높은 규제 입법이 잇따라 시행되었다. 1969년 리처드 닉슨Richard Nixon은 산업안전보건법에 서명했고, 1970년에는 국가환경보호법에 서명했다. 당시 소비자 보호 관련 법안들은 입법에 실패했으나, 기업들에는 지속적인 부담과 우려의 대상이 되었다.

산업안전보건법과 국가환경보호법은 기업계의 큰 저항 없이 의회를 통과했다. 상공회의소는 산업안전보건법에 반대하려고 조직적으로 움직였으나 경제개발위원회는 공식적인 입장을 내놓지 않았다. 미국 산업안전보건법 통과 과정을 연구한 대표적 학자 찰스 노블Charles Noble은 이 실패의 원인을 "조직적 공백에서 비롯된 결과"로 분석하며, "전체 고용주를 대표해 노동조합·정부와 협상할 최고 단체가 존재하지 않았고, 특히 고용주들 간 내부 분열이 컸다. 계급적 의식이 강한 지도자가 있었다면 차이를 극복할 수 있었겠지만, 그런 인물은 등장하지 않았다"고 평가했다. 한편, 국가환경보호법은 기업계의 상당한 지지를 받았다. 당시 『내셔널저널』은 "일부 기업 단체가 환경 프로그램을 연방정부가 관리하는 것을 환영한다는 분위기가 있다"고 보도했으며, 『포천』의 설문조사에서도 주요 기업 CEO들이 "새로운 제품 도입의 제한이 있더라도" 강력히 지지한다는 결과가 나왔다.[19]

하지만 이 두 법안이 통과된 이후, 기업계에서는 상당한 반대가 일어났다. 1971년에는 일부 대기업 CEO들이 새로운 규제가 심각한 문제로 다가오고 있음을 인정했다. 1974~1975년 기업계 지도자들의 토론 포럼과 콘퍼런스에 참석한 기자들은 "거의 모든 경영진은 산업안전보건국 소속 관료 중 일부 불합리하다고 여겨지는 직원과 겪은 껄끄러운 경험담이 있다"고 말했다. 이 법안이 철폐되어야 하는 것은 분명했지만, 누가 그 선봉에 설지는 명확하지 않았다.[20]

환경보호나 산업안전과는 달리, 소비자 보호 입법에 대해서는 기업계 전체가 하나로 뭉쳐 강력히 반대했다. 현대 소비자 보호 운동은 1960년대에 시작되었으며, 그 중심에는 젊은 변호사 랠프 네이더Ralph Nader가 있었다. 네이더는 1969년 봄, 코네티컷주 상원의원 에이브러햄 리비코프Abraham Ribicoff와 함께 소비자 보호기관 신설 계획을 발표했다. 이에 대한 기업계의 반응은 말 그대로 격앙 그 자체였다. 1970년, 상공회의소는 '소비자 혁명'이라는 제목의 영상 자료를 제작해 배포했다. 이 자료는 "변화를 요구하는 불안한 젊은 세대, 사회적·경제적 변화를 위해 투쟁하는 강경파 마이너리티 집단, 도시 내 폭동, 사무실 폭파, 워싱턴 시위, 가격 상승 등 시장 내 여러 문제에 항의하는 분노한 소비자" 등 미국이 직면한 도전 과제를 열거하며 시작했다. 미국 기업계 지도자들은 수십 년 만에 처음으로 자신들의 권력이 약해지고 있다는 위기감을 뚜렷하게 느꼈다.[21]

건설 비용 역시 기업계 우려의 주요 원인 중 하나였다. 건설업은 특히 분권화가 심한 업종으로, 1940년대 『포천』은 이 산업을 '자본주의가 잊은 사업'이라고 부르기도 했다. 1960년대 후반 기록적으로 낮은 실업률 속에서 임금이 급속히 오르자 이에 따라 건설 비용도 상승했다. 한 현장에서 파업에 들어가도, 노동자들은 다른 현장에서 쉽게 일자리를 구해 생계를 이어갈 수 있었다. 반면, 시공사나 건설사에 일감을 맡긴 기업들은 건설 비용 절감보다는 공사를 제때 완료하는 데 더 가치를 두었기에, 노동자들의 고임금 합의에 크게 저항하지 않았다.

이러한 상황에 대한 우려는 1960년대 중반부터 커져갔다. 1964년 대통령 경제자문위원회 위원장이 건설 비용 상승 문제를 경고했다. 1966년 전미제조업협회는 "못 1개가 부족해 왕국이 무너졌던 것처럼, 못을 박을 사람이 없어 미국도 첨단기술이 그려내는 미래를 달성하지 못할 수도 있다"며 위기감을 극명하게 표현했다. 상공회의소는 파업이 벌어진 지역의 기업들에 공사 중단을 촉구하고, 파업 기간 중 노동자들이 임금을 받지 못하도록 했다. 이러한 일련의 대응은 결국 '건설업계 반反인플레이션 라운드 테이블'이라는 새로운 조직을 결성하는 계기가 되었다. 이 단체는 1970년대 미국 기업계의 본격적인 조직화에 중추적인 역할을 하게 된다.[22]

이 시기 미국 기업 엘리트가 직면한 마지막 도전은 경제적 불안정이었다. 이것은 이윤율 하락과 인플레이션 상승의 형태로 나타났다. 실제로 1960년대 후반부터 미국의 인플레이션은 상승해 1969년 1월에는 4.4퍼센트에 달했고, 1970년 1월에는 6퍼센트를 넘어섰다. 동시에 미국 기업들은 세계시장에서 경쟁력을 잃어갔다. 1965~1973년에 주요 산업국 중 미국 제조업 수출 점유율은 3분의 1 가까이 감소했다.

경쟁이 심해지면서 특히 제조업체들은 가격 인상을 제대로 하지 못했고, 이로 인해 기업 이윤이 감소했다. 한편, 미국 제조업의 경쟁력 추락으로 1950년대부터 지속되어온 국제수지 적자가 늘어났다. 해외로 빠져나가는 자금이 국내로 들어오는 돈보다 빠르게 증가하면서 미국 경제 전반에 커다란 부담이 되었다.[23]

고용주들의 완강한 태도는 현장에서 가장 먼저 나타났다. 1950년대 후반 드와이트 아이젠하워의 두 번째 임기 동안 경기침체가 닥치고 고용주들이 노동자들에게 더 많은 부담을 지우려 하자 연방노사관계위원회에 제기된 부당노동행위 고소 건수가 증가했다. 이 건수는 1960년대에도 꾸준히 늘었으며, 1960년대 경기 호황이 끝난 뒤에는 다시 빠르게 증가하기 시작했다. 1965~1973년에 연방노사관계위원회의 사건 접수 건수는 2배로 늘어났는데, 이는 기업들이 '법률의 허점을 찾아내기 위해 정교하게 시험하고 탐색하는' 행동을 했기 때문이라고 당시 위원장이 밝힌 바 있다.[24]

기업가들은 작업장 밖에서도 전투를 벌였다. 1965년 일부 경영 전문 변호사들과 기업 임원들이 모여 조직을 결성했는데, 이 조직은 이후 노동법개혁그룹이라는 이름으로 불리게 되었다. 이 그룹은 세 가지 목표를 내세웠다. 첫째, 기존 노동법과 관련 법령의 취약점을 찾아 개정을 추진한다. 둘째, 라디오 연극과 『피너츠Peanuts』 같은 만화에 스토리라인을 삽입하는 등 대중 홍보 캠페인을 통해 미국인들에게 노동조합의 권력이 지나치게 강하다는 인식을 심어준다. 셋째, 원하는 입법을 실현할 수 있는 공화당 소속 정치인들을 당선시키기 위한 정치 캠페인을 펼친다.[25]

기존 기업 조직들은 노동조합과의 싸움을 효과적으로 조율하기에 역부족이었다. 이에 따라 노동법개혁그룹의 필요성이 대두되었다. 미국 노동법 사학자 제임스 그로스James Gross는 "미국 고용주들이 노동조합과 단체교섭에 임하는 방식에는 일관성이 없다"고 지적했다. 그것은 노동조합과 효과적인 교섭을 하거나 아예 노동조합 없이 운영하거나, 직급·임금 정책을 통해 노동조합의 필요성을 줄이거나 합법적·불법적으로 저항하거나, 심지어 노동조합 자체에 대한 반대까지 매우 다양했다. 이처럼 1960년대 후반 시작된 여러 위기를 해결하려면 기업계가 단체교섭에서 하나의 공감대를 이끌어내기 위해 조직을 갖출 필요가 있었다.[26]

1970년 무렵 고용주들 사이에는 정부의 과도한 규제에 제약이 필요하다는 인식이 공감대를 이루었다. 더불어 고용주들은 뉴딜 시대 이후 구축된 노동계급 권력의 '교두보'를 무너뜨려야 거시경제 안정성을 회복할 수 있다는 데 의견을 모았다. 미국 정치이론가 조지 윌리엄 돔호프George William Domhoff는 "1968년까지 임금 수준, 인플레이션, 이윤율, 대외무역 등 당면 문제와 관계없이 고용주 네트워크 내 온건파와 초보수파 모두에게 노동조합 권력 축소가 가장 중요한 관심사가 되었다"고 평가했다. 1970년이 되자 기업은 이러한 목표를 달성하기 위해 조직을 재편했다. 이후 다가온 10년은 기업 조직화가 다시 확산되는 시기로 이는 미국 정치경제 체제를 재형성하는 동시에 아이러니하게도 조직 붕괴의 씨앗을 다시 뿌리는 시기이기도 했다.[27]

건설업계 반反인플레이션 라운드 테이블

1970년대는 20세기 미국 기업 권력이 재편되며 그 힘을 과시한 시기였다. 이전 수십 년간의 기업 조직이 새로운 도전에 효과적으로 대응하지 못하면서 기존 조직은 쇠퇴하고 새로운 조직들이 등장했다. 특히 내부 갈등으로 분열된 경제개발위원회는 1980년 무렵 거의 무의미한 존재가 되었다. 반면, 미국 최대 기업의 CEO들로 구성된 비즈니스 라운드 테이블이 설립되었다. 노동조합과 원치 않는 정부 규제에 맞서 싸우는 데 전념한 이 조직은 빠르게 연방 정책 결정에서 강력한 영향력을 행사했다. 같은 시기에 상공회의소도 활력을 되찾아 회원 수와 재정을 크게 늘리며 미국 정치경제 체제를 재구성하기 위한 새로운 캠페인을 본격적으로 시작했다.

닉슨 1기 행정부 초기에 경제개발위원회는 관례적으로 여러 정부 고위직에 인사를 배치하고, 정책 보고서를 통해 정부 정책에 영향을 미치는 역할을 이어갔다. 그러나 인플레이션을 둘러싼 정치 상황은 경제개발위원회와 기업계의 나머지 세력 간에 깊어지는 균열을 점차 드러냈으며, 그 결과 1970년대 말에는 경제개발위원회의 영향력이 상당히 줄어들었다. 1970년대에 인플레이션이 심각해지자 경제개발위원회는 이를 억제하기 위한 방안으로 '가격 통제'를 권고했다. 1971년, 닉슨은 경제안정화법을 제정하면서 이들의 조언을 수용해 전국적으로 가격과 임금을 동결하는 조치를 단행했다.

그러나 이 통제 정책은 물가 억제에 실패했고, 1970년대 중반에 이르자 기업계 전체가 이런 가격 통제에 등을 돌렸다. 반면 경제개발위원회 내부에서는 여전히 가격 통제 등 국가 개입 정책에 대한 지지가 강했다. 한 이사는 유럽처럼 국가가 기업·노동조합과 함께 경제정책을 결정하는 제도를 옹호하는 연설을 하기도 했다. 이에 대해 미국 경영이론가이자 매킨지McKinsey 설립자 마빈 바워Marvin Bower는 "경제개발위원회가 앞으로도 케인스주의의 옹호자 역할을 계속해야 하는지"를 묻는 서한을 이사회에 보내며, 자유주의 경제학자 프리드리히 하이에크Friedrich Hayek의 인플레이션 관련 최근 연설문을 첨부했다. 이 시점에서 경제개발위원회의 핵심 멤버들조차 단체 결성의 이유였던 케인스주의 정책 채택에 의문을 제기했다.[28]

이 사건은 경제개발위원회의 위기를 촉발했다. 1950년대 중반부터 이 단체를 이끌어온 회장이 사임하고, 회원 대상 설문조사 결과 경제개발위원회가 많은 기업 후원자의 신뢰와 지지를 잃은 것으로 나타났다. 결국 위원회는 예산 삭감을 피할 수 없었다. 미국 경영학자 마크 미즈루치Mark Mizruchi는 『뉴욕타임스』에 경제개발위원회가 언급된 빈도를 분석해 권력 쇠퇴 과정을 추적했다. 결론적으로, "1970년대에 들어서면서 경제개발위원회에 대한 언론의 관심은 급격히 감소"했다. 1977년에는, 이전에 별다른 존재감이 없었던 보수 성향의 '미국기업연구소American Enterprise Institute'가 언론의 주목을 더 많이 받았다. 불과 10년도 채 되지 않아, 한때 미국을 대표하는 기업 단체였던 경제개발위원회는 이제 온전하게 자신의 목소리를 내기 어려웠고 조직이 분열되기 시작했다. 이와 같은 상황은 기업계에 큰 영향을 미쳤다.[29]

비즈니스 라운드 테이블은 경제개발위원회가 해내지 못한 역할, 즉 자본가들이 하나의 계급으로서 자신들의 이익을 조직적으로 추구하는 창구 역할을 위해 생겨났다. 이 조직의 창립에는 두 인물이 결정적인 역할을 했다. 첫 번째는 윈턴 블런트Winton Blount였다. 그는 앨라배마주 출신의 건설업체 경영자로, 1968년 상공회의소 회장에 선출되었다. 그는 선출 직후 한 건설업 고용주 협회에서 "건설 노동조합에 대한 전면전"을 선포하는 연설을 했고, 이 연설은 상당한 호응을 얻었다. 그러나 닉슨이 그를 우정국장에 임명해 그 운동의 선봉에 설 수 없게 되었다. 이후 주목받은 인물이 로저 블러Roger Blough였다. 오랫동안 US스틸 CEO를 지낸 그는 미국 기업계의 중요 인물로 평가받는다. 그는 비즈니스 카운슬의 회장을 맡았으며, 경제개발위원회의 신탁 이사이자 J. P. 모건 이사회 멤버로도 활동하는 등 다양한 조직에서 활약했다. 1969년 초 많은 기업 경영진은 블런트의 구상을 현실화할 인물로 블러를 낙점했다.[30]

1969년 5월, 비즈니스 카운슬 회의에서 경영진들은 '건설업계 반反인플레이션 라운드 테이블' 결성을 발표했다. 로저 블러는 "회의에 참석한 모든 CEO가 조직을 지지할 것과 정책위원회에 개인적으로 참여할 것"을 조건으로 의장직을 수락했다. 이 조직의 전략은 기업가들을 조직해 서로를 지원하며 노동조합과의 싸움에서 협력하는 것이었다. 회원들은 다른 현장에서 파업 중인 노동자들을 고용하지 않고, 공사가 지연되더라도 초과 근무 수당을 지급하지 않기로 했다. 『월스트리트 저널』이 조직의 존재를 폭로한 특종 기사에서 보도한 바와 같이, 회원들은 "일종의 내부 감시 시스템처럼 서로를 감시하게" 되었다.[31]

이 조직은 이후 노동법개혁그룹과 마치March 그룹과 합병되었다. 마치 그룹은 1950년대 제너럴일렉트릭 CEO가 처음 소집한 비공식

CEO 모임으로 시작되었으며, 경제개발위원회처럼 연구원을 고용해 연구를 수행하기보다는 CEO들 간의 대화를 통해 직접 정책을 구상했다. 1972년에 이 조직과 노동법개혁그룹이 합병해 '책임 있는 노사관계를 위한 비즈니스 라운드 테이블'을 출범시켰고, 이듬해 마치 그룹이 합류하면서 비즈니스 라운드 테이블의 조직 구성이 완성되었다.[32]

이 조직은 초기부터 이전의 미국 기업 단체들보다 훨씬 더 중앙집중적이고 체계적으로 운영되었다. 이 조직의 목표는 "기업이라는 계급의 이익을 수호하는, 규율 있는 팔랑크스Phalanx[*] 같은 집단"이 되는 것이었다. 이러한 규율 중시 배경에는 기업 CEO들이 가진 자신들의 계급 내 무질서와 분열에 대한 불만이 깔려 있었다. 한 회원은 "노동조합, 소비자, 기타 집단에 비해 기업계는 제대로 된 힘을 발휘하지 못하고 이리저리 휘둘리고 있다. 기업 공동체 내부에서는 '왜 우리가 하나로 뭉쳐 목소리를 내지 못하나'라는 끊임없는 문제 제기가 있었다"고 전했다. 이 조직의 목표는 단순히 기업 CEO들의 목소리를 키우는 데 그치지 않고, 다양한 목소리를 하나로 결집하는 데 있었다. 또 다른 회원은 이를 다음과 같이 요약했다.

"비즈니스 라운드 테이블의 목적은 은행업계나 석유산업, 철강산업을 대변하는 데 그치지 않고, 미국 내 근본적인 비즈니스 환경, 즉 실질적으로 자유기업 시스템의 존속을 대표하는 데 있다."[33]

1970년 무렵 상공회의소는 그다지 효율적이지 못한 기업 로비 단체라는 평판을 얻고 있었다. 즉, "1930~1940년대에 이미 패배한 이슈들

---

[*] 팔랑크스는 고대 그리스 시민군의 운용 전술로, 중장보병들이 방패와 창으로 무장하고 밀집대형으로 고슴도치처럼 뭉쳐 다니며 적의 진영을 압도한다.

을 여전히 붙들고 현실과 동떨어진 재정 보수주의자들의 집합체로 치부되어, 매우 복잡한 현대 정치·경제 싸움에 참여할 능력이 부족한 조직"으로 여겨졌다. 그러나 1970년대에 들어 변화가 생겼다.[34] 상공회의소 회원들 사이에는 조직의 입장에 대한 불만이 광범위하게 퍼졌고, 이에 대응해 지도부의 전문성을 더하기로 결정했다. 그 일환으로 회장직을 자원봉사직에서 전일제 유급직으로 전환했으며, 1975년 당시 폐기물 처리 업계 무역 단체 회장이자 미국항공우주국 근무 경력이 있는 리처드 레셔Richard Lesher를 새로운 회장으로 채용했다.[35]

그는 자유시장경제를 굳게 신봉하는 인물로, 상공회의소를 강력한 기업 옹호 조직으로 탈바꿈시키는 작업에 착수했다. 한 지역 상공회의소 임원은 "레셔 이전과 이후는 기원전과 기원후만큼 큰 차이가 있었다"고 말했다. 레셔는 기업 권력 신장을 위해 절충이나 완화에는 관심이 없었으며, 오로지 한 방향으로 조직을 이끌었다. 즉시 상공회의소를 '전투의 도구'로 탈바꿈시켰다. 그 일환으로 비즈니스·산업 정치활동위원회에 대한 후원을 재개했다. 이 위원회는 당시 연방선거자금법으로 새롭게 공식 지위를 얻은 상태였다.

그는 또한 여러 신규 사업을 추진했다. 첫째, 보고서 작성과 법안 설계를 담당할 산하 싱크탱크로 '전국상공회의소재단'을 설립했다. 둘째, 법정에서 기업의 이익을 대변할 '전국상공회의소소송센터'를 만들었다. 마지막으로, 랠프 네이더의 퍼블릭 시티즌Public Citizen을 본떠 지역 회원들이 의회에 직접 연락하도록 독려하는 풀뿌리 조직인 시티즌스 초이스Citizens Choice를 세웠다. 이런 사업들과 레셔가 주도한 강력한 회원 유치 캠페인은 상공회의소의 침체된 분위기를 완전히 바꿔놓았다. 1976년 레셔가 회원 유치 캠페인을 시작할 때 상공회의소 회원 수는 4만 9,350명이었으나, 불과 6년 만에 23만 4,000명으로 엄청나게 늘어났다.[36]

상공회의소는 정책 결정 과정에서 경제개발위원회나 비즈니스 라운드 테이블만큼 중심적인 역할을 해내지는 못했다. 그러나 시장에 적극 개입해 각종 규제와 개혁 정책을 밀어붙이는 이른바 '행동하는 정부'와의 집요하고 다방면에 걸친 싸움을 통해 비즈니스 라운드 테이블의 활동을 여러 측면에서 지원했다. 어쨌든 상공회의소는 비즈니스 라운드 테이블의 엘리트 집단과 달리, 자신만의 대중적 기반을 충분히 갖추고 있었다. 즉, "상공회의소는 막대한 풀뿌리 조직력을 갖추고 있으며, 이 잠재력 때문에 비즈니스 라운드 테이블과 다른 기업 지도자들이 기획한 친親기업 정책에 동원될 때 강력한 정치세력으로 부상"한다.[37]

노동법 개혁 반대 캠페인은 '성전'

1970년대 후반, 기업계는 새로 확보한 힘을 본격적으로 과시했다. 닉슨을 대신한 제럴드 포드Gerald Ford가 진보적 법안에 대해 거부권을 행사해주었기에 비교적 안심할 수 있는 상황이었다. 그러다 1976년, 민주당이 백악관은 물론 상원과 하원에서 압도적인 다수당을 차지하며 정권을 잡았고, 진보세력과 노동조합은 이제야말로 포드가 막았던 각종 개혁 법안을 통과시킬 수 있으리라 기대했다. 그러나 이들은 정치 환경이 어떻게 변했는지를 간과하고 있었다.

진보진영과 노동조합은 세 가지 우선 과제, 즉 소비자 보호 입법, 노동법 개혁, 완전고용 법안에 집중했다. 이 중 소비자 보호 입법이 가장 쉽게 통과될 것으로 예상했으나 비즈니스 라운드 테이블, 전미제조업 협회, 상공회의소가 함께 참여한 '소비자 이슈 워킹그룹'이 대대적인 캠페인을 벌이면서 민주당 하원의원들이 줄줄이 이탈했다. 어느 하원 의원은 "상공회의소가 예비선거에서 나를 상대로 후보를 낼까 두렵다"며 그 이유를 솔직하게 밝혔다. 노동법 개혁도 비슷한 반대로 좌초되었다. 상공회의소 로비스트는 노동법 개혁 반대 캠페인을 "성전聖戰"이라고 말했다. 노동법 개혁 공동행동위원회를 통해 기업 단체들은 일부 회원사가 노동조합과의 관계 악화를 우려해 정치적 행동을 꺼렸는데도, 놀라울 만큼 엄정한 단결력을 유지했다. 마지막으로, 시민권 운동 시절까지 뿌리를 거슬러 올라가는 완전고용 법안은 가까스로 통과되었으나, 기업계는 법안 내용을 철저히 약화시켜 실제 고용 정책에 별다른 영향을 미치지 못하게 만들었다.[38]

지미 카터Jimmy Carter 행정부 후반기에는 기업계가 완전히 주도권을 되찾아 공세에 나설 정도까지 이르렀다. 이들의 주요 목표는 바로 인플레이션 억제였다. 당시 미국 기업 지도부 사이에서는 "인플레이션은 노동자들이 지나치게 강력한 권력을 갖고 있기 때문이며, 인플레이션을 억제하려면 노동자의 힘을 꺾어야 한다"는 공감대가 형성되어 있었다. 이러한 목표를 달성하기 위해 기업계는 정부의 도움을 요청했다. 1979년, 지미 카터는 폴 볼커Paul Volcker를 연준 의장으로 임명하며 '인플레이션 통제'를 임무로 부여했다.[*] 당시 미국의 연간 인플레이션

---

[*] 폴 볼커는 1979년부터 1987년까지 연준 의장에 재임하며, 과감한 금리 정책을 통해 미국의 고高인플레이션을 억제하고 경제 안정에 기여했다.

은 10퍼센트를 넘었고, 1970년대 말에는 13퍼센트까지 치솟았다. 볼커는 기업계와 연결된 보수적인 은행가로, 노동·자본·정부위원회와 외교문제협의회에서 활동한 경력이 있었다. 그는 은행 지급준비율을 인상하고 금리를 역대 최고 수준으로 끌어올렸다. 그 결과 경제 활동은 크게 위축되었고, '볼커 쇼크Volcker Shock'가 시작된 1979년 10월 당시 6퍼센트였던 실업률은 1980년 7월 7.8퍼센트까지 급등했다. 이로 인해 미국 노동계급이 입은 피해는 심각했다.[39]

'볼커 쇼크'로 수많은 기업이 무너졌다. 1980년 2분기에는 기업 투자가 무려 31.4퍼센트나 급감했고, 1만 7,000여 개 회사가 파산했다. 그렇지만 자본가들은 고금리 정책을 꾸준히 지지하자는 내부의 엄격한 규율을 놀라울 정도로 지켜나갔다. 1980년 경제개발위원회 산하 인플레이션 소위원회는 회의를 열었고, 소위원장은 "기업 내부에 지속적이고 일관된 수요 관리를 지지하는 폭넓은 공감대가 형성되어 있다. 그 지지는 매우 강력하다"고 말했다. 소위원회가 작성한 보고서는 경기침체가 인플레이션과 싸우기 위한 필수적 대가임을 분명히 주장했다. 1983년, 대공황 이후 최악의 불황 속에서도 상공회의소와 전미제조업협회는 볼커의 연준 의장 재임명을 지지했다(다만, 높은 주택담보대출 금리로 큰 타격을 입은 전미주택건설협회는 그의 연임에 반대했다). 이처럼 기업계는 단기적으로 많은 고용주에게 큰 부담을 주는 상황에서도 놀라운 단결력을 보였다.[40] (주디스 스타인Judith Stein은 비즈니스 라운드 테이블이 볼커의 긴축 정책에 반대했다고 주장한다. 하지만 스타인이 인용한 이 조직의 회원 스탠턴 윌리엄스Stanton Williams의 증언은 이와 다르다. 윌리엄스의 증언을 보면, 그는 인플레이션을 장황하게 비판하며 '정부의 재정 긴축'을 촉구했지만 고

금리에 대해서는 어떤 비판도 하지 않았다.)[41]

1980년 로널드 레이건이 골드만삭스에서 베들레헴스틸에 이르는 기업계 연합의 지지를 받아 당선될 때, 기업계의 최우선 과제는 세법 개정이었다. 레이건의 첫 번째 주요 정책 과제인 세제 개혁 협상이 시작되자, 기업들은 법인세율의 대폭 인하를 강력히 추진했다. 동시에 잭 켐프Jack Kemp 같은 공급 측면 이론가들은 개인소득세의 대폭 삭감을 요구했다. 비즈니스 라운드 테이블과 같은 단체들은 대규모 감세가 재정적자에 미칠 가능성을 우려했지만, 이후 예산 삭감을 통해 세수 손실을 만회할 수 있다는 판단 아래 감세 법안을 지지했다.[42]

민주당 주도의 의회에서 레이건의 세제 개혁 법안 통과를 위한 노력이 본격적으로 전개되었다. 상공회의소는 적극적인 로비 활동과 대중 교육 캠페인을 펼쳤다. 백악관 참모들은 상공회의소를 "대통령 정책을 전면적으로 지지하는 조직 중 가장 적극적인 단체"로 평가했다. 기업 로비스트들의 비공식 조찬 모임은 상공회의소, 비즈니스 라운드 테이블, 여러 기업 단체 대표를 포함해 캠페인 전반을 조율하는 핵심 역할을 맡았다. 상공회의소 담당 매니저는 이러한 조율이 "기업계의 단합된 전선을 유지해 감세 패키지 법안을 통과시키도록 하기 위해" 필수적이었다고 설명했다.[43]

결국 세법 개정안은 통과되었고, 기업에 대한 실질 세율은 33퍼센트에서 16퍼센트로 크게 낮아졌다. 그러나 법안 통과 직후 기업 내부에 균열이 생기기 시작했다. 감세로 급증한 재정적자가 기업 공동체 내의 새로운 갈등을 불러왔는데, 그것은 재정적자 축소를 최우선으로 여기는 세력과 감세 유지를 더욱 중요하게 생각하는 세력의 대립이 주를 이루었다. 그런데 이 논쟁이 전적으로 기업계 내부에서만 벌어졌다는 사실이다. 다시 말해 "노동계와 진보세력은 정책 결정 과정에 전혀 참여하지 않았다. 유일한 쟁점은 어느 보수파가 지배할 것인지"였다.[44]

상공회의소와 레이건 행정부의 '세금 전쟁'

1981년 세법 개정으로 생긴 재정적자로 인해 기업계 내부의 통합이 한계에 다다랐다. 비즈니스 라운드 테이블과 전미제조업협회 같은 단체들은 군비 삭감부터 개인소득세의 연기 또는 폐지에 이르기까지, 기업에 부담을 지우지 않는 재정적자 축소 방안을 추진했다. 그러나 레이건 행정부는 이러한 정책들을 강력히 반대했다. 레이건 행정부가 감세 일부를 되돌리려 강경하게 나서자, 비즈니스 라운드 테이블 내 정책위원회조차 이를 수용할지 거부할지 의견이 갈렸다. 한편, 상공회의소는 어떤 세금 인상에도 반대하며, 레이건 행정부가 스스로 포기한 공급 측면 정책에도 끝까지 반대했다. 이는 리처드 레서가 이념적으로 절대적인 위치에 있었기 때문인 것으로 알려졌다. 하지만 상공회의소가 타협점을 찾지 못한 것은 미국 자본가 전체의 합의를 도출해야 하는 조직으로서 본질적인 딜레마를 겪었기 때문이다.

상공회의소의 세금정책위원회는 재정 확충을 위한 합의안을 여러 차례 시도했으나, 다수 회원의 반대로 번번이 실패했다. 상공회의소 세금정책위원회 담당자는 "타협안은 다른 어느 안보다 더 많은 반대를 일으켜 결국 포기할 수밖에 없었다. 확실한 합의 없이는 우리는 절대 움직이지 않는다"고 말했다. 이처럼 1981년 감세 법안에 긴밀히 협

력했던 상공회의소가 돌연 레이건 행정부에 반대하게 된 것은 이념적
순수성 때문이 아닌, 자본가 전체 합의를 도출하려는 조직의 구조적인
문제에서 비롯되었다.[45]

전체를 결속시키는 외부 위협이 없어진 탓에 자본가 계급의 통합은
크게 흔들렸다. 기본적으로, 상공회의소 같은 조직들은 기업 친화적인
레이건 행정부에서도 회원 유치를 제대로 하지 못했다. 1980년대 중
반에 이르러 상공회의소 회원 수는 다시 감소해 1985년에는 20만 명
아래로 떨어졌다. 한 고위 관계자는 "지난 6년 반 동안, 백악관에는 친
기업 정책에 반하는 법안에 모두 거부권을 행사하겠다고 공언한 대통
령이 있었다. 그렇다면 기업인들이 굳이 회원으로 가입해야 할 이유가
무엇인가?"라고 설명했다. 1970년대에 직면했던 여러 위협이 사라지
면서, 20세기 대부분의 미국 기업 단체를 특징짓던 분열과 무질서가
다시 나타났다.[46]

1981년 레이건의 감세 법안이 연방 예산에 큰 구멍을 내면서, 비
즈니스 라운드 테이블은 심각한 내부 분열을 겪었다. 이런 분열 탓에
1982년과 1986년의 세법 개정안에서 기업에 유리한 세제 혜택을 유
지하기 위한 실질적인 압력을 행사하지 못했다. 당시 레이건 행정부의
한 관리는 기업 로비 단체를 두고 "그들은 시야가 좁아 무너졌다. 오
직 단일하고 특별한 이익의 대표자로 자신을 규정하면서 오히려 집단
적인 힘을 제대로 인지하지 못했다"고 평가했다. 그렇지만 일부 쟁점
에 대해서는 명확한 행동을 이끌어낼 수 있었다. 대표적인 사례가 경
영진의 주식매수선택권을 실질적 비용으로 간주하도록 기업에 강제
하는 연방회계기준위원회의 새로운 규제였다. 비즈니스 라운드 테이

블은 즉각 대응에 나서, 이 위원회의 연구책임자를 그룹 내 회계원칙 태스크포스 의장과의 비공개 회의에 초대해 규제 반대를 주도했다. 미국 증권거래위원회 위원장은 이 문제에만 자신의 시간의 3분의 1가량을 할애해야 했으며, "수많은 기업인에게 끊임없이 협박과 설득을 당했다"고 나중에 밝혔다. 비즈니스 라운드 테이블은 이 사안에 대해서는 만장일치로 의견을 모았지만, 이는 기업 정치 활동이 얼마나 협소하고 편협해졌는지를 여실히 보여주는 사례였다.[47]

1990년대에 접어들면서 비즈니스 라운드 테이블은 쇠퇴했다. 세계무역기구 설립과 여러 자유무역협정 추진 같은 몇몇 핵심 성과도 있었지만, 이 단체의 영향력은 이전만 못했다. 1997년 『포천』은 비즈니스 라운드 테이블의 쇠퇴를 다룬 기사 「무너진 거인The Fallen Giant」에서 이 단체가 내부 합의를 이끌어내는 데 어려움을 겪고 있다고 지적했다. 같은 시기, 이 단체의 의장은 공격적인 캠페인을 위한 재원 마련 목적으로 회비를 3배 인상할 것을 촉구하는 성명서를 발표했으나, 이것은 오히려 역효과를 낳아 회원의 3분의 1가량이 이탈했다. 동시에, 1994년 이후 공화당이 의회 다수당이 되면서 비즈니스 로비 단체들은 공화당만을 전폭적으로 지지하도록 압박받는 상황이 벌어졌다.[48]

1990년대에 들어서면서 주요 기업 단체들은 1970년대 후반과는 매우 다르게 운영되었다. 이들을 결집시켰던 외부 위협이 사라지면서, 기업 조직은 20세기 대부분을 특징지었던 자신들이 필요할 때만 간간이 움직이는 방식으로 되돌아갔다. 이 시기 비즈니스 라운드 테이블은 감세와 사회보장제도 민영화 같은 기업 친화적 정책을 계속 추진했다. 그러나 대규모 동원을 촉발한 쟁점은 다시금 기업 지배 구조를 둘러싼 좁은 범위의 문제였다. 이번에 불거진 문제는 도드 프랭크Dodd Frank 금융개혁법의 조항 중 주주들이 기업 이사회에 다른 이사를 더 쉽게 선출할 수 있도록 하는 내용이었다. 비즈니스 라운드 테이블은 신속히 대응에 나섰다. 존 카스텔라니John Castellani 대표는 "이 문제가 우리의 최우선 과제다. 문자 그대로 모든 회원이 이 문제로 연락해왔다"고 말했다.

2008년 금융위기 이후, 이러한 동원 노력에도 해당 조항은 도드 프랭크 법안의 일부로 통과되었다. 하지만 비즈니스 라운드 테이블과 상공회의소는 소송을 제기했고, 결국 해당 규정을 삭제하는 데 성공했다. 사회과학자들은 비즈니스 라운드 테이블이 주주 감독에서 경영진의 자율성을 보호하는 데 성공한 이 사건이 미국 상장기업 가치에서 약 700억 달러의 손실을 초래한 것으로 추정했다. 다시 한번 비즈니스 라운드 테이블의 정치 활동은 정책 내에서도 가장 협소하고 제한적인 쟁점에 집중되었음을 보여주었다.[49]

한편, 상공회의소의 변화 과정은 비즈니스 라운드 테이블보다 훨씬 더 특이했다. 앞서 언급했듯 레이건 행정부 시기 상공회의소는 재정적자 문제로 심각한 내분을 겪었으며, 합의를 중시하는 의사결정 절차 때문에 구체적인 해결책을 내놓지 못했다. 미국 정치학자 마크 스미스Mark Smith는 이 시기 상공회의소의 의사결정 과정을 다음과 같이 설명한다.

"이 조직은 아마도 회원들을 의사결정에 반드시 포함시키지 않으면 존속할 수 없었을 것이다. 다양한 회원을 심의 과정에 참여시켜 입장을 정함으로써, 상공회의소는 일부 회원들의 반대에 부딪히는 주장을 피할 수 있었다. 회원의 참여는 상공회의소가 기업계 내부에서 합의가 있을 때에만 행동하도록 하는 데 기여한다. 설령 상공회의소 구성원 전체와 대규모 협의 없이 결정을 내려야 하는 경우라도 정책위원회, 이사회, 직원들은 이용 가능한 정보와 관례를 활용해 기업 공동체 전반에서 지지를 얻을 공통분모를 찾는다."[50]

서로 으르렁거리며 다투는 분열된 집단

이러한 절차는 점점 더 분열적인 미국 기업 환경에서 상공회의소를 불리한 위치에 놓이게 했다. 1990년대 초, 상공회의소의 예산은 실질 가치로 40퍼센트 이상 감소했고, 회원 수도 1980년대 초에 비해 급격히 줄어들었다. 빌 클린턴Bill Clinton의 헬스케어 개혁 법안을 둘러싼 논쟁에서 상공회의소가 얼마나 다각도의 압박을 받고 있었는지 잘 드러난다. 한편으로 상공회의소는 클린턴의 법안에 영향을 미치기 위해 일찍부터 '헬스케어 개혁 프로젝트'에 대한 지지를 공식적으로 선언했다. 그러나 다른 한편, 공화당은 뉴트 깅그리치의 강력한 리더십을 바탕으로 상공회의소에 무조건 따르라고 압박했다. 공화당 하원 원내대표 존 베이너John Boehner는 상공회의소 지도부에 클린턴이 찬성하는 모든 것을 무조건 반대하라고 말하기도 했다.

실제로 상공회의소는 공화당의 압력에 밀려 클린턴의 헬스케어 개혁 법안 지지를 철회하고 새 로비스트를 보내 베이너에게 사과의 뜻을 전했다. 동시에 소상공인을 대표하는 전미자영업연맹과의 경쟁에도 직면했다. 미국 정치이론가 조지 윌리엄 돔호프는 전미자영업연맹이 사실상 진짜 '기업 단체'가 아니라고 강조한다. 이 단체는 처음부터 기업에 회원권을 판매하는 '영리회사'로 설립되었고, 1960년대 후반 비영리단체로 재등록했지만 여전히 '세일즈 모델'이 지배적이었다. 1990년대 초 기준으로 직원 800명 중 600명이 회원 모집 영업사원이었으며, 1990년대 초 이후 전미자영업연맹은 공화당과 매우 긴밀한 관계를 맺었다. 여러 근거에 따르면, 이 단체는 실제 사업 단체라기보다는 '공화당과 결탁한 로비 회사'로, 소상공인들에게 회원권을 판매하는 데 주력했다.[51] 1990년대 상공회의소가 전미자영업연맹에 대규모로 회원을 빼앗긴 것은 상공회의소의 취약함과 조직의 분열을 여실히 보여준다. 한 상공회의소 관계자는 이렇게 말했다. "우리는 현장에서 전미자영업연맹에 완전히 밀리고 있었다. 이 문제는 결국 시장점유율과 경쟁 문제와도 직결되었다." 결국, 상공회의소는 해당 법안에 반대하는 쪽으로 선회했다.[52]

1990년대 후반 리처드 레셔가 은퇴한 후, 미국 상공회의소 회장은 미국트럭운송협회 전前 대표이자 1970년대 상공회의소의 풀뿌리 조직인 시티즌스 초이스를 관리하던 토머스 도너휴Thomas Donohue로 교체되었다. 도너휴는 상공회의소 활동을 위한 새로운 모델을 찾아냈다. 자유지상주의 성향 싱크탱크인 카토연구소 주변의 네트워크와 연계되어 코크 형제에게서 자금 지원을 받는 '건전한 경제를 위한 시민들Citizens for a Sound Economy'의 방식을 따랐다. 이 단체는 기부금을 활용해 반대 여론이 예상되는 사안에 대해 로비하는 독특한 사업 모델을 개척했다. 도너휴 체제에서 상공회의소도 이 모델을 채택했다. 다양한 기업의 합의를 모색하기보다는, 가장 많은 금액을 후원하는 기업에 상공회의소의 자원을 지원하는 방식이었다. 형식상 무역협회로 운영되면서, 브랜드 이미지에 타격을 줄 반대 여론이 큰 사안들을 밀어붙일 수 있도록 기업을 보호하는 데 집중했다. 기업의 기부금은 비밀에 부쳐졌고, 상공회의소 소속 로비스트와 변호사가 직접 활동에 나섰다. 도너휴는 이 모델의 목적을 분명히 밝히며 "그들의 모든 책임 회피를 완벽히 보장해주고 싶다"고 자랑했다.[53]

이 새로운 사업 모델은 1990년대 가장 중요한 정치적 발전의 이면에 숨어 있던 담배산업에 시범 적용되었다. 빌 클린턴 행정부의 식품의약국의 압박에 대응할 새로운 전략이 필요했기 때문이다. 담배회사들은 의회에서 논의 중이던 새로운 담배세 관련 법안과의 싸움에서 상공회의소에 도움을 요청했다. 상공회의소는 해당 법안을 무산시키기 위해 전방위로 노력했다. 필립모리스는 1998년 한 해에만 20만 달러 이상을 상공회의소에 쏟아부었다. 상공회의소가 해당 법안에 반대하는 대규모 광고를 내보내고, 국회의사당에서 반대 로비를 지속적으로 펼치자, 다른 담배회사들도 이들의 성공적인 활동에 주목하며 자금을 지원했다. 결국 상원은 법안을 막아냈고, 이제는 '조직'이라 부를 수 없는 새로운 형태의 기업 옹호 모델이 탄생했다.[54]

이후 15년 동안 상공회의소는 여러 산업 분야에 '이미지 세탁' 서비스를 제공했다. 2000년 포드·파이어스톤Ford Firestone 리콜 사태를 계기로 의회가 새로운 자동차 안전 규제를 검토하자, 제너럴모터스·도요타·포드·크라이슬러 등은 경영진에 대한 형사처벌 조항을 법안에서 제외시키기 위해 50만 달러 이상의 로비 자금을 쏟아부었다. 제약회사 11곳은 처방약 가격 인상 관련 상공회의소의 캠페인에 각각 100만 달러 이상을 지원했다. 하지만 이 모든 금액은 2009~2010년 보험업계가 상공회의소에 제공한 막대한 자금에 비하면 새 발의 피였다.

2009년 미국건강보험협회는 상공회의소에 8,620만 달러를 기부했는데, 이는 상공회의소 연간 예산의 42퍼센트에 상당하는 액수였다. 이 로비 자금 덕분에 보험업계는 겉으로는 '헬스케어 개혁 법안 지지'를 내세우면서도 실제로는 상공회의소를 통해 '공공보험'이나 보험업계에 실질적 규제를 가하는 모든 정책을 강력하게 반대하는 캠페인에 자금을 지원할 수 있었다. 이 과정 내내 토머스 도너휴는 상공회의소가 특정 정치적 사안에 개입하는 결정과 기부금은 아무 관련이 없다고 언론에 반복 주장했다. 하지만 상공회의소는 책임 회피를 위한 명분을 너무 쉽게 '판매'한 나머지, 정작 자기 자신을 위한 명분은 남겨두는 것조차 잊어버린 듯했다.[55]

레이건 행정부 이후 30년 동안 미국 기업계의 정치적 행동 방식은 극적으로 변했다. 뉴딜 자유주의의 잔재를 무너뜨리기 위한 단합된 투쟁은 끝났고 기업은 승리를 거두었다. 그러나 그 승리는 바로 그런 단합을 가능하게 했던 조건을 약화시켰다. 이제 미국 정치권에서 의심할 여지없이 지배력을 행사하게 된 기업들은 1970년대에는 사소해 보였던 것들에 의해 분열되었다. 이들은 다시금 "서로 으르렁거리며 다투는 분열된 집단"이 되었다. 자본의 승리 이후 이어진 정치경제적 변화는 이들의 단결력을 약화시켰다.

이런 새로운 환경에서 미국 기업계의 주요 조직들은 이전과 같은 방식으로 운영될 수 없게 되었다. 이제 기업 전체의 이익을 도모하지 않았고, 합의를 추구하는 일도 그만두었다. 그 대신, 기업 내 각기 가장 작고 편협한 이해관계에 집착했다. 예를 들어, 담배산업의 책임 회피를 돕거나 기업 경영진의 자율성을 지키기 위해 온 힘을 다했다. 이러한 노력에서 우경화하는 공화당은 수익성 높은 파트너였다. 공화당 우파는 기업 비리에 대한 실질적인 처벌에 반대하고, 대담한 세금 삭감을 지지하며, 노동조합과 규제에 대한 지속적인 적대감을 지닌 판사를 임명하는 싸움에서 믿음직한 방패가 되어주었다. 미국 사회학자 리처드 래크먼Richard Lachmann이 지적한 미국 기업의 '자급자족적' 성향은 더욱 보수화하는 공화당과 완벽하게 맞아떨어졌다.[56]

　자본주의 민주국가의 관점에서 볼 때, 미국의 정당은 사실상 '존재하지 않는' 것과 다름없다. 미국 정당에는 회원 명부도 없고, 정강政綱 또한 후보 지명 이후에야 대체로 정해진다. 무엇보다 후보 지명 과정 전반을 통제할 권한이 정당에 거의 없다. 그래서 공화당이 자원을 전혀 투입하지 않는 민주당 우세 지역구에서 홀로코스트 부정론자가 공화당 예비선거에서 승리하는 일이 종종 벌어지고, 강경 보수 지역구에서 라루슈 컬트LaRouche Cult* 신봉자가 민주당 후보로 지명되는 일도 드물지 않다. 이런 경우 정당은 해당 후보를 공개적으로 비난하기는

---

* 　라루슈 컬트는 1970~1980년대 미국에서 활동한 정치 집단으로, 린든 라루슈Lyndon LaRouche가 이끌었다. 이들은 민주당 후보 경선에 여러 차례 출마했으며, 극우 음모론과 급진적인 주장을 펼쳐 '컬트'로 평가받는다.

하지만, 후보가 자기 정당 소속으로 출마하는 것 자체를 막을 권한은 없다.[1]

미국 정당의 '실질적 부재' 때문에 공화당의 보수적 정치 거물들과 공화당의 전통적 후원자인 기업계가 자주 충돌한다. 정당 내부의 반란 세력을 포용하고 나아갈 방향을 제시할 정당 지도부가 없는 탓에, 1980년대 이후 공화당은 여러 차례 우경화를 경험했다. 이로 인한 결과는 1990년대 뉴트 깅그리치가 주도한 연방정부 셧다운 사태부터 2021년 1월 6일 국회의사당 점거 사태 이후 실패로 끝난 기업계의 '공화당 보이콧'에 이르기까지 다양하다. 이러한 정당의 취약성에는 가까운 원인과 역사적으로 뿌리 깊은 원인도 있다. 제2장에서는 미국에서 정당이 힘을 잃게 된 오래된 배경과 함께, 제2차 세계대전 이후 오늘날의 '속 빈' 정당으로 변모하기까지의 과정을 상세하게 추적하고자 한다.

이념적으로 모호한 정당들

미국 헌법을 만든 사람들은 새로 세운 나라에 정당이 생기는 것을 원하지 않았다. 건국의 아버지들은 18세기 초 영국의 정치사상을 계승해 현재 정부에 조직적으로 반대하는 정치세력, 즉 야당에 대해 모호한 태도를 보였다. 이런 세력이 내전의 씨앗이 될지 모른다고 걱정했기 때문이다. 물론 모든 국민이 투표할 수 있는 정치체제에서는 정당이 생기는 것이 불가피했기에, 조지 워싱턴George Washington 행정부에 반대하는 세력이 곧바로 조직적으로 결집했다. 이들은 스스로 '민주공화당Democratic Republican'이라 부르며 '세계 최초의 현대적인 정당 조직'을 세웠다. 이 정당은 입법자들과 정부 밖 인사들을 포함해, 당원과 지지자의 활동을 조율하는 조직망을 갖추었다. 하지만 민주공화당이 현대적인 정당 조직과 비슷한 체계를 만들었어도, 1776년 미국독립혁명 이후에는 진정한 의미의 정당 시스템이 제대로 형성되지는 못했다. 연방당Federalist Party은 1800년 대선에서 패한 뒤 당 조직이 많이 약해졌고, 1810년대 중반까지 민주공화당이 연방당의 남은 세력들을 흡수하며 사실상 일당 체제로 자리 잡았다.[2]

1820년대에 들어서면서, 1819년에 시작된 경기침체의 영향으로 일당 체제는 붕괴되고, 미국 역사상 최초의 대중정당이 등장했다. 앤드루 잭슨Andrew Jackson은 연방당 세력과 재편된 내셔널공화당National Republican에서 버림받은 그룹을 대표해, 뉴욕주 올버니의 정치인 마틴 밴 뷰런Martin Van Buren과 힘을 합쳐 민주당Democratic Party을 창당했다. 민주당은 관직과 일자리를 제공하는 후원 제도[*]를 활용해 대중적인 선거 기반을 마련하고, 과거 어느 정당보다도 광범위하게 당 조직을 구축했다. 잭슨의 상대 세력은 휘그당Whig Party이었는데, 휘그당은 항상 민주당의 강력한 대항마로 남았고, 민주당과 마찬가지로 대중정당의 형태를 유지했다.[3]

이 정당들은 학자들이 '제2정당제'라고 부르는 체제를 형성했는데, 세계 역사상 최초의 대중정당이기도 했다. 이 시기에는 투표율이 70퍼센트에 육박할 정도로 매우 높았다. 그런데 강력한 조직력을 갖추었지

만, 이념적으로 뚜렷한 구별은 없었다. 그것은 의도된 결과였다. 미국 정치학자 스티븐 스코로넥Stephen Skowronek은 다음과 같이 지적했다.

"대륙 전체에서 경쟁하는 두 개의 정당, 즉 전국 단위 양당제의 개념은 미국에서 처음 고안되었다. 단순히 국가 정부 안의 파벌주의를 피하기 위한 것뿐만 아니라, 국가 전체를 아우르는 종합적인 정치 프로그램을 회피하려는 방책이기도 했다. 포괄적인 정책 프로그램은 지역 간 분열을 오히려 부추기고 국가 통합을 위협했을 것이다. 이러한 정당들은 시민과 정부 사이에 명확한 정책적 연결고리를 제시하지는 않을지라도, 극도로 분권화된 국가와 파벌로 나뉜 사회를 하나로 묶는 역할을 하게 될 것이다."[4]

물론 이 시기에도 당파 간 갈등이 없었던 것은 아니다. 내륙 개발 사업부터 '국가은행' 문제에 이르기까지 다양한 이슈를 둘러싸고 격렬한 논쟁이 벌어졌다. 그러나 이러한 혼란 속에서도 이념적 양극화는 심하지 않았다. 첫째, 어떤 정당도 노예제와 자유노동 중 어느 한쪽에 관해 확고한 입장을 내놓지 못했다. 양당 모두 북부와 남부 지역의 지지층을 포함하고 있었기 때문이다. 미국·멕시코 전쟁(1846~1848년) 이후 노예제 문제가 불가피하게 부각되면서, 당내 지역 간 분열이 정당의 분열보다 훨씬 더 중요해졌다. 둘째, 각 당이 내세운 일관된 세계관을 보면, 민주당은 근대 자본주의 발전을 우려했고, 휘그당은 보통선거를 걱정했다. 하지만 1840년대에 접어들며 자본주의 발전과 선거권 확대가 되돌릴 수 없는 변화임이 명확해지면서, 양당의 의견 차이는 차츰 줄어들었다. 마지막으로, 실제 투표 행태를 살펴보면 제2정당제 시기 (1828~1854년)에는 의원들이 당파에 따라 투표하는 경향이 남북전쟁 이후 19세기 후반보다 적었다(남북전쟁 이후에는 이념적 분열과 당파성이 더 강해져 의원들의 당파적 투표가 더욱 빈번해졌다). 이처럼 당시 정당들은 조직적으로 튼튼했고 지역 엘리트와 동맹에 의해 단결되어 있었지만, 이념적으로는 매우 취약했다.[5]

이런 정치 구도는 이후 약 100년 동안 미국 정치를 규정했는데, 1850년대부터 1870년대까지의 공화당은 예외였다. 휘그당의 붕괴 속에서 탄생한 공화당은 남북전쟁 이전 정당들이 갖춘 강력한 조직력을 노예주의 권력에 맞선 이념적 투쟁과 결합했다. 도망노예법(1850년), 캔자스·네브래스카Kansas·Nebraska 법[*], 드레드 스콧Dred Scott 판결[**] 등이 노예주와 자유주의 경계를 무너뜨리면서 공화당은 점점 급진적으로 변해갔다. 당시 국무부 장관이었던 윌리엄 수어드William Seward가 말했듯이, 공화당은 '노예 소유 계급이 미국을 독점적으로 지배할 것인가?'라는 문제를 핵심 의제로 삼았다. 노예제 반대는 공화당의 핵심 이념이었고, 구체적으로는 노예제 폐지를 정책 목표로 삼았다. 이것이 에이브러햄 링컨Abraham Lincoln의 대통령 당선을 이끌었으며, 1861년 링컨은 남부의 분리 독립 선언에도 타협하지 않고 자신의 입장을 고수했기에 남북전쟁이 일어났다. 전쟁 중과 전쟁 이후 공화당은 노예제 폐지를 추구하는 더욱 급진적인 정치세력으로 변모했다. 초기에는 분리 독립한 남부의 노예 해방을 주장했고, 이후 전면적인 노예 해방과 흑인

---

[*] 1854년 미국 캔자스와 네브래스카 두 지역에서 토지 개발과 노예제 인정 여부를 스스로 결정하도록 한 법률이다.

[**] 1857년 미국 연방대법원이 자유 신분 확인을 위해 소송을 제기한 흑인 노예 드레드 스콧의 주장을 각하한 판결이다.

남성에게 투표권을 부여하는 방향으로 나아갔다.[6]

　남북전쟁이 끝난 뒤, 전쟁 이전에 나타났던 강한 조직력과 이념적 모호성이라는 정치적 패턴은 오히려 더 뚜렷해졌다. 미국 사회학자 윌리엄 에드워드 버가트 듀보이스William Edward Burghardt Du Bois가 '재산 소유 계급의 반혁명'이라고 부른 이 현상은 공화당에서 노예 해방과 흑인 권리 신장이라는 정치적 이념을 없애는 결과를 낳았다. 이에 따라 공화당 내에서 전쟁 이전에 보였던 열정은 점차 약해졌다. 이러한 변화가 나타난 주요 원인은 흑인 투표권에 대한 지지가 급격히 줄어든 데 있다. 남북전쟁 이후 북부에서 노동계급의 투쟁이 격화되면서, 북부 자본가들은 재산이 없는 흑인들의 투표에 기초한 정부가 남부에서 얼마나 신뢰받을 수 있을지 의문을 품었다. 북부 노동조합의 부상에 대응하기 위해서는 흑인과 백인, 북부와 남부를 아우르는 '위험한 계급'에 대한 공세가 필요했다.

　이러한 분위기는 뉴욕 부르주아지의 대변지 역할을 한 『더 네이션 The Nation』 창립자 에드윈 로런스 고드킨Edwin Lawrence Godkin이 쓴 「사우스캐롤라이나의 사회주의」라는 글에서도 드러난다. 고드킨은 사우스캐롤라이나 주정부가 "재산 소유자들을 약탈하기 위해 존재한다"고 주장했는데, 재산이 없는 흑인 다수가 재산을 가진 백인들에게 지속적으로 세금을 부과했기 때문이다. 고드킨은 백인들이 외부 간섭 없이 스스로 정치해야 하며, 그래야만 자신들을 '억압'한다고 여긴 흑인들을 전복할 수 있다고 주장했다. 고드킨과 고드킨이 대변하는 계급에 재산이 없는 이들이 재산을 가진 이들의 이익에 반하는 법률을 제정하는 남부의 상황은 용납할 수 없었고, 사회주의의 그림자가 드리우기 시작한 이 시기에는 더욱 그러했다. 1880년 즈음, 공화당은 노예제 폐지와 흑인 권리 신장을 핵심으로 삼았던 초기 민주주의의 이상을 거의 완전히 잃었다. 노예제 폐지 운동의 선구자이자 초기 공화당의 주요 후원자였던 게릿 스미스Gerritt Smith가 사망하자 『뉴욕타임스』는 "도덕 정치의 시대가 끝났다"고 평가했다.[7]

이러한 변화로 형성된 정치 시스템에서는 정당이 조직적으로는 강력했지만 이념적으로는 뚜렷한 구별이 없었다. 민주당은 남부의 토지 소유 계급과 북부 도시의 이민자들이 연합한 정당으로 남았다. 19세기 후반 한 평론가의 표현을 빌리면, "부엉이, 방울뱀, 프레리도그prairie dog, 도마뱀 등이 한 구멍에서 공존하는 프레리도그 마을의 행복한 가족"처럼 서로 이질적인 집단들의 느슨한 동맹이었다. 반면 공화당은 대기업과 오래전부터 미국에 정착한 백인 노동자들이 중심이 된 정당으로 자리 잡았다. 그러나 실제로 두 정당 모두 노동자 계층의 이익보다는 기업의 이익에 더 집중했으며, 대기업의 여러 부문에 특혜를 분배하는 역할을 수행했다.[8]

20세기 초가 되자 미국 정치에서 '기본 원칙 부재'에 대한 비판이 미국과 유럽에서 공통적으로 제기되었다. 당시 정치학자였던 우드로 윌슨Woodrow Wilson은 정당들 사이의 차이가 불분명해 유권자들에게 명확한 선택권을 제공하지 못하며, 이로 인해 민주주의의 질이 저하된다고 주장했다. 독일 사회학자 막스 베버Max Weber도 이에 동의하면서, 미국에서는 "헌법 해석을 둘러싼 과거의 갈등이 사라지고, 정당들이 단지 직업 정치인의 집단으로 전락해 목표와 정강을 자주 바꾸며 유권자의 지지를 좇기만 한다"고 지적했다. 많은 사람이 정당 개혁의 필요성에는 공감했지만, 이러한 노력만으로는 미국 정치가 보여주는 '정책 부재'의 특성을 근본적으로 개선하기 어렵다는 점에도 대체로 동의했다.[9]

예비선거가 정당 약화에 미친 영향

1896년 대선을 기점으로 미국 정치는 새로운 시대로 접어들었다. 이 선거에서 윌리엄 매킨리는 미국 대기업 대부분을 공화당 편으로 끌어들여 윌리엄 제닝스 브라이언William Jennings Bryan을 꺾었다. 한편, 남부에서는 짐 크로Jim Crow 체제[*]가 구축되어 공포를 기반으로 하는 민주당의 일당 지배가 나타났다. 이렇게 형성된 정당 시스템을 '제4정당제' 또는 '1896년 체제'라고 부르는데, 이 체제에서 민주당은 주로 남부를 지배했고 공화당은 북부 대부분 주를 장악했다. 1896년부터 1932년까지 약 36년간 이어진 이 같은 정치체제에서 공화당이 28년 동안 백악관을 차지했다.[10]

대부분의 주州가 사실상 일당 정치로 변하면서, 기존 정당에 도전하는 세력들 사이에서 새로운 정치적 경향이 나타났다. 즉, 기존 정당 후보 명부에 이름을 올려 선거에 출마하기보다는 정당 자체를 비판하고 공격하는 방식으로 기존 권력을 몰아내고자 했다. 이러한 권력투쟁은 북부 상류층 사이에서 민주주의에 대한 회의감과 맞물리며 강력한 개혁 추진력을 몰고 왔다.[11]

개혁은 두 가지 기본 유형으로 나뉜다. 하나는 정당이 선거에서 승

---

[*] 미국의 남부 11개 주에서 제정한, 공공장소에서 백인과 흑인의 분리를 강제한 법이 시행되면서 '짐 크로 체제'가 확립되었다.

리한 후 행사할 수 있는 권한을 제한하는 개혁이고, 또 하나는 선거 방식 자체를 바꾸는 개혁이다. 19세기 후반과 20세기 초, 가장 큰 불만은 잭슨파가 시작한 '현직자 밀어주기'였다. 정당은 관직 배분을 통해 지지자들에게서 상당한 충성심을 확보할 수 있었다. 이를 막기 위해 도입된 '공무원 임용 개혁'은 정치적 인사 임명을 능력주의 시스템으로 대체하는 것으로, 정당 권력에 맞서는 강력한 수단으로 인식되었다. "능력주의 제도는 당파주의를 근절하는 데 도움이 될 것이다." 부패를 줄이기 위해 고안된 또 다른 개혁으로는 주민들이 직접 선출해오던 시장과 시의회를 전문 행정가인 시 관리자와 시 위원회 같은 임명직 또는 간접 선출 기관으로 대체하는 방식이 있었다. 개혁가들은 선거 승리에 따른 보상을 줄이면 정당 자체의 힘이 약해지고 결국 사라지리라 예상했다.[12]

이 시기 또 다른 유형의 개혁은 선거 진행 방식과 관련되어 있었다. 그 방법은 특정 선거를 비정파적으로 전환해 정당을 선거 과정에서 완전히 배제하는 것이다. 그러나 가장 영향력 있고 광범위하게 도입된 개혁은 '직접 예비선거'였다. 19세기 중반부터 정당은 여러 주에서 당 간부가 후보를 지명하는 대신 예비선거를 통해 공직 후보를 선출해왔다. 1890년대에는 이 예비선거 제도가 남부 전역으로 빠르게 확산되었는데, 이는 수정헌법 제15조를 우회하려는 목적이 컸다. 주정부는 흑인 유권자들의 일반 선거 참여를 법적으로 금지할 수 없었지만, 정당 입당 자격에서 흑인을 제외해 예비선거 투표 참여를 막을 수 있었기 때문이다. 20세기 초에는 진보주의 개혁가들이 모든 주정부의 공직 선거에 예비선거를 의무화하는 법률을 통과시켰다. 1903년에 위스콘신주에서 예비선거를 의무화한 법이 처음 제정된 이후, 1917년까지 미국 주의 4분의 3 이상이 이 제도를 법률로 강제했다.[13]

개혁가들의 기대와는 달리, 이러한 일련의 개혁으로 정당의 힘이 곧장 약해지지는 않았다. 하지만 장기적으로 보면, 이 변화로 정당의 영향력뿐만 아니라 투표율도 감소했다. 당파 색채가 배제된 선거는 투표율을 약 20퍼센트까지 떨어뜨린 것으로 나타났다. 또한, 예비선거 제도는 선거 경쟁을 약화시키는 결과를 낳았다. 기존 정당에 맞서던 도전자들이 당 외부에서 싸우는 대신 당 내부에서 경쟁하도록 변했기 때문이다. 이처럼 정당들끼리의 경쟁이 줄어들면서 선거 참여도 함께 감소했다. 결국 19세기 말 최고 수준에 달하던 투표율은 1920년 대선에서 50퍼센트 이하로 떨어졌으며, '투표자가 사라졌다'는 말이 생겨날 정도로 전국적인 논쟁거리가 되었다. 이에 대해 신문과 잡지들은 왜 국민들이 투표를 외면하는지 그 원인에 대해 치열한 논쟁을 벌였다.[14]

정당 자체의 쇠퇴는 투표율 감소보다 더 느리게 진행되었지만, 예전과는 다르다는 사실은 명확해졌다. 1950년대에 정치학자들은 '원로 정치인들'이 '정당 조직의 붕괴'를 안타까워하는 모습을 흔한 고정관념으로 받아들였다. 특히 미시간주나 캘리포니아주처럼 전통적으로 정당 세력이 약했던 지역에서는, 당파 색채가 배제된 선거로 인해 지역 정당 조직이 거의 사라졌다. 1930년대에는 시 직원의 약 60퍼센트가 '공무원 임용 기준'을 적용받기 시작하면서, 일자리와 관직을 통해 충성을 확보하던 지역 정당의 후원 제도가 힘을 잃었다. 1940년대 초반이 되면, 리처드 데일리Richard J. Daley가 이끌던 시카고 민주당의 거대 정당 조직인 '데일리 머신Daley machine'과 같은 일부 사례를 제외하고 이른바 '머신 정치machine politics'[*] 시대가 막을 내리고 있음을 분명히 알 수 있었다.[15]

'직접 예비선거'의 효과는 시간이 지나면서 본격적으로 나타났다. 단기적으로는 이 제도가 정당의 중요한 여러 기능을 실질적으로 빼앗아갔다. 19세기 정당이 수행하던 주요 역할, 즉 전당대회 개최, 정강 마련, 다양한 요소를 반영한 균형 있는 후보 선정 등이 예비선거 제도 도입으로 사라졌다. 장기적으로는 예비선거가 정당 중심 체제에서 후보 개인 중심 체제로 전환을 촉진했다. 미국 정치학자 볼디머 올랜도 키 주니어Valdimer Orlando Key Jr.는 이 과정을 다음과 같이 설명했다.

"직접 예비선거의 도입은 정당 조직을 점차 분열시키는 교란 세력에 문을 열어주었다. 개별 정치인이 정당 구성원들에게 더 직접적이고 효과적으로 호소할 수 있게 되면서, 예비선거 제도는 정당 조직의 해체를 촉진하는 동기를 제공했다. 이로 인해 개별 지도자들의 야심에 따라 형성되는 파벌과 패거리가 쉽게 등장하게 되었다."[16]

예비선거 도입 이후 이러한 영향을 곧장 체감할 수는 없었다. 그러나 TV 광고의 등장으로 예비선거가 정당 약화에 미친 영향은 두 가지 측면에서 더욱 심해졌다. 첫째, TV 광고 덕분에 후보자들은 정당이라는 중개자 없이 자신의 메시지를 유권자들에게 직접 전달할 수 있게 되었다. 둘째, 선거운동에서 '노동력'보다 '자금'의 중요성이 커지면서 후보자들의 정당 의존도는 확연히 줄어들었다. 본래 정당은 조직적인 인력 동원과 현장 활동이라는 노동력에서 커다란 장점이 있지만,

---

* '머신 정치'란 권위 있는 보스 정치인을 중심으로 조직된, 후원과 충성을 기반으로 한 정치 조직과 체계를 말한다.

TV 광고로 후보자들이 유권자에게 다가가는 데 필요한 노동력을 '돈'으로 대체할 수 있게 되었다. 그 결과, 후보자들은 점차 정당에서 독립적으로 움직이기 시작했다. 1970년대에 이르면 예비선거와 새로운 선거 제도가 결합함으로써 "미국 정당이 20세기 내내 다른 민주주의 국가의 정당과 달라지고, 역사적으로 정당 중심이었던 미국 정치가 정당 중심에서 점차 멀어지는 변화"를 불러일으켰다.[17]

민주당과 공화당의 이념적 분열

'진보 시대(1890년대 후반~1920년대 초반)'의 개혁은 미국 지역 정당의 구조와 기능을 바꿔놓았다. 1930년대까지 사실상 전국 정당은 존재하지 않았고, 지역별 정당 조직이 정치의 중심이었다. 개혁을 통해 정당의 핵심 기능이 제거되고 활동 범위가 크게 제한되었으며, 정당을 지탱하던 자원에 대한 접근도 차단되었다. 이러한 개혁은 산업화 시대 민주주의에 대한 불신에서 비롯된 것으로, 결과적으로 미국 정치체제를 훨씬 덜 참여적으로 만들었고 정당의 역할을 축소시켰다.

진보주의 개혁에도 미국 정당의 '이념적 일관성 부족' 문제는 오히려 깊어졌다. 예컨대, 공화당의 시어도어 루스벨트Theodore Roosevelt와 민주당의 우드로 윌슨은 서로 다른 당에 속했지만, 대통령이 주도하는 진보주의라는 유사한 개혁 노선을 따랐다. 제4정당제는 전국 곳곳에 여러 일당 독점 지역을 형성하며 정당의 이념적 차별성을 희석시켰다. 이 체제는 뉴딜 시기 대공황을 거치며 무너졌다. 이후 정당 조직은 약해졌지만, 이념적으로는 점차 통합되어갔다. 아이러니하게도, 당파 간 이념적 통합을 위한 노력들이 오히려 정당 조직 약화에 결정적인 역할을 했다. 이렇게 진보주의 개혁으로 시작된 정당 약화 과정은 결국 뉴딜 시기에 마무리되었다.

뉴딜로 제4정당제는 종식되었다. 북부의 일당 독주는 무너지고, 1960년대 후반까지 민주당이 '정부의 기본 정당'으로 자리 잡았다. 이 과정에서 먼저 민주당에 이어서 공화당의 당내 구조가 바뀌었고, 양당 모두 이전과는 완전히 다른 모습의 조직으로 탈바꿈했다. 뉴딜 개혁으로 노동운동, 특히 산업별노동조합회의를 중심으로 한 세력이 민주당에 포섭되었다. 그 결과, 선진 자본주의 국가들에서 사회민주주의를 만들어낸 바로 그 힘이 미국에서는 민주당이라는 하나의 정당으로 모였으며, 그 안에서 미국 역사학자 마이클 케이진Michael Kazin이 '이름조차 내세우지 못하는 미국식 사회민주주의'라고 부른 비전을 실현하려고 시도했다. 한편, 이러한 흐름에 반대하는 세력들은 자연스럽게 공화당으로 결집했다. 이로써 미국 정치에서는 남북전쟁 이전 시기인 앤터벨룸antebellum 이후 처음으로, 정당들 사이에 뚜렷하고 포괄적인 이념적 분열이 형성되었다.[18]

뉴딜로 인한 정당 재편은 서서히 진행되었다. 1930년대부터 1960년대까지는 이행기였다. 민주당은 당시 미국식 사회민주주의 세력과 미국 정치에서 가장 반동적이라 할 수 있는 남부의 농업 지배계급을 동시에 품고 있었다. 이 둘 사이에는 전후 자유주의자들이 있었는데, 대체로 이들이 당을 이끌었다. 반면 공화당에는 완강하고 반동적인 뉴딜 반대자들과 루스벨트 행정부가 만든 제도적인 틀 속에서 타협을 모색하던 기업가 세력이 함께 있었다. 이념적으로 일관된 정당 시스템이 싹

텄지만 아직 완전히 실현되지 않은 상황은 양당 세력에 정당 재편을 완수하려는 동기가 되었다. 민주당 내 자유주의 세력은 일찍부터 남부 보수파를 적으로 규정하고, 1940년대 이후에는 이들을 당에서 축출하거나 그렇게 하지 못할 경우 결정적으로 힘을 약화시키는 데 주력해왔다. 공화당에서는 민주당만큼 격렬하지는 않았으나, 1940년대 후반부터 아이젠하워 행정부 기간 내내 보수진영과 온건파 사이에서 갈등이 커졌다. 민주당 내 자유주의 세력이 보수세력을 무너뜨리고 소외시키는 데 성공한 시기는 1960년대였다.

그런데 양당 내부의 극단적인 세력의 승리는 예상치 못한 대가를 치렀다. 상대 진영의 힘을 누르고 정당의 이념적 일관성을 높이고자 한 수단들이 오히려 정당 조직을 약화시키는 결과를 낳은 것이다. 이것은 진보주의 개혁으로 정당이 약화된 것과 더불어 정당들을 유명무실하게 만들었다. 이 세력들은 이념적으로 일관된 정당을 이루었지만, 정당이 독립적 주체로서 활동할 능력은 크게 떨어졌다. TV를 통한 선거운동이 부상하면서 시작된 정치자금 시대에, 정당들은 기부금의 변화라는 전례 없는 격랑에 시달렸다. 그 결과, 유권자 사이에서 정당에 대한 강한 소속감은 깊어졌으나, 정당 조직은 과거의 힘을 회복하지 못했다.

뉴딜은 미국 정치를 결정적으로 재편했다. 그 과정은 두 가지 측면으로 이루어졌다. 첫째, 북부에서 정치적 경쟁이 다시 불붙었지만, 민주당이 지배적인 위치를 확실하게 차지했다. 둘째, 정당 쇠퇴의 맥락에서 더 중요한 점은 민주당이 노동계를 포섭했다는 사실이다. 그 결과, 미국 정당정치에 사회민주주의 축이 형성되었는데, 이 축은 보수적인 성향의 남부 민주당과의 연계로 인해 처음부터 왜곡된 형태를 띠었다. 한편, 이 같은 사회민주주의 축의 등장은 결국 '정책적으로 자유주의적 성향을 지닌 민주당'과 '정책적으로 보수적 성향을 지닌 공화당'이라는 정당 재편의 계기가 되었다.

프랭클린 루스벨트의 '잊힌 사람' 연설

뉴딜 이전, 미국 노동계는 대체로 정당 시스템 바깥에 존재했다. 기업가와 자본가들이 양당을 사실상 완전히 장악했기 때문이다. 이 시기 노동법은 파업과 보이콧을 금지하는 법원의 명령에 지배되었으며, 20세기 초 30여 년 동안 수백 건의 유사한 판결이 잇따라 내려졌다. 민주당과 공화당 모두 노동자를 주요 유권자 집단으로 크게 인식하지 않았고, 노동조합 역시 이에 대해 무관심했다. 소수의 소규모 노동조합만이 사회당과 연계되어 있었고, 세계산업노동자연맹은 정당과 거리를 두었다. 한편, 미국노동총연맹에 소속된 조합원들은 적극적인 사회정책을 배척하고, 조합자율주의 정신에 입각한 정치 방식을 따랐다. 과거 수십 년 동안 국가를 통제하지 못한 어려운 경험을 통해 미국노동총연맹 지도부는 조합원들의 직접적인 행동으로 얻은 이익만을 신뢰했으며, 그 외의 혜택에 대해서는 불신했다. 그런데 주州와 지방에서는 오래전부터 조합자율주의가 허울뿐이라는 사실을 알고 있었다. 이를 타계하기 위해 뉴딜 시기에 비로소 노동운동 내 새로운 계파가 등장했다.[19]

프랭클린 루스벨트Franklin Roosevelt는 1932년 대선에서 노동계를 대표하는 후보로 출마하지는 않았다. 뉴욕주 상원의원과 주지사 시절 여러 친親노동 법안을 지지한 이력은 있었지만, 노동운동에 특별히 강한 애착을 보인 인물은 아니었다. 1932년 유명한 '잊힌 사람Forgotten Man' 연설*은 루스벨트가 자신의 대선을 공화당의 허버트 클라크 후버의 확실한 대안으로 자리매김하는 계기였으나, 이 연설에는 노동조합에 대한 언급은 전혀 없었다. 선거 공약 역시 노동에 관한 내용이 빠져 있었으며, 오히려 연방 예산을 25퍼센트 삭감하겠다고 약속했다. 루스벨트의 선거운동이 '뉴딜' 공약에 의존하고 있었지만, 1932년 당시 유권자들은 뉴딜이 구체적으로 무엇을 의미하는지 제대로 알지 못한 채 투표장에 들어섰다.[20]

실업률이 25퍼센트에 이르는 극심한 경제위기 속에서 루스벨트는 1932년 대선에서 압도적인 승리를 거두었고, 곧바로 뉴딜 정책을 실현하려고 했다. 공공 고용과 농업 정책 등 다양한 정책이 선거 승리에 중요한 역할을 했지만, 노동 정책이 이후 미국 정치 지형과 당파 구도 형성에 더 큰 영향을 미쳤다. 가장 핵심적인 정책은 1933년 제정된 국가산업부흥법의 7a조였다. 국가산업부흥법은 당시 경기 회복 정책의 중심이었으며, 기업이 자율적으로 규제를 마련해 합의문을 만드는 내용을 담고 있었다. 이 가운데 7a조는 노동자의 조직과 단체교섭권을

---

* 프랭클린 루스벨트가 1932년 4월 뉴욕주 올버니에서 라디오를 통해 행한 '잊힌 사람' 연설은 대공황에 처한 미국의 중산층과 노동자 등 사회 최하층 사람들을 대변하는 내용이다. 이 연설에서 그는 경제적 불평등과 사회적 무관심 속에 '잊힌 사람'이란 개념을 제시하며, 이들의 어려움을 정치·경제 개혁의 중심에 놓아야 한다고 강조했다. 또 두려움과 불안이 경제 회복을 가로막는 가장 큰 장애물임을 지적하며, 두려움을 극복하고 국가를 재건하자는 희망의 메시지를 담았다.

보장한다고 명시했지만, 집행 장치가 부족하고 법적 의미도 불분명했다. 그러나 노동계는 이 조항의 중요성을 분명히 인식했다. 광산노동조합연합 회장 존 L. 루이스John L. Lewis는 "링컨 대통령의 노예 해방 선언 이후 가장 위대한 법적 문서"라고 평가했다. 1933년 노동자들은 '대통령의 지지'를 받고 있다는 믿음 아래 대거 노동조합에 가입했다. 이에 고용주들이 노동조합을 인정하지 않으려 하자 전국적으로 대규모 파업이 일어났다. 이 파업은 루스벨트 행정부가 국가노동위원회를 통해 노동권 해석을 명확히 하도록 압박하는 계기가 되었다. 그러나 이런 정책 결정은 개별적이면서 단기적인 방식이었다.[21]

뉴욕주의 로버트 와그너Robert Wagner가 이끄는 민주당 진보파는 국가산업부흥법이 통과된 직후부터 노동조합 결성 권리를 제도적으로 강력히 보장하는 법안을 마련하기 위해 노력했다. 1935년 5월 연방대법원이 국가산업부흥법을 위헌으로 판결하자, 이들은 곧바로 기회를 포착했다. 국가노동관계법(와그너법)은 7a조보다 훨씬 진일보해 강제 집행 장치를 구체적으로 명시했고, 노동조합 지지자에 대한 고용주의 각종 위협 행위를 금지했다. 말 그대로 미국 정부가 노동조합을 공식적으로 지지한 최강의 법이었다. 대부분 고용주들의 끊임없는 반발과 방해에도 이 법은 의회에서 별다른 반대 없이 통과되었으며, 심지어 대부분 공화당 의원의 지지도 얻었다. 로버트 와그너의 보좌관이 간결하게 설명한 바에 따르면, 연방대법원이 국가산업부흥법을 무효로 하자 반대파조차 "이번만큼은 굳이 조직적으로 반대할 필요가 없다고 생각했고, 그 결과 반대 진영이 무너졌"다. 루스벨트는 이 법안에 대해 다소 미적지근한 태도를 보였지만 그해 7월에 서명했다. 그 후 2년

간 미국 내 파업 건수는 폭발적으로 늘었고, 노동조합 회원 수도 급격히 증가했다.[22]

　루스벨트 행정부의 개혁이 불러온 선거 효과는 아무리 강조해도 지나치지 않다. 1896년부터 1932년까지, 공화당은 단 두 차례를 제외하고 대선에서 모두 승리했다(1912년에는 시어도어 루스벨트와 윌리엄 하워드 태프트의 분열로 우드로 윌슨이 가까스로 승리했다). 그러나 1932년부터 민주당은 연이어 다섯 번의 대선에서 승리했다. 북부 전역에서 유권자가 민주당으로 대거 이동한 것이다. 흑인 유권자 3분의 2 이상이 허버트 클라크 후버에게 표를 몰아주었는데, 루스벨트에게는 무려 76퍼센트의 압도적인 지지를 보냈다. 유권자의 계층별 투표 경향도 뚜렷해졌으며, 많은 노동자가 루스벨트를 공개적으로 지지했다. 1936년이 되자 '제4정당제'는 사실상 완전히 붕괴되었다.[23]

민주당과 공화당의 양당 체제

　이렇게 재편된 주요한 축은 노동조합과 민주당의 끈끈한 동맹이었다. 이 시기에 미국노동총연맹과 새롭게 결성된 산업별노동조합회의에서 노동조합의 조직 규모가 급격히 확대되었다. 특히 산업별노동조합회의는 루스벨트 행정부와 긴밀한 유대 관계를 구축했다. 1936년, 산업별노동조합회의 지도부는 '노동무소속동맹'을 조직하며 "1936년에는 프랭클린 루스벨트 대통령의 재선만이 목표"라고 선언했다. 그 결과 노동조합 지도자들이 민주당과 행정부 내 고위직에 임명되기도 했다. 노동계가 중요한 유권자 집단으로 자리 잡은 것은 분명했지만,

민주당이 유럽 사회민주주의 정당처럼 '노동자의 유일한 정당'이 된
적은 없었다. 루스벨트와 트루먼 같은 자유주의자들은 노동조합과 직
접적인 연계 없이 당을 이끌었고, 반동적인 남부 진영도 당이 주요 정
책을 추진할 때마다 결정적인 지지를 표했다. 그렇지만 뉴딜은 미국식
사회민주주의를 표방하는 다양한 세력을 민주당에 결집시키는 데 성
공했다.[24]

제2차 세계대전이 끝날 무렵, 민주당은 제4정당제 시기의 모습에서
크게 변화했다. 이제 민주당은 의심할 여지없이 '도시적 자유주의urban
liberalism'[*] 정당으로 자리 잡았으며, 상당수의 진보적 지식인들과 노동
운동가들이 합류했다. 예를 들어, 캘리포니아주의 하이럼 스미스Hiram
Smith, 미네소타주의 농민노동당, 위스콘신주의 로버트 매리언 라폴레
트Robert Marion La Follette 추종자들 같은 북부 진보세력은 기존 공화당
에서 민주당으로 전향하거나 민주당과 합병했다. 한편, 공화당은 여
전히 미국 기업계의 지지를 받았고, 뉴딜에 반발한 '버번Bourbon 민주
당'[**]이라 불린 보수세력들이 공화당에 합류했다.[25]

이제 양당은 예전보다 이념적으로 통일된 정당이 되었지만, 이 과정
에는 한계도 있었다. 민주당은 명백한 개혁 정당이 되었고, 공화당은
개혁에 반대하는 정당으로 자리매김했다. 그러나 이러한 이념적 재편
으로 기존의 모순이 더욱 분명히 드러났다. '짐 크로 체제'가 지배하는

---

* 도시적 자유주의는 개인과 공동체의 조화, 사회적 평등과 공공성을 중시하는 현대 자유주
   의의 한 흐름으로, 고전적 자유주의의 한계를 극복하려는 시도에서 등장했다.

** 19세기 말과 20세기 초 미국 민주당 내 전통적 보수파를 일컫는 말로, 뉴딜 개혁에 반대
    했다.

남부는 여전히 민주당의 확고한 지지 기반이었으며, 의회에서는 '선임 우선 원칙'[*]에 힘입어 남부 출신 의원들이 지나치게 큰 영향력을 행사했다. 동시에 공화당 내에는 뉴딜 개혁을 완전히 폐지하기보다는 부분적으로 수정·보완하자는 온건파가 상당히 많았다. 실제로 1936년부터 1960년까지 공화당 대통령 후보들은 모두 이 온건파 진영 출신이다(리처드 닉슨은 원래 당의 보수파 출신이었기 때문에 이 점에서는 일부 예외에 해당한다. 하지만 닉슨이 보수파라는 입지와 신뢰도만으로는 당 우파가 배리 골드워터를 대통령 후보에 지명하려는 시도를 막기에는 역부족이었다).[26] 이러한 모순 때문에 양당의 세력들은 정당 재편을 서둘러 마무리해야 했다. 민주당 내에서는 당을 이념적으로 일관된 '정책적 자유주의' 정당으로 자리매김하려 했고, 공화당은 뉴딜 체제 전복에 주로 힘을 쏟았다.

뉴딜 이후 민주당 내 모순에 대한 자유주의자들의 불만이 빠르게 번져갔다. 이러한 갈등은 1937년에 본격적으로 드러났는데, 그해 남부의 보수세력은 루스벨트에게 등을 돌리고 공화당과 손을 잡아 뉴딜 정책의 추가적인 추진을 막기 위한 투표를 진행했다. 이 과정에서 남부 보수파와 공화당은 '보수 연합'을 결성했으며, 이 연합은 전후 수십 년 동안 자유주의자들이 극복하기 어려운 세력이 되었다. 또한, 남부의 딕시크랫 당원들과 함께 북부의 도시 기반 정치 조직들과 각 주州 정당들은 여전히 특정한 이념에 얽매이지 않는 실용적이고 지역 중심적인

---

* 선임 우선 원칙은 미국 의회에서 상임위원장 등 주요 직책을 맡는 기준이 되는 제도로, 의회의 경력과 근속 연수가 긴 의원에게 우선적으로 주요 위원회 위원장직과 영향력 있는 역할이 배정되는 관행이다. 이 원칙은 특히 남부 출신 의원들이 의회 내에서 큰 영향력을 행사하는 배경이 되었으며, 이를 통해 특정 지역이나 정치세력이 의회 권력 구조에서 우위를 점하는 현상으로 나타났다.

정치 방식을 고수했는데, 이들 역시 정당 재편이 완성되기 위해서는 반드시 극복해야 할 대상이었다.[27]

　루스벨트는 당 내부의 모순에 대해 공개적으로 불만을 드러냈다. 1938년 중간선거에서는 자신에게 반대한 보수 성향의 민주당 의원들을 당에서 몰아내려는 시도를 했고, 여러 예비선거에도 직접 개입했으나 결국 성공하지 못했다. 제2차 세계대전 기간인 1940년 대선에서는, 자신의 상대였던 자유주의 공화당원 웬들 윌키Wendell Wilkie에게 편지를 보내 새로운 자유주의 정당을 함께 만들자고 제안하기도 했다. 루스벨트는 한 보좌관에게 "진정한 두 개의 정당, 즉 하나는 자유주의적이고 하나는 보수적인 정당이 있어야 한다. 지금처럼 각 당내에 다양한 분파가 뒤섞여서는 안 된다"고 말했다. 이와 같은 불만은 그 후 수십 년 동안 민주당 내 자유주의 의원들뿐만 아니라, 이단적 사회주의자 맥스 샤크트먼Max Shachtman과 1960년대 초 학생운동 단체 '민주사회를 위한 학생회' 등 다양한 진보세력 사이에서 반복적으로 제기되었다.[28]

　그 갈등은 1948년 딕시크랫 사태에서 본격적으로 시작되었다. 1945년 루스벨트 사망 후 대통령직을 승계한 해리 트루먼은 좌파 제3당 후보 헨리 월리스Henry Wallace가 남부의 인종분리 정책을 정면으로 비판하며 출마한 것을 우려했다. 진보적인 민주당원들의 주도로 민주당 전당대회는 강령에 시민권 조항을 포함시키기로 결의했다. 이에 반발한 남부 대표단은 대회장에서 집단 퇴장했고, 스트롬 서먼드Strom Thurmond가 분리주의 공약을 내세우며 딕시크랫 후보로 독자 출마했다. 하지만 딕시크랫 세력은 1948년 선거 이후 다시 민주당으로 복귀

했으며, 당 지도부의 느슨한 징계 시도도 곧 흐지부지되었다. 1950년 대 중반 민주당이 시민권 문제에서 후퇴하자, 드와이트 아이젠하워 대통령은 흑인 유권자들의 지지를 다시 공화당 쪽으로 끌어올 기회를 얻게 되었다.[29]

민주당의 자유주의자들은 각 주 정당을 성공적으로 장악했다. 1896년 이후 공화당이 북부에서 강력한 영향력을 행사하면서 많은 민주당 조직은 권력에서 멀어져 사실상 '빈껍데기'가 되었다. 그나마 남아 있던 조직도 이념보다는 인맥과 후원에 크게 의존했다. 1940~1950년대에 자유주의자들은 이런 북부 민주당 조직을 장악해 '정책적 자유주의'를 실현하려고 했다. 노스다코타주에서는 1910년대 농민 반란에서 시작된 무소속 연맹 소속 진보세력이 공화당 내 입지를 포기하고 약해진 민주당 조직을 장악했다. 위스콘신주에서는 로버트 매리언 라폴레트가 1946년 상원의원 선거에서 패배한 뒤, 위스콘신주의 진보세력이 민주당으로 들어갔다. 미네소타주에서는 지역 좌파 정당이 민주당과 합당하고, 미시간주 등 일부 지역에서는 힘을 거의 잃은 민주당 조직이 자유주의자들의 손에 들어갔다. 또한, 도시를 기반으로 하는 정치 조직들도 뉴딜 정책으로 새로운 자원을 확보하면서 자유주의자들과 협력했다. 하지만 장기적으로는 연방 복지 제도 때문에 시민들의 지역 정당 의존이 줄어들고, 도시 정치 조직의 기반은 약해졌다. 1960년대가 되자 많은 도시 조직은 쇠퇴하고, 북부 민주당 조직 대부분은 자유주의자들의 손에 넘어갔다.[30]

민주당의 '정책적 자유주의'

1950년대는 자유주의 민주당원들에게 좌절과 혁신이 교차하는 시기였다. 아이젠하워는 뉴딜의 기본 틀은 거의 건드리지 않은 채, 자신의 개인적 명성만 믿고 선거를 치렀다. 이것은 자유주의자들이 바라던 '이념적 선명성'을 흐리는 결과를 낳았다. 1952년과 1956년 민주당 대선후보였던 아들라이 스티븐슨Adlai Stevenson 또한 온건파에 속했다. 이에 미국 코미디언 모트 살Mort Sahl은 "아이젠하워는 '점진주의'를, 스티븐슨은 '온건주의'를 대표한다. 이 두 극단 중에서 국민이 선택해야 한다!"고 풍자했다. 바로 이런 모호한 상황이야말로 민주당 내 자유주의자들이 반드시 바꾸고자 했던 현실이었다.[31]

그런데 가장 큰 문제는 민주당 의회 지도부가 자유주의 노선을 적극적으로 반대했다는 점이다. 당시 린든 존슨Lyndon Johnson 상원 원내대표와 새뮤얼 레이번Samuel Rayburn 하원 의장이 '정책적 자유주의 정당' 건설에 앞장서 반대한 인물이다. 존슨은 이렇게 말했다. "미국의 안정을 위협하는 가장 큰 위험은 원칙을 앞세운 정치다. 이것은 대중을 무한한 목표를 향한 비이성적인 싸움에 끌어들이며, 일단 대중이 움직이기 시작하면 모든 것이 폭발할 수밖에 없다." 이처럼 의회 내에서 강력한 반대에 부딪혀 정책 추진이 어려워지자, 자유주의자들은 대선에 집중하기로 했다. 새롭게 부상한 자유주의자 중 많은 이가 아들라이 스티븐슨의 정책 중심적이고 지성적인 선거운동 스타일에 매료되어 적극 지지했다(비록 스티븐슨이 실제로는 온건파였지만). 1954년 폴 버틀러Paul Butler가 민주당 전국위원회 위원장으로 선출되면서 자유주의자

들은 처음으로 조직적인 승리를 거두었다.[32]

　인디애나주 출신 변호사 폴 버틀러는 지역 민주당에서 활동하며, 미국 정당들의 약점과 비非이념적 성격에 대해 정치학자들이 제기한 비판에 큰 영향을 받았다. 이러한 비판은 1950년 미국정치학회가 발표한 보고서「더 책임 있는 양당제」에 집약되었는데, 이 보고서는 후보자와 무관하게 당 이념을 정립하는 2년마다 개최되는 당 대회 도입, 의회 내 연공서열 제도 개혁을 통한 당 지도부 강화, 행정부 권한 강화를 제안했다. 버틀러는 전국위원회 위원장의 영향력을 활용해 첫 번째 과제인 2년마다 당 대회 개최를 추진하려 했으나, 전국위원회의 다른 위원들이 비용이 많이 든다며 반대했다. 이에 버틀러는 아들라이 스티븐슨 지지자들로 구성된 비공식 정책 개발 모임에 관심을 돌렸다. 1956년에 스티븐슨이 아이젠하워에게 다시 패배한 뒤, 전국위원회는 이 모임을 민주당 정책 수립을 위한 공식 기구인 '민주당 자문위원회'로 정식 승인했다.[33]

　1958년 중간선거에서 민주당이 의석을 크게 늘린 후, 민주당 자문위원회는 당이 좀더 명확한 이념적 기반을 갖추도록 여러 정책을 적극 제안했다. 외교 분야에서는 딘 애치슨Dean Acheson과 폴 니체Paul Nitze의 영향을 받아 강경한 입장을 취했고, 경제 분야에서는 케인스주의를 지지했다. 하지만 존 케네스 갤브레이스John Kenneth Galbraith와 리언 키설링Leon Keyserling 사이에 세금과 재정적자 문제를 놓고 의견 차이가 이어져 정책 추진에 어려움을 겪었다. 민주당 자문위원회는 당내 남부 정치인들의 영향을 받지 않아 시민권 법안을 강하게 지지했다. 1954년 연방대법원의 '브라운 대 교육위원회Brown v. Board of Education'

판결[*] 이후, 아이젠하워 행정부가 남부의 강경한 인종차별 저항에 제대로 대응하지 못한 점을 비판했다. 1950년대에는 공화당이 백악관을 장악하고 있었으며, 린든 존슨 상원 원내대표와 새뮤얼 레이번 하원 의장의 영향력 아래 의회도 보수적으로 운영되어 민주당 자문위원회의 여러 제안이 실제 정책으로 이어지기는 어려웠다. 그렇지만 이 위원회의 활동은 민주당에 대한 대중의 인식을 형성하는 데 큰 역할을 했고, 민주당 자문위원회 출신 인사들은 이후 존 F. 케네디John F. Kennedy와 린든 존슨 행정부에서 주요 직책을 맡았다.[34]

시민권 분야에서 민주당 자문위원회가 제시한 주요 정책 중 하나는 '필리버스터filibuster'를 종결하는 데 필요한 상원의원 수를 줄이자는 것이었다. 1950년대 내내 의회 운영 규칙을 개혁하려는 이런 제안은 정책적 자유주의를 지향하는 민주당 내 세력에 점차 중요한 과제가 되었다. 의회 밖에서는 시민권 옹호 단체들이 정기적으로 필리버스터와 민주당 자문위원회를 비판했다. 1951년에는 전미유색인지위향상협회가 필리버스터 개혁을 고용차별 철폐만큼이나 중요한 과제로 여겼다. 1952년에는 전미시민권리더십회의가 "필리버스터가 개혁되지 않는 한, 편견 세력에 맞서 의회가 행동할 희망은 없다"고 선언했다.[35]

의회 내에서도 개혁을 지지하는 세력이 모였다. 1956년 아이젠하워 대통령이 재선에 성공한 직후, 민주당 미네소타주 하원의원 유진 매카시Eugene McCarthy와 뉴저지주 하원의원 프랭크 톰프슨Frank Thompson이 '민주당 선언'을 발표하며 의회 개혁과 시민권 의제 추진을 강력

---

[*] 미국 연방대법원이 공립학교에서 학생들의 교육을 분리하거나 차별하는 것은 헌법에 어긋난다고 결정한 판결이다.

하게 촉구했다. 이 운동에는 80명 이상의 하원의원이 동참해 '매카시 개혁파'라고 불렀다. 상원에서는 미네소타주의 휴버트 험프리Hubert Humphrey와 일리노이주의 폴 더글러스Paul Douglas 같은 젊은 자유주의 자들이 시민권 옹호를 강력히 주장해 당내 남부 지도부에서 조롱을 받기도 했다. 1958년 중간선거에서 북부 출신 민주당 신입 의원들이 대거 하원과 상원에 입성하자, 하원 내 매카시 개혁파는 공식적으로 '민주당 연구모임'을 조직했다. 이 모임은 민주당 자문위원회와 협력해 자유주의 정책을 추진하고, 남부 민주당원의 의회 방해 행위를 정면으로 비판했다. 이 두 그룹은 1960년 대선을 앞두고 긴밀히 협력해, 그 어느 때보다 분명하게 '정책적 자유주의'를 실현하는 민주당 정강을 만들어냈다.[36]

1960년대 후반, 자유주의 민주당원들은 낙관적이었지만, 존 F. 케네디 행정부에 대해서는 다소 실망스러운 반응을 보였다. 케네디는 민주당 자문위원회 출신 인사들을 대거 행정부에 기용했으나 민주당 자문위원회는 차츰 폐지되었고, 그 자리는 '보잉Boeing의 상원의원'이라는 비아냥을 받은 헨리 잭슨Henry Jackson이, 나중에는 코네티컷주에서 영향력 있는 지역 정치 조직을 이끄는 인물이 차지했다. 케네디는 종종 아들라이 스티븐슨과 비교되었지만, 케네디의 웅변적이고 이상주의적인 언변은 실제로 정치 개혁과는 거리가 있었다. 그럼에도 1960년대의 여러 사건으로 1950년대 정책적 자유주의자들이 기대했던 것보다 훨씬 빠른 속도로 정당 개혁에 속도가 붙었다.[37]

'통킹만 결의안'과 '덤프 존슨' 캠페인

첫 번째 원인은 남부 시민권 운동의 급속한 확산이다. 1950년대 후반 '대규모 저항' 캠페인으로 상당 부분 좌절되었던 인종분리 철폐 운동은 1960년대 초 학생들이 벌인 '시위 점거'를 계기로 마침내 돌파구를 마련했다. 직접 행동 전술이 빠르게 퍼지자 남부 사회에 긴장감이 감돌았다. 이런 혼란으로 남부 기업인들과 딕시크랫 정치인들 사이에 갈등이 생겼다. 특히, 도시 시위에 영향을 받은 남부 기업인들은 타협을 원했지만, 흑인 유권자 권리 박탈을 주장해온 딕시크랫 정치인들은 끝내 타협을 거부했다. 이로 인해 '단결된 남부'는 분열되고 딕시크랫의 입지는 약해졌다.

시민권 운동 진영은 딕시크랫의 약화를 기회로 삼아 1964년 미시시피주에서 분리주의 성향의 딕시크랫에 맞서 '미시시피 자유민주당'을 조직해 민주당 전국위원회의 공식 남부 분리주의 의원단에 정면으로 도전했다. 이 도전으로 딕시크랫을 완전히 몰아내지는 못했지만, 민주당 전국위원회는 주(州) 정당을 더욱 엄격히 통제하는 규칙을 마련하게 되었다. 이로써 의회 내 개혁 연합이 오랫동안 추구해온 당내 중앙집권화에 부분적인 성과가 나타났다. 마침내 1964년과 1965년, 린든 존슨은 남부에서 계속된 운동에 대응해 '시민권법'과 '투표권법'을 의회에서 통과시켰다. 이로써 짐 크로 체제의 법적 토대가 완전히 무너졌다. 흑인의 남부 투표율이 급증하자, 북부의 자유주의자들은 딕시크랫 출신 분리주의 정치인들이 사라지고 정책적 자유주의를 실현할 민주당 정치인들로 대체되리라 기대했다.[38]

이처럼 딕시크랫이 패배하면서 정책적 자유주의를 지지하는 세력이 승리한 듯 보였다. 하지만 민주당이 지역 간 분열, 즉 '남북 갈등'을 북부 자유주의의 승리로 간단히 정리하자마자, 그 북부 자유주의 내에서 치열한 내부 갈등이 터져 나왔다. 그 갈등의 계기는 베트남전쟁이었다. 1964년 8월, 미국 의회가 '통킹만 결의안'을 통과시킨 후 린든 존슨이 미국의 군사 개입을 확대하자 반전反戰 목소리는 더욱 커져갔다. 반전운동이 들불처럼 확산되었지만, 민주당 정치인들이 반대 의견을 직접 표출하기까지는 시간이 걸렸다. 1966년 초가 되어서야 의회에서 불만이 눈에 띄게 증가했다. 그 불만의 중심에는 상원 외교위원회가 있었다. 제임스 윌리엄 풀브라이트James William Fulbright 위원장은 남부 출신 보수파였지만, 이미 1964년 무렵부터 미국의 냉전 외교 정책에 회의를 느끼고 있었다. 같은 위원회 소속 유진 매카시는 1966년 1월 말, 린든 존슨 행정부가 연말에 시작한 북베트남 폭격 중단을 연장하라고 촉구하는 공개서한 작성에 참여했다. 공개서한이 발표된 그날, 유진 매카시는 상원에서 "미국의 베트남전쟁 개입 문제는 미국 사회 전체의 정신과 영혼을 진지하게 돌아보게 하는 문제"라고 힘주어 주장했다. 이후 풀브라이트는 상원 청문회를 열어 정부 정책에 반대하는 관료와 전문가들의 목소리를 전국에 알렸다(이에 대해 린든 존슨은 사석에서 풀브라이트를 소련 첩자라고 비난했다).[39]

1968년, 베트남전쟁은 민주당 내에서 가장 중요한 분열 요인이 되었고, 결국 존슨에 대한 '예비선거 도전'으로까지 확대되었다. 1967년 '미시시피 자유민주당'을 이끌던 앨러드 로언스타인Allard Lowenstein은 '덤프 존슨Dump Johnson' 캠페인*을 벌였다. 전국 대학 캠퍼스에서 순회 연설하고, 존슨에 반대하는 민주당 활동가 네트워크를 조직했다. 그 결과, 1967년 말에는 존슨을 대체할 후보를 찾는 일이 민주당의 최대 화두가 되었다. 로버트 F. 케네디Robert F. Kennedy와 조지 맥거번George McGovern이 모두 출마를 거부하자 유진 매카시가 나설 뜻을 밝혔고, 1967년 11월 말 공식적으로 존슨에게 도전하겠다고 선언했다(로언스타인은 미시시피 자유민주당이 본래 자신의 아이디어였다고 주장했는데, 이는 학생비폭력조정위원회 활동가들의 심기를 불편하게 했다. 로언스타인의 전기 작가는 미시시피 자유민주당 조직가인 에드 킹Ed King의 다음과 같은 평이 옳다고 결론짓는다. "로언스타인은 학생비폭력조정위원회가 평가한 것보다는 더 많은 공을 세웠지만, 스스로 주장한 것만큼 큰 공을 세웠던 것은 아니다").[40]

이후 몇 달간 상황이 급박하게 돌아갔다. 1968년 2월 '구정 대공세Tet Offensive'로 인해 '베트남전쟁이 곧 끝날 것'이라는 존슨 행정부의 주장이 거짓임이 만천하에 드러났다. 3월 12일, 유진 매카시는 뉴햄프셔주 예비선거에서 42퍼센트의 득표율을 기록하며 존슨의 재지명이 확실하지 않음을 보여주었다. 불과 나흘 뒤, 로버트 F. 케네디도 대선 출마를 선언했다. 그달 말, 존슨은 재선 도전 포기를 발표했다. 하지만 이것이 전쟁 반대파의 승리를 보장해주지는 못했다. 4월 말, 휴버트 험프리 부통령이 대선 출마를 선언했고, 곧 존슨을 지지하던 당내 조직 세력은 험프리를 중심으로 결집했다. 험프리가 주 예비선거에 등록하기에는 이미 너무 늦었다. 하지만 1968년에는 민주당 50개 주 중 단 17개 주만이 예비선거를 치렀고, 이 예비선거를 통해 선출된 전당대

---

* '덤프 존슨'은 '존슨을 몰아내자', '존슨을 끌어내리자'는 뜻으로, 존슨의 재선을 막기 위해 벌인 캠페인이다.

회 대의원은 전체 대의원의 38퍼센트에 불과했다. 즉, 험프리는 예비선거에 한 번도 출마하지 않고도 대선후보가 될 수 있었다.[41]

이런 상황이 1968년 민주당 전당대회에서 전쟁 반대파가 정당 구조 개혁에 불을 지핀 결정적인 이유였다. 유진 매카시와 로버트 F. 케네디 진영은 각 주 민주당 기득권층이 대의원 선출 과정을 비민주적으로 장악하고 있다며, 미시시피 자유민주당이 주류 미시시피 대표단을 문제 삼았던 선례를 들어 "민주당 유권자들의 뜻에 반해 선출된 대의원은 정당성이 없다"고 주장했다. 그 결과 1968년 시카고 전당대회에서는 전체 대의원의 약 40퍼센트가 자격 문제에 대한 이의제기를 받았다. 전당대회장 밖에서는 시카고 경찰이 반전 시위대를 거칠게 진압했고, 내부에서는 매카시와 케네디 측 대의원들이 반전 강령 채택과 당 조직 개혁, 즉 당권이 예비선거 유권자의 뜻보다 앞서지 못하게 하는 구조 개혁을 위해 싸웠다. 하지만 강령 문제에서는 험프리와 존슨 노선을 고수하려는 쪽이 승리했다(이로 인해 결국 대통령직이 공화당의 리처드 닉슨에게 넘어갔다는 분석도 있다). 한편, 당 조직 개혁에 대해서는 험프리와 지지자들이 오히려 절충의 기회로 삼았다. 즉, 개혁 요구가 '향후' 선거로 한정된다면 험프리도 당내 단합과 평화를 위해 개혁을 얼마든지 받아들이겠다고 밝혔다.[42]

뉴폴리틱스 운동과 반反개혁 세력

민주당 전당대회를 통해 당 개혁 추진 임무를 부여받은 두 개의 위원회가 구성되었다. 첫 번째는 전당대회 운영 방식을 검토하는 '규칙

위원회'로, 미시간주 출신 민주당원 제임스 오하라James O'Hara가 위원
장으로 임명되었다. 오하라는 휴버트 험프리와 노동조합과 끈끈한 관
계를 맺고 있었다. 두 번째는 '당 조직과 대의원 선출위원회'로, 초대
위원장은 조지 맥거번이 맡았고, 그가 1972년 대선에 출마한 뒤에는
도널드 프레이저Donald Fraser로 교체되었다. 흔히 '맥거번·프레이저 위
원회'로도 불리는 이 위원회는 당 조직과 대의원 선출 관련 규칙을 정
하는 중요한 임무를 맡았다. 특히 이 위원회는 1968년 이후 정책적으
로 개혁적이고 진보적인 민주당을 만들기 위한 '뉴폴리틱스New Politics'
운동의 조직적인 기반이 되었다.[43]

험프리가 1968년 대선에서 닉슨에게 근소한 차이로 패배한 직후 개
혁파들은 신속히 움직였다. 1969년 초, 미국노동총연맹·산업별노동
조합회의 의장 조지 미니George Meany는 '맥거번·프레이저 위원회'를
보이콧하겠다고 선언했으나, 당 전체에서는 이에 반대하는 움직임이
거의 없었다. 미국 대부분 지역에 당 조직과 대의원 선출을 관리하는
체계적인 시스템이 없었기 때문이다. 기존 절차들은 단순한 관행에 불
과해 개혁 반대론자들이 주장할 근거가 부족했다. 개혁파들은 주도권
을 잡아 향후 몇 년간 당 조직 개편을 위한 다양한 제안을 내놓았다.

첫째, 전당대회 대의원 선출에서 여성과 소수 인종의 대표성을 높이
기 위한 '적극적 우대 조치'를 제안했다. 둘째, 당 간부에게 특혜를 주
던 비공개 대의원 선출 방식의 금지를 요구했다. 셋째, 민주당의 목적
과 조직 구조를 명확히 규정하는 헌장 신설을 제안했다. 넷째, 당 강
령을 결정하는 2년 주기의 당 대회를 새로 도입하자고 제안했는데, 이
제안은 1950년대 초 개혁파들의 아이디어와도 연결된다. 마지막으로,

새로운 당 활동 자금 마련을 위해 회비를 납부하는 당원 제도 도입을 제안했으며, 이 회비 당원들은 새 제도를 통해 당의 정치적 방향 결정에 실질적인 권한을 갖게 된다(여러 노동조합이 조지 미니와 결별하고 개혁을 공개적으로 지지하고 나섰는데, 여기에는 전미자동차노동조합·미국주공무원노동조합·통신노동자노동조합 등이 포함된다).[44]

대의원 선출과 관련한 첫 번째 제안은 1970년 맥거번·프레이저 위원회의 보고서 「변화를 위한 명령」에 반영되어 빠르게 실행되었다. 각 주 당은 예비선거를 신속히 도입했다. 주와 지방 공직 예비선거가 '진보 시대'에 의무화된 것과 마찬가지로, 22개 주가 위원회의 권고에 따라 대의원 선출 절차를 법적으로 개정했다. 그러나 나머지 개혁 과제들은 강한 저항에 부딪혔다.[45]

이런 저항 움직임은 뉴폴리틱스 운동의 역사에서 아이러니하다. 학자들은 초기부터 이 개혁 운동을 미국 정당 쇠퇴의 원인으로 비판했는데, 이들은 개혁에 반대했던 '반反개혁 세력'의 관점과 유사한 입장을 취했다. 하지만 당시 개혁 세력과 반개혁 세력이 뉴폴리틱스 운동의 목표가 1950년대 민주당 자문위원회와 '민주당 연구모임'의 야망과 같은, 더 강력한 정당을 만드는 일이라는 것을 잘 알고 있었다. 한 지지자는 "전당대회 강령에 정의된 당의 원칙과 목표를 믿는 단 하나의 기준에 따라 당원을 환영하고 모집하는" 정당을 세우는 게 목표라고 말했다. 한편, 반개혁 세력은 개혁 세력의 목표를 분명히 이해하고 있었으며, 이들이 "미국의 정치 전통과 민주당의 독특한 연합적 성격에 반하는 방식으로 당을 중앙집권화하고 이념화하며 '유럽식으로' 만들려 한다"고 비판했다. 양쪽 모두 이것이 더 강하고 이념적으로 통일

된 정당을 원하는 뉴폴리틱스 운동이라는 데 동의한 것이다.[46]

사실 당이 약해진 원인은 뉴폴리틱스 운동 자체가 아니라, 반개혁 세력 때문에 뉴폴리틱스의 전체 개혁안이 좌절되었기 때문이다. 반개혁 세력은 미국노동총연맹·산업별노동조합회의 지도부와 긴밀히 연계된 싱크탱크 '민주당 다수 연합'을 중심으로 결집했고, 1972년 대선에서 조지 맥거번의 참패를 뉴폴리틱스 운동 탓으로 돌리며 개혁 의제를 적극적으로 공격했다. 그 결과 맥거번·프레이저 위원회가 제시한 당 조직 개혁안 대부분이 실패하거나 힘을 완전히 잃었다. 하지만 대의원 선출 개혁, 즉 예비선거를 통한 대의원 선출 방식만큼은 되돌리지 못했다. 그러나 현실은 개혁파가 기대하던 것과 크게 달랐다. 전당대회 대의원이 직접 예비선거로 선출되기는 했지만, 개혁파가 바랐던 후보자 경쟁을 체계화할 당 강령, 명확히 규정된 충성심 있는 당원 체계, 원칙 중심의 당 조직은 이룰 수 없었다. 『뉴욕타임스』도 이를 "전국 정치에서 구조보다 후보가 우선하는 현실, 다시 말해 반反정당 세력의 힘을 보여주는 증거"라고 평가했다.[47]

정당의 약화는 개혁의 좌절에서 비롯되었다. 예비선거 결과가 곧 공직 후보 선출로 이어지는 방식으로 자리 잡았지만, 당원 자격이나 당의 목표를 규정하는 시스템이 없었기 때문에 정치 경쟁은 자연스럽게 후보자 중심이 되었다. 이에 따라 정당 조직을 통한 집단적 의사결정 기능은 더 약해졌다. 이러한 개혁은 민주당 내부에서 이루어졌지만, 그 영향은 민주당에만 국한되지 않았다. 앞서 언급한 대로, 개혁 권고안은 많은 주에서 법률 개정을 이끌어냈고, 그 결과 예비선거가 공화당 후보 지명의 기반이 되기도 했다. 한편, 진보파가 주와 지방 선거에

서 시작한 정당 약화는 대통령 선거 단계에서 완성되었다.[48]

　대통령 후보 지명과 당 조직을 둘러싼 싸움이 벌어지던 시기, 민주당 의원들은 종종 공화당의 도움을 받아 의회 절차에 중요한 변화를 시도했다. 그러나 이러한 변화는 당초 의도와 달리 오히려 정당이 힘을 잃는 결과를 낳았다. 1964년 이후 벌어진 사건들은 개혁파의 관심을 대통령직에 집중시켰다. 하지만 1950년대 자유주의자들이 골칫거리로 여기던 의회 규칙은 대체로 변하지 않았다. 게다가 많은 남부 딕시크랫 의원이 '현직 프리미엄'을 무기로 의회에 남아 있었는데, 흑인들의 투표율이 오르는 상황에서도 예외가 아니었다. 스트롬 서먼드는 원래 민주당 소속이었지만, 1964년에 미국 보수주의자 배리 골드워터가 공화당 대통령 후보로 나서자 공화당에 합류했다. 당시 대부분 남부 민주당원들은 인종차별과 지역주의를 지키기 위해 민주당에 남았기 때문에 서먼드의 이 같은 선택은 보기 드문 일이었다. 즉, 남부의 전통적인 민주당 정치인들이 대체로 민주당에 남았지만, 서먼드는 공화당으로 옮긴, 특별한 정치적 경로를 택한 몇 안 되는 정치인이었다.

　반면에 제임스 이스틀랜드James Eastland와 허먼 탈매지Herman Talmadge는 남부 출신의 민주당 상원의원으로, 각각 1978년과 1981년까지 민주당에 머물며 오랫동안 상원의원직을 지켰다. 이들은 서먼드와 달리 공화당으로 옮기지 않고 민주당에 남아 있었으며, 당시 남부 민주당 내에서 전통적인 인종차별 정책을 고수하는 세력의 대표적인 인물들이었다. 1971년 하원에서 존 코니어스John Conyers는 미시시피주 민주당 의원들이 여전히 인종차별 정책을 유지해 민주당 전국위원회에서 공식 인정을 받지 못한 점을 문제 삼았다. 코니어스는 이들이 의회 내에서 누리는 '선임 우선 원칙'을 박탈하려 시도했으나 결국 실패했다. 즉, 인종차별을 고수하는 미시시피주 민주당 의원들이 의회에서 특별한 대우를 계속 누린 것이다. 이러한 '선임 우선 원칙'에 대한 불만은 진보진영 사이에서 점점 커져갔다. 1968년 하원의원에 당선된 앨러드 로언스타인은 "조상을 숭배하는 사회라도 조상이 자동으로 군사위원회 책임자가 되지는 않는다"며 농담 섞인 비난을 했다.[49]

선임 우선 원칙과 위원회 책임에 대한 이후 변화가 정당 구조와 의회정치 관행에 큰 영향을 미쳤다. 1971년 초, 하원 내 민주당과 공화당 의원모임(코커스)은 위원장 임명을 선임 우선 원칙만이 아니라 다른 기준도 고려할 수 있도록 하는 안건을 통과시켰다. 민주당은 한 걸음 더 나아가 10명 이상의 의원 요청이 있을 경우 전체 회원 투표로 위원장 임명을 결정할 수 있는 제도를 도입했다. 1973년에는 민주당이 위원장 임명에 대한 코커스 전원 투표를 의무화했고, 1975년에는 민주당 하원 위원장 3명이 코커스 투표로 해임되어 교체되었다. 상원에서는 공화당이 1973년에, 민주당이 1975년에 선임 우선 원칙을 폐지했다. 이 같은 개혁으로 현직 의원들 사이에서 위원회 배정과 위원장직을 두고 치열한 경쟁이 광범위하게 벌어지게 되었다(몇 년 뒤 하원 민주당은 중앙집권적 개혁을 도입해 상임위원회 임명 권한을 코커스에 직접 부여했다. 하지만 같은 시기 선거 비용이 급격히 증가하면서 지도부 선출 과정 자체가 곧 모금 역량 경쟁으로 변질되었다. 이는 결국 정당이 독립적으로 내릴 수 있는 결정권을 더욱 약화시키는 결과를 낳았다).[50]

1970년대 말에 이르러, 1950년대 뉴딜 개혁을 되살리려던 개혁파의 많은 목표가 성과를 냈다. 하원과 상원에서 선임 우선 원칙이 폐지되었고, 대통령 후보 지명권도 기존 당 간부들이 아닌 새로운 세력의 손에 넘어갔다. 하지만 1960년대에 겪은 위기로 개혁 연합은 두 갈래로 나뉘었다. 한쪽은 그 시대 사회운동을 적극 받아들인 개혁 세력이고, 한쪽은 사회운동에 등을 돌린 반개혁 세력이다. 전자는 당 개혁을 더욱 강력하게 추진했지만, 후자는 미국노동총연맹·산업별노동조합회의와 가까운 민주당 의원들 사이에서 가장 완강한 개혁 반대론자로 모습을 바꾸었다. 개혁파는 예비선거 확대를 이루었지만, 당 조직 전면 개편은 이루지 못했다. 이러한 실패와 1970년대 의회 개혁의 결과로, 정당은 제도적 일관성이 크게 떨어지게 되었다. 특히 1970년대에 급증한 선거 자금 모금 경쟁은 개혁에 새로운 의미를 부여하며, 정치자금이 정당을 이전보다 훨씬 더 직접적으로 통제하는 메커니즘으로 자리 잡았다.

온건파와 보수파의 갈등

공화당이 뉴딜 체제를 해체하는 데 헌신하는 정당으로 변화하는 데는 시간이 꽤 걸렸다. 어쨌든, 자유시장주의자들은 윌리엄 매킨리와 앤드루 멜런Andrew Mellon[*] 시절 공화당에서 드물지 않았기 때문이다. 하지만 1932년 대선과 1934년 중간선거에서 공화당이 대패하자, 당이 뉴딜에 대응하려면 루스벨트를 이길 수 있어야 한다는 점이 분명해졌다. 그 결과, 뉴딜을 완전히 뒤엎기보다는 일부 조정하자는 '온건파' 세력이 특히 대선 과정에서 30년간 당을 이끌었다. 실제로 1980년 로

---

[*] 앤드루 멜런은 1921년부터 1932년까지 미국 역사상 가장 오랜 기간 재무부 장관을 역임했다.

널드 레이건의 대선 승리 전까지는 보수파가 당내에서 주도권을 잡고 당을 재편할 수 있을지 불확실했다. 1930년대 이후 보수파는 온건파를 밀어내기 위한 치열한 경쟁을 벌였으며, 그 과정에서 정당 조직에도 변화가 있었다. 이들은 '서비스 정당 모델'을 구축했는데, 이 모델은 당이 직접 정책을 결정하기보다 후보자들에게 선거 지원과 같은 서비스를 제공하는 방식이다. 이러한 모델은 곧 민주당에도 도입되어 두 정당 모두 정당 본연의 힘이 점차 약해지는 결과를 낳았다.

1932년과 1934년의 연이은 선거 패배는 공화당 의원들에게 뼈아픈 교훈을 남겼다. 많은 사람은 신중함이 용기의 일부라는 사실을 빠르게 깨닫고, 루스벨트 행정부에 직접 도전하지 않기로 결심했다. 메인주 상원의원 월리스 화이트Wallace White는 "조류潮流를 거슬러 헤엄치지 않는 게 신중한 태도"라고 말하며 이런 분위기를 대변했다. 한편, 공화당 전국위원회는 뉴딜에 맞서 더욱 강경한 반대 입장을 모으려 했지만 공화당 의원들에게서 공개적인 저항을 받았다. 1936년 대선이 다가오자, 전前 대통령 허버트 클라크 후버는 당내 보수파의 주요 지도자이자 상징적 인물로 반反뉴딜 강경 세력을 결집하려고 했다. 하지만 후버의 우군이던 공화당 구舊보수파는 중서부 출신 후보를 내는 데 당의 운명이 달려 있다고 믿었다. 이런 배경에서 캔자스 주지사 앨프리드 랜던 Alfred Landon이 후보로 선출되었다. 랜던은 루스벨트 시대에 주지사 선거에서 드물게 성공한 인물로, '불 무스Bull Moose 운동'*에 영향을 받

---

* '불 무스 운동'은 1912년 시어도어 루스벨트가 제3의 진보정당을 창당하며 벌인 진보주의 정치 운동이다. 루스벨트가 "나는 불 무스(불도저 같은 큰 수사슴)처럼 강하다"고 언급한 것에서 유래했다.

았다. 지지자들은 랜던이 동부 보수파와 서부 진보파 사이에서 중재자 역할을 해줄 것으로 기대했다.[51]

하지만 랜던의 선거운동은 공화당 내 분열과 혼란을 여실히 드러냈고, 이로 인해 이미 힘든 선거전은 더욱 힘들어졌다. 랜던은 자신의 노선을 '후버주의Hooverism'와 구별하려고 애썼다. "지금까지 추진해온 뉴딜 정책을 4년 더 지속하는 것과 과거의 낡은 정책을 다시 4년 이어가는 것 모두가 우리 의회의 권위를 심각하게 훼손할 것"이라며 루스벨트와 후버의 양극단과 선을 그었다. 선거운동에서 랜던은 뉴딜의 근본 목표보다는 루스벨트 행정부의 비효율과 시행착오를 날카롭게 비판하는 데 초점을 맞추었다. 그러나 랜던의 선거캠프 내부에는 후버 행정부 인사와 공화당 구舊보수파, 대기업과 보수 엘리트 중심의 미국자유연맹이 깊숙이 개입하고 있었다. 미국자유연맹은 랜던의 선거캠프에 자금과 조직을 제공하며 지지를 표방했는데, 이러한 지원은 민주당과 루스벨트에게 좋은 공격거리가 되어 미국자유연맹을 "엘리트 계층의 반反뉴딜 음모"라고 집중적으로 비난했다. 민주당의 공격이 거세지자, 공화당은 선거 막판 미국자유연맹과 거리를 두었고, 급기야 해체 주장까지 제기되었다. 하지만 이런 노력에도 랜던은 굴욕적인 참패를 기록했으며, 선거 후 갤럽 여론조사에서 미국인의 27퍼센트가 '공화당은 이제 존재하지 않는다'고 답할 만큼 당의 위상은 크게 추락했다(한 루스벨트 지지자는 미국자유연맹에 대해 "이들은 자신들의 상징으로 '자유의 종Liberty Bell'을 차용했지만, 정작 미국독립혁명이 부유층의 특권을 유지하기 위해 싸운 것이라고 여기는 듯하다"고 말했다).[52]

보수주의 세력은 공화당의 운명보다 훨씬 더 강력하고 끈질긴 생명력을 지녔다. 1937년, 뉴딜 정책 추진으로 민주당 내 연합은 심각한 균열을 맞았다. 당시 루스벨트가 추진한 법관 수 확대 계획은 의회 내 반발을 불러일으켰고, 이 반란은 남부 민주당원들과 공화당원들을 결집시키는 계기가 되었다. 또한, 남부 민주당원들은 1937년 공정노동 기준법을 비롯한 뉴딜의 추가 노동 입법에 반대하며 다시 공화당과 손을 맞잡았다. 이때부터 남부 민주당 의원들은 뉴딜의 노동 개혁에 강력히 반대하는 적이 되어 공화당과 연합해 루스벨트 행정부의 다른 정책들에도 반대했다. 한편, 1938년 중간선거에서 공화당 세력이 뚜렷하게 재조직되며 그간의 침체 분위기를 쇄신하는 전환점을 맞았다(유권자들 사이에서 1937년 남부 민주당원 시위에 대한 반발이 일어났는데, 이것이 공화당 의석 확보에 결정적인 역할을 한 것으로 보인다).[53]

보수주의자들은 1936년 이후 루스벨트의 뉴딜 정책 추진을 막는 데 큰 성과를 냈지만, 그 성공이 초당적인 연합 속에서만 가능했다는 점 때문에 공화당 보수파가 당의 재정비를 진전시키는 데 걸림돌이 되었다. 게다가 의회 밖에서는 공화당 주지사들이 루스벨트에 대해 상대적으로 덜 강경한 태도를 보였다. 당내 지도부 상황도 불확실했다. 1938년 중간선거를 앞두고 공화당 지도부를 둘러싸고 두 인물이 경쟁했다. 한 명은 윌리엄 하워드 태프트의 아들이자 오하이오주 상원의원 로버트 태프트로, 1920년대 중서부 산업계 공화당 세력을 대표하는 인물이었다. 교묘한 정치 전략가였던 로버트 태프트는 후버를 제치고 당내 보수파의 핵심 인사가 되었다. 또 한 명은 토머스 듀이Thomas Dewey로, 1938년 뉴욕 주지사 선거에서 허버트 레먼Herbert Lehmann에게 아깝게 패했으나 온건파 유권자들에게 매력적인 인물로 떠올랐다. 듀이는 자신을 '뉴딜 공화당원'이라고 칭하며 "뉴딜 정책의 90퍼센트는 타당하고 적절하다"고 밝혔다. 한편, 1936년 이후 공화당 내 지역별 분열 양상에도 변화가 생겼다. 이전에는 서부 진보파와 동부 보수파가 대립했으나, 듀이와 태프트의 부상으로 새로운 구도가 생겨났다. 이제 구舊보수파는 중서부에 기반을 두고 있는 반면, 동부 공화당 세력은 당내에서 점점 더 온건한 입장을 대표했다.[54]

1939년 독일이 폴란드를 침공하면서 유럽에서 시작된 전쟁은 태프트와 듀이를 아주 곤혹스럽게 했다. 강경한 고립주의자였던 태프트에게는 전쟁 개입 요구가 치명적인 약점이었고, 외교 경험이 부족한 맨해튼 지방검사 출신 듀이 역시 이 문제에서는 불리했다. 1940년 대선이 다가오면서 당내 관심은 웬들 윌키에게 쏠렸다. 윌키는 인디애나주 출신 중서부 인사로 태프트와 배경이 비슷했지만, 공화당 구보수파와는 거리가 멀었다. 실제로 1940년 공화당에 입당하기 전까지 민주당원이었으며, 기업 경영자로서 루스벨트 행정부와 여러 차례 갈등을 빚어왔다. 1930년대 후반부터는 루스벨트를 공개적으로 비판하는 동시에 월스트리트와 긴밀한 관계를 유지하고 있는 것으로 알려졌다. 특히 J. P. 모건 가문과 연결고리가 깊은 유일한 대통령 후보였다.

이러한 금융계와의 밀접한 관계는 윌키의 부상에 반대하는 공화당 내 세력의 주요 논거가 되었다. 허버트 클라크 후버와 가까운 공화당 전국위원회 인사는 "뉴욕의 국제주의자 집단이 전력을 다해 전당대회를 윌키 쪽으로 몰아가고 있다"고 후버에게 보고했다. 노스다코타주 하원의원은 하원에서 윌키를 비난하며, "J. P. 모건과 뉴욕 금융 재벌들이 윌키를 밀고 있다"고 주장했다. 그럼에도, 전미제조업협회 대표와 수천 개의 윌키 지지클럽을 조직한 풀뿌리 공화당원 등 다양한 계층에서 윌키에 대한 폭넓은 지지가 이어졌다(윌키는 듀폰Du Pont 가문의 지지도 받았다. 듀폰 가문은 미국자유연맹이 참담하게 실패한 뒤, 윌키를 마지막 희망으로 여겼다).[55]

이후 윌키는 루스벨트를 상대로 한 선거운동에서, 이전의 랜던처럼, 행정부에 대한 선별적이고 건설적인 비판을 시도했다. 윌키는 뉴딜 정책 프로그램을 지지했으며, 노동조합에도 우호적인 입장을 취했다. 아프리카계 미국인 시민권 문제에 대해서는 루스벨트보다 더 적극적으로 지지를 표명하기도 했다. 외교 정책에서는 근본적으로 국제주의 입장을 견지했기 때문에 루스벨트와 뚜렷한 차별화를 이루기 어려웠고, 이에 따라 공약의 일관성도 다소 부족했다. 결국 윌키는 후버·랜던과 마찬가지로 루스벨트에게 패배했다. 하지만 후버가 약 1,600만 표, 랜던이 약 1,700만 표를 얻은 데 비해, 윌키는 약 2,230만 표라는 상당한 득표를 기록했다. 특히 남부 지역을 제외한 지역에서는 근소한 차이로 다수의 표를 얻는 데 성공했다.[56]

이 대선 결과로 공화당 내 온건파와 보수파의 갈등은 더욱 깊어졌다. 선거 기간 내내 태프트와 그 지지자들은 윌키가 뉴딜 정책 프로그램을 지지하고 국제주의를 표방하는 데 강한 반감을 드러냈다. 게다가 공화당 당직자들은 윌키 지지클럽을 당을 우회하려는 시도로 보고 경계하고 경멸했다. 선거 이후, 윌키는 좌파 쪽으로 방향을 틀어 기업을 비판하는 한편 뉴딜에 대한 비판은 줄였다. 1942년 제너럴모터스의 이사회 의장 앨프리드 슬론Alfred Sloan이 윌키의 노동조합 지지 발언에 불만을 표하자, 윌키는 단체교섭에 대해 반대하는 것은 "영원히 사라진 세상에 살려는 시도"라고 응수했다. 1942년 중간선거에서 공화당 내 고립주의 세력이 세를 불렸는데도, 윌키는 비판을 멈추지 않고 끝까지 강하게 밀어붙였다. 공화당 의원들 사이에서 윌키는 비판과 경멸의 대상이었는데, 태프트는 "윌키가 당선된다면 우리는 결국 또 다른 뉴딜을 맞이할 것이고, 오늘날 루스벨트의 뉴딜보다 싸우기 더 어려울 수도 있다"고 비판했다.[57]

1944년 대선 과정에서 윌키가 공화당 내에 불러일으킨 갈등은 아이러니하게도 당의 단합을 촉진하는 계기가 되었다. 1943년, 공화당 전국위원회 위원장 해리슨 스팽글러Harrison Spangler는 윌키의 오랜 정치적 맞수로, 미시간주 매키낙 아일랜드에서 당내 분열된 두 진영의 합의를 모색하는 회의를 주최했다. 이 회의에서 나온 선언문은 타협적인 성격을 띠었는데, 외교 정책에서는 윌키의 국제주의에 가까웠고, 국내 정책은 주로 태프트의 보수적 영향 아래 있었으나, 중요한 사안에서는 단체교섭을 공식 지지하는 것이 포함되어 있었다.

이러한 타협 덕분에 후버와 랜던 같은 보수 지도자들이 윌키를 견제할 후보로 토머스 듀이를 지지하는 데 힘을 모을 수 있었다. 듀이는 당내 중도주의자로 자리 잡으며 '뉴딜 공화당원'이라는 표현을 철회하고, 루스벨트 행정부의 7년에 걸친 경제 불황에 책임을 물었다. 동시에 듀이의 외교 정책은 매키낙 아일랜드 회의에서 채택한 국제주의 기조를 반영했으며, 사회보장제도와 최저임금 법안을 계속 지지해 보수파의 불만을 샀다. 윌키와 달리 듀이는 루스벨트를 공산당의 꼭두각시라는 험담을 퍼뜨리는 선거운동을 전개했다. 하지만 듀이의 대선 공약에는 윌키가 공화당 정치에 끼친 영향이 분명히 드러났다. 『뉴욕타임스』는 이 선거운동을 다음과 같이 요약했다.

"두 정당 모두 선의와 관용이 넘치는 정부가 좋은 결과를 가져올 것이라는 약속을 앞세웠다.……사회보장제도는 대폭 확대될 예정이며……건강보험과 의료서비스가 비용 부담 없이 광범위하게 제공될 것이고……임금 역시 높게 유지될 것이다.……시카고에서 작성된 두 당의 강령은 이처럼 경쟁하듯 최고의 약속을 내놓았다."[58]

아이젠하워의 '현대 공화당주의'

루스벨트를 상대로 한 듀이의 패배는 공화당 내 두 진영의 정치적 간극을 해소하는 데 별다른 도움이 되지 못했다. 그러나 양측 모두 권력을 되찾기 위해서는 당의 단합이 필수라는 사실을 인정할 수밖에 없었다. 선거 이후, 듀이는 당이 더 온건해져야 한다고 확신하고 1948년 대선 출마를 준비하며 자신의 이미지에 맞게 당을 재편하려고 했다. 의회 내 공화당에서는 반대에 부딪혔지만, 듀이는 자신의 측근 허버트 브라우넬Herbert Brownell을 공화당 전국위원회 위원장으로 선임하는 데 성공했다. 브라우넬은 당의 경쟁력을 높이기 위해 대규모 조직 개편을 단행했으며, 특히 이념적 측면에 집중했다. 또한 부패 문제를 민주당 비판의 핵심으로 삼아, 민주당이 재정정책을 통해 유권자 표를 매수하는 집단이라고 비난했다. 그와 동시에 공화당이 "뉴딜 정책 프로그램을 더 효율적으로 관리하고 그 잠재력을 최대한 발휘하게 할 수 있다"고 주장했다. 그런데 1946년 중간선거에서 공화당이 상원과 하원을 모두 장악하자, 로버트 태프트는 자신이 펼친 보수 가치 회복 정치가 국민의 지지를 받았다고 자부하며 "사람들이 마침내 뉴딜이 자신들의 일상생활을 과도하게 규제한다는 것을 깨닫게 되었다"고 말했다. 이후 열린 제80대 의회(1947. 1~1949. 1)에서 보수 연합은 몇 가지 유의미한 승리를 거두었는데, 그중 가장 두드러진 성과는 노동조합 권한을 크게 제한한 '태프트 하틀리법Taft Hartley Act'의 통과였다.[59]

태프트는 의회에서 거둔 성공에 힘입어 1948년 대선에 자신감을 보였다. 반면, 듀이는 1942년 뉴욕 주지사로 당선된 후 그 지위를 활용해 공화당 내에서 강력한 지지 기반을 구축했다. 항공 사업가 출신의 뉴욕 기업계 거물 해럴드 탤벗Harold Talbott은 듀이 대선캠프 모금 책임자로서, 듀이가 기업계의 지지를 확보하는 데 중요한 역할을 했다. 태프트는 이 사실을 전혀 알지 못한 채, 공화당 전당대회에서 자신이 당연히 대통령 후보로 추대되리라 믿었다. 그러나 온건한 사회복지 정책을 지지하는 공화당 주지사들의 지지를 얻은 듀이가 전당대회 시작 전부터 대의원들을 충분히 확보해 세 번째 투표에서 지명권을 거머쥐었다. 그리고 듀이보다 더 진보적인 캘리포니아 주지사 얼 워런Earl Warren이 부통령 후보로 지명되었다. 온건하고 무난한 선거운동을 펼친 듀이는 20년 만에 처음으로 공화당 출신 대통령이 될 것이라고 확신했다. 당시 민주당은 우익 분리파 딕시크랫 후보 스트롬 서먼드와 좌익 진보당 후보 헨리 월리스가 각각 출마해 분열되어 있었다.[60]

하지만 해리 트루먼의 뜻밖의 승리로 듀이의 공화당 내 지도자 지위는 사실상 끝나고, 당의 정체성 위기는 더욱 깊어졌다. 선거 직후 열린 첫 번째 공화당 전국위원회 회의에서 한 온건파 위원은 "우리는 자유방임주의 교리를 지나치게 고집하면서 스스로 정치적 자해행위를 할 필요는 없다"고 선언했다. 듀이와 측근들은 대선 패배 원인으로 제80대 의회에서 보수적 입법 성과를 지적했는데, 실제로 노동조합은 태프트 하틀리법을 지지한 의원들을 선거에서 대거 낙선시켰다(1948년에 태프트 하틀리법을 지지했던 현역 의원 79명이 낙선했는데, 이 중에는 상원의원 9명도 포함되어 있었다).[61]

듀이가 1948년 대선에서 패배한 직후, 기업인들이 모여 1952년 공화당 대통령 후보로 드와이트 아이젠하워를 내세우기 위한 네트워크를 결성했다. 아이젠하워는 공화당 내 국제주의 세력, 특히 동부 기업계와 밀접한 관계를 맺고 있었다. 그의 동생 밀턴 아이젠하워Milton Eisenhower는 1940년대 경제개발위원회 창립 멤버들과 가까웠으며, 아이젠하워 자신도 1950~1952년에 이 위원회의 신탁 이사로 활동했다. 1947년 컬럼비아대학 총장으로 임명된 것도 컬럼비아대학 이사이자 IBM 임원이던 토머스 J. 왓슨Thomas J. Watson의 후원 덕분이었다. 이미 1949년 무렵에 이 기업 지도자들은 아이젠하워를 대통령 후보로 적극 추진하고 있었다. 아이젠하워가 컬럼비아대학 총장 시절 설립한 '아메리칸 어셈블리American Assembly'라는 싱크탱크가 가장 중요한 역할을 했다. 이 모임에서 아이젠하워는 미국 주요 기업 대표들과 정기적으로 교류할 수 있었다.

제너럴밀스General Mills 회장 해리 불리스Harry Bullis는 '아메리칸 어셈블리' 지지 만찬 후 아이젠하워에게 "당신은 '컬럼비아 프로젝트'뿐 아니라 훨씬 더 큰 잠재력이 있는 사업도 우리에게 제안했다. 적절한 시기가 오면 당신만이 그 사업을 성공으로 이끌 수 있을 것이다"고 말했다. 듀이 또한 이러한 노력에 앞장섰는데, 공화당의 인기 없는 정책들과 거리를 둔 인물만이 사회주의에서 미국을 지킬 수 있다고 아이젠하워에게 말했다. 1951년에는 경제개발위원회와 긴밀히 연계된 기업 지도자들이 '아이젠하워를 지지하는 시민들'이라는 대중 캠페인을 벌여 아이젠하워의 공화당 후보 지명을 도왔다. 이 네트워크 덕분에 아이젠하워는 1952년 공화당 전당대회에서 태프트를 손쉽게 제치고 대선후보로 선출될 수 있었다(1951년에 폴 G. 호프먼 경제개발위원회 초대 위원장은 아이젠하워를 출마시키기 위해 여러 차례 개인적으로 만나기도 했다).[62]

1952년, 공화당은 20년 이상의 야당 시절을 끝내고 마침내 대통령직을 되찾았다. 그러나 행정부를 다시 장악했을 때, 당의 이념적 입장은 오히려 더 모호해졌다. 1940년 윌키의 선거운동을 통해 두드러졌던 동부 국제주의 진영은 더욱 강력해졌다. 아이젠하워의 '현대 공화당주의'는 "뉴딜 정책을 철폐하기보다는 합리화하고 개혁하는 것"을 목표로 했다. 하원에서는 아이젠하워 임기 중 선출된 공화당 의원들이 이전 의원들보다 대체로 온건한 성향을 보였으며, 상원에서는 랠프 플랜더스와 제이컵 재비츠Jacob Javits 같은 온건파가 '현대 공화당주의'를 대변하는 목소리를 냈다.[63]

아이젠하워 행정부가 공화당 내 동부 국제주의 진영의 지배를 보여주었다면, 그것은 동시에 보수파가 그 지배를 무너뜨리고 공화당을 뉴딜에 대항하는 '전쟁의 당'으로 전환시키려는 노력을 촉진하는 계기가 되었다고 할 수 있다. 『내셔널리뷰』의 발행인 윌리엄 러셔William Rusher는 "현대 미국 보수주의는 대체로 아이젠하워 행정부 시기에 형성되었으며, 아이젠하워 행정부의 정책과 노선에 대한 명확한 반대 입장을 통해 조직되었다"고 말했다. 1940년대 중반부터 태프트는 공화당 우파의 목소리를 대변했으며 뉴딜 정책을 완전히 뒤엎으려 했지만, 현실 정치에서는 실용가로서 동부 국제주의자인 듀이나 아이젠하워가 자신보다 우대받는 상황에 분개하면서도 패배를 인정하고 최대한 영향력을 확보하기 위해 노력했다. 그러나 1940년대 후반부터 일부 반항적인 태프트주의자들은 태프트보다 더 강경한 입장을 취했다. 1949년 시카고에서 태프트주의자 프레드 버커스Fred Virkus가 보수적인 성향의 로비 단체 '전국공화당총회위원회'를 설립했다. 이 단체는 뉴딜 정책의 전면 거부와 1920년대 공화당 전통주의 노선의 재확인을 촉구했다. 특히 이 단체가 공화당 내 시민권 법안에 대한 반대를 주도했다는 점을 주목해야 한다. 이것은 태프트가 지켜왔던 공화당 내 시민권 전통과 결별한 행보였기 때문이다.[64]

1950년대에 보수적 남부 민주당원들과 보수적 공화당원들을 하나의 정치세력으로 결집하려는 시도가 공화당 재편론자들 사이에서 중요한 비전으로 자리 잡았다. 반동적 공화당원들과 남부 백인우월주의자들의 연대 시도는 미국자유연맹 시절까지 거슬러 올라가는데, 당시 이레네 듀폰Irénée Du Pont은 뉴딜에 반대하며 백인우월주의 단체인 큐클럭스클랜KKK과 동맹을 공공연히 모색했다. 비록 의회 내 남부 민주당원들과 보수 공화당원들의 협력이 일부 있었지만, 이러한 연대 시도는 큰 성과를 거두지는 못했다. 제2차 세계대전 기간에 루스벨트 행정부가 국방산업에 흑인 근로자를 고용하기 위해 공정고용실천위원회를 설립하자 공화당 내 보수파인 태프트주의자들은 강력히 반대했지만, 듀이는 지지 의사를 밝혔다. 1940년대 후반에 이르러 보수파는 공정고용실천위원회에 대한 반대를 넘어 연방 시민권 입법 전반에 반대

하는 입장으로 나아갔다.[65]

　사우스다코타주 상원의원 칼 문트Karl Mundt는 이 같은 방향으로 움직인 인물이었다. 문트는 1940년대 하원의 비非미국활동위원회에서 활동하며 이름을 알렸고, 1949년에 상원의원으로 선출되었다. 그해, 남부 지역을 순회 연설하면서 미국 내 사회주의 확산을 막기 위해 남부 보수파와 북부 공화당원의 동맹이 필요하다고 역설했다. 그는 공화당이 연방 시민권 법안에 대한 지지를 완전히 철회해야 한다며, 당 강령에서 "남부 백인들이 강한 반감을 느끼는 조항들을 삭제할 것"을 권고했다. 그의 연설은 남부 사람들에게서 열렬한 환호를 받았으며, 한 신문은 이런 호응을 "단순한 박수가 아니라 귀가 멍멍해질 정도의 고함"이라고 보도했다. 1951년에 문트는 '정치재편모색위원회'라는 새로운 단체를 결성했다. 이 단체는 민주당 전당대회가 끝난 후 공화당 전당대회를 개최해 민주당이 자유주의자 후보를 지명하면 공화당이 보수 후보를 대통령 후보로, 남부 보수 민주당원을 부통령 후보로 내세워 대응한다는 전략을 구상했다. 하지만 문트는 당내에서 이 계획을 관철시키지 못했으며, 1953년 아이젠하워가 얼 워런을 연방대법원장으로 지명한 이후로는 이러한 정당 재편 야망이 한동안 주춤했다.[66]

온건파와 보수파의 불편한 동거

　드와이트 아이젠하워 행정부 시기 보수주의의 '배신'에 대응해, 보수파 진영에서는 조직 활동이 활발해졌다. 1955년 『내셔널리뷰』의 창간, 1957년 극우 성향의 리버티 로비Liberty Lobby 설립, 1958년 존 버치 협회John Birch Society 창립 등은 모두 공화당의 방향성에 분노한 보수주의자들이 주도했다. 이들 집단에서 영향력 있는 인물 중 한 명은 극우 라디오 프로그램 〈매니언 의견 포럼The Manion Forum of Opinion〉의 진행자 클래런스 매니언Clarence Manion이었다. 그는 원래 윌슨주의자 민주당원이었다가 태프트주의자 공화당원이 되었으나, 1954년 연방 대법원의 '브라운 대 교육위원회' 판결 이후 좀더 강경한 조치가 필요하다고 확신했다. 매니언은 이러한 강경 대응의 표본으로 아칸소 주지사 오발 포버스Orval Faubus를 꼽았다. 포버스는 인종 통합에 저항하며 아이젠하워 행정부에 도전한 남부 반동 세력의 영웅으로 부상했다. 매니언은 포버스 측근들과 접촉하며, 포버스가 남부 보수세력을 결집시켜 대선 출마에 나설 수 있다고 확신했다. 이에 따라 포버스가 남부 민주당 예비선거에 출마를 고려하고, 보수적 공화당원이 북부 민주당 예비선거에 출마하는 방안을 모색했다. 두 후보가 모두 전당대회에서 패배할 경우, 둘이 합쳐 철저히 극우적인 새로운 정당을 결성하는 방안도 마련했다. 매니언은 포버스의 북부 상대역으로 애리조나주 상원의원 배리 골드워터를 추천했다.[67]

공화당의 우경화 과정에서 배리 골드워터는 수많은 역할을 해왔다. 애리조나주 출신의 까다로운 자유지상주의자 골드워터는 자신의 의사와는 상관없이, '현대 공화당주의'에 대한 보수파의 불만을 대표하는 인물이었다. 지지자들은 상당한 정치 전략과 조직적인 노력 끝에 1964년에 골드워터를 공화당 대통령 후보로 선출하는 데 성공했으나, 본선에서 민주당의 현직 대통령 린든 존슨에게 크게 패배했다. 그렇지만 골드워터의 선거운동은 보수주의자들이 공개적으로 불만을 표출하는 역할을 했으며, 이후 로널드 레이건·뉴트 깅그리치 등 보수파 지도자들이 등장할 수 있는 토대가 되었다.[68]

배리 골드워터의 선거운동이 미국 정당 시스템의 양극화에 중요한 역할을 한 것은 분명하지만, 이 선거운동 결과로 공화당 내에도 조직적인 변화가 일어났다는 사실은 상대적으로 덜 알려져 있다. 이러한 변화의 배경에는 당내 우파와 좌파 진영 간의 타협이 자리 잡고 있다(여기서 '좌파'는 상대적인 의미다). 골드워터는 1964년 공화당 대통령 후보로 지명된 후 측근 딘 버치Dean Burch를 공화당 전국위원회 위원장으로 임명했다. 그런데 대선에서 참담하게 패배한 뒤, 버치에 대한 사퇴 압력이 점차 거세졌다. 특히 온건파 공화당원들은 골드워터의 패배를 당내 주도권을 되찾을 수 있는 기회로 삼았다. 골드워터는 자신에 대한 공격에 맞서 버티려 했으나, 버치에 대한 반대는 지속되었다. 12월에 온건파의 공화당 주지사협회는 공화당 전국위원회에 방향 전환을 요구하는 성명을 만장일치로 발표했다. 이 성명에는 버치의 이름이 직접 언급되지는 않았으나, 요구 사항은 명확했다. 결국 1965년 1월 골드워터는 항복했고, 4월에 버치는 사임했다.[69]

딘 버치를 축출하는 과정에서 공화당 온건파는 오하이오주의 레이 블리스Ray Bliss를 중심으로 신속하게 결집했다. 그러나 블리스는 엄밀히 말해 온건파가 아니라 태프트주의자로서 1948년 '태프트 하틀리법' 반발로 촉발된 대선 패배 이후 오하이오주 공화당의 재건을 주도한 인물이다. 그럼에도, 블리스는 공화당 전국위원회 위원장으로서 어느 한쪽 진영에 치우치지 않는 중립적이고 균형 잡힌 지도자가 되겠다고 약속했다. 오하이오주에서는 "선거운동에서 쟁점을 배제하라"는 슬로건 아래 당을 운영했는데, 블리스는 후보들에게 선거운동 서비스(유권자 접촉, 메시지 조언, 모금 활동 등)를 제공하는 '서비스 모델'로 정당을 이해했다. 이 모델에서는 당의 정치적 입장은 중요하지 않고, 후보 지명은 해당 후보가 결정할 일이었다. 당의 역할은 오직 후보의 승리를 돕는 것이었다. 이 때문에 블리스는 타협적인 위원장으로서 인식되었고, 아이젠하워 2기 행정부 이후 심화된 당내 파벌 갈등에 개입하지 않는 인물로 평가받았다.[70]

블리스가 '서비스 정당 모델'을 중심으로 공화당 전국위원회를 재구성한 것은 두 가지 중요한 효과를 불러왔다. 첫째, 블리스 자신은 비非이념적 리더십을 견지했지만, 임기 동안 우파 세력에 반대하지 않아서 결과적으로 우파 세력이 강력해졌다. 1940년 윌키가 대선후보로 지명된 이후 공화당은 온건파의 근거지였으나, 아이젠하워 행정부에서 우파를 달래기 위해 부통령 후보로 기용된 리처드 닉슨조차 1960년 대선후보 지명을 받기 위해 우파가 가장 싫어하는 넬슨 록펠러와 타협해야 했다. 그러나 블리스는 공화당 전국위원회가 어느 한쪽 진영에도 치우치는 것을 반대했기에, 임기 동안 우파에 반대할 수 있는 중요한 제도적인 기반이 사실상 사라졌다. 결국 블리스는 "1964년 대선 이후 공화당이 우경화 정책 노선에서 벗어나 방향을 전환할 수 있는 모든 가능성을 희생한 대가"였다.[71]

둘째, '서비스 정당 모델'로 인해 정당이 더 빈껍데기 조직이 되었다. 20세기 전반 '후원 제도'의 쇠퇴와 예비선거 제도의 확대와 함께, 정당이 전통적으로 누리던 많은 특권이 사라졌다. '서비스 정당 모델'은 이런 변화에 적응하려는 측면이 있으며, 또한 커다란 변화를 일으키기도 했다. TV와 라디오의 등장으로 선거운동 방식이 크게 바뀌어, 노동력보다 '자금'이 더 중요한 요소가 되었다. 이에 따라 '서비스 정당 모델'은 후보자에게 선거운동 서비스와 정치자금 조달을 제공하는 조직으로 정당을 전환시켰다. 또한 이 모델로 인해 정당이 후보자에게 종속되는 경향이 심해졌다. 이 모델로 많은 정당 활동이 전문화되었지만, 그 활동 범위는 오히려 축소되었다. 이 모델을 따르면서, 정당은 의사결정 과정에서 이전보다 훨씬 적은 역할만 수행하게 되었다.

1968년 리처드 닉슨의 대선 승리는 레이 블리스에게 큰 성공으로 평가되었다. 그러나 닉슨은 당선 직후 블리스를 밀어내는 행보를 보였는데, 이는 두 사람의 이념적 차이보다는 닉슨의 과도한 권력 집착 탓이었다. 닉슨은 공화당을 자신의 뜻대로 완전히 장악하려 했으나, 블리스는 이에 반대했다. 결국 닉슨은 당 조직을 무시하거나 우회하며 독자적인 권력 기반을 구축했다. 악명 높은 대통령재선위원회를 설립해 선거자금 조달을 통제했고, 의회 선거에서 자신에게 우호적인 후보들을 지원하기 위해 '타운하우스Townhouse 프로젝트'를 시작했다. 아이러니하게도, 닉슨은 종종 '반동'의 대표적인 대통령으로 지목되며, 그로 인해 공화당의 우경화에 결정적인 인물로 간주되지만, 실제로는 공화당 전국위원회와 당 조직 전체를 약화시키며 당내 우파 세력의 권력을 오히려 분열시키는 결과를 초래했다. 블리스 체제에서는 보수세력의 당내 진출이 크게 방해받지 않았으나, 닉슨 체제에서는 모든 당직이 닉슨의 개인적 기호에 맞게 임명되었는데, 보수 이념과의 일치여부와는 무관했다. 닉슨이 대외정책에서 중국과의 관계 개선, 국내 곡물 규제 완화 등 보수파와 상반된 정책을 펼치자 보수세력은 점차 소외되었다. 그 결과 1971년까지 다수의 저명 보수주의자들이 닉슨 행정부에 대한 지원을 철회했다. 이후 제럴드 포드Gerald Ford 행정부 시기, 윌리엄 러셔 등 일부 보수 인사들은 보수주의자들에게 공화당을 떠나 제3당 창당을 권고하기도 했다.[72]

1972년 워터게이트 사건은 닉슨이 당 조직을 우회해 권력 집중을 시도한 결과였으며, 이 사건으로 닉슨의 공화당 지배는 종식되었다. 동시에 이 사건은 공화당 내 '서비스 정당 모델'을 부활시키는 계기가 되었다. 1976년 지미 카터가 대통령에 당선된 뒤, 1950년대 '젊은 공화당원들'의 파벌 싸움 속에서 성장한 보수파 빌 브록Bill Brock이 공화당 전국위원회 위원장으로 선출되었다. 빌 브록은 1960년대 레이 블리스가 도입한 조직 혁신을 크게 확장해 당의 자금 모금과 소통 능력을 강화했다. 그와 동시에 '서비스 정당 모델'에서 다소 벗어나, 이념적 문제에 더욱 적극적으로 개입하는 방향으로 공화당 전국위원회를 이끌었다. 브록의 지도 아래 공화당 전국위원회는 출판물과 메시지를 통해 보수 정치세력을 적극적으로 홍보했다. 그러나 이러한 변화는 '서비스 정당 모델'에서 일시적인 이탈에 불과했다. 1980년 로널드 레이건이 대통령에 당선되자, 공화당 전국위원회 위원장들은 다시 블리스가 확립한 '서비스 정당 모델'에 주력했다(실제로, 레이건 시절 공화당 전국위원회의 주요 전략 중 하나는 암웨이Amway의 다단계 마케팅을 본받는 것이었다).[73]

민주당의 뉴폴리틱스 운동이 공화당에 영향을 미쳤듯이, '서비스 정당 모델' 또한 민주당으로 확산되었다. 조지 맥거번이 1972년 대선에서 패배한 뒤, 민주당 전국위원회 위원장 밥 스트라우스Bob Strauss는 후보자들에게 전문적인 서비스를 제공하는 '서비스 정당 모델'을 모방하라는 참모들의 조언을 따랐다. 레이건 행정부 시절 야당이던 민주당은 이 모델을 적극적으로 추진해 "당 본부 조직을 모금과 선거운동 서비스 제공에 중점을 둔 체제로 전환"했다. 민주당 전국위원회 위원장 폴 커크Paul Kirk도 "민주당을 파벌 중심의 정치 무대가 아니라, 후보자와 선거운동 지원에 집중하는 조직으로 전환해, 각 후보가 원하는 방식으로 움직일 수 있도록 목표"를 정했다. 1980년대에 접어들면서 양당 모두 운영 방식을 재편해 정책 결정이나 후보자 선출보다는 후보자 지원에 집중하는 조직으로 변했다.[74]

뉴딜 이후 공화당의 변모는 민주당의 변모 과정과 매우 유사하다. 두 정당은 1930~1960년대에 오랜 기간 내부 분열과 파벌 싸움을 겪었다. 이러한 갈등에서 각 당의 주요 파벌들은 뉴딜 정책의 유산에 대해 입장을 명확히 밝혀 당의 정체성을 규정하지 못하게 했다. 민주당에서는 남부 딕시크랫 세력이 뉴딜 정치에 전념하는 것을 막았다. 공화당에서는 1940년 대선에서부터 권력을 행사한 동부 국제주의자들이 태프트주의자들의 공화당을 뉴딜에 대항하는 강경 보수당으로 전환하려는 시도를 끈질기게 차단했다. 양당 내의 이런 양극단 사이의 타협으로 결국 당내 제도적인 역량이 약해졌다. 민주당은 대표 선출을 위한 예비선거를 포함해 뉴폴리틱스 운동을 종합적으로 도입했지만, 당 조직의 근본적인 재편이라는 야심찬 개혁에 실패해 당이 정치적 방향 설정에서 실질적인 역할을 하지 못하게 되었다. 공화당의 '서비스 정당 모델'은 온건파와 보수파의 불편한 휴전에서 비롯되었으며, 유사한 결과를 초래했다. 그 후 두 정당의 개혁은 서로 영향을 주고받았고,

1980년대 중반에 이르러 두 정당 모두 20여 년 전보다 미국 정치에서 수행하는 역할이 약화되거나 축소되었다.

연방선거자금법과 '서비스 정당 모델'

미국 정당을 약화시킨 마지막 주요 제도적인 전환은 선거자금 관련 입법이었다. 1970년대 민주당은 진정한 개혁 의지와 재정 문제라는 동기에서 연방선거자금법을 제정했다. 이 법은 선거운동 기부자의 기부 내역 공개를 의무화하고, 선거운동에서 미디어 비용 지출을 제한하는 내용을 담고 있다. 그 이전의 선거자금 관련 규제는 조직적이지 못했고, 1940년대부터 활동해온 정치활동위원회는 1970년대 초반까지도 법적 지위가 명확하지 않았다. 후보자, 선거운동 조직, 정당, 후원자의 관계도 불분명하고 임시방편에 가까웠다. 그러나 연방선거자금법은 후속 법률과 연방대법원 판결을 통해 현대 미국 선거자금 제도의 기초를 다졌다. 이 법은 정치활동위원회와 선거운동의 관계를 명확히 규정하고, 기부 한도를 설정했으며, 선거자금 조달에 관한 구체적인 규칙도 마련했다. 이러한 규칙은 정당에 두 가지 영향을 미쳤다. 첫째, 후보자 선거운동위원회가 핵심적인 선거자금 모금 단위로 자리 잡으면서 정당의 직접적인 역할이 축소되었다. 둘째, 정치활동위원회의 합법성이 확립되어 당 외부 기관들이 대규모로 선거자금 조달과 선거운동에 참여할 수 있게 되었다. '진보 시대'의 개혁, 당내 분열 세력들의 의도치 않은 결과와 더불어 선거자금 개혁은 미국 정당 쇠퇴의 결정적인 분기점이 되었다.

1970년대 초반 선거자금 개혁의 직접적인 동기는 민주당의 재정위기 때문이었다. 이 위기의 주요 원인은 대부분 린든 존슨에게 있었다. 존슨은 집권 기간에 민주당 전국위원회를 조직적으로 우회하며 무력화했고, 당 자원을 고갈시키고 대부분의 조직 활동을 해체했다. 리처드 닉슨과 마찬가지로 존슨도 당이 아닌 자신에게 권력을 집중시키려 했다. 존슨은 존 F. 케네디 행정부 시절에 설립된 '대통령 클럽'을 인수해, 당으로 흘러갈 기부금을 이 클럽으로 모았다. 본질적으로 '대통령 클럽'은 대통령 사교 행사 참여 자격을 부여하는 기구로, 곧 민주당 전국위원회와 각 주의 당 조직과 자금 확보를 두고 치열하게 경쟁했다. 자금이 고갈된 민주당 전국위원회는 어쩔 수 없이 활동을 축소할 수밖에 없었는데, 유권자 등록 프로그램이 그 대표적인 예였다.

1966년 중간선거에서 민주당이 크게 패배하자, 일부 고문들은 존슨에게 민주당 전국위원회 재건을 촉구했으나 무시당했다. 캘리포니아주의 한 위원은 "민주당 전국위원회는 사실상 빈껍데기"라며 한탄했다. 휴버트 험프리가 린든 존슨의 유산을 이어받았을 때, 당은 재정이 바닥났을 뿐만 아니라 조직적인 동원도 제대로 할 수 없는 상태여서 9월이 되어서야 겨우 선거 배지를 찍었다. 미국노동총연맹과 산업별노동조합회의의 지원이 없었다면 험프리는 선거운동조차 사실상 제대로 진행할 수 없었을지도 몰랐다. 그 결과 1970년대 초반 민주당 전국위원회는 심각한 부채를 안게 되었고, '현직 프리미엄'도 상실했다. 미국노동총연맹과 산업별노동조합회의 소속 한 로비스트는 "공공 재정 지원이 없는 선거라면 민주당은 매우 어려운 상황에 놓일 것"이라고 예측했다.[75]

민주당은 1970년부터 선거자금 개혁을 추진했다. 개혁은 몇 가지 핵심 쟁점에 집중했다. 첫째, 선거운동에 들어가는 기부금을 의무적으로 공개하도록 했다. 둘째, 방송사가 후보자들에게 광고를 우대요금으로 제공해 선거운동 비용을 절감하도록 했다. 셋째, 대선에 공적 자금 제도를 도입하고, 이를 의회 선거까지 확대하기를 원했다. 넷째, 개인 기부 한도와 후보자 자신과 독립 단체(정치활동위원회)가 선거운동에 쓸 수 있는 자금 한도도 규정에 포함시켰다. 이러한 개혁 방향은 연방선거자금법과 그 후속 개정안에 반영되었다. 법률이 통과되는 시점에 연방대법원은 정치활동위원회가 선거자금 생태계의 합법적인 일부임을 인정했다. 이후 연방대법원은 후보자 개인의 선거자금 사용 한도와 독립 단체의 선거운동 지출 한도가 헌법에 위배된다고 판단해 폐지했다.[76]

연방선거자금법이 마련해준 법적 틀로 미국 정치에서 후보자 중심 경향이 더욱 강해졌다. 미국 정치학자 모리스 피오리나Morris Fiorina는 "이 법은 후보자가 전국 정당과 별개로 자체 자금 조달 위원회를 사실상 만들 것을 요구한다"고 지적했다. 주州와 전국 정당이 후보자 선거운동위원회에 연간 5,000달러만 기부할 수 있도록 한도를 제한하면서, 선거 재정의 중심은 정당이 아닌 후보자 선거운동위원회로 옮겨갔다. 이 같은 기부 한도 때문에 지역 정당 조직의 붕괴가 빨라졌다. 이 법의 "즉각적인 효과는 주와 지역 정당 조직이 연방 선거에서 전면적인 역할을 수행하지 못하게 한다는 점"이었다. 이러한 법적 환경 속에서 정당은 후보자에게 선거운동 서비스를 제공하는 유일한 조직이 되었고, 결국 정당은 '서비스 정당 모델'을 채택할 수밖에 없게 되었다.[77]

1970년대에 제정된 연방선거자금법을 계기로 당 외곽 조직이 폭발적으로 증가했다는 점이 중요하다. 1970년대에는 노동조합이 정치활동위원회에 깊이 헌신했지만, 장기적으로 정치활동위원회의 영향력은 노동계보다 기업계에 훨씬 유리하게 작용했다. 1970년대 이전에는 느슨한 선거자금 규제로 인해 기업들이 중간 조직 없이 지지하는 정치인들에게 직접 기부할 수 있었기에, 정치활동위원회의 역할이 크지 않았다. 하지만 1970년대에 엄격한 재정 감독 체제가 도입되고 동시에 기업계의 조직적인 활동이 활발해지면서, 기업 중심의 정치활동위원회가 급증했다. 1970년 이전 기업의 정치활동위원회 수는 50개를 넘지 않았으나, 1980년대 중반에는 1,200개를 넘었다. 또한 1970년대 후반부터 자금 모금 규모에서 기업의 정치활동위원회가 노동계의 정치활동위원회를 앞섰다. "1978년까지 기업과 기업 관련 단체의 모금액과 지출액이 노동단체의 2배 가까이 앞섰다."[78]

1970년대에 기업을 비롯한 다양한 정치활동위원회가 빠르게 확산되면서, 미국 정치 조직 생태계에서 정당에 도전하는 새로운 경쟁자가 등장했다. 후보자에게는 대체 자금원이 생기면서, 정당 노선에 반한다 해도 재선에 실패할지 모른다는 걱정이 크게 줄어들었다. 정치활동위원회는 정치 경쟁 구도를 짜는 데서도 정당과 경쟁했다. 로널드 레이건 시대 첫 공화당 전국위원회 위원장이었던 리처드 리처즈Richard Richards는 보수 성향 정치활동위원회들과 끊임없이 갈등했다. 이들 정치활동위원회는 종종 당의 공식 입장과 배치되는 방식으로 선거에 개입했다. 리처즈는 2년 만에 위원장 자리에서 물러났고, 이후 공식 정당 지도자 중 누구도 그처럼 독립 조직을 공개 비판하지 않았다. 이후 정당과 지도부는 정치활동위원회와 공존하는 법을 배우며 자신의 역

할을 조정할 수밖에 없었다.[79]

1980년대에 이르러 연방선거자금법으로 이전의 진보 개혁 시기보다도 정당의 역할이 더 축소되었다. '서비스 정당 모델'의 부상과 대통령 예비선거 제도의 정착이 더해지면서, 정당은 20세기 초의 모습과는 완전히 달라졌다. 이제 후보자들은 당 조직과 상관없이 정당 명의로 출마할 수 있었고, 실제로 점점 더 많은 후보가 정당의 지원 없이도 본선에서 승리할 수 있었다. 정당이 그나마 최소한의 영향력을 유지할 수 있었던 것은 새로운 환경에 맞춰 자신의 역할과 기능을 재정의했기 때문이다.

정당은 약화되었다

1970년대 개혁 이후 정당이 맞닥뜨린 새로운 환경은 크게 두 가지로 요약된다. 첫째, 그 10년간 시행된 여러 법적 변화로 정당에 커다란 제약이 생겼다. 둘째, 선거운동 비용이 급증하면서 후보자들에게 자금을 제공하는 새로운 기관들의 역할이 중요해졌다. 정당들은 적응하려 했으나 그 과정에서 제도적 의사결정 권한이 크게 축소되었고, '빈껍데기' 신세가 되었다.[80] 의회에 유입되는 막대한 자금은 의회 규칙 개혁과 맞물려 미국 정치에 근본적인 변화를 일으켰다. 과거 의회 권력의 핵심 통로였던 각종 위원회가 공개 경쟁 체제로 전환되면서, 후보자들은 동료 의원들의 지지를 얻기 위해 거래 수단으로서 가장 유용한 '돈'에 집중하게 되었다. 후보자들은 동료 의원들에게 자금을 재분배하기 위해 모금 활동에 나섰고, 이를 통해 주요 위원회와 의원모

임(코커스)을 확보하는 데 필요한 지지를 얻었다.[81]

여기에서 민주당이 선도적인 역할을 했다. 1977년 팁 오닐Tip O'Neill
이 하원 의장으로 취임할 때, 원내대표 자리를 둘러싼 경쟁은 처음으로
누가 동료 의원들에게 더 많은 자금을 나누어줄 수 있느냐에 따라 판가
름 났다. 텍사스주 하원의원 제임스 라이트James Wright가 승리해, 나중
에 오닐이 은퇴하자 하원 의장이 될 수 있는 기반을 마련했다. 2년 후,
캘리포니아주 재선 하원의원 헨리 왁스먼Henry Waxman은 에너지·상업
위원회의 건강과 환경 소위원회 위원장에 올랐다. 당시 왁스먼은 위원
회 내에서 네 번째로 재직 기간이 길었지만, 동료 의원들에게 자금을
분배해 의장 자리를 차지했다. 왁스먼은 '헨리 왁스먼의 친구들'이라
는 정치활동위원회를 창설했고, 동료 의원들에게 2만 4,000달러를 지
원했다. 동료 의원들은 의장 선출 투표로 화답했다. 마침내 선임 우선
원칙은 수명을 다했다.[82]

곧 헨리 왁스먼의 방식을 따르는 의원이 크게 늘어났다. 1988년에
는 동료 의원들에게 자금을 재분배하려는 목적으로 만들어진 '리더십
정치활동위원회'가 45개였으나, 2000년에는 141개로 급증했다. 왁스
먼의 방식을 익힌 신참 하원의원 중에는 애틀랜타 교외 지역구의 뉴트
깅그리치도 있었다. 1998년에는 초선 의원들이 취임 선서도 하기 전
에 리더십 정치활동위원회를 만들었다.[83]

머지않아 주요 위원회뿐만 아니라 의원모임도 '돈의 경쟁'에 따라 결
정되었다. 선거 비용이 지속적으로 늘어나면서, 의회에서 자금을 모아
필요한 선거구에 재분배하는 능력이 의원모임의 핵심 기준이 되었다.
1990년대 이후 당 지도부는 비非지도부 의원들보다 훨씬 더 많은 자금

을 동료 의원들에게 제공하는 점에서 차별화되었는데(물론 비지도부 의
원들의 재분배 규모도 크게 늘어났다), 낸시 펠로시Nancy Pelosi는 바로 이 토
대 위에서 자신의 기반을 구축했다. 미국 정치학자 프랜시스 매컬 로
젠블루스Frances McCall Rosenbluth와 이언 샤피로Ian Shapiro는 펠로시를
"하원이 지금까지 본 가장 유능한 민주당 자금 모금가"라고 평가했다.
2008년 펠로시는 민주당 하원 선거운동위원회를 위해 2,500만 달러
모금을 약속했는데, 당시 나머지 8명의 하원 민주당 지도부가 모은 금
액을 전부 합친 것보다 많은 금액이었다. 민주당이 2004년, 2010년,
2012년, 2014년, 2016년 선거에서 패배했는데도 펠로시는 뛰어난 자
금 모금 능력 덕분에 민주당 하원 원내대표와 의장 자리를 굳건히 지
킬 수 있었다.[84]

　1970년대에 들어서 학자들은 정당 약화 현상에 주목했다. 이런 관
심에는 개혁에 대한 당파적 반대도 일정 부분 작용했다. 1972년에 설
립된 민주당 성향의 싱크탱크인 '민주당 다수 연합'의 진 커크패트릭
Jeane Kirkpatrick은 정당 개혁을 주제로『정당 해체Dismantling the Parties』라
는 도발적인 제목의 책을 출간했다. 하지만 정당 약화의 원인은 분명
했고, 1970~1980년대 미국 정치학계에서 대체적인 합의는 '미국 정
당은 약화되었다'는 것이었다. 그러나 프랑스 패션 디자이너 코코 샤
넬Coco Chanel이 말한 "패션은 변해도 스타일은 영원하다"는 격언처럼,
학계의 연구 흐름도 빠르게 변했다. 1990년대에 들어서면서 미국 정
당이 부활했다는 새로운 정설이 등장했다. 연구자들은 정당들이 자금
이 풍부해졌고, 주와 지방 정당들의 설문조사 결과 그 어느 때보다 활
발히 활동하고 있음을 확인했다. 이에 정치학자들은 다소 안도하며 정

당이 회복되었다고 선언했다.[85]

그럼에도, 통찰력 있는 학자들은 미국 정치에서 정당이 이제 과거와는 다른 역할을 수행하고 있음을 알아차렸다. 주州 차원에서 정당은 후보자들에게 종속되었는데, 정당은 후보자 지명권을 통제하지 못하고, 후보자들도 자금 조달이나 선거운동에서 정당에 의존하지 않았다. 오히려 주 정당은 "점점 더 많은 자금을 확보한 전국 조직과의 연결고리 역할"을 주로 맡았다. 주 정당의 새로운 역할은 "당직자 모집, 후보 지명, 선거 지원, 선출직 공직자에 대한 당의 통제 역할 대부분 심지어 전부를 수행하지 않는다. 주 정당의 공식적인 활동은 통제보다는 보조적 역할에 가깝다"고 할 수 있다. 전국 정당 차원의 상황 역시 크게 다르지 않다. 이제 정당은 주로 자금 제공자, 외부 조직, 선거 서비스 업체들의 네트워크로 존재하며, "후보자와 민간 시장 내 선거 서비스 제공자들 사이의 중개자 역할"을 하고 있다.[86]

미국 정치체제에서 정당의 위치는 크게 변했다. 미국 정치학자 대니얼 슐로즈먼Daniel Schlozman과 샘 로즌펠드Sam Rosenfeld의 표현을 빌리자면, "조직적으로는 자금 모금 역할 이상의 견고함을 갖지 못하고, 유권자의 삶이나 열정적인 활동가들의 참여 속에서 실체감 있게 느껴지지 않는 속 빈 정당"이다. 고유의 조직 역동성이 결여된 정당들은 정치자금이 거쳐가는 통로 역할만 하고 있을 뿐이다.[87]

20세기 말에 이르러 미국 정당들은 새로운 구도로 전환되었다. 이념적으로는 상당한 통일성을 갖추었지만, 제도적으로는 무척 취약해졌다. 민주당과 공화당의 당 강령은 뚜렷하게 대비되어 미국 역사상 어느 시기보다 이념적으로 명확하게 정리되었으며, 의회 내 당파들 사이의 정치적 입장도 크게 줄었다. 명확하고 대립적인 입장을 지향한 '분극화 세력'은 결국 성공을 거두었다. 하지만 이 '분극화 세력'이 당내에서 벌인 싸움은, '진보 시대'부터 시작된 정당의 '빈껍데기' 현상을 더욱 앞당기는 뜻밖의 결과를 낳았다. 정당이 철저히 이념적으로 양극화되던 시기, 미국 정당은 정치 구조를 독립적으로 형성하는 능력이 그 어느 때보다도 쇠퇴해 있었다.[88]

그 결과, 충분한 자금력을 확보한 극단주의 성향의 후보가 출마할 경우 약화된 공화당은 이들을 효과적으로 막지 못했다. 이로 인해 승리를 놓치는 경우도 많았다. 2010년, 현실과 동떨어진 입장을 내세운 티파티 운동가 크리스틴 오도널Christine O'Donnell이 델라웨어 전前 공화당 주지사를 예비선거에서 꺾었으나 본선에서 15퍼센트포인트 이상 차이로 패배했다. 2012년, 인디애나주와 미주리주에서 티파티 상원의원 후보들이 당내 주류 후보를 이겼지만 본선에서는 모두 패배해 공화당이 상원 다수 의석을 확보하지 못했다. 당 지도부 대부분이 이들의 후보 출마에 반대했으나, 이들을 제지할 조직적인 자원은 전무했다. 이런 취약점 때문에 의회 내에서 당 지도부에 반기를 드는 세력이 나타났고, 이들이 당 지도부와 갈등을 빚는 패턴이 생겼다. 결국 반란 세력이 승리해 새로운 당 지도부가 되지만, 이들이 차지한 당 조직이 매우 취약해 다시 새로운 반란 세력의 도전을 막지 못하는 악순환이 반복된다.

보수주의자들의 쿠데타

수십 년 동안, 공화당은 끊임없는 재창조의 과정을 거쳤다. 1960년대에는 배리 골드워터 지지자들이 아이젠하워와 닉슨 시절의 공화당을 확고한 우파 조직으로 탈바꿈시키려고 했다. 1970년대 초반에는 폴 웨이리치Paul Weyrich와 테리 돌런Terry Dolan 같은 뉴라이트New Right 정치인들이 공화당을 반혁명 세력의 당으로 만들려고 했다. 1980년대 들어서는 로널드 레이건의 집권으로 공격적인 보수주의 정치 스타일이 시작되었다.

많은 사람은 이런 변곡점을 공화당 역사에서 중요한 순간으로 지목해왔다. 하지만 당 체제와 자본가 계급 조직의 변화에 관한 지금까지의 논의를 바탕으로, 제3장에서는 다른 관점을 제시한다. 1990년대는 진정한 분수령이었으며, 이 과정에서 뉴트 깅그리치가 레이건보다 더 핵심적인 역할을 했다. 몇십 년 동안 보수세력들이 당을 점진적으로 변모시킨 것은 분명하지만, 1990년대 후반은 공화당이 빌 클린턴과 벌인 끊임없는 대결로 수많은 대기업이 공화당에 등을 돌리게 된 결정적인 시기였다.

이 시기에 공화당은 단순히 보수화된 게 아니라, 클린턴을 상대로 보수적 당파 전쟁을 벌였다. 클린턴은 거대한 기업 연합을 행정부 뒤에 영리하게 구축했는데, 이것은 공화당과 미국 기업의 새로운 관계를 예고했다. 과거 공화당이 기업계의 충실한 대변자였다면, 이제는 상공회의소나 비즈니스 라운드 테이블 같은 조직에 대한 충성도가 심각하게 흔들렸다.

'레이건 혁명'은 존재하지 않았다

뉴트 깅그리치는 공화당을 변모시키려는 의도를 조금도 숨기지 않았다. 1980년대 초반부터 1999년 하원에서 사임할 때까지, 공화당을 보수 이념에 기초한 당으로 재편하겠다는 포부를 공개적으로 밝혀왔다. 1994년 '공화당 혁명'은 절정의 순간으로, 깅그리치가 이끄는 공화당이 1952년 이후 처음으로 하원 과반수를 차지했다. 깅그리치는 이 승리가 자신의 전략이 정당했음을 입증한다고 강조했다. 그런데 깅그리치의 행보에는 제대로 평가받지 못한 두 가지 측면이 있다.

첫째, 1980년대 깅그리치가 공화당에서 부상할 수 있었던 배경에는 레이건 행정부와의 갈등이 크게 작용했다는 점이다. 깅그리치는 레이건 행정부가 충분히 보수적이지 못하다고 끊임없이 비판하며 충돌을 빚었는데, 이것으로 보수 강경파가 레이건 행정부 말기까지도 당을 자신들이 기대한 만큼 완전히 변화시키지 못했다는 현실을 알 수 있다. 둘째, 깅그리치가 지도자로 떠오르고 1990년대에 보수적인 정치인들이 등장할 수 있었던 것은 자금을 모으고 당내에 재분배하는 능력 덕분이라는 점이다. 당 조직의 해체와 선거자금 조달 체계의 혁명적인 변화 이후 바뀐 게임의 규칙을 꿰뚫어본 깅그리치는, 확고한 모금 체계를 구축해 수많은 하원의원의 충성을 이끌어냈다. 그리고 이들은 공화당을 '자유주의에 대한 전면적 도구'로 삼겠다는 깅그리치의 비전을 열렬히 따르는 추종자가 되었다.

전직 대학교수였던 뉴트 깅그리치는 1970년대 중반 조지아주에서 록펠러 공화당Rockefeller Republican* 후보로 두 차례 하원에 출마해 낙선했지만, 1978년에 마침내 당선되었다. 깅그리치의 야망은 초창기부터 과대망상에 가깝다는 평가를 받았는데, 이것은 깅그리치의 정치 경력 내내 특징이 되었다. 깅그리치는 참모들에게 "서구 문명을 구하는 일이 바로 나의 사명이다"고 말했다. 초선 의원 시절, 깅그리치는 눈에 띄는 존재감을 드러내며 공화당 전국하원위원회 위원장 가이 밴더 잭Guy Vander Jagt과 긴밀한 관계를 맺었다. 나아가 대통령 후보였던 로널드 레이건을 설득해 공화당 후보들의 보수 정책 서약 행사에 참석하도록 했다.[1]

1982년 중간선거 전까지만 하더라도 깅그리치는 평범한 초선 의원

---

* 록펠러 공화당은 1930~1970년대 미국 공화당 내에 존재했던 자유주의적이고 온건한 성향의 계파를 가리킨다. 보수적인 공화당 주류 세력과는 달리 상대적으로 진보적인 사회 정책을 추진했다.

보다 약간 더 주목받는 의원에 불과했다. 하지만 중간선거를 기점으로 당내 변화를 본격적으로 모색했다. 이 같은 행동을 촉발한 데에는 두 가지 사건이 자리 잡고 있었다. 첫째, 레이건은 재정적자를 일부 메우기 위해 민주당 주도의 세금 인상 법안에 서명했다. 깅그리치는 레이건과 이 법안을 지지한 동료 의원들에게 분노하며, 원칙을 저버렸다고 비난했다. 둘째, 1982년 중간선거에서 공화당은 하원에서 참패했는데, 레이건 행정부와 폴 볼커가 추진한 긴축통화 정책의 결과였다. 깅그리치는 공화당에 새로운 정치가 필요하다고 확신하며 '보수기회협회'라는 단체를 만들었다.

아이러니하게도 이 단체는 1950~1960년대 민주당 내 진보파의 입지 강화에 중요한 역할을 했던 '민주당 연구모임'을 모델로 삼았다. 그런데 공화당이 1950년대부터 하원에서 소수당 신세였기에(정치학자들은 이를 '영구적인 공화당 소수'라고 부른다), 보수기회협회는 '민주당 연구모임'과는 다른 방식으로 운영될 수밖에 없었다. 한 정치 컨설턴트가 깅그리치에게 보낸 편지에 따르면, 보수기회협회는 베트콩Vietcong처럼 "혁명적 게릴라 운동"을 펼쳐야 했다. 그는 "우리는 더 큰 공통 목표를 바탕으로 북베트남(공식적인 공화당, 상원, 대통령)의 지지를 받으며 존재하지만, 남베트남(하원의 민주당, 50개 주 입법부 대부분, 지방 관료와 주지사들)의 지배와 부패 아래 살고 있다"고 말하기도 했다.[2] 당연하게도, 그 시기 깅그리치를 조종한 사람은 남베트남 민족해방전선(베트콩)에 대해 어느 정도 알고 있던 인물, 바로 리처드 닉슨이었다. 깅그리치는 첫 번째 아내와 함께 뉴욕에서 닉슨을 만났는데, 실각한 전직 대통령은 깅그리치에게 "하원 공화당 의원들은 지루했어요. 늘 지루했지

요"라며, 의회에서 다수를 구축하고 싶다면 "아이디어로 가득 채워야 할 것"이라고 조언했다.[3]

하지만 깅그리치와 보수기회협회는 아이디어에 집중하기보다는 정치적 절차를 활용해 하원 내에서 더욱 적대적인 문화를 조성하기로 결정했다. 오랫동안 소수당에 익숙했던 하원의원들은 민주당과 어느 정도 우호적인 협상을 통해 자신들의 우선순위를 관철해왔다. 깅그리치는 이런 문화를 깨고자 했다. 깅그리치와 보수기회협회는 '특별 연설'에 주목했다. 특별 연설은 보통 입법 일정이 끝난 하루의 마지막에 하원의원 누구나 할 수 있는 연설이다. 대부분 의원들이 이미 자리를 뜬 상태에서 특별 연설을 한다. 깅그리치는 이 연설을 활용해 민주당을 맹렬하게 공격했는데, 이런 공격이 민주당에는 '중국식 물고문'과 같을 것이라고 주장했다. 팁 오닐 하원 의장은 깅그리치가 하원의 암묵적인 규칙을 위반하자 분노했고, 이런 과격한 연설이 텅 빈 회의장에서 일어나고 있다는 사실을 방송 카메라 중개로 보여주라고 지시했다. 그러자 보수기회협회는 곧바로 오닐을 공격 대상으로 삼아 그가 깅그리치를 인신공격하도록 유도했고, 이로 인해 오닐은 하원의원들에게서 질책을 받았다. 결국 깅그리치는 이런 절차적 게릴라 전술을 통해 오닐의 후임자 제임스 라이트를 몰아내는 데 성공했다. 이 캠페인은 공화당 지도부의 뜻에 반하는 행동이었으나, 이로써 깅그리치가 당내 최고 지도자로 부상하는 것은 기정사실화되었다.[4]

깅그리치는 하원에서 민주당에 맞서 긴 싸움을 시작하는 동시에, 공화당 내에서도 싸움을 벌여나갔다. 1990년대 보수주의자들 사이에서는 레이건이 성인처럼 추앙받았지만, 레이건 행정부 시절 자신들의 목표를 제대로 이루지 못했다는 불만이 광범위하게 퍼져나갔다. 깅그리치와 보수기회협회가 이런 불만의 중심에 있었다. 깅그리치는 1982년 레이건의 세금 인상 법안을 둘러싼 싸움을 펼치며 "공화당의 영혼과 미래를 건 싸움의 첫 라운드"라고 선언했다. 확실히 깅그리치는 자신과 대통령이 같은 편이라고 생각하지 않았다. 1984년, 레이건의 예산안이 "자유주의적 복지국가를 변화시키기는커녕 오히려 거기에 영양분을 공급하고 있다"고 비판했다.

깅그리치는 백악관 예산국장 데이비드 스토크먼David Stockman에게 쓴 편지에서 스토크먼이 "혁명 성공의 가장 큰 걸림돌이자, 혁명 운동인 창조적 보수기회협회와 자유주의 복지국가 체제 사이의 경계를 흐리게 하고 있다"고 꼬집었다. 1985년 레이건이 미하일 고르바초프Mikhail Gorbachëv와 미소정상회담을 발표했을 때, 깅그리치는 이를 '유화정책'이라고 비판하며 "아돌프 히틀러Adolf Hitler가 1938년 뮌헨에서 영국 총리 네빌 체임벌린Neville Chamberlain과 만난 이후 가장 위험한 정상회담"이라고 평가했다. 사회정책에서도 레이건이 자유주의에 물들었다며 실망감을 드러냈다. 에이즈에 걸린 아이들이 "학교에 다니도록 권장 받을 뿐만 아니라, 익명으로 등교해 다른 아이들이 적절한 예방조치를 취하지 못하도록 허용된다는 사실이 끔찍하다"는 내용의 편지를 여러 하원의원과 함께 레이건 행정부에 보내기도 했다. 깅그리치에게 1980년대는 레이건 혁명이 '존재하지 않았다'는 게 근본적인 문제였다.[5]

돈이 정치를 좌우하는 시대

게릴라 군대에도 자금이 필요하다. 깅그리치는 1970년대 미국 정치가 어떻게 변했는지를 누구보다 잘 파악하고 있었으며, 그 어느 때보다 돈이 정치를 좌우하는 시대가 되었음을 이해했다. 보수기회협회를 창설할 무렵, 당내에서 재정적 영향력을 직접 행사하기 위해 '희망과 기회의 보수'라는 정치활동위원회도 함께 만들었다. 그러나 이 위원회는 구조적 한계로 인해 별다른 성과를 내지 못했다. 이 위원회는 기부자 1인당 최대 5,000달러만 받을 수 있었는데, 깅그리치가 전국에서 가장 부유한 인사들한테서 자금을 모으려 했던 점을 고려하면, 매우 비효율적인 방식이었다. 결국 '희망과 기회의 보수'는 약 20만 달러만을 분배한 채 1988년에 해산되었다.[6]

깅그리치는 1985년에 델라웨어 주지사 피에르 듀폰Pierre Du Pont이 주최한 공화당 정치활동위원회GOPAC(고팩)[*] 자금 모금 행사에 참석했다가 해결책을 발견했다. 듀폰은 1978년에 고팩을 설립해 주州 단위 공화당 정치 후보자들을 훈련시키고 자질을 향상시키려고 했다. 깅그리치는 "1985년 고액 기부자 모금 행사에 갔을 때, 듀폰에게 부유한 친구들이 얼마나 많이 있는지 보고, 이 조직과 그 재력이 대단하다는 것을 깨달았다"고 말했다. 1986년, 대선 출마를 준비하던 듀폰은 이 조직을 깅그리치에게 넘겼다.[7]

깅그리치는 고팩을 활용해 두 가지 성과를 거두었다. 무엇보다, 자신

---

[*] GOPAC은 '공화당Grand Old Party(GOP)'과 '정치활동위원회Political Action Committee(PAC)'의 합성어다. GOP는 공화당의 별칭이다.

의 혁명에 동참할 '보병들'을 '이념적으로 교육'하는 데 이 조직을 효과적으로 이용했다. 나중에 깅그리치는 이렇게 얼버무렸다. "1985년과 1986년에 나는 우리 당에 자금 지원 조직이 아니라 교육기관이 필요하다는 점을 연구를 통해 깨달았다." 깅그리치는 고팩에서 사용할 오디오테이프를 제작해 배포했는데, 이 테이프에는 당시 주요 쟁점에 대한 공화당 정치 후보자들의 논점뿐만 아니라 더 넓은 철학적인 주제도 담겨 있었다. 여기에는 깅그리치가 피터 드러커Peter Drucker나 윌리엄 에드워즈 데밍William Edwards Deming 같은 중견 경영자들의 지도자처럼 행세하려는 헛된 망상도 들어 있었다. 하지만 이 테이프가 매우 효과적이었음은 부인할 수 없다. 정치 후보자들은 행사장을 이동하는 긴 시간 동안 이 테이프를 들었고, 수년 후에도 많은 사람이 깅그리치의 격려와 지도에서 영감을 받았다고 밝혔으니 말이다.[8]

많은 연구자는 깅그리치의 정치 경력에서 '이념 교육' 활동에 관심을 보였으나, 실제로는 고팩의 '모금 활동'이 훨씬 더 중요했다.[9] 깅그리치는 고팩이 자신이 이전에 설립한 '희망과 기회의 보수'보다 여러 면에서 유리하다는 사실을 재빨리 깨달았다. 무엇보다도, 고팩은 연방 공직 후보자 캠페인을 지원하는 목적이 아니었기에, 연방선거위원회에 등록할 필요가 없었다. 그 대신 고팩은 델라웨어주의 관할 아래 있었는데, 델라웨어주는 과거나 현재도 자산가들의 활동에 관대하기로 유명하다. 고팩이 연방기관이 아닌 주 단위 조직으로 운영되었다는 점 때문에 커다란 차이가 생겼다. 연방선거위원회가 정한 정치활동위원회 기부 한도나 기부 내역 공개 의무에서 벗어날 수 있었기 때문이다. 고팩은 기부자가 원하는 만큼 얼마든지 기부를 받을 수 있었고, 기부

내역을 공개할 필요도 없었다.[10]

　기부자들은 곧바로 고팩에 몰려들었다. 1990년까지 테리 콜러Terry Kohler와 조지 길더George Gilder 등 공화당 핵심 인사들에게 10만 달러가 넘는 거액을 기부했는데, 개인이 정치활동위원회에 기부할 수 있는 한도의 20배가 넘는 금액이었다. 킹그리치는 이 자금을 자신의 오디오테이프 배포와 홍보에 사용했다. 예를 들어, 제임스 라이트 하원 의장에 맞서 캠페인을 벌이던 시기에 고팩은 킹그리치의 공격적인 연설문과 각종 자료를 수만 명의 후원자에게 배포했는데, 이로써 킹그리치는 당 의회 지도부를 우회하는 자신만의 지지 기반을 구축할 수 있었다. 실질적으로 자신의 정치적 리더십 강화에 무제한으로 기부금을 동원할 방법을 찾아낸 셈이다.[11] 하지만 고팩이 맡은 가장 중요한 역할은 기부자 네트워크와 정치인 네트워크를 잇는 '중간 연결고리'였다. 고팩 자체는 후보자에게 직접 기부할 수는 없었지만, 기부자와 후보자가 만나는 행사를 주최하거나, 기부자가 관심을 가질 만한 후보자를 홍보하는 데 자금을 사용할 수 있었다. 한 고팩 기부자는 이 과정을 매우 솔직하게 설명했다.

　"직원이 가끔 전화를 걸어 '여기 좀 도와주셨으면 합니다'라고 하거나, 쪽지를 보내 '이 후보를 도울 수 있으면 좋겠습니다. 훌륭한 후보가 선거에 출마했으니, 기부를 통해 도움을 주실 수 있으면 좋겠습니다. 물론 기부금은 후보에게 직접 전달됩니다. 여러분의 기부금은 주 단위 공직 선거에 사용됩니다'라고 알려주더군요."

　1994년 '공화당 혁명' 때 당선된 메릴랜드주 하원의원 밥 에를리히Bob Ehrlich는 이렇게 자랑했다. "정말 환상적이었어요. 킹그리치가 저를 위해 직접 나서서 모금에 큰 도움을 주었죠. 순식간에 2만 5,000달러에서 3만 달러를 모았고, 전국 공화당원들에게서 기부금도 받았습니다. 그 자금은 정말 요긴했어요." 이런 식으로 깅그리치는 고팩을 강력한 '자금 기관'으로 키워, 선거자금이 절실히 필요한 공화당 후보들에게 없어서는 안 될 존재가 되었다. 1990년대에 이르면, 고팩은 '그림자 공화당 전국하원위원회'를 떠올리게 하는 조직으로 변모했다.[12]

1989년 초, 깅그리치는 공화당 의원총회에서 충분한 지지를 확보해 하원에서 두 번째로 막강한 자리인 원내총무에 선출되었다. 깅그리치는 공화당 전국하원위원회 위원장 빌 팩슨Bill Paxon과 긴밀히 협력하며 자신만의 모금 방식을 전체 공화당 의원총회에 확대 적용했다. 1992년 빌 클린턴이 대통령에 당선되면서 이 노력은 더욱 속도를 냈다. 깅그리치와 팩슨은 모든 의원이 각자 자기 자신뿐만 아니라 전국위원회와 전국하원위원회를 위해서도 자금을 모금해야 한다고 공개적으로 알렸다. 한 의원이 자금 모금 방법을 몰라 당황해하자 깅그리치는 스승답게 "내가 가르쳐주겠다"고 했다. 그 의원은 곧 전국위원회에 가서 전화 모금 업무를 배웠고, 얼마 지나지 않아 "공화당 전국위원회에서 5만 달러를 모금했다"며 자랑스럽게 돌아왔다.

이 프로젝트의 성과는 놀라웠다. 1992년에는 공화당 하원의원 중에서 단 12명만이 전국하원위원회를 위해 자금을 모금했으며, 총 모금액은 5만 달러에 불과했다. 그러나 1994년 중간선거에서는 깅그리치가 의원들에게 리더십 정치활동위원회를 통해 서로의 선거운동에 기부하도록 적극 독려했고, 모든 의원이 최소 14만 8,000달러를 기부할 것을 제안했다. 100명 이상의 의원이 동참해 전국하원위원회에 100만 달러가 넘는 기부금을 보냈다. 의원들은 서로 자금을 재분배하기도 했는데, 경쟁이 거의 없고 또 유리한 지역구의 현직 의원들이 다른 지역 도전자에게 자금을 지원해주어, 당이 하원을 탈환하는 데 기부금의 영향력을 크게 높였다. 선거 마감 시점에 이르러 깅그리치와 팩슨은 민주당 현직 의원들의 우위를 완전히 뒤집었고, 공화당은 연방선거위원회에 '소프트 머니soft money'[*] 기부와 도전자 선거운동 모금 모두에서 확고한 우위를 점했다. 이 막대한 자금 덕분에 1994년 '공화당 혁명'이 가능했다.[13]

고팩은 깅그리치가 하원에서 중요한 역할을 할 수 있었던 기반이다. 1970년대의 개혁으로 위원회 시스템이 힘을 잃고, 이론상으로 당 지도부가 의회를 더 효율적으로 이끌 수 있게 되었다. 그러나 1970년대 들어 선거운동 비용이 급증하면서 당 지도부의 역할도 근본적으로 바뀌었다. 법안 통과를 이끄는 능력만큼이나 모금 능력이 중요해진 것이다. 민주당에서는 헨리 왁스먼과 토니 쿠엘료Tony Coelho 등이 이 새로운 원칙을 찾아내 실천했다. 반면 공화당에서는 깅그리치가 당내 의원들 사이에서 영향력을 키웠고, 1994년에 다수당이 된 공화당 하원의원 대부분이 자신의 승리에 깅그리치의 재정 지원이 큰 역할을 했다고 밝혔다. 이제 권력으로 향하는 길에는 금화가 깔려 있어야만 하는 세상이 되었다.[14]

1994년 깅그리치가 승리한 뒤 고팩으로 거액의 기부금이 쇄도했다.

---

[*] 소프트 머니는 금액 제한 없이 정당에 기부하는 정치자금으로, 후보 개인에게 직접 주는 돈이 아닌 정당에 지원하는 자금이다. 기업이나 단체도 기부할 수 있으며, 법적 규제가 상대적으로 느슨해 정치적 영향력을 미치는 통로가 된다.

1995년, 선거가 없던 첫 6개월 동안 모금액이 1994년 한 해 전체보다 많을 정도였다. 하지만 곧 고팩은 연방선거위원회와의 법적 문제에 부딪혀 중요성이 크게 약해졌다. 하원 의장이 된 깅그리치는 모금의 엔진으로 삼을 수 있는 완전히 새로운 제도적인 자원을 손에 넣었다. 의장 취임 직후, '자금 중심 정치'를 제도화하기 위해 하원 규칙 개정에 나선 것이다. 깅그리치는 자신과 의원총회 지도부에 권력을 집중시키고, 지도부의 위원회 임명 권한을 강화하는 대담한 규칙 변경 안건을 제안했다. 그런데 이 프로젝트에는 '모금 활동'이 결합되어 있다는 점은 종종 간과된다. 하원 다수당이 된 뒤, 깅그리치는 위원회 위원과 위원장 임명권을 당 모금 목표를 달성한 의원들에게 보상하는 수단으로 사용했다.

1974년, 하원에서 민주당 개혁파 초선 의원들이 상임위원장들을 끌어내린 이른바 '민주당 반란' 이후 공화당은 가장 과감하게 선임 우선 원칙을 벗어나 로버트 리빙스턴Robert Livingston, 헨리 하이드Henry Hyde, 토머스 블라일리Thomas Bliley 등을 상임위원장에 임명했다. 이들 3명은 모두 1994년 공화당 전국하원위원회를 위한 모금과 후보자에 대한 자금 분배에서 눈에 띄는 공을 세운 인물이다. 이 시스템은 "위원회 직위에 가격표가 붙은 것과 같다"는 평가를 받았다. 1998년에는 깅그리치와 공화당 전국하원위원회 위원장 존 린더John Linder가 각 소위원회 위원장들에게 10만 달러를 내지 않으면 위원장직을 박탈하겠다고 엄포를 놓았다. 이에 기부금 납부를 미룬 한 의원은 침울한 목소리로 이렇게 말했다. "나는 깅그리치와 린더가 위원장직을 매관매직하려는 의도가 아니길 바란다. 그러나 실제로는 돈을 가장 많이 내는 사람이 위원장직을 차지한다."[15]

　민주당도 이 시스템을 도입했다. 21세기에 들어서면서 위원회 배정은 사실상 경매에 가까워졌는데, 이를 '당 회비'라는 완곡한 표현으로 불렀다. 위원회는 중요도에 따라 A, B, C급으로 나뉘었다. 더 중요한 위원회에 배정될수록 더 많은 기부금이 필요했다. 2014년 중간선거에서 A급 위원회 위원장이 된 공화당 의원은 공화당 전국하원위원회에 99만 달러를 내야 했는데, 민주당에서는 이 비용이 150만 달러에 달했다. 이것은 당내 모금 활동과 동료 의원들에 대한 기부가 현재 의회 내 정치적 리더십 확보에 결정적인 역할을 하고 있음이 입증되었다.[16] 깅그리치는 단순히 '공화당 혁명'을 이끈 것이 아니다. 개혁 이후의 법적·경제적 현실에 완전히 적응한 새로운 체제를 양당 모두에 구축한 것이다.

'깅그리치 후예들'의 반란

　뉴트 깅그리치는 정당 운영 방식을 혁신하는 동시에 공화당의 정체성 자체에 변화를 불러왔다. 보수기회협회 시절부터 자신만의 모금 방식과 공격적인 보수 정치 스타일에 헌신하는 공화당 정치인 집단을 구축했다. 그는 1999년 공화당 내 반란과 윤리 조사에 휘말리며 불명예스럽게 은퇴해 권좌에 오래 머물지 못했지만, 그가 키운 정치인 집단은 오늘날까지 미국 정치의 핵심 지도층을 이루고 있다.

　깅그리치의 공화당 후예들은 두 세대로 나뉜다. 첫 번째 세대는 1970년대 후반부터 1980년대까지 깅그리치와 함께 하원에 입성한 공화당 의원들이다. 이들은 1994년 이후 깅그리치가 이끄는 팀의 일원이거나, 때로는 상원으로 자리를 옮겨 그곳에서도 깅그리치 스타일의 '대립적 의회 전략'을 전파했다. 두 번째 세대는 1992년과 1994년 선거에서 당선된 공화당 의원들로, 대부분 깅그리치를 지도자로 모시며 당파적 전투 기법과 모금 관행을 따랐다. 그런데 이 두 그룹 출신 정치인들은 1990년대 말, '공화당 혁명'으로 탄생한 새로운 지도부가 내부 갈등과 권력 다툼으로 분열을 겪는 과정에서 깅그리치를 지도부에서 밀어내는 데 중심적인 역할을 했다.

1980년대 공화당 하원 의원총회에는 깅그리치처럼 철저히 보수적이고 투쟁적인 공화당을 바라는 의원이 상당수 있었다. 하지만 이들에게는 깅그리치의 독창적이고 모험적인 정치적 감각은 없었다. 미네소타주의 빈 웨버Vin Webber 같은 인물은 보수기회협회에서 깅그리치의 측근으로 활동했다. 트렌트 롯Trent Lott 같은 인물은 한동안 깅그리치와 긴밀히 손잡고 공동의 정치 목표를 추진하다가, 곧 궤도를 벗어나 자신만의 정치적 입지를 굳혔다. 이 집단에서 두드러진 인물은 1994년 이후 깅그리치의 하원 지도부에 합류한 톰 딜레이Tom DeLay, 딕 아미Dick Armey, 데니스 해스터트Dennis Hastert, 존 베이너였다. 모두 강경 보수주의를 일관되게 고수했을 뿐 아니라, 하원 내 자금을 효과적으로 배분하고 조정하는 데에도 두각을 나타냈다.

특히 톰 딜레이는 극단적인 면모를 드러냈다. 원래 텍사스주에서 해충방제업을 하던 그는 환경보호국이 자신이 즐겨 쓰던 농약을 규제하자 정계에 뛰어들어 1984년 하원의원에 당선되었다. 처음에는 깅그리치와 가까운 사이는 아니었다. 실제로 1989년 원내총무 선거에서 딜레이는 해스터트와 함께 에드워드 매디건Edward Madigan을 지지했지만, 결국 깅그리치에게 패했다. 그런데 1992년 차기 당 지도부 선거가 다가오자 딜레이는 자신이 노련한 제자임을 입증했다. 딕 아미가 공화당 하원 의원총회 의장, 즉 공화당 서열 3위 자리를 차지하자 딜레이는 의원총회 사무총장 자리를 따냈다. 당시 딜레이의 경쟁자는 패배 후 이렇게 한탄했다. "나는 선거자금을 모으는 데 서툴렀다. 정치활동위원회 자금도 늘 꺼려왔는데, 톰에게는 그런 제약 따위는 없었다."

2년 뒤 딜레이는 깅그리치가 지지한 후보를 꺾고 원내총무 자리를 거머쥐었다. 딜레이는 정치자금을 모아 다른 의원들에게 배분하며 영향력을 키웠고, 이를 통해 승리를 이끌어냈다. 딜레이와 함께 일한 한 로비스트는 이렇게 말했다. "우리는 톰을 위해 자금을 모으고, 톰이 그 공을 인정받게 했다. 그러니 초선 의원들이 원내총무를 뽑을 때 '톰 딜레이가 아니었다면, 나는 이 자리에 있지도 못했을 것이다'고 말할 수밖에 없었다." 실제로 딜레이는 200만 달러가 넘는 기부금을 동원했고, 깅그리치가 선호한 후보를 지원하려는 싹을 짓밟았다. 그 결과 1994년 새로 당선된 73명의 공화당 초선 의원 중 52명이 원내총무 선거에서 딜레이를 지지했다.[17]

톰 딜레이의 승리로 새로운 공화당 하원 지도부가 탄생했다. 깅그리치는 하원 의장, 딕 아미는 원내대표, 톰 딜레이는 원내총무, 존 베이너는 의원총회 의장, 데니스 해스터트는 원내부총무를 맡았다. 이 지도부는 곧바로 새로운 모금 체계를 구축하려고 속도를 냈다. 1995년 아미, 딜레이, 베이너는 각자 리더십 정치활동위원회를 출범시켰고, 깅그리치 역시 '먼데이 모닝Monday Morning'이라는 새로운 정치활동위원회를 만들었다. 일부는 너무 노골적이라 곤혹을 사기도 했다. 이를테면 존 베이너가 하원 본회의장에서 담배업계에서 받은 기부금을 동료 의원들에게 직접 나눠준 장면은 큰 논란을 불러일으켰다. 당시 담배산업은 새로운 규제 가능성에 직면해 있었는데, 1995년 상반기에만 공화당 의원들에게 50만 달러가 넘는 기부금을 쏟아부었다.[18]

그런데 깅그리치가 만들어낸 정치 모델이 확산되자 하원 권력을 완전히 장악하려는 깅그리치의 시도가 오히려 힘을 잃었다. 새로운 리더십 정치활동위원회와 자금·후보 네트워크의 등장은 의원들의 깅그리치 의존도를 줄였고, 그의 리더십에 도전할 수 있는 발판을 마련했다. 실제로 1992년과 1994년 선거에서 당선된 상당수의 초선 의원들은 비교적 이른 시기부터 깅그리치보다 더 극우적이고 강경하게 보수 노선을 주장했다. 이렇게 한 시대의 반란 세력이 다음 시대에는 당내 주류가 되는 순환 패턴이 시작된 것이다.

깅그리치와 초선 의원들 사이의 긴장은 이들이 의회에 입성하자마자 곧바로 겉으로 드러났다. 그들은 깅그리치의 게릴라 정치 전술을 계속 이어가려 했으나, 이제 정규군 사령관이 된 깅그리치는 다른 전략을 추진했다. 이 갈등은 1995년부터 1996년까지 이어진 연방정부 셧다운에서 깅그리치가 정치적으로 패배한 뒤 더욱 심해졌다. 깅그리치가 클린턴에게 굴욕을 당한 것으로 여겨지면서, 가장 열성적인 추종자들한테도 신임을 잃었다. 1996년 온건파 밥 돌Bob Dole이 공화당 대선후보로 지명되어 선거에서 패배하고 그해 온건파 성향 공화당 하원의원이 다수 당선되면서, 당내 우파는 과감한 변화를 단행해야 한다는 확신을 더 깊이 갖게 되었다. 1997년 3월, 11명의 우파 의원이 깅그리치가 상정한 의회 운영 예산안을 저지하려고 시도했다. 1992년 입성한 한 의원은 깅그리치를 '미국 정치의 로드킬road kill'에 비유하며 비판했다. 깅그리치는 이제 반란 세력이 아닌 당내 주류 세력의 한 축이 된 것이다. 그해 여름, 딜레이·아미·베이너 등은 깅그리치를 하원 의장에서 끌어내리려 했으나 연합 세력 중 누군가의 배신으로 계획이 무산되었다. 이들은 공화당 의원총회에서 공개 사과했지만 직위는 그대로 유지했다.[19]

깅그리치가 공화당 하원의 운영 방식을 바꾸었지만, 이는 오히려 그의 리더십을 해치는 결과를 낳았다. 대부분 학자들이 하원 의장에게 권력을 집중시키려 한 깅그리치의 노력에 주목했지만, 실제로 깅그리치를 권력자로 만든 '모금과 자금 재분배' 방식이 확산되면서 리더십은 오히려 불안정해졌다. 1992년과 1994년에 당선된 공화당 의원들은 분명 깅그리치의 추종자였지만, 이들의 충성심은 자금을 공급할 수 있는 깅그리치의 능력 때문이었다. 그러던 중 깅그리치가 더는 유일한 자금원으로 남지 않자, 의원들은 그에게 자유롭게 등을 돌릴 수 있었고 실제로 그렇게 했다. 1992년 의회에 입성한 린지 그레이엄Lindsey Graham은 나중에 이렇게 말했다. "제한은 전혀 없었다. 먹이고 씻기고 빗질해주어도, 우리는 여전히 물어뜯었다."[20]

의료개혁 반대 투쟁

1990년대 초반, 공화당 의원총회는 깅그리치의 노선에 따라 재편되는 동시에 클린턴 행정부와 일련의 중대한 정책 대결을 벌였다. 이 대결로 미국의 정치제도가 재편되었고, 미래 정치 갈등의 새로운 양상이 시작되었다. 특히 세 가지 사건이 두드러진다. 첫째, 1993년 공화당은 클린턴의 의료개혁안을 성공적으로 막아냈다. 둘째, 1995년 깅그리치가 이끄는 공화당 다수파는 행정부에 대대적인 예산 삭감을 강요했고, 그 결과 두 차례의 연방정부 셧다운이 발생했다. 클린턴 행정부는 균형예산 목표를 수용했지만, 이 사태는 공화당 특히 깅그리치의 이미지에 큰 타격을 주었고, 결국 클린턴의 재선에 발판이 되었다. 셋째, 1996년 하원 공화당은 사회복지개혁 관련 거부권 무력화에 필요한 수적 우위를 확보해 클린턴이 복지 수급 자격 제한과 엄격한 노동 요건을 골자로 한 법안에 서명하도록 압박했다.

이러한 정책 대결은 대립적이고 극단적으로 보수화된 공화당의 실체를 여실히 드러냈다. 그러나 이 일련의 사건에서 주목할 점은, 공화당이 실제로는 미국 주요 기업들의 입장과 긴밀하게 보조를 맞추고 있었다는 사실이다. 1990년대 초반 공화당 우파 세력은 티파티 운동이나 트럼프 1기 행정부 시기의 반反기업 갈등과는 전혀 다른 양상을 보여주었다. 가장 대립적인 시기에도 공화당은 기업 경영진들의 광범위한 동의를 얻는 데 주력했다. 공화당이 기업계의 합의를 결연히 벗어난 시기는 1990년대 중반 클린턴 탄핵 사태 이후부터였다.

빌 클린턴 첫 임기의 의료개혁안 패배는 중대한 분수령이었다. 공화당이 하원을 장악하기 전부터, 이 싸움은 새롭게 등장한 공화당 지도부가 과거보다 훨씬 더 공격적으로 민주당에 맞섰음을 보여주었다. 실제로 공화당 의원들의 맹렬한 반대를 지켜본 일부 학자들은 의료개혁안 패배를 '꼬리가 개를 흔든 꼴'로 평가했다. 어느 학자는 기업 경영진들이 공화당의 강경 우파에 '압박당한' 결과라고 분석했다. 이 시각에 따르면, 기업계 일부는 클린턴의 의료개혁안이 직원들의 건강보험 비용을 줄여 주어 이익이 되리라고 생각했지만, 깅그리치와 딜레이 등 강경파의 압력에 굴복해 법안 반대에 나서 결국 무산되었다고 주장한다.[21] 하지만 실제로는 훨씬 단순하다. 기업계는 클린턴의 의료개혁안이 자기 이익에 반한다고 판단해 스스로 반대에 나섰을 뿐이다. 공화당이 기업계가 더 강하게 의료개혁안을 비판해주기를 원했을지는 모르지만, 기업 단체들이 공화당의 압박 때문에 어쩔 수 없이 반대했다는 근거는 찾아보기 힘들다.

의료개혁은 클린턴 1기 행정부의 최우선 과제 중 하나였다. 이 이슈는 여론의 반응도 좋았고, 클린턴도 '의료에 대한 권리'를 강조했다. 특히 1991년 펜실베이니아주 상원의원 보궐선거에서 민주당 후보 해리스 워포드Harris Wofford가 "의료는 특권이 아니라 권리"라는 구호를 내세워 기적 같은 역전승을 거두면서, 의료개혁이 유권자들에게 강력한 호소력을 지닌다는 사실이 클린턴 캠프에 각인되었다. 그러나 선거운동 기간에 클린턴은 보편적 의료보장에 관해 모호하게만 언급했을 뿐, 뚜렷한 청사진을 제시하지는 않았다. 취임 후 클린턴 행정부는 '잭슨홀Jackson Hole 모임'이라 불린 비공식 의료정책 전문가 모임에 협조를 구했다. 이 모임에 참석한 전문가들은 '관리 경쟁 모델'에 공감대를 모았다. '관리 경쟁 모델'은 보험 가입자와 보험사 사이에 '건강 연합' 같은 중간 조직을 두고, 보험 가입자들이 구매력을 결집해 보험사와 집단적으로 더 유리한 조건을 협상하게 하려는 구상에서 나왔다. 정부는 시장과 민간 보험사의 역할을 유지하면서도, 의료비 상승을 억제하고 모든 국민에게 의료보장을 실현할 수 있는 방법으로 이 모델을 선택했다. '관리 경쟁 모델'은 실제로 지난 20년간 선거운동 비용보다 훨씬 더 빠르게 치솟은 의료비 부담 문제에 대한 해법이자, 시장경제 원리를 유지하면서 보편적 의료보장을 도입할 수 있는 절충안으로 평가되었다.[22]

'관리 경쟁 모델'은 대체로 미국 기업들 사이에서 폭넓은 지지를 받았다. 특히 제조업체들은 직원 건강보험 비용 상승으로 큰 부담을 느꼈기에 이 모델을 반겼다. 대형 보험사들도 보편적 의료보장이 도입될 경우 신규 고객이 늘어날 것으로 기대했다. 반면, 직원 건강보험을 제공하지 않는 경우가 많은 소규모 기업들과 소비자들의 협상력이 높아지면 시장에서 밀려날 위험이 있는 소형 보험사들은 처음부터 이 모델을 반대했다. 하지만 미국 기업 전체에서 보자면 이들은 소수에 지나지 않았다. 대기업의 지지 덕분에 클린턴 행정부는 1993년 초 의료개혁안 추진에 낙관적이었다.

애초에 기업계가 이 법안을 지지했기에, 많은 사람은 1994년 초 기업계가 갑자기 반대로 돌아선 원인을 공화당의 '방해'에서 찾았다. 이러한 해석은 상공회의소 건강보험위원회 위원장 로버트 패트리셀리Robert Patricelli의 태도 변화를 그 근거로 든다. 2월 2일 패트리셀리는 하원 세입위원회에 제출한 서면 증언에서, 법안에 몇 가지 수정을 하면 상공회의소도 수용할 수 있다고 밝혔다. 그런데 2월 3일 직접 증언에 나와서는 "상공회의소는 클린턴이나 의회 의원들이 입법화한 모든 의무 조항을 지지할 수 없다"며 태도를 바꾸었다. 그전 몇 달 동안 공화당은 상공회의소에 강력하게 압박을 가했고, 존 베이너는 "클린턴이 찬성하는 모든 안건에 무조건 반대하는 것이 상공회의소의 의무"라고 주장했다. 이러한 일련의 과정 때문에 많은 사람이 "기업들이 공화당 의원들의 압박에 굴복해 반대로 돌아섰다"고 믿게 되었다.[23]

하지만 이 사건을 좀더 넓은 시야로 보면, 이 해석은 사실과 다소 거리가 있다. 1994년 초 공화당이 클린턴의 의료개혁안을 강력히 반대한 것은 기업계의 여론을 반영한 결과였다. 이 반대 배경에는 의회 운영 절차에서 중요한 전환점이 있었다. 1970년대에 의회는 의회 예산국의 비용 분석 보고를 의무화했으며, 1990년대 들어 균형재정 중시 분위기가 확산되면서 이 보고서는 정치권에서 큰 영향력을 갖게 되었다. 클린턴 의료개혁팀은 자신들의 계획이 재정적자를 늘리지 않는다는 것을 입증해야 했고, 이를 위해서는 단순히 소비자 구매력에 기대지 않고 보험료 상한선을 직접 설정하는 등의 조치가 필요했다. 이러한 변화는 클린턴의 의료계획을 '시장 친화적' 정책에서 국내총생산의 10퍼센트 이상을 차지하는 분야에 영구적 가격 통제를 도입하는 방향으로 전환시켰다. 이러한 정책 변화는 기업과 의료산업에 대한 정부의 가격 통제와 재정 부담 강화를 의미했기 때문에, 기업계는 수익성 악화와 경영 자율성 제한을 우려하며 강력히 반발할 수밖에 없었다. 잭슨홀 모임의 한 핵심 인사는 이 방안을 '잭슨홀의 탈을 쓴 단일보험'이라며 신랄하게 비판했다(오랫동안 클린턴의 신자유주의 정치 성향을 공유해온 민주당 지도부조차도 이 법안에 반대하는 분위기였다).[24]

이 같은 변화로 기업들의 의료개혁에 대한 계산법도 바뀌었다. 이전까지 '관리 경쟁 모델'을 지지했던 기업들도 이제는 정부가 경제 전반에 대한 규제를 강화하는 데 따르는 대가를 따져야 했다. 1970년대

의 치열한 논쟁을 기억하는 상당수 기업 경영진은 클린턴의 의료개혁
안을 받아들일 수 없었던 것이다. 게다가 1993~1994년 의료비 상승
세가 진정되면서, 의료비 부담이 컸던 기업들도 개혁을 서두를 동기가
사그라졌다.[25]

클린턴의 의료개혁안에 대한 기업계의 본격적인 반대 시점을 살펴보
면, 이 반대가 공화당 의원들에게서 비롯된 것이 아님을 알 수 있다. 로
버트 패트리셀리는 2월 3일 반대 입장을 표명했지만, 비즈니스 라운드
테이블은 그 전날 이미 클린턴의 의료개혁안에 대해 공개 반대를 선언
했다. 상공회의소는 한 달간 공화당의 끈질긴 압박을 받았으나, 미국
최대 기업 최고경영자들로 구성된 비즈니스 라운드 테이블 회원들에
대해서는 공화당 의원들이 훨씬 조심스럽게 접근했다. 비즈니스 라운
드 테이블의 입장이 압박 때문에 바뀌었다고 볼 만한 근거는 없다. 게
다가 클린턴의 의료개혁안에서 가장 큰 혜택을 볼 수 있었던 전미제조
업협회도 비즈니스 라운드 테이블에 이어 곧 반대 입장을 표명했다. 이
역시 상공회의소처럼 공화당의 강한 압박이 있었다고 보기 어렵다. 오
히려 이 시기는 클린턴의 의료개혁안이 점점 구체화되면서 기업계 내
부에서 자연스럽게 '반대'라는 합의가 형성되었음을 보여준다.[26]

비즈니스 라운드 테이블의 반대는 의회에도 큰 영향을 미쳤다. 에너
지·상업위원회 위원장이자 개혁 지지자인 존 딩겔John Dingell은 이렇
게 말했다. "대통령이 비즈니스 라운드 테이블의 지지를 받지 못하게
되자 위원회의 분위기도 확 바뀌었다. 그것이 결정적인 사건이었다."
1994년 여름이 되자 의료개혁은 사실상 물 건너갔다. 클린턴의 의료
개혁에 맞선 투쟁으로 확실히 훨씬 더 공격적으로 변한 공화당의 모습

이 그대로 드러났다. 그러나 실제로는 공화당 역시 개혁안에 반대한 기업계 대표들한테서 자극을 받은 것으로 보인다. 비즈니스 라운드 테이블 회의에서 한 회원이 "저 백악관 인간들은 한 대 쥐어박아야만 겨우 말귀를 알아듣는다니까"라고 말한 것처럼, 기업계 역시 클린턴 행정부에 대해 더욱 강경하게 대응해야 한다는 인식이 팽배했다.[27]

연방 예산 적자와 연방정부 셧다운

의료개혁과 달리, 클린턴 행정부와 공화당의 예산 갈등은 사람들의 관심을 별로 받지 못했다. 하지만 이 사건은 1990년대 초 공화당과 미국 자본가 계급의 관계를 이해하는 데 중요한 의미가 있다. 실제로 이 갈등에서 발생한 연방정부 셧다운에 대해, 의료개혁 전투 때처럼 "공화당이 기업계가 실제로 원하는 범위를 넘어서 행동했다"는 주장이 있었다. 경제 전반에 끼친 영향을 고려하면, 기업계 지도자들이 연방정부 셧다운의 위험을 무릅쓰는 전략을 환영하지 않았을 것이라는 주장은 일견 타당해 보일 수도 있다.[28] 하지만 실제로는 그렇지 않다. 균형예산 달성 요구는 폭넓은 기업계의 열렬한 지지를 받았다. 미국 역사상 가장 긴 연방정부 셧다운이 일어났지만, 깅그리치의 강경한 전술에 기업계가 본질적으로 반대했다는 근거는 찾아보기 힘들다. 의료개혁 전투와 마찬가지로 예산 전쟁 역시 공화당의 투쟁성은 역사적으로 자신들의 후원자였던 자본가 집단의 선호를 반영한 사례라고 할 수 있다.

연방 예산 적자에 대한 주목도는 1980년대 내내 꾸준히 높아졌다. 레이건 시대의 독특한 정치경제 상황에서 적자 규모가 점차 커졌기 때문이다. 1984년 대선에서 월터 먼데일Walter Mondale은 이 이슈를 앞세워 레이건에 맞섰으나, 고용주와 유권자 모두 큰 관심을 보이지 않았다. 그러나 레이건 2기 행정부 말에는 연방 예산 적자에 대한 우려가 깊어졌다. 1988년에 비즈니스 라운드 테이블의 의장은 "만성적인 예산 적자는 경제, 생활수준, 세계 리더십 지위, 미국 사회를 하나로 묶는 이해 공동체(노인과 청년, 부자와 가난한 사람)에 심각한 위협"이라고 경고했다. 조지 H. W. 부시 행정부 시절, 일부 기업인들은 연방 예산 적자를 줄이기 위한 증세를 지지하기도 했다. 그러나 클린턴이 최상위 소득자에 대한 대규모 증세와 함께 적자 해소 예산안을 내놓자 비즈니스 라운드 테이블, 상공회의소, 전미제조업협회는 "사회복지 지출 삭감이 충분하지 않다"며 반대했다(비즈니스 라운드 테이블은 실제로 1985년 무렵부터 우려를 표명했다. 이들은 재정적자 감축이 무역적자를 해결하는 핵심이라고 주장했다).[29]

1990년대 중반에 이르러 기업계는 연방 예산 적자 문제를 둘러싸고 대규모 동원에 나섰다. 월스트리트에서는 보수 성향 투자자들이 '정치적 성장클럽'을 결성해 정부 지출 감축을 약속한 보수 의원들에게 집중적으로 기부했다. 비즈니스 라운드 테이블은 '변화를 위한 연합'이라는 단체를 만들어 1,000만 달러 규모의 균형예산 미디어 캠페인을 벌였다. 한편, 존 베이너, 톰 딜레이, 뉴트 깅그리치 등 공화당 지도부와 보수 정책 기업가 그로버 노퀴스트Grover Norquist, 기업계 지도자들은 '서스데이Thursday 그룹'이라는 비공식 모임을 구성해 마침내 '균형예산연합'을 출범시켰다(상공회의소의 고위 임원이 대표를 맡았다). 이 단체의 목표는 다양한 기업계 집단들의 활동을 조정하는 것이었다.[30]

이처럼 균형예산을 요구하는 기업계는 깅그리치가 1995년 클린턴의 예산안에 맞서 싸우며 결국 연방정부 셧다운까지 불사할 수 있었던 배경이다. 실제로 이 연합과 깅그리치의 관계는 매우 긴밀했다. '정치적 성장클럽' 회원들은 1980~1990년대 고팩에 수십만 달러를 기부했으며, 이 클럽의 회계 담당자 겸 조직책임자가 고팩의 전무이사를 역임하기도 했다. '서스데이 그룹'은 하원의 깅그리치 회의실에서 정기적으로 모였다.[31] 기업계의 적극적인 지원을 등에 업고, 깅그리치는 무모할 정도로 대립적인 예산 협상 전략을 구사했다. 이 시점에서 클린턴은 이미 오른쪽으로 방향을 틀어 1995년에는 10년 내 연방 예산 균형을 달성하겠다는 계획을 제시한 상태였다. 그러나 깅그리치와 동료들은 이것으로 충분하지 않다고 판단해, 적자 해소에 7년 이상 걸리는 예산안은 절대 지지하지 않았다. 깅그리치는 레이건과 부시 행정부에 대한 불만을 표출하며, "여기서 레이건 행정부의 예산국장 데이비드 스토크먼과 부시 행정부의 예산국장 리처드 다먼Richard Darman이 물러섰다. 나는 물러서지 않겠다"고 선언했다.

1995년 11월 1일, 클린턴은 민주당 지도부, 뉴트 깅그리치, 밥 돌 상원 원내대표와 만나 타협을 모색했다. 클린턴은 메디케어Medicare (노인 건강보험 프로그램), 메디케이드Medicaid(저소득층 대상 건강보험지원 프로그램), 교육·환경 프로그램 등을 설명했으나, 깅그리치는 타협을 거부하며 자신이 요구하는 감축안을 강하게 밀어붙였다. 그러자 클린턴은 "당신들이 만든 예산안에 서명할 사람을 원한다면 다른 대통령을 찾아야 할 것"이라고 맞받아쳤다.[32] 11월 13일부터 19일까지 연방정부 셧다운이 발생해 단기 예산안으로 마무리되었다. 그러나 12월에는 클린턴이 공화당의 예산안에 거부권을 행사해 21일간(1995년 12월 15일~1996년 1월 5일)의 장기 연방정부 셧다운이 벌어졌다.

공화당 법안과 클린턴 법안 사이의 예산 규모 차이는 실제로 그다지 크지 않았다. 하지만 백악관은 인기 프로그램을 무자비하게 삭감하려는 극단주의자로 공화당을 몰아붙였다. 여론조사 결과 국민들은 점차 연방정부 셧다운 책임을 공화당에 돌렸고, 이에 깅그리치와 돌은 한 발 물러서 타협을 모색했다. 하지만 이 노력은 12월 말 하원 공화당 지도부의 강력한 반대로 결국 좌절되었다. 공화당 지도부는 깅그리치를 압박해 클린턴과의 어떤 타협안도 수용하지 않기로 결정했다. 그럼에도, 이 사태를 장기간 끌어갈 수 없었기에 1월 초 공화당은 단기 예산안을 통과시키며 장기 타협의 틀을 마련해주었다. 깅그리치는 도박을 했지만 패배했다.[33]

클린턴 행정부와 그 지지자들은 연방정부 셧다운이 기업에 커다란 위협이 될 수 있다고 주장했다. 1995년 중반, 시티그룹 산하 투자사인 살로몬 브라더스Salomon Brothers의 수전 헤링Susan Hering은 상원 재정위원회에서 "부채 상환 불이행은 경제 전반에 파급 효과를 일으킬 것"이라고 증언했다. 재무부 장관 로버트 루빈Robert Rubin은 지급 중단 위험을 경고하며 의회를 설득했다. 그러나 『비즈니스위크』는 "모두가 루빈이 거짓 경보를 울리고 있다고 생각한다"고 평가했으며, 실제로 기업계는 이를 신뢰하지 않았다.[34]

연방정부 셧다운 이후에도 기업계 지도자들의 태도에는 큰 변화가 없었다. 1995년 12월, 상공회의소가 발행하는 잡지 『네이션스 비즈니스Nation's Business』는 제104대 의회(1995. 1~1997. 1)가 '훌륭한 성과를 냈다'는 사설을 실었다. 이 사설에서 상공회의소는 제104대 의회를 "균형예산 실현, 감세, 규제 완화, 워싱턴에서 각 주州로 권력 이양을 위해 선출된 훌륭한 의회"라고 평가했다. 첫 번째 연방정부 셧다운 이후에도, 상공회의소는 깅그리치가 이끈 공화당이 "유권자와의 약속을 잘 이행하기 위한 훌륭한 출발을 했다"고 칭찬했다. 1996년 1월 사설에서는 공화당의 예산안을 거부한 클린턴을 비판했고, 타협이 이루어진 그다음 달에도 메시지는 강경했다. "이 의회는 다수 의원이 후보 시절 유권자들에게 약속한 공약을 실현하기 위해 워싱턴에 보내졌으며, 이러한 과정은 반드시 계속되어야 한다. 그러나 안타깝게도 대통령은 자신의 정치적 생존을 위해 의회가 추진하는 프로그램을 막거나 최소한 약화시키려 한다는 신호를 이미 보이고 있다." 깅그리치의 도박이 경제에 미치는 영향과 상관없이, 상공회의소는 정부 지출 삭감과 균형예산 달성을 훨씬 더 중요한 목표로 삼았다.[35]

사회복지개혁과 당파적 '양심'

균형예산과 함께 사회복지개혁은 깅그리치가 이끄는 공화당의 핵심 정책 우선순위 중 하나였다. 1980년대 의회 경험자인 깅그리치에게 빈곤층 현금 지원의 대대적인 삭감은 '레이건 혁명'의 미완성 과제였다. 레이건 행정부는 복지에 새로운 규칙과 지출 제한을 도입했지만, 미국 정치학자 폴 피어슨Paul Pierson은 "복지 혜택과 수급 자격이 다소 강화되긴 했으나 근본적인 개혁은 없었다"고 평가했다. 깅그리치는 1994년 공화당이 발표한 '아메리카와의 계약Contract with America'에서 정책 방향을 밝히며 "복지 프로그램 지출을 삭감하고 개인 책임을 강화하기 위해 2년 제한과 노동 의무를 포함한 강력한 법안을 제정하겠다"고 약속했다.[36]

의료개혁과 연방정부 셧다운과 마찬가지로, 이 사안은 공화당과 미국 고용주들이 한마음 한뜻으로 뭉친 이슈였다. 1990년대 초, 상공회의소는 사회복지개혁을 촉구하며 다양한 '복지에서 일자리로' 전환 프로그램을 홍보했다. 또한, 고용주들이 복지 지출 축소를 지지한다는 설문조사 결과를 『네이션스 비즈니스』에 정기적으로 게재했다. 1995년 공화당의 복지 관련 법안이 의회에서 통과되는 동안, 이 매체의 사설은 "이 법안이 오랜만에 우리에게 새로운 희망과 낙관을 안겨준다"고 평가했다. 상공회의소 회장 리처드 레셔는 기업계가 이 법안에 관심을 갖는 이유를 다음과 같이 설명했다.

"일자리는 충분하다. 실업률이 높을 때에도 구인난이 발생해 직원을 구하지 못하는 경우가 많았다. 사실 모두가 중간 또는 중상위 단계에서 일을 시작하기를 원하지만, 이제는 바닥부터 천천히 올라가야 한다는 현실을 받아들여야 한다. 이것은 '의존의 종말'을 의미한다."[37]

상공회의소를 비롯한 경제 단체들의 강력한 지지 덕분에, 공화당은 연방정부 셧다운이라는 값비싼 패배 이후에도 사회복지개혁을 밀어붙일 수 있었다. 하원은 깅그리치가 이끄는 매우 보수적인 법안을 진행시켰고, 상원은 밥 돌의 지도 아래 클린턴이 선호하는 방향에 좀더 가까운 법안을 통과시켰다. 클린턴은 밥 돌과의 논의를 통해 조정 법안의 내용을 자신이 수용 가능한 수준으로 맞출 수 있었고, 결국 1996년 8월 이 법안에 서명했다. 이 법안은 1994년 공화당의 '아메리카와의 계약'에

서 유일하게 실질적으로 법제화된 주요 정책이었다.[38]

클린턴 행정부와 공화당의 주요 정책 대결이 벌어진 1990년대 초, 공화당은 레이건 행정부 시절보다 더 강경하고 반동적인 정치 노선을 보였다. 이들은 클린턴 행정부를 약화시키기 위해 대립하며 타협을 거부했다. 이러한 노선은 연방정부 셧다운과 같은 정치적 패배로 이어졌지만, 의료개혁과 사회복지개혁에서는 클린턴의 개혁을 저지하고 또 자신들의 정책을 법제화하는 데 성공하기도 했다. 1994년 중간선거 승리 이후, 공화당의 공격적 태도를 두고 '이제 대기업의 이해를 따르지 않는다'는 해석도 있었지만, 실제로는 조직화된 기업계와 공화당의 정책 우선순위가 긴밀히 맞아떨어졌다. 기업계가 공화당을 '더 오른쪽으로' 밀어붙인 것이다.

그러나 클린턴을 반드시 끌어내리겠다는 공화당의 집념은 결국 기업계의 지지를 받지 못하는 전략이 되고 말았다. 1998년 12월, 하원에서 클린턴은 모니카 르윈스키Monica Lewinsky와의 부적절한 관계로 수사를 받는 과정에서 위증 혐의로 탄핵을 당했다. 클린턴이 취임하자마자 시작된 우파 진영의 공격이 극에 달한 결과였다. 이 탄핵 사건은 여러 면에서 분수령이 되었다. 미국 역사상 두 번째 대통령 탄핵으로, 첫 사례는 1868년 2월 남북전쟁 후 재건 정책을 둘러싼 의회와의 갈등에서 비롯된 앤드루 존슨Andrew Johnson 대통령의 탄핵이다. 리처드 닉슨은 탄핵 전에 사임했으나, 백악관에서 저지른 광범위한 불법행위로 인해 탄핵 가능성이 높았다. 반면, 클린턴의 탄핵은 궁극적으로 르윈스키와의 특정 성행위에 대해 진술한 내용의 진실성 여부로 귀결되었다. 이것은 탄핵 청문회 개시를 둘러싼 정치적인 계산이 달라졌음을 명확히 보여준다.

더욱이, 클린턴 탄핵 추진은 공화당의 한층 심화된 당파적 '앙심'을 드러내는 사건이었다. 대통령 재임 초기부터 공화당은 클린턴을 매우 증오했다. 이러한 경멸은 급진 세력에 국한되지 않았는데, 예를 들어 레이건 행정부의 비서실장과 조지 H. W. 부시 행정부의 국무부 장관을 지낸 제임스 베이커James Baker는 클린턴을 '천박하다'고 평가하며, 그가 대통령이 된 사실 자체에 모욕감을 느꼈다고 말했다. 공화당 내 상당수는 클린턴이 인물과 정책 모두에서 정당하지 않은 대통령이라고 여겼다.[39]

클린턴 1기 행정부에서 보여준 공화당의 확고한 반대 전략은 기업 이사회가 정확히 원하는 바였다. 미국 고용주들은 클린턴의 의료개혁안의 실패를 원했고, 예산 삭감을 바랐다. 하지만 클린턴 2기 행정부에는 당과의 관계에 극적인 변화가 발생했다. 클린턴이 오른쪽으로 방향을 틀어 기업계의 지지를 적극적으로 얻으려 하자, 클린턴을 무너뜨리겠다는 공화당의 강한 의지는 주요 기업 단체들의 의지와 점점 멀어졌다. 동시에, 공화당 의원들은 '공화당 혁명'에 자금을 댄 기업계가 기대했던 만큼 신뢰할 만한 기업 이익의 대변자로 행동하지 않았다.

공화당은 클린턴 탄핵 추진으로 주요 기업 단체들의 지지를 잃었다. 그 대신 공화당은 담배산업과 기독교 우파의 요구를 따르는 극단적인 길을 택했다. 그 결과, 1990년대 후반 기업의 우선순위였던 감세와 사회보장제도는 당파들 간의 극심한 갈등 속에서 힘을 잃었다. 주요 기업 단체들은 당을 통제할 능력을 상실했고, 담배산업 같은 특정 이익집단이 그 자리를 차지했다. 클린턴 탄핵은 돈에 좌우되는 정치와 분열된 기업 엘리트가 충돌한 순간이었다. 이로 인해 전통적인 권력 엘리트가 통제할 수 없는, 더욱 우경화되고 급진적인 공화당이 탄생했다.

기업의 이익을 대변하다

1994년 '공화당 혁명' 이후 클린턴은 오른쪽으로 방향을 틀었다. 그 단적인 사례가 1995년의 균형예산안으로, 공화당의 요구를 상당 부분 수용하는 동시에 1기 행정부에서 추진하려 했던 경기부양책을 완전히 포기한 것이었다. 마찬가지로, 사회복지개혁 수용은 클린턴이 '새로운 민주당'식 정치에 진지하게 임하고 있음을 기업계 지도자들에게 보여주는 효과가 있었다.

클린턴은 특정 산업을 위해 적극적으로 움직였고, 기업계는 이에 호응해 감사를 표했다. 예컨대 1996년 전기통신법 개정을 통해 미디어 업계에 적극적으로 구애했다. 이 법은 1980년대 미국의 전화전신회사 AT&T의 해체로 탄생한 지역 전화회사들의 추가 통합을 허용하려는 공화당 주도의 입법이었으며, 오늘날처럼 거대하고 극도로 분열적인 미디어 환경을 이룰 수 있는 법적 토대를 마련했다. 그런데 클린턴 행정부는 법안의 일부 조항을 TV 방송사, 신문사, 영화사에 훨씬 더 유리한 방향으로 수정했다. 깅그리치와 공화당 의원들이 '연방통신위원회 폐지'를 대담하게 선언했지만, 클린턴 행정부는 오히려 현행 규제 체제로 이익을 보는 기존 대기업들에 훨씬 더 호의적이었다.[40]

전기통신산업보다 장기적으로 더 중요한 분야는 기술산업이었다. 1990년대는 실리콘밸리가 정치적으로 성숙해가는 시기였다. 그 조직

화의 직접적인 계기는 캘리포니아주의 '주민발의안 211호'로, 이 법안
은 경영진이 적절한 책임을 다하지 않을 경우 주주들이 기업을 상대로
소송을 제기하기 쉽게 하려는 취지였다. 경영진의 권한에 대한 위협으
로 받아들여진 이 법안에 대해 기술산업 기업들은 강하게 반발했고,
1996년 실리콘밸리 최초의 정치활동위원회가 이 발의안을 막기 위해
설립되었다. '주민발의안 211호'는 민주당이 환영할 만한 정책으로
여겨지기도 했다. 당시 중요한 민주당 지지층이었던 소송 변호사들은
주주 소송 활성화를 통해 상당한 이익을 볼 수 있었다. 또한 이 법안을
추진한 빌 러러치Bill Lerach는 미국 정치 후보자에게 두 번째로 큰 기부
자였을 뿐만 아니라, 거의 전적으로 민주당에만 정치자금을 지원해왔
다. 실제로 클린턴과 직접 만나 주주 소송 제한 법안에 거부권을 행사
하라고 설득하기도 했다.[41]

그런데 실리콘밸리가 조직화되면서 '주민발의안 211호'를 반대하라
는 강력한 압력을 민주당에 가했다. 기업 경영진들은 클린턴의 기금
모금 행사장에 모습을 드러냈고, 대통령과 개인적으로 대화할 기회를
얻었다. 8월에 이르러 이들은 목표를 달성했다. 클린턴은 '주민발의안
211호'가 "전국 신생 기업에 대한 투자를 심각하게 방해할 것이며, 경
제에 이롭지 않다"고 공개적으로 비판했다. 클린턴 행정부의 이 같은
입장 표명은 실리콘밸리와 민주당 관계의 출발점이 되었으며, 이 관계
는 현재까지 이어지고 있다.[42]

클린턴이 기업계의 지지를 다시 얻을 수 있었던 결정적인 것은 미국
이 세계 경제정책을 주도할 기반을 마련했기 때문이다. 클린턴은 근본
적으로 자유무역주의자로, 대통령 재임 기간에 미국 기업계가 최우선

과제로 꼽은 여러 정책을 추진했다. 1993년 북미자유무역협정NAFTA(나프타) 체결과 시행에 핵심적인 역할을 했고, 2000년에는 중국과의 영구적인 정상무역 체결과 의회 통과를 이끌어 국가간 자유무역을 기본 규칙으로 정립해, 사실상 중국의 세계무역기구 가입을 불가피하게 만들었다. 한편, 클린턴은 무역협정을 수정 없이 의회에 제출해 찬반 투표만 받도록 하는 패스트트랙 협상권 획득을 위해 싸웠지만 성과를 거두지는 못했다. 특히 이 패스트트랙 쟁점은 탄핵 절차와 동시에 진행된 매우 중요한 사안이었다.[43]

클린턴의 자유무역 지지는 이념적이면서도 실용적이었다. 1990년대에 자유무역은 기업 엘리트들 사이에서 가장 중요한 이슈가 되었고, 그 결과 1990년대 최대 규모의 기업 정치 동원이 일어났다. 미국 기업들의 자유무역 추진은 북미자유무역협정 협상이 그 출발점이었다. 이 협상은 1988년 카를로스 살리나스Carlos Salinas가 멕시코 대통령으로 선출된 직후 시작되었다. 살리나스는 미국 하버드대학 경제학 박사로, 자유무역이 멕시코의 경제발전을 가속할 수 있다고 판단하고, 멕시코에서 활발하게 사업을 펼치던 아메리칸 익스프레스와 이스트먼 코닥의 CEO들과 접촉했다. 이들은 비즈니스 라운드 테이블의 무역 확대 태스크포스를 공동으로 이끌고 있었다. 1990년까지 미국, 캐나다, 멕시코의 공식 협상이 시작되었으며, 당시 조지 H. W. 부시 대통령이 의회에 패스트트랙 권한 획득을 공식 요청하면서 협상은 정치적인 쟁점으로 확대되었다.[44]

미국 기업들은 이 싸움에 적극적으로 뛰어들었다. 1991년 3월, 비즈니스 라운드 테이블, 상공회의소, 전미제조업협회가 주도하는 여러 기업 단체는 패스트트랙을 지지하기 위해 무역확대위원회를 설립했다. 로비 활동을 통해 조지 H. W. 부시에게 패스트트랙 권한을 주었으며, 1992년에 초기 협상이 마무리되었다. 12월에 미국, 캐나다, 멕시코의 대통령이 모여 북미자유무역협정을 체결했고, 이제 남은 단계는 의회의 비준이었다.[45] 의회의 올바른 결정을 이끌어내기 위해 기업 CEO들은 조직 역량을 대폭 강화했다. 무역확대위원회는 북미자유무역협정 지지를 위해 기업들이 결성한 연합체인 유에스에이★나프타USA★NAFTA로 개편되어 회원사가 2,000여 개에 이르고 43개의 무역협회를 포함하도록 확대시켰다. 유에스에이★나프타는 50개 주 모두에 주 담당자를 임명해 주의회의 의원단 로비를 조율하게 했다. 비즈니스 라운드 테이블은 이 조직 활동의 중심에 서서 회원사들을 동원해 북미자유무역협정 추진의 선두에 섰다. 1993년에 유에스에이★나프타는 기업 CEO들이 의원들에게 직접 전화를 걸고 대통령과의 특별 면담을 성사시키는 등 강도 높은 압박을 벌여 대통령의 자유무역에 대한 지지를 지속적으로 확보했다. 유에스에이★나프타의 회장은 "북미자유무역협정과 관련해서는 역사상 어떤 입법 사안보다 더 많은 성과를 냈다"고 선언했다. 11월, 이 노력은 성공을 거두었고 의회는 압도적인 찬성으로 조약을 비준했다.[46]

자유무역주의와 보호무역주의

클린턴 2기 행정부에 이르러 대외 경제정책의 초점은 아시아로 옮겨갔다. 두 가지 이슈가 중심이었는데, 아시아에서 새로운 무역협정에 필요한 패스트트랙 권한 확보 전쟁과 1997년 동아시아 금융위기가 바로 그것이다. 두 사안 모두에서 클린턴은 기업 이익의 충실한 대변자 역할을 했다. 대통령의 패스트트랙 권한은 1994년에 만료되었으며, 클린턴은 라틴아메리카뿐만 아니라 아시아에서 새로운 무역협정 권한 갱신을 요청했다. 이 권한을 요청하는 과정에서 클린턴은 민주당원들과 갈등을 겪었는데, '공화당 혁명'으로 보수파가 큰 타격을 입은 가운데(이것은 부분적으로 민주당이 북미자유무역협정을 지지한 결과이기도 하다), 무역협정에 회의적인 민주당원들이 급부상했기 때문이다. 클린턴을 지원하기 위해 비즈니스 라운드 테이블·상공회의소·전미제조업협회는 유에스에이★나프타에 필적하는 광범위한 기업 조직인 '미국무역주도연합'을 결성했다.[47]

클린턴이 의회에서 패스트트랙 권한을 요청하는 동안, 행정부는 동아시아 금융위기 대응에 힘썼다. 이 위기는 주로 한국과 태국에서 시작되어 동남아시아 전역으로 확산되며 은행과 통화 위기의 도미노 현상을 초래할 위험이 있었다. 세계적 금융위기를 막기 위해서는 국제통화기금의 구제금융이 필요했는데, 미국은 그 자금 지원과 관리에 핵심적인 역할을 맡았다. 1998년에는 이 위기가 미국까지 번져, 대형 헤지펀드 롱텀캐피털매니지먼트는 20억 달러의 자본금으로 1,000억 달러에 달하는 부채를 감당해야 하는 상황에 처했다. 롱텀캐피털매니지먼트의 지급불능 위기는 금융시장 전반에 심각한 위협이 되었으며, 골드만삭스 등 주요 금융사들은 1개월 만에 시가총액의 절반 가까이를 잃는 직격타를 입었다.[48]

클린턴 행정부는 이러한 위협에 신속히 대응했다. 재무부 장관 로버트 루빈과 경제학자 로런스 서머스Lawrence Summers의 주도 아래 행정부는 동아시아 일부 국가들과 롱텀캐피털매니지먼트를 위한 구제금융 지원책을 마련했다. 루빈과 서머스, 앨런 그린스펀Alan Greenspan 연준 의장은 성공적으로 위기에 대응했다는 평가와 함께 '세계를 구한 위원회'로 불렸다. 주요 기업 단체들도 이들의 노력을 적극 지원했다. 국제통화기금이 구제금융 집행을 위해 추가 자금이 필요했을 때, '임시 국제통화기금 연합'은 필요한 예산이 의회를 통과하도록 로비 활동을 주도했는데, 상공회의소·비즈니스 라운드 테이블·전미제조업협회가 여기에 참여했다. 의회 표결 직전, 비즈니스 라운드 테이블은 24명의 CEO를 의회에 보내 직접 자금 지원을 설득하는 로비전을 벌이기도 했다.[49]

기업들은 클린턴이 세계 경제정책에서 신뢰할 만한 대통령임을 확인하는 한편, 공화당이 기대만큼 일관성이 없다는 사실도 깨닫게 되었다. 공화당 내에는 보호무역주의 세력이 항상 있어왔는데, 현대에는 노스캐롤라이나주와 사우스캐롤라이나주 등 섬유산업이 발달한 주州를 기반으로 삼았다. 이 세력은 1992년 대선 예비선거에서 패트릭 뷰캐넌Patrick Buchanan의 출마로 활기를 얻었다. 강력한 반反자유무역주의 메시지를 내세우고 섬유 재벌 로저 밀리컨Roger Milliken의 자금 지원을 받은 뷰캐넌은 상당한 표를 얻었다. 1994년 중간선거에서 선출된 하원의원 다수도 뷰캐넌의 노선을 지지했다. 동시에 의회 내 공화당원들 사이에서 기독교 우파의 영향력이 커지면서, 이들은 기독교 우파가 신앙 탄압자로 여기는 중국과 정상무역을 맺는 것을 경계했다.[50]

이 두 가지 영향으로 공화당은 클린턴 2기 행정부의 세계 경제정책을 공격했고, 그 결과 대기업들의 불만을 샀다. 이미 1995년부터 무역 문제를 둘러싼 공화당의 내부 분열 조짐이 나타났기에, 일부 자유무역 지지 의원들은 당의 입장을 명확히 정립하려고 노력했다. 1996년에는 공화당 의원들이 패트릭 뷰캐넌과 연대해 멕시코 페소peso 구제금융을 비난하는 자리에 모습을 드러냈다. 1998년 초, 뉴트 깅그리치가 이끄는 공화당은 동아시아 금융위기 한복판에서 국제통화기금 추가 자금 확보를 시도하던 민주당을 막아섰다. 그해, 공화당 지도부를 제외한 상당수 의원이 패스트트랙 안건에 반대했는데, 해당 제도가 중국의 인권 유린과 관련한 수정안 추가를 원천 차단했기 때문이다. 클린턴 1기 행정부 동안 이해관계에 충실했던 공화당 우파가 이 시기에는 오히려 그 후원자들을 겨냥하는 모습으로 비쳤다.[51]

기업계 지도자들은 이러한 변화에 불만을 거리낌 없이 드러냈다. 기업 정치활동위원회 지도자들이 공개적으로 목소리를 냈고, 3월에는 '비즈니스 인더스트리Business Industry 정치활동위원회'가 '깨진 약속Broken Promises'이라는 제목의 유인물을 배포해 기업 공동체가 "공화당 지도부와 의회에서 받고 있는 매우 혼란스러운 메시지"를 지적했다. 상공회의소 부회장은 "기업 공동체는 공화당이 고립주의를 앞세울 것이라고 전혀 예상하지 못했다"며 언론에 심경을 토로했다. 전미제조업협회 관계자는 "조금 겁이 난다. 젊은 공화당 의원들은 보호무역주의의 시각을 품고 있거나, 그런 주장을 너무 쉽게 받아들이는 것 같다"고 밝혔다. 이에 따라 기업 단체들 사이에서는 민주당 쪽으로 다시 정치자금의 균형을 맞출 필요성이 논의되었다.[52]

결과적으로 민주당 쪽으로 정치자금의 균형을 맞추기는 쉽지 않았다. 이 시점의 민주당은 공화당보다 훨씬 확고한 보호무역주의 정당이었기에, 클린턴이 패스트트랙 통과에 의지했던 주요 인물은 뉴트 깅그리치였다. 1994년 중간선거에서 보수 성향의 민주당 의원들이 패배하면서, 남은 민주당 의원들은 그 어느 때보다 자유주의 성향이 강했다. 한편 클린턴이 탄핵과 싸우는 동안, 공화당이 추가 의석을 확보할 가능성이 커지자 기업계 로비스트들은 공화당과 결별할 경우 새 의회에서 소외될 것을 우려했다. 더구나 7월에는 공화당과 기업계 로비 그룹 사이에 불안한 휴전, 이른바 'K 스트리트K Street 프로젝트'[*]가 체결되었고, 이 자리에서 깅그리치는 기업계에 더 큰 충성을 약속했다.[53]

하지만 충성은 깅그리치의 강점이 아니다. 깅그리치는 끝내 패스트트랙 통과에 필요한 공화당 표 확보에 실패했다. 이로써 공화당은 기업의 이익을 대변하기에 그다지 신뢰할 수 없는 존재임이 드러났다. 그런데도 민주당은 기업들에서 기대했던 큰 이익을 얻지는 못했다. 이는 오히려 클린턴의 자유무역주의 정책 지지가 얼마나 결정적이었는지를 잘 보여준다. 양당 모두 보호무역주의 노선으로 점차 기울었는데도, 클린턴은 자유무역과 미국 금융의 세계적 리더십을 끝까지 고수했다. 이 모든 일은 공화당이 르윈스키와의 부적절한 관계를 조사하고 곧바로 탄핵 절차를 진행하던 시기와 겹친다. 기업들이 신뢰하는 유일한 인물은 바로 자신들이 정면으로 겨누었던 클린턴이었다.

170

클린턴의 탄핵과 사회보장제도 민영화

대부분의 기업 단체들은 클린턴 탄핵과 관련해 공식적인 입장을 내놓지 않았다. 기업들은 낙태와 같은 논쟁적인 사회 문제에는 대체로 관여하지 않았으나, 1998년과 1999년 초에 이르러서는 탄핵 이슈가 그 어느 때보다 민감했다. 클린턴의 스캔들과 관련해서는 어느 쪽으로 입장을 표명해도 얻을 게 별로 없었다. 그럼에도 주요 기업 단체들이 공화당의 클린턴 축출 시도에 상당한 불편함을 느낀 것은 사실이다. 그 근본 이유로는 클린턴의 우경화가 자리한다. 클린턴 2기 행정부 기간 중, 클린턴은 기업의 이익을 대변하는 신뢰할 만한 인물임을 증명했다. 민주당과 공화당 모두 자유무역주의라는 핵심 이슈에서 깊이 분열되어 있었지만, 클린턴은 임기 내내 꾸준히 무역자유화를 추진했다. 그래서 클린턴을 내쫓는 것은 결국 무역 문제에서 패트릭 뷰캐넌과 기독교 우파의 노선을 따르는 공화당 우파에 승리를 안겨주는 결과밖에 되지 않았다.

게다가 클린턴은 2기 행정부 동안 더 많은 기업계의 우선 과제를 실현하겠다고 약속했다. 가장 중요한 과제는 사회보장제도의 부분적 민영화 추진이었다. 1990년대 후반의 경제 호황 덕분에 예정보다 빠르게 예산 흑자를 달성했고, 1997년 클린턴과 깅그리치의 예산 협상은 매우 순조롭게 진행되었다. 공화당은 일부 감세를, 민주당은 저소득층 아동 건강보험 확대를 얻어냈다. 클린턴은 향후 10년간 예상되는 예산 흑자를 활용해 사회보장제도의 지급 능력을 갖추고, 개인 기여금 일부를 증시에 직접 투자하는 방안을 추진했다. 이것은 사실상 미국 정치에서 손대지 않는 금기 영역으로 여겨온 사회보장제도에 대한 대대적인 개혁이었다. 당시 클린턴의 비서실장이자 남부 출신 보수파 민주당원 어스킨 볼스Erskine Bowles는 원래 1997년 예산 협상 후 사임할 예정이었으나, 클린턴이 사회보장제도 민영화 정책을 공식 지지하겠다고 밝히자 유임하기로 결정했다.[54]

당시 기업 단체들은 이미 몇 년 전부터 사회보장제도 민영화를 추진해왔다. 이 운동의 중심에는 개인투자계좌 도입으로 큰 이익을 노리는 은행과 금융기관이 있었다. 개인투자계좌란, 사회보장 기여금 일부를 개인 명의 계좌로 분리해 금융시장에 투자하는 제도를 말한다. 금융기관들은 이 계좌를 관리하며 투자 수수료 등으로 수익을 얻을 수 있다. 한 은행 대표는 "노동인구가 1억 3,000만 명이라면, 같은 수의 신규 개인투자계좌가 생길 수 있다"고 말했다. 이들 금융기관은 1995년에 사회보장제도 민영화 프로젝트를 시작한 카토연구소에 막대한 자금을 쏟아부었다. 카토연구소는 이 프로젝트를 위해 200만 달러가 넘는 자금을 모을 수 있었다. 동시에 비금융 부문 기업들도 사회보장제도 민영화를 강력히 추진했다. 전미제조업협회는 1994년에 사회보장제도 태스크포스를 꾸렸으며, 1995년에는 전미제조업협회·상공회의소·비즈니스 라운드 테이블 등 세 단체가 사회보장제도 민영화 추진을 위한 '근로자퇴직안정연합'을 결성했다. 1997년, 대기업 최고재무책임자를 대상으로 한 설문조사에서는 78퍼센트가 개인투자계좌를 지지하는 것으로 나타났다.[55]

클린턴의 사회보장제도 의제는 기업계의 큰 기대를 불러일으켰다. 게다가 클린턴은 이 모든 사안에서 공화당과 기꺼이 협력하려는 태도를 보였다. 클린턴과 깅그리치는 개인적으로도 깊은 친분을 유지했다. 한 백악관 보좌관은 "두 사람이 공통 관심사에 대해 대화를 시작하면, 양측 보좌관들은 상대방이 말실수를 해서 정치적 약점이 될까봐 늘 긴장했다"고 말했다. 클린턴이 중도 노선을 택해 국정을 운영하고, 깅그리치가 클린턴의 실패보다 보수 정책 입법에 더 관심을 가지게 되면서, 두 사람은 사회보장제도 민영화 추진에 기꺼이 협력하게 되었다.[56]

하지만 바로 이 시점에서 불거진 클린턴 탄핵 추진 때문에 이러한 협력은 불가능했다. 기업계 지도자들은 탄핵 문제를 공개적으로 언급하는 것을 삼갔지만, 클린턴의 탄핵은 기업 이사회에서 그다지 인기가 없었다. 한 자산운용사 CEO는 "하원에서 탄핵이 지나치게 당파적으로 진행되는 게 불쾌하다"며 의회가 금융산업 현대화 같은 현안도 제대로 다룰 수 있을지 우려를 표했다. 더 직설적인 기업계 지도자들도 있었다. 중견기업 대표 단체인 '아메리칸 비즈니스 컨퍼런스'의 배리 로그스태드Barry Rogstad 대표는 "올해가 잃어버린 한 해가 될까봐 두렵다"고 한탄했다. 기업의 이익을 위해 강경한 대응을 약속하며 취임한 상공회의소 회장 토머스 도너휴도 탄핵을 불리하게 여기며 "비즈니스 관련 사안에 투입할 시간이 부족해질까봐 걱정"이라고 밝혔다. 『네이션스 비즈니스』도 이러한 불안을 반영해 '새 의회에서 기업이 직면한 주요 장애물 중 하나'로 탄핵 문제를 꼽았다. 보수 성향의 '미국기업연구소' 연구원 노먼 오언스타인Norman Ornstein의 말을 인용해 "의회가 탄핵 재판을 진행하는 동안 다른 현안을 처리하기는 어려울 것이며, 사실상 입법 과정이 마비될 것"이라고 지적했다. 오언스타인은 탄핵을 강행한 공화당을 비판하며, 이로 인한 책임 또한 공화당에 있다고 꼬집었다. 또한 상공회의소 부회장의 의견도 인용해, 실제 입법 전망이 "암울하다"는 점을 강조했다.[57]

기업계 지도자들이 탄핵에 대해 품었던 우려는 결국 타당한 것으로 입증되었다. 클린턴을 겨냥한 탄핵 캠페인으로 의회는 극단적으로 갈라졌는데, 클린턴의 가장 열렬한 지지자들은 사회보장제도 민영화에 강하게 반대하는 자유주의 성향의 민주당원들이었다. 클린턴이 마침내 구체적인 개혁안을 공개했을 때, 개인투자계좌는 비중이 거의 없었으며, 연소득 10만 달러 이하 수급자에게는 연간 400달러만 허용되는 수준이었다. 그 대신, 전체 기금의 약 20퍼센트를 국부펀드 방식으로 주식시장에 투자하는 내용이 주를 이루었다. 보수진영과 기업계 모두가 개혁안에 강하게 반발했다. 하원 세입위원회 위원장은 "정부가 의료 분야를 장악하는 것이 문제라고 생각했다면, 이제는 정부가 미국의 민간기업까지 소유하게 되는 상황을 고려하라"고 경고했다. 상공회의소 수석 이코노미스트도 "클린턴이 하는 일은 그저 장식에 불과하다. 사회보장제도는 여전히 파국으로 치닫고 있다"고 비판했다. 어스킨 볼스는 "깅그리치도 하고 싶어 했고, 클린턴도 정말 하고 싶어 했다. 완전히 놓쳐버린 기회였다. 모니카 르윈스키가 모든 것을 바꿔놓았다"고 말했다.[58]

확실한 증거는 아니지만, 관련 정황은 공화당이 클린턴을 탄핵한 것이 미국 기업 지도부의 바람과는 정반대였음을 보여준다. 클린턴은 기업계가 원하던 정책을 꾸준히 추진한 인물로, 어느 정당보다도 이 점에서 신뢰할 만했다. 클린턴의 탄핵으로 기업계가 로비를 통해 강력하게 지지한 미국 최대 사회보장제도의 구조적인 개혁은 무산되었다.

담배세 전쟁

대부분 대기업이 클린턴 탄핵 문제와 관련해 기껏해야 불편함 정도를 느끼던 상황에서, 공화당이 왜 그렇게 고집스레 탄핵에 집착했는지 의문이 남는다. 의회에서 탄핵 추진을 앞장서서 이끈 톰 딜레이의 주변 상황을 면밀히 살펴보면 이 의문에 대한 실마리를 찾을 수 있다. 존 베이너는 "공화당이 클린턴을 탄핵한 것은 단 하나, 오직 한 사람, 톰 딜레이가 우리에게 강력히 주장했기 때문이다"고 말했다.[59]

톰 딜레이는 깅그리치가 의회에 도입한 새로운 정치자금 모금 체계를 빠르게 익혔다. 딜레이의 후원자들은 매우 다양했는데, 미국 에너지 기업 엔론Enron도 주요 기부자였고 여러 통신회사도 기부했다. 그래도 가장 두드러진 후원자는 담배산업이었다. 2000~2002년에 딜레이의 상위 20대 후원자 중 3곳이 담배회사였다. 딜레이는 하원에서 지도자 경력을 시작한 초기부터 담배산업과 연결되어 있었다. 1994년, 깅그리치가 추천한 후보를 제치고 원내총무를 차지한 딜레이는 곧바로 ARMAmericans for a Republican Majority 정치활동위원회 운영에 필요한 정치 전략가 2명을 영입했는데, 두 사람 모두 담배업계의 자금 지원을 받는 '흡연자 권리' 단체에서 일한 경험이 있었다. 이에 감사한 마음을 표한 R. J. 레이놀즈와 필립모리스 임원들은 ARM 정치활동위원회 운영에 써달라며 약 3만 달러를 기부했다.[60]

흥미롭게도, 담배산업은 클린턴 행정부와 정면으로 맞설 이유가 있었던 몇 안 되는 업계 중 하나였다. 이러한 반감은 클린턴의 건강보험 개혁안에서 비롯되었는데, 이 개혁안이 부분적으로 담배세 인상을 기

초로 하고 있었기 때문이다. 담배업계는 이에 대응해 대대적인 로비 활동을 벌였고, '흡연자 권리'를 내세운 새로운 풀뿌리 단체들을 조직 적으로 결성했다. 클린턴의 건강보험 개혁안이 좌절된 후, R. J. 레이 놀즈의 한 임원은 "우리는 온 나라를 다니며 '클린턴 헬스케어'를 추 적했고, 그 괴물은 지금 벨트웨이beltway* 어딘가의 동굴에 숨어 있다" 고 자랑스럽게 말했다.[61]

그런데 미국 식품의약국이 진정한 담배산업에 대한 위협이 되었다. 1990년에 조지 H. W. 부시가 데이비드 케슬러David Kessler를 식품의 약국 국장으로 임명했는데, 이것은 초당적인 지지를 받았다. 클린턴이 케슬러를 유임했을 때도 별다른 논란은 없었다. 케슬러는 식품의약국 이 니코틴을 규제 물질로 지정하지 않는 현실을 반드시 바꿔야 한다고 생각했고, 자신의 팀과 함께 이 문제에 깊이 파고들었다. 1994년, 담배 산업의 특허와 소송 자료가 공개되면서 중독성 강한 담배가 '의도적으 로' 생산된다는 사실이 밝혀지자, 케슬러는 식품의약국이 니코틴을 규 제하겠다고 공개 선언했다. 1995년, 케슬러는 일부 증거를 직접 본 클 린턴과 면담했는데, 클린턴은 "나 또한 그들을 없애고 싶다. 방금 문서 를 다 읽어보았는데 진짜 없애버리고 싶다"고 말했다. 얼마 지나지 않 아 클린턴은 식품의약국의 니코틴 규제 정책을 공개적으로 지지했다.[62]

클린턴의 조치는 담배산업의 정치자금 기부에서 큰 변화를 초래했 다. 1996년 이전까지 담배업계의 정치활동위원회는 의회 다수당 지위 를 반세기 가까이 유지해온 민주당에 다소 많은 금액을 꾸준히 기부해

---

* 미국 워싱턴 D.C.를 둘러싼 순환도로인 'I-495'를 가리키는 말에서 유래한 은어로, 미국 연방정부와 정치권을 상징하는 용어로도 쓰인다.

왔다. 그러나 1996년 무렵, 이 양상은 뒤집혀 민주당보다 거의 3배에 달하는 자금을 공화당에 기부했다. 1995년 공화당 선거위원회에 대한 두 주요 '소프트 머니' 기부자는 필립모리스와 R. J. 레이놀즈로, 각각 97만 5,149달러와 69만 6,450달러를 기부했다. 반면, 1993~1994년 에는 이들이 각각 19만 9,000달러와 12만 6,250달러를 민주당에 기부 하는 데 그쳤다.[63]

담배업계의 정치활동위원회는 클린턴 탄핵 당시 공화당의 자금 조 달에서 중요한 역할을 했을 뿐만 아니라, 탄핵 절차에도 관여했다는 일부 증거가 있다. 클린턴 탄핵은 아칸소 주지사 시절에 불거진 소규 모 부동산 투기 의혹인 '화이트워터Whitewater 스캔들'에서 비롯되었 다. 이 의혹이 불거지자 법무부 장관 재닛 리노Janet Reno는 로버트 피 스크Robert Fiske라는 신망 높은 공화당의 변호사를 특별검사로 임명해 조사를 지휘하게 했다. 1994년 6월, 피스크가 조사를 마칠 무렵 특별 검사는 독립검사로 대체되었으며, 이 독립검사는 연방 판사 3명으로 구성된 판사단의 감독을 받았다. 담배산업 주로 알려진 노스캐롤라이 나주 출신의 데이비드 센텔David Sentelle이 판사단을 이끌었는데, 센텔 의 정치적 스승은 제시 헬름스Jesse Helms 상원의원이었다. 재닛 리노는 피스크를 특별검사로 재임명해 달라고 판사단에 요청했으나, 1994년 6월 14일 헬름스 상원의원과 노스캐롤라이나주 상원의원 로치 페어클 로스Lauch Faircloth가 워싱턴에서 센텔을 만나고 며칠 뒤에 센텔이 이끄 는 판사단은 재닛 리노의 요청을 거부하는 이례적인 결정을 내리고 그 대신에 케네스 스타Kenneth Starr를 독립검사로 임명했다. 케네스 스타 는 워싱턴에서 활동하는 저명한 기업 변호사로, 이전에도 담배산업을

대리한 경력이 있었으며, 클린턴 탄핵 조사를 수행하는 동안에도 브라운&윌리엄슨을 계속 대리했다.[64]

클린턴 탄핵 사건에서 담배산업과 밀접한 관련을 맺고 있던 인물은 케네스 스타뿐만이 아니었다. 1990년대에 클린턴과 폴라 존스Paula Jones의 과거 스캔들을 끊임없이 언론에 노출시킨 조지 콘웨이George Conway와 리처드 포터Richard Porter 역시 담배회사를 대리하는 변호사였다. 포터는 '커클랜드&엘리스'에서 케네스 스타와 변호사로 함께 일했고, 콘웨이는 담배회사를 변호하며 연간 100만 달러에 달하는 수입을 올린 것으로 알려졌다. 탄핵을 지지한 언론 역시 이와 유사한 연관성을 보였다. 당시 새롭게 떠오른 〈폭스뉴스〉와 잡지 『위클리 스탠더드』 모두 반동적 미디어 재벌 루퍼트 머독Rupert Murdoch이 소유하고 있었는데, 머독은 탄핵 당시 필립모리스 이사회 임원이기도 했다.[65]

이 모든 사실은 클린턴 탄핵을 향한 공화당의 대대적인 투쟁이, 미국 전체 기업의 이익보다는 담배산업이라는 특정 이해관계자들의 강력한 지원에 힘입은 측면이 크다는 점을 시사한다. 1990년대 후반까지 대부분 미국 기업과 달리, 담배산업은 클린턴 행정부를 상대로 전면전을 벌일 충분한 이유가 있었다. 동시에 담배산업 업계는 공화당 내 핵심 정치인들, 특히 탄핵을 주도한 톰 딜레이와 특별히 밀접한 관계를 맺었고, 케네스 스타 같은 주요 관료 임명도 담배산업과 연계된 인사들이나 이들의 이익과 밀접한 관련이 있는 것으로 보인다.

1990년대에 들어서면서 미국 기업 경영진과 공화당의 관계는 크게 달라졌다. 1990년대 전반에는 뉴트 깅그리치와 지지자들이 이끈 투쟁적인 공화당이 기업 단체들과 긴밀하게 공조했다. 클린턴의 의료개혁안 저지, 연방정부 셧다운, 사회복지개혁 등 그 치열했던 싸움은 모두 미국 대기업의 정책적 이해를 반영한 것이다. 그러나 '공화당 혁명' 이후의 변화로 다수파가 된 공화당은 기업계의 합의를 거스르는 일도 가능해졌다. 막대한 자금 모금과 재분배가 이루어지면서 의회 안에는 기존 질서를 위협하는 새로운 권력이 등장했고, 이로써 깅그리치가 추구한 통합 전선이 약해졌다. 이런 변화 속에서, 1990년대 후반 담배산업 업계가 공화당에 엄청난 자금을 쏟아부으면서, 공화당은 기업 지도자들의 의사에 반하는 무모한 탄핵 추진에 나설 만큼 탄탄한 경제적인 기반을 갖추게 되었다. 결과적으로 20세기 말, 공화당과 미국 기업계 후원자들 사이의 관계는 그 어느 때보다 불확실해졌다.

공화당 우파는 2000년 대선을 앞두고 심각하게 흔들리고 있었다. 톰 딜레이와 보수파가 정치 자원을 대대적으로 투입했던 클린턴 탄핵 시도는 대통령을 자리에서 몰아내는 데 실패했을 뿐만 아니라, 오히려 1기 행정부 때보다 더 높은 인기를 클린턴에게 안겨주었다. 또한 공화당을 도덕적 우월주의에 집착하는 당파적 열성분자들의 정당으로 보이게 만들었다. 실제로 클린턴 탄핵으로 공화당 현역 정치인들이 더 큰 타격을 입었다. 대표적으로 뉴트 깅그리치의 후계자로 내정되어 있던 로버트 리빙스턴이 사임했는데, 탄핵 주동자들의 성적 청교도주의에 자극받은 『허슬러Hustler』가 의원들의 혼외정사 증거에 현상금을 내걸자 사생활 노출을 피하기 위해서였다(클린턴 탄핵 과정에서 사생활 문제가 드러난 공화당 인사는 리빙스턴만이 아니었다).[1] 이후 톰 딜레이, 데니스

해스터트(리빙스턴 사임 뒤 하원 의장 취임), 딕 아미 등은 지도부에 남아 있었으나 사기는 크게 저하되고 방향성을 잃었다. 2000년 당시, 보수 진영에는 대통령 후보로 내세울 뚜렷한 인물조차 없는 상황이었다.[2]

조지 W. 부시가 이 공백을 틈타 전면에 등장했다. 그는 가문 배경과 칼 로브Karl Rove 등 정당 전략가들의 책략 덕분에 권좌에 올랐는데, 얄팍한 '플레이보이'라는 비판을 받기도 했지만 실제로 깅그리치가 시작한 공화당 개혁을 계승·발전시켰다. 특히 부시는 1기 행정부 동안 '소유의 사회ownership society'라는 국내 정책과 미국의 세계적 패권과 군사력, 가치의 적극적 재확립이라는 대외정책을 의제로 내세워 공화당의 주류와 우파를 하나로 모았다. 부시 2기 행정부에서는 조지 H. W. 부시 행정부의 국방부 장관이었던 부통령 딕 체니Dick Cheney가 과거 행정부의 온건주의에 반대하며 자신의 정치적 정체성을 키운 깅그리치의 계승자 린지 그레이엄 등과 협력했다. 새롭게 결집한 공화당은 기업의 이익을 꼼꼼하게 챙기면서, 1990년대 후반과는 달리 기업계의 뜨거운 환호를 받았다. 그 결과, 당의 중심축은 확실하게 오른쪽으로 이동했고, 주류 세력마저도 정파 대결의 정치를 즐기게 되었다.

2004년 부시 재선 이후, 통합된 공화당은 새로운 패권 시대를 열어가는 듯 보였다. 하지만 부시 2기 행정부에서 당내 합의가 서서히 무너지기 시작했는데, 특히 이민 정책과 2008년 금융위기 대응을 둘러싼 갈등이 쟁점의 한가운데 있었다. 이 두 쟁점에서 공화당 우파는 주요 기업 지도자들과 확실히 단절된 독자적 입장을 고수했다. 동시에, 공화당 우파가 일관되게 지지했던 이라크 정책의 참담한 실패로 당 전체의 신뢰가 크게 훼손되었고, 이로 인해 2006년 중간선거에서 민주당은 1994년 깅그리치의 극적인 승리에 버금가는 성과를 올리며 하원을 탈환했다. 즉, 부시 2기 행정부 말기에는 워터게이트 사건 이후 가장 심각한 당내 분열을 겪었다.

부시는 '조지 W. 레이건'

부시는 겉으로는 지식이 부족한 듯 보였지만, 실제로는 매우 노련한 정치력을 발휘했다. 대선 캠페인은 상반된 두 흐름, 즉 공화당 우파 세력(특히 예비경선 유권자들)의 힘과 당파 정치에 대한 미국 대중의 냉소적인 시각을 기본적으로 잘 조율했다. 부시는 공화당 우파와 친밀하다는 점을 강조하면서도, 대선에서는 자신의 이미지를 최대한 부드럽고 유화적으로 바꾸려고 노력했다. 또한 선거 연합뿐만 아니라 후보 시절부터 행정부 기간까지 아우르는 기업 연합 구축에 힘써, 이를 통해 충분한 자금을 마련해 자신의 정책 목표를 실현할 기반을 닦았다. 부시는 이 두 가지 목표를 모두 성공시켜 루스벨트 이후 역대 대통령 중 정치적으로 성공적인 1기 행정부를 보낸 인물로 남았다.

부시는 1988년 아버지의 대선캠프에 참여하면서 정치 경력을 시작했다. 주로 텍사스주 전역을 돌며 언론 대응과 홍보를 맡고, 아버지를 대신해 유세 연설에 나섰다. 4년 후에는 대선캠프에서 핵심 선거 전략가로 활약하며, 선거 전략 수립과 행정부 인사 배치 등에서 뛰어난 정치적 감각을 보여주었다.[3] 이 시기부터 부시는 의회에서 떠오르는 뉴라이트에 대해 회의론을 내비쳤다. 부시는 아버지에게 공화당 우파를 안심시키기 위해 부통령으로 선택한 댄 퀘일Dan Quayle을 버리고, 당의 분열을 막을 수 있는 좀더 온건한 딕 체니를 선택하라고 권유했다고 한다.

1992년, 조지 H. W. 부시가 대선에서 패배하자, 조지 W. 부시는 공화당 우파가 온건한 유권자들을 설득하지 못했다고 비판했다. 특히 패트릭 뷰캐넌이 공화당 전국위원회에서 "이 나라는 종교 전쟁 중"이라고 선언하고, 페미니즘·동성애·포르노그래피를 맹렬히 비난한 점을 문제 삼았다. 1994년 텍사스 주지사로 취임한 이후에는 민주당 주의회와 협력했으며, 1998년 주지사 재선 때는 흑인과 히스패닉 표를 다수 얻어냈다. 대선 도전을 준비하던 부시 선거캠프는 '따뜻한 보수주의'라는 슬로건을 내걸었다. 1996년 대선 당시 공화당이 예산 삭감 등 강경 이미지만 남긴 데 대한 반성에서 비롯된 것이었다. 부시의 대통령 당선은 곧 '깅그리치주의Gingrichism'에서 벗어나는 신호탄이 되었다.[4]

그런데 부시는 2000년 대선에서 1992년 아버지의 선거 전략을 단순 반복해서는 공화당 대통령 후보 지명을 받을 수 없으리라 판단했다. 공화당 우파와 일정 거리를 두었지만, 그들의 지지가 반드시 필요했다. 이를 위해 종교가 중요한 역할을 했다. 부시는 본래 '거듭난 기독교인'이었으나(아버지 조지 H. W. 부시는 18세기부터 이어진 주류 개신교 가문 출신이었다), 평소에는 기독교 우파와 거리를 두며 개인적으로 기독교 우파 지도자들을 '미치광이'라고 부르기도 했다. 하지만 '따뜻한 보수주의'라는 슬로건과 부시 특유의 진심 어린 신앙심으로 기독교 우파를 설득해 자신이 기독교 우파의 정책을 실현할 적합한 인물임을 이해시켰다. 부시는 복음주의 용어에 능통해 정책을 거부할 때조차 기독교 우파 지도자들과 친밀한 관계를 유지할 수 있었다. 예를 들어, 한 목사가 동성애자를 채용하지 않겠다는 약속을 요구하자, 부시는 "나는 게이를 쫓아내지 않을 겁니다. 내가 죄인인데 죄를 어떻게 구별하겠습니까?"라고 답했다. 존 매케인John McCain이 뉴햄프셔주 예비경선에서 예상을 깨고 선전하자, 부시 선거캠프는 랠프 리드Ralph Reed 같은 기독교 지도자들과의 유대를 강화해 예비경선 승리에 만전을 기했다.[5]

동시에, 부시는 공화당 우파와도 다양한 유대를 쌓았다. 자신을 조지 H. W. 부시의 후계자가 아닌 로널드 레이건의 후계자로 홍보했는데, 『뉴욕포스트』에서 '조지 W. 레이건'이라는 별명을 얻기도 했다. 부시는 부통령으로 딕 체니를 선택해 우파 표심에 호소했다. 체니가 출마를 제안받자 "나는 보수주의자다"고 강조했고, 부시는 "그것은 알고 있다"고 답했다. 그러자 체니는 "아니, 나는 진짜 보수다"고 거듭 말했다. 체니는 1980년대부터 공화당 내 보수파와 깅그리치 계열의 강경 보수파 사이를 조율했다. 체니는 자신의 역할을 "톱니바퀴 사이의 기름과 같다. 깅그리치가 지도부에 접근할 때마다 나를 찾았고, 밥 미첼Bob Michel은 열정적인 젊은이들이 선을 넘지 않도록 내가 완충 역할을 하기를 바랐다"고 설명했다. 부시는 '따뜻한 보수주의'라는 새 이미지를 내세워 대중에 어필하는 한편, 자신이 이끄는 행정부는 아버지의 통치 시절과는 다르다는 것을 보수층에 확신시키려 애썼다.[6]

부시가 공화당 우파에 손을 내민 결과, 연방대법원의 선거 관련 판결로 부시의 대통령 당선이 사실상 확정되자 보수진영은 환호했다.[*] 새 행정부에는 보수 성향 싱크탱크 출신 인사들이 대거 포진했고, 미

국 헤리티지재단의 에드윈 퓰너Edwin Feulner 이사장은 부시 행정부가 "레이건 행정부보다도 더 레이건주의적"이라고 평가했다. 미국 세제 개혁 단체를 이끌던 그로버 노퀴스트는 "이번 행정부와 우리 사이에 구분이 없다. 그들이 바로 우리고, 우리가 바로 그들이다"며 기쁨을 표했다. 『위클리 스탠더드』 편집장 윌리엄 크리스톨William Kristol 역시 "보수주의자들에게 좋은 소식은 더는 반항할 필요가 없다는 점"이라고 말했다. 보수진영은 행정부 출범 초기부터 부시가 '자신들의 편'임을 확신했다.[7]

부시는 대통령에 당선되는 과정을 통해 공화당 우파에 대한 의존이 공고해졌으며, 깅그리치 스타일의 정파 대결이 행정부의 기본적인 정치 방식으로 굳어졌다. 선거 직후 실시된 여론조사에서는 복음주의자들의 투표율이 떨어진 것으로 나타났다. 2000년에 투표에 참여한 복음주의자는 1996년에 비해 무려 400만 명이나 줄어들었다. 칼 로브는 "핵심 지지층의 지지를 충분히 모으지 못했다"며, 앞으로 기독교 우파의 정치적 열의를 되살리기 위해 "많은 시간과 에너지를 투자해야 한다"고 분석했다. 또 '무당파' 유권자가 급격히 줄어들었다는 결과가 나왔다. 그런데 줄어든 그들을 공략하는 데 집중하다 보니, 보수층과 복음주의자들을 제대로 동원하지 못했다는 것이다. 로브는 이 내용을 보여주는 그래프를 주머니에 넣고 다녔다고 한다. 결국 부시 행정부는 텍사스주에서 키운 양당 협치 이미지를 버리고, 깅그리치가 완성한 정파 대결의 정치로 재빨리 방향을 틀었다.[8]

하지만 부시는 깅그리치주의를 전면적으로 받아들이지는 않았다. 깅그리치가 민주당을 곤경에 몰아넣는 공격적인 전략을 즐긴 반면, 부시는 그런 태도를 공식적으로 보인 적이 없다. 다만 부시 행정부는 민주당 행정부에서 추진했다면 깅그리치가 분명 반대했을 새로운 연방 프로그램과 책임 확대를 추진했다. 반면 부시는 대선 당시 거리를 두었던 공화당 우파와는 임기가 시작되면서 상당히 친밀한 관계를 형성했다. 이로써 당내 분열된 두 진영 사이에서 진정한 통합이 이루어졌다. 아버지 조지 H. W. 부시 시대의 당 주류는 이제 의회를 장악한 보수파와 굳건히 결속되었다. 부시 1기 행정부 동안 양 진영 모두가 공화당이 영구적으로 다수당을 유지하려는 꿈을 위해 기업 우선 정책 실현에 열중했고, 이 통합은 그렇게 잘 유지되었다.

'부시 지수'와 '고어 지수'

조지 W. 부시는 미국 기업 지도층과 밀접한 관계를 맺고 있었다. 아버지 조지 H. W. 부시는 오랫동안 전형적인 '비즈니스 공화당원'[*]으로 활동해서, 배리 골드워터 이후 공화당보다는 오히려 '1920년대의 공화주의'[**]를 연상시키는 면이 컸다(부통령 댄 퀘일이 말했듯이, 부시 행정부에는 "시장과 자유기업 등 몇몇 분야를 제외하면 뚜렷한 이념적·보수적 국내 정책이 없었다").[9] 조지 W. 부시 역시 예일대학 재학 시절부터 이런 기업·상류층 인맥 속에서 사교적으로 활동했으며, 이후 텍사스 레인저

---

[*] 비즈니스 공화당원은 기업과 자본가 계층의 이익을 중시하며, 친親기업적이고 시장경제를 강하게 옹호하는 공화당원을 가리킨다.

[**] 1920년대의 공화당은 지금보다 더 친기업적이고 산업 자본가들과 밀접하게 연계된 전통적 자본주의 성향이 강했다. 또 높은 관세, 기업 자율성 보장, 적극적인 경제성장 정책을 추진했다.

스 야구단을 인수하기 위해 투자자 그룹을 조직해 공동 구단주로서 직접 구단 운영에 참여하기도 했다. 텍사스 주지사로서 기업 친화적 행정을 구축했고, 그 덕분에 2000년 공화당 예비경선 당시 진행된 기업 CEO 대상 여론조사에서 압도적인 지지를 받았다.[10]

부시는 대선에서 강력한 기업 연합을 공고히 했다. 의회의 공화당원들은 자유무역에 대한 열의 부족부터 무모한 클린턴 탄핵 시도에 이르기까지 기업 지도자들에게 점점 신뢰를 잃었지만, 부시는 클린턴이 제시한 것뿐만 아니라 그 이상을 기업 연합체에 약속했다. 2000년 5월, 부시가 공식적으로 공화당 후보로 지명되기 몇 달 전부터 기업 로비스트들은 클린턴 행정부와 여러 사안에서 충돌하며, 부시가 당선될 때까지 우호적인 협상 상대를 기다리겠다고 말했다. 특히 담배산업은 부시를 적극적으로 지지했는데, 한 분석가는 기업들이 부시의 승리에 크게 들떠 있다고 평가하기도 했다. 선거가 다가오면서 일부 증권사들은 부시 혹은 앨 고어Al Gore가 당선될 경우 이익을 볼 기업들로 구성된 주가지수를 내놓았다.

『비즈니스위크』는 한 회사가 만든 주가지수를 소개하며, '부시 지수'에는 담배·국방·제약 산업이 포함되어 있다고 전했다. 반면 '고어 지수'는 마이크로소프트 경쟁사들(고어가 클린턴 행정부의 반독점 정책을 이어갈 경우 혜택을 받는 기업)과 환경 컨설턴트로 구성된 제한된 범위였다. '고어 지수'에 포함된 산업이 적어 결국 부시가 승리하면 이익을 볼 기업들의 주식에 대한 공매도空賣渡로 채워졌다. 다시 말해 부시 연합은 "보수 운동의 부유한 남서부와 서부 반反주류 지지층과 월스트리트와 첨단 금융 서비스 산업에 종사하는 기업가들이 결합한 세력"이었다. 2000년 부시가 최종 승리하자, '포천 500' 기업들은 각자 10만 달러씩 내걸고 부시 취임 자금 마련 경쟁에 뛰어들었다.[11]

공화당은 의회에서도 기업계의 지지를 얻어내려고 온 힘을 다했다. 1994년 공화당 혁명 직후, 톰 딜레이는 기업과 무역 단체들이 공화당 의원들과 접촉하려면 공화당 출신 로비스트만 고용해야 하는 방안을 추진했다. 이런 조치는 기업의 민주당 지지를 줄이는 동시에, 공화당에 후원과 인맥 관리라는 강력한 정치적 특혜 수단이 되어 당의 자원을 크게 늘려주었다. 1990년대에는 이 계획이 큰 성과를 내지 못했고, 대부분의 기업들이 여전히 공화당을 '주인'이 아닌 '하인'으로 여기며 충돌을 빚었다.

하지만 부시 집권 이후 딜레이의 계획이 본격적으로 구현되었다. 이미 공화당의 승리에 들뜬 기업 지도자들은 선거자금 기부의 방향을 크게 바꾸었다. 부시 1기 행정부 말, 19개 산업 부문의 정치 기부금 분석 결과 공화당이 민주당에 비해 2배 이상 우위를 차지한 것으로 나타났다. 이러한 분위기 속에서 기업들은 공화당의 인사 요구에 순순히 따르기 시작했다. 하원에서는 딜레이가 직접 지명한 후계자 로이 블런트Roy Blunt가 ARM 정치활동위원회의 회의를 주관했고, 상원에서는 릭 샌토럼Rick Santorum이 모임을 이끌었다. 공화당 지도부는 매주 로비 업계 단체를 만나 인사 배분을 협의했다. 기업계는 1990년대 후반의 혼란을 금세 잊고 부시의 공화당과 사실상 하나가 된 것 같은 행보를 보였다.[12]

이러한 조율로 1990년대 후반 기업계와 공화당 사이에 벌어진 이례적인 단절 이후, 공화당이 어느 정도 본래 모습으로 돌아간 모양새가

되었다. 하지만 딜레이가 추진한 'K 스트리트 프로젝트'가 보여주듯, 정당과 기업 엘리트의 결속은 새로운 조건하에서 재구성된 것이었다. 이제는 오랜 공화당의 역사와 달리, 정당이 기업에 명령을 내리는 구조가 되었고, 기업이 정당을 주도하던 전통적인 구도는 사라졌다. 부시의 첫 주요 정책인 감세안에서도 이러한 권력관계가 그대로 드러난다.

대규모 감세는 부시의 국내 정책 공약의 핵심이다. 1980~1990년대 적자에서 흑자로 전환되자 공화당은 흑자는 국가에 필요한 것보다 더 많은 돈을 거둬들이고 있는 세금 제도의 증거라며, 따라서 납세자들에게 환급해주어야 한다고 주장했다. 부시는 이 정책을 대선 캠페인의 중심으로 삼아 존 매케인이 예비경선에서 제시한 감세안보다 훨씬 크고, 또 앨 고어가 대선에서 제시한 감세안보다 훨씬 큰 감세를 추진했다. 감세 규모의 수치는 다소 변동이 있었지만, 부시는 1조 6,000억 달러를 자주 언급했다. 아버지가 세금을 인상하면서 보수진영과 불화를 겪었던 전례를 의식하며, 자신을 감세 주창자로 확실히 각인시키려 했다. 『뉴욕타임스』는 "아버지 부시의 세금 정책으로 촉발된 보수진영의 반발을 피하려는 듯, 미스터 부시는 거의 오이디푸스적인 집착으로 공화당의 고정관념을 되살리고 있다"고 평가했다.[13]

최대 규모의 법인세 감면

조지 W. 부시를 백악관으로 이끈 미국 기업 지도자들은 약속된 1조 6,000억 달러 규모의 감세안을 부푼 기대로 바라보았다. 한 워싱턴 내부자는 "그 정도 규모의 숫자가 거론되면, 기업들이 일제히 몰려와 이익을 챙기려 할 것"이라고 말했다. 로비스트들은 기술산업 부문 대표들의 별도 회의에서 8,500억 달러가 넘는 세금 인하 요구 목록을 내놓았다. 기업들은 통신 인프라 세액 공제부터 트럭 소비세 인하, 전면적인 법인세 감세까지 다양한 혜택을 원했다. 다수의 기업 단체가 전체 감세 법안의 약 3분의 1을 기업 관련 세금(법인세 포함) 인하 확보를 목표로 삼았으며, 나머지 3분의 2는 개인소득세 감면에 배분하려고 했다. 수많은 기업의 요구가 쏟아지자, 20년 전 레이건 행정부의 첫 감세안 당시 벌어진 업계 간 '먹잇감 쟁탈전'이 재연될지도 모른다는 우려도 덩달아 커졌다.

당시에는 기업의 요구로 인해 전례 없는 평시 예산 적자가 되었는데, 결국 그 해결책을 두고 기업과 행정부의 갈등이 빚어졌다. 한 로비스트는 이번 협상 역시 "매우 힘들 것이며, 업계끼리는 물론 업계 내부와 각 무역 단체 내에서도 분열이 생길 것"이라고 경고했다. 기업 지도자들은 갈등을 막고 자신들의 이익을 확보하려면 다양한 업계가 연합해 한목소리를 내야 한다고 판단했다. 기업 연합체 구성을 주도한 제지업계 협회장 윌리엄 헨슨 무어William Henson Moore는 "중공업, 유통, 은행, 첨단기술 등 주요 산업 이익이 모두 모인 연합만이 성과를 낼 수 있다. 그렇지 않으면 세입위원회에 각기 다른 요구가 홍수처럼 쏟아져 혼란만 가중될 것"이라고 말했다. 이런 연합이 실패해 업계별로 개별적인 움직임을 보인다면, 맞춤형 감세를 얻기 위한 협상력이 약해져 기업들이 가져갈 몫이 줄어들 수 있다는 우려가 컸다. 분열의 위험을 절감한 기업계는 신중히 단합해 부시 행정부와의 세제 협상에 임했다.[14]

하지만 이러한 기업들의 요청은 부시 행정부의 단호한 거절에 부딪혔다. 2001년 2월 7일, 부시는 제너럴일렉트릭의 잭 웰치Jack Welch, 엔론의 켄 레이Ken Lay, 조지 W. 부시와 톰 딜레이의 주요 후원자, 전미제조업협회의 제리 재시노스키Jerry Jasinowski, 1970년대 비즈니스 라운드 테이블과 '미국자본형성위원회' 설립에 핵심적인 역할을 한 찰스 워커Charls Walker 등 다양한 기업 지도자와 함께 오찬 모임을 열어 자신의 입장을 분명하게 밝혔다. 기업들이 혜택을 받을 수 있는 범위는 전체 감세안의 10퍼센트를 넘지 않는, 연구개발 세액 공제라는 제한된 형태뿐이라고 못 박았다. 나머지 부분은 대부분 고소득자를 대상으로 하는 개인소득세 인하, 상속세 단계적 폐지, 최근 도입된 자녀 세액 공제 확대 등 개인 세금 감면에 배분될 예정이었다. 부시는 자신을 도와 감세안을 통과시킨다면, 이후 기업에 더 직접적인 혜택을 주는 정책을 추진할 수 있는 정치적 영향력을 확보할 수 있다고 설득했다. 워커는 이 만남을 이렇게 말했다. "다마스쿠스Damascus로 가던 길에 사울Saul이 깨달은 것처럼, 그때 나도 확실히 깨달았다. 나는 우리 연합체에 잠깐 멈추자고 말했다."[15]

이 만남 이후, 부시 행정부는 기업계 지지자들이 '지연된 만족'을 받아들이도록 정교한 전략을 펼쳤다. 폴 오닐Paul O'Neill 재무부 장관은 기업 CEO 출신으로 기업계의 두터운 신뢰를 받고 있었는데, 감세 법안을 통과시키기 위해 투입되었다. 칼 로브와 보좌관 커크 블라락Kirk Blalock(전 필립모리스 마케팅 임원)은 부시와 깊은 인연을 지닌 기업계 로비스트 더크 반 동겐Dirk Van Dongen을 영입해 '감세 연합'을 새로 출범시키려고 했다. 부시가 워커 등 기업계 인사들과 회동한 지 약 2주 뒤,

백악관 행사에서 '감세 연합'이 공식 출범했고, 반 동겐이 이끄는 전미
도소매협회·상공회의소·전미제조업협회·독립자영업연맹이 참여를
공식 선언했다. 며칠 뒤에는 비즈니스 라운드 테이블도 합류했다. 이
들은 활발한 로비를 펼쳐 부시의 감세안 통과를 주도했다.[16]

언뜻 보기에는 기업계가 세제 개혁에 하나로 뭉친 듯 보였다. 하지
만 결과는 몇 주 전 기업 지도자들이 요구했던 것과는 확연히 달랐다.
기업계가 차지한 감세 비율은 3분의 1이 아니라 약 10퍼센트에 불과
했다. 게다가 이 기업 연합체의 구심력도 기업 내부에서 나온 게 아니
라 외부, 즉 행정부에서 비롯되었다. 행정부는 원하는 바를 기업 CEO
들에게 명확히 전달했고, 확실히 통제할 수 있도록 조직적인 프로세스
를 설계했다. 반 동겐은 "감세 연합은 행정부를 위한 연합체다. 대통
령의 정책을 지지하기 위해 만들어진 조직"이라고 분명히 말했다. 딜
레이의 'K 스트리트 프로젝트'와 마찬가지로, 이 시기 공화당과 기업
의 거래관계는, 공화당이 정책 의제를 설정하면 기업은 자신들의 이익
이 보호받을 것으로 기대하는 방식이었다.[17]

부시는 약속을 지켰다. 2003년, 대테러 전쟁과 이라크 전쟁 준비
가 한창이던 시기에, 2001년 감세 법안에서 단계적으로 도입할 예정
이던 일부 감세 조치를 조기 적용하는 세법에 서명했고, 자본이득세와
배당소득세에 대한 추가 감세도 단행했다. 이 두 가지 세금은 모든 기
업 최고경영진이 핵심 관심사로 여긴 분야였다. 이어 2004년에는 기
업 지도자들이 오래도록 요구해온 법인세 감면 법안을 통과시켜, 10년
간 1,370억 달러의 세금을 줄여주었다. 이것은 '1986년 이후 최대 규
모의 법인세 감면'으로 평가받았다. 이렇게 부시의 일련의 감세 정책

은 미국의 재정 구조를 근본적으로 재편해놓았다. 연방 세금의 국내 총생산 대비 비율은 1950년 이래 최저 수준을 기록했고, 소득세 수입의 국내총생산 대비 비율은 1914년 이후 최저치를 기록했다. 한편 정부 지출은 거의 줄지 않아 재정적자가 급격히 늘어났다. 그러나 1980~1990년대와 달리, 기업계는 이제 재정적자 감소를 더는 요구하지 않았다. 이들은 딕 체니가 "레이건 시대는 적자가 문제되지 않는다는 것을 증명했다"고 한 말에 사실상 동의하는 듯했다.[18]

모든 수단을 동원해 규제를 무효화하다

부시가 기업에 안겨준 승리 중 하나는 산업안전보건국이 최근 도입한 인체공학 기준 규제 폐지다. 클린턴 행정부 시절 산업안전보건국은 사무직 노동자의 직장 안전을 강화하는 새로운 규정을 마련했는데, 기업계는 이에 강력히 맞섰는데도 이 규정을 저지하지 못했다. 부시가 대통령에 취임하자 기업 로비스트들은 그가 규제 완화를 단행할 것이라고 확신했다. 공화당의 주요 후원자이자 부시 대통령직인수위원회 멤버였던 존 R. 블록John R. Block은 "행정부가 모든 수단을 동원해 규제를 무효화할 것"이라고 예고했다. 2001년 3월, 부시가 클린턴의 인체공학 기준 규제를 폐지하는 법안에 서명하자 고용주들이 환호했다.

부시는 산업안전보건국과 노동부 주요 보직에 기업 로비 경력이 있고 정부의 사업장 감독에 근본적으로 비판적인 보수 성향 인사들을 대거 임명했다. 산업안전보건국 국장에는 과거 기업을 대신해 노동조합에 대응했던 에드워드 G. 포크Edward G. Foulke를 임명했는데, 포크는 부임 직후 '어른들은 정말 엉뚱한 짓을 한다'는 연설에서 산업재해의 책임을 근로자 개인의 부주의와 어리석음으로 돌렸다. 포크의 리더십 아래 산업안전보건국의 문화는 '자율 준수' 중심으로 바뀌었고, 부시 행정부 시기 발표된 중요한 안전 기준의 수는 역사상 최저치를 기록했다. 임기 중 제정된 단 하나의 건강 기준마저 연방대법원의 판결에 따라 강제로 시행되었을 뿐이다. 그 결과 기업들은 숨통이 트였지만, 오염된 작업장에서 일하는 노동자들은 그렇게 숨을 편안히 쉴 수 없었다.[19]

기업 지도자들의 또 다른 핵심 숙원 과제는 집단소송 개혁이었다. 집단소송은 개별 원고가 소송을 제기하기 어려운 사안을 여러 원고가 함께 대응할 수 있도록 한 제도다. 20세기 중반 이후 점차 확대되었으며 집단소송 관련 규정도 원고에게 점점 더 유리하게 개정되었다. 1980년대에 접어들면서 주주들은 이 제도를 활용해 기업 경영진, 특히 기술산업 분야의 임원을 상대로 소송을 시작했다. 또한 회계법인이 투자자들에게 경영진의 부당노동행위에 대해 미흡하게 보고한 책임을 묻는 소송도 잇따라 제기되었다. 주주 집단소송이 급증하자 기업 경영자들은 강하게 반발했고, 소송 남발을 막기 위한 정치적·법적 로비에 막대한 자금을 쏟아부었다.

1997년 토머스 도너휴는 상공회의소를 집단소송 개혁 투쟁의 중심으로 이끌며, "소송 변호사들이 미국 경제의 생명력을 고갈시키고 있다"고 선언했다. 상공회의소는 이후 판사 선거 지원, 여론전을 위한 홍보 캠페인, 법 개정 운동 등에 대규모 재원을 투입했다. 조지 W. 부시는 텍사스 주지사 시절 주 차원의 불법행위 개혁[*] 입법을 이끌면서, 기업 전문 변호사들의 우상이 되었다. 부시가 대통령에 취임하자 집단소송 개혁 연합은 "지금이 기회"라며 대대적인 입법 로비에 나섰다. 2005년, 부시는 기업계의 고액 후원에 보답하듯 '집단소송공정법'에 서명했다. 이 법으로 집단소송의 상당 부분을 원고에게 우호적인 주 법원에서 그보다 훨씬 엄격한 연방대법원으로 이전할 수 있었다.[20]

조지 W. 부시는 기업계의 요구에 매우 충실했기 때문에, 때로 그 노선이 공화당 우파와 충돌하는 상황이 빚어지기도 했고 또 그런 상황을 즐기기도 했다. 대표적인 사례가 교육 개혁이었다. 미국 연방교육부는 지미 카터 행정부 시절에 신설되었는데, 공화당은 줄곧 연방교육부 폐지를 주장해왔다. 특히 1996년 대선 당시 밥 돌의 공약에도 연방교육부 폐지가 포함되어 있었다. 그러나 1980년대 이후 주요 경제 단체들 사이에서는 학생 성취 기준 향상을 위해 연방정부가 교육에 개입해야 한다는 합의가 형성되었다. 1990년대 후반에는 주요 기업 단체들이 연방정부의 학교 정책 개입 확대를 요구하는 로비 네트워크를 구축했다. 비즈니스 라운드 테이블, 상공회의소, 전미제조업협회 등 주요 단체들이 모여 교육 정책 관련 공동 의제를 수립했으며, 이 의제는 학교에서 연방정부 역할의 확대를 요구하는 내용으로 정리되었다.

기업계의 이 같은 의제에 대해 공화당은 상대적으로 관심을 크게 보이지 않았지만, 부시는 달랐다. 텍사스 주지사 시절부터 '텍사스 기업·교육' 연합체와 긴밀히 협력하며 교육 개혁을 추진했고, 대통령이 된 뒤에도 기업계의 교육 개혁 의제를 적극적으로 수용했다. 이로 인해 공화당 우파와의 갈등이 수면 위로 드러났다. 기업계는 국가 차원

---

* 불법행위 개혁은 통상적으로 손해배상 범위·요건·소송 제도 등을 조정해, 기업의 소송 부담이나 과도한 배상 위험을 줄이기 위해 도입된 법적·정책적 장치를 말한다.

의 기준 마련과 평가 책임제를 원했으나, 공화당 의원들은 연방정부가 커리큘럼을 통제하는 데 강하게 반대했다. 그러나 기업계는 공화당의 '시장화' 정책은 교육 양극화를 더욱 깊어지게 할 뿐이라고 여겼다. 공화당 상원의원 제임스 워런 더멘트James Warren DeMint는 "부시의 정책 기조가 '한 아이도 뒤처지지 않게'에서 '민주당도 뒤처지지 않게'로 변하는 것 같다"고 비꼬았다. 마찬가지로 여러 보수 기독교 단체는 데니스 해스터트 하원 의장과 만나 이 법안이 자신들을 '매우 속상하고 낙담하며 실망스럽고 당황하게 만들었다'고 호소했다. 이 법안은 하원을 비교적 쉽게 통과했는데, 보수파들은 이것을 승리라기보다는 패배에 가깝다고 평가했다.[21]

부시 대통령을 민주당으로 교체하자

조지 W. 부시의 메디케어 법안은 처방약 보장을 확대하는 내용으로, 기업의 요구에 충실하면서도 당내 우파와의 갈등을 무릅쓰고 추진한 정책이다. 1990년대에 퇴직자의 건강보험 지출이 급증하자, 기업들은 메디케어에 처방약 보장을 추가해 연방정부가 관련 비용을 부담하라고 요구했다. 특히 노동조합원이 많은 기업은 퇴직 후 건강보험을 보장하는 계약으로 인해 큰 부담을 지고 있었다. 제약산업 역시 제품 비용은 정부가 부담하되 가격 협상에는 응하지 않기를 원했다. 부시는 이러한 두 가지 요구를 모두 충실히 지원했다. 하지만 공화당 우파는 법안을 전형적인 복지국가 확대 사례로 보고 강하게 반발했다.

당시 자유지상주의 단체 '건전한 경제를 위한 시민들'의 대표였던 딕 아미는 메디케어 확대는 시작에 불과하며, 다양한 이익집단이 "매년 의회에 이 거대해진 새로운 복지 혜택 제도의 확대를 청원할 것이고, 힐러리 클린턴이 원하던 미국 의료 체계에 대한 정부 통제 강화가 현실이 될 것"이라고 경고했다. 공화당원들의 불만도 컸고, 보수층의 지지를 얻기 위해 부시는 법안에 건강저축계좌 제도를 포함시켰다. 건강저축계좌는 의료 비용을 위해 별도의 저축을 허용하며, 완전 비과세 혜택을 주는 제도였다. 그래서 저축 능력이 있는 이들에게 실질적인 세금 감면 효과를 제공했다. 폴 라이언은 약 40명의 공화당 의원이 이 법안에 찬성표를 던졌는데, 법안 통과에 필요한 표 차이보다 훨씬 많은 수치라고 추산했다. 하지만 이 법안은 보수층에 그다지 환영받지 못했다. 『위클리 스탠더드』는 부시에 대한 실망을 농담 삼아 이렇게 표현했다. "연방정부 지출을 줄이려면 부시 대통령을 민주당으로 교체하자."[22]

메디케어 확대와 '한 아이도 뒤처지지 않게' 법안으로 인해 공화당 우파의 불만이 불거지기는 했지만, 이 두 조치는 기업 최고경영진에 부시가 바로 '자신들의 대통령'임을 확신시켜주었다. 2004년 대선이 다가오자 기업계는 지갑을 열었다. 부시 선거캠프가 준비한 모금 시스템은 규모 면에서 경이로웠다. 이 시스템의 핵심은 '묶음bundling' 기법이었다. 당시 연방선거위원회의 개인 기부 한도가 1,000달러였기 때문에, 부시 선거캠프는 후원자들이 자신의 인맥을 활용해 여러 명의 기부금을 모아 '묶음'으로 전달하도록 장려했다. 이렇게 모인 금액은 모두 모금 조직자 개인의 실적으로 기록되었다.

부시 선거캠프는 모금 조직자의 등급을 나누고, 등급별로 캠프와의 접근성에 차별을 두었다. 최고 등급은 최소 50만 달러를 모금한 '슈퍼 레인저Super Ranger', 20만 달러는 '파이오니어Pioneer', 10만 달러는 '레인저Ranger'였다. 주요 기업인과 로비스트들이 두각을 나타냈다. 한 파이오니어 등급 로비스트는 "내 고객들이 부시를 위해 기금을 모금하면, 나 역시 그와 연관된다는 점이 이득이다"고 말했다. 실제로 부시를 위해 자금을 모은 기업이 매우 많았다. 상공회의소 한 임원은 "주요 관심 사안에 대해 기업과 행정부의 입장은 거의 같다"고 말했다. 반면, 민주당 존 케리John Kerry는 불법행위 개혁에 반대하는 소송 변호사들의 강력한 지지를 받았다. 하지만 부시는 다양한 산업을 아우르는 거대 연합을 결성해 2004년 대선에서 존 케리보다 압도적으로 많은 선거자금을 모았다.[23]

조지 W. 부시가 재선에 성공했을 당시, 공화당 내에서 '변혁적인 대통령'으로 평가받았다. 레이거니즘Reaganism의 유산을 공고히 했으며, 임기 말에는 공화당 내에서 가장 중요한 정치적 동력으로 자리매김했다. 1990년대 후반에 무역 문제 등 주요 사안에서 공화당 의원들이 당 지도부에 저항하는 움직임이 있었지만, 보수파의 반대는 정치적으로 큰 힘을 발휘하지 못했다. 한편, 부시는 기업계와 공화당의 동맹을 새로운 조건하에 재구성했다. 이 새로운 협력관계에서 행정부가 확실히 주도권을 잡고 정책 의제를 설정했으며, 기업들은 이 의제가 통과될 수 있도록 지지 기반을 다지는 역할을 맡았다. 그 대가로 기업들은 자신들의 이익이 제대로 대변될 것이라고 확신할 수 있었다.

칼 로브는 윌리엄 매킨리 대통령의 후원 조직을 구축한 정치 전략가 마크 해나Mark Hanna의 현대판이라고 스스로 생각했다. 1896년 매킨리와 해나가 윌리엄 제닝스 브라이언을 꺾으며 시작된 공화당의 30년 지배는 대공황 시기를 제외하고 지속되었다. 2004년 대선 후, 진보와 보수 모두 공화당의 장기 지배가 가능할 것으로 예상했다. 『위클리 스탠더드』의 한 필자는 "미국에서 공화당 패권은 수년, 어쩌면 수십 년 간 지속될 것"이라며 자신감을 드러냈다. 공화당은 기업 지배층과 압도적인 모금 역량을 바탕으로 1968년 리처드 닉슨 당선 이후로 이어진 지배력을 계속 유지할 것으로 보였다. 부시의 임기는 실제로 매킨리 시대만큼 변혁적이라는 평가를 받았다. 그런데 2기 행정부에서는 이 변혁이 공화당 지배의 연장이 아닌 파괴를 통해 이루어졌다. 이 과정은 이라크 전쟁과 함께 시작되었다.[24]

사담 후세인과 이라크 전쟁

이라크 침공과 점령은 부시 임기 중에 일어난 결정적 사건이었다. 사담 후세인Saddam Hussein 정권이 빠르게 붕괴되고 후세인이 2003년 말 체포된 덕분에 부시는 외교 정책이 최대 쟁점이었던 2004년 대선에서 재선에 성공했다. 그러나 대선 직후 반대 세력이 힘을 얻고 이라크가 내전에 휩싸이면서 부시는 심각한 타격을 입었다. 2006년 중간 선거에서 민주당이 의회를 탈환하자, 이라크 전쟁 반대 목소리가 공화당 내에서 크게 확산되지는 않았지만(2008년 론 폴Ron Paul이 대선 예비 경선에서 이라크 전쟁에 반대한 것을 제외하고), 이라크 전쟁으로 부시의 신뢰가 크게 떨어지면서 당의 분열이 가속화되었다. 부시 행정부가 당내 모든 계파를 장악하던 구도는 무너졌으며, 당내 갈등은 1990년대 후반 무역 문제를 둘러싼 공화당 내부의 분열 때보다 훨씬 심각해졌다.

그런데 이라크 전쟁이 부시 임기와 정치적 정체성을 규정하는 중요한 사건이지만, 전쟁이 일어나고 진행되는 과정에서 부시 행정부가 모든 것을 주도했다고 과장해서는 안 된다. 미국 외교 정책의 주요 결정권자들은 이미 1990년대 후반, 빌 클린턴 행정부 시절부터 이라크 정권 교체를 선호하는 쪽으로 방향을 잡아왔기 때문이다. 부시 행정부와 석유회사의 유착 관계가 자주 부각되었지만, 실제로 이라크 침공 결정이 석유업계의 요구 때문이었다는 증거는 없다. 오히려 이라크 정책 역시 세제 정책과 마찬가지로, 행정부가 먼저 노선을 정하고 기업들에 "이 노선을 지지하면 여러분의 이익을 챙겨주겠다"고 약속하는 형태를 취했다.

사담 후세인 정권은 1990년 쿠웨이트 침공 이후로 줄곧 미국의 골칫거리였다. 조지 H. W. 부시가 이라크를 군사적으로 침공해 쿠웨이트 전쟁을 일찌감치 끝냈지만, 이후 후세인 정권은 제재와 비행금지구역에 갇혔다. 당시 미국은 제재와 저비용 개입(아마드 찰라비Ahmad Chalabi의 이라크국민회의 등 반체제 그룹 지원)만으로 후세인 축출을 바랐다. 그런데 1990년대 후반에 이르러 이런 전술이 통하지 않았다. 후세인은 암살당하기에는 너무 영리하고 신중했으며, 반체제 그룹들은 대체로 이라크 내 기반이 없는 망명자 집단에 불과했다. 더 중요한 점은 석유시장의 변화였다. 1990년대 초반에는 석유 공급이 풍부했으나 1990년대 말에 이르러 공급이 점차 줄어들면서, 이라크가 보유한 막대한 석유 자원에 접근하려고 후세인과 거래하려는 국가가 늘어났다. 그렇지만 미국은 이를 결코 용납할 수 없었다. 미국 사회학자 비벡 치버Vivek

Chibber는 다음과 같이 말한다.

"단순히 제재를 해제할 수 없었던 것은 미국이 이 지역에서 힘과 영향력이 점점 약해져서 정치적으로 감당하기 어려운 대가를 치러야 했기 때문이다. 이것은 10년에 걸친 목 조르기, 정권 교체 시도, 공습과 폭격, 비난을 전 세계에서 가장 강력한 국가가 끈질기게 몰아붙이며 후세인 축출을 공개적으로 외쳤는데도 견디고 후세인이 살아남았음을 공식적으로 인정하는 꼴이었다. 다른 지역이라면 이러한 결말은 미국이 받아들일 수 있는 수준이었을지도 모른다. 그런데 중동에서 이 사태의 파장은 결코 무시할 수 없었다."[25]

석유 공급이 점점 원활해지지 않으면서 다른 국가들이 제재를 해제하고 이라크 석유 자원에 접근하려 하자, 미국은 이런 움직임에 거세게 반발했다. 석유시장이 지정학적으로 중요한 지역에서 미국의 신뢰도가 크게 떨어지는 결과를 초래할 것이기 때문이었다. 이런 배경에서 클린턴 행정부는 이라크의 정권 교체를 미국의 공식 정책으로 채택했다. 1998년, 클린턴은 '이라크 해방법Iraq Liberation Act'에 서명했는데, 이 법에는 "미국의 정책은 사담 후세인 정권의 축출을 위한 노력을 지원하는 것이 되어야 한다"고 명시되어 있다. 1999년, 클린턴은 매들린 올브라이트Madeleine Albright 국무부 장관에게 후세인 정권 전복 계획을 세우라고 지시했다.

2001년 9·11 테러 이전, 부시 행정부는 클린턴 행정부가 설정한 외교 정책 노선에서 크게 벗어나지 않았다. 취임 전에 내정된 국가안보 보좌관 콘돌리자 라이스Condoleezza Rice는 "사담 후세인에게는 더 공격적인 정책이 필요하다"는 의견을 제시했으나 동시에 "침공은 나토

NATO 동맹국들과 온건한 아랍 세계의 관계에 심각한 문제를 야기할 것"이라고 경고했다. 2001년 8월까지도 딕 체니 부통령, 도널드 럼즈펠드Donald Rumsfeld 국방부 장관, 콜린 파월Colin Powell 국무부 장관 등 주요 행정부 인사가 모인 회의에서도 결론은 나지 않았고, 이라크 정책에 명확한 변화가 채택되지 못했다. 클린턴 행정부는 후세인 축출에 대해서는 의견이 일치했지만, 이 목표를 이루기 위해 감수해야 할 대가가 너무 컸다.[26]

9·11 테러 직전, 부시 행정부의 우유부단한 태도를 보면 이라크의 석유를 원했던 정유산업의 요청에 따라 전쟁에 나섰다는 통념이 매우 의심스럽다. 딕 체니가 소집한 국가에너지정책개발그룹과 여러 에너지 기업 경영진의 회의에 논의가 집중되었다. 이 위원회는 부시가 취임한 지 불과 9일 만에 출범해 새로운 국가 에너지 정책을 수립하는 임무를 맡았다. 그런데 딕 체니가 이 회의에 참석한 기업 경영진 명단 공개를 거부하면서 정치적 논란이 되었고, 결국 회의의 공개 여부를 둘러싼 소송으로 이어졌다. 기자들은 취재 과정에서 부시 대선캠프에 기부한 에너지업계 임원들이 이 위원회의 논의 과정에 참여했다는 것을 밝혀냈다.[27]

이 위원회의 목적에 대해서 의혹이 증폭되었는데, 2003년 3월 이라크 침공 이후 의혹은 더욱 커졌다. 2001년 5월 공개된 보고서 「국가 에너지 정책」에 특히 의심이 집중되었다. 이 보고서 마지막 장에서는 미국 에너지 경제에서 수입산 석유의 역할을 다루며 "미국의 국가 에너지 안보는 미국과 세계 경제성장을 뒷받침할 충분한 에너지 공급에 달려 있다"고 분명히 밝히고 있다. 이어 "어떤 관점에서 보더라도 중동 산유국은 세계 석유 안보의 핵심으로 남을 것"이라고 강조한다. 그런데 이러한 입장이 국가에너지정책개발그룹 회의 당시 석유회사들의 개입에서 비롯되었다는 주장은, 후세인 정권 교체에 대한 일반적인 정책 방향과 마찬가지로, 이것이 미국 외교 정책 수뇌부 전반에 널리 퍼진 시각이었다는 점에서 설득력이 떨어진다.

이 보고서가 발표되기 한 달 전, 외교위원회와 '제임스 베이커 3세 James Baker III 공공정책연구소(베이커연구소)'가 공동으로 발표한 보고서 「전략적 에너지 정책: 21세기의 도전」 또한 비슷한 결론을 반복한다. 두 보고서 모두 미국의 석유 소비를 위해 중동 석유 생산 확대를 촉구했다. 특히 이 보고서는 후세인을 걸림돌로 규정했다. 또 "제재 체제가 목표를 달성하지 못하고 있다"는 기존 합의를 재확인하는 한편, 후세인을 그대로 둔다면, 모든 정책의 대가가 "상당히 클 수 있다"고 경고했다. 이 보고서는 "절충안은 사담 후세인으로 하여금 미국에 맞서 '승리했다'고 자랑하게 만들 것이며, 후세인의 야심을 고취시키고, 잠재적으로 정권을 강화할 수 있다. 제재가 조정되어 후세인이 석유 판매로 벌어들이는 수입이 늘어난다면 미국의 동맹국들에 더 큰 안보 위협이 될 수 있다"고 지적했다.

「국가 에너지 정책」이 석유업계의 영향력을 반영했다는 주장은 어느 정도 개연성이 있지만, 「전략적 에너지 정책: 21세기의 도전」에 대해서는 같은 문제 제기를 할 수는 없다. 외교위원회는 말 그대로 미국 외교 정책 수뇌부의 핵심 기관이며, 수십 년 동안 기업 엘리트 전체와 밀접하게 연결되어왔다.[28] 외교위원회의 권고는 미국 엘리트들의 외교 정책에 대한 사고방식을 충실히 반영하고 있다. 중동 석유 문제와 관련해 이 두 보고서 사이에 큰 차이가 없었다면, 부시 행정부의 정책 방향이 석유회사의 이사회에서 결정되었다고 보기는 어렵다(2004년 무렵부터는 일부 기업들은 기존의 '암묵적 합의'를 버리기 시작했다. 이들은 이라크 전쟁으로 고조된 반미 감정이 기업의 브랜드 이미지에 악영향을 미칠 것을 걱정하며, 기업외교행동Business for Diplomatic Action이라는 단체를 결성했다).[29]

따라서 2001년 봄에 있었던 부시 행정부와 에너지 기업 경영진의 회의를 다른 시각으로 보아야 한다. 미국의 대외정책 방향을 새롭게 정하기 위한 자리가 아니라, 이미 확정된 정책의 틀 안에서 각 기업이 자신들의 요구를 제시할 수 있는 기회에 불과했던 것이다. 부시의 감세 정책이 자본의 요구를 충족하기 위해 정치적 자본을 확보하려는 계산된 선택이었던 것처럼, 이라크 정책 역시 부시 행정부가 큰 방향을 결정한 뒤, 그 틀 안에서 기업 엘리트들이 자신들에게 필요한 것을 요구할 기회를 주는 방식으로 진행되었다.

2001년 8월까지만 해도 후세인 축출의 대가는 너무 크다고 판단되었지만, 9·11 테러는 이것을 완전히 바꿔놓았다. 대테러 전쟁이라는 명분 아래, 동맹국들의 지지를 훨씬 쉽게 얻을 수 있었고, 미국 국민들에게도 이라크 침공을 설득하기가 한결 쉬워졌다. 9·11 테러 직후, 부시는 참모들에게 사담 후세인을 테러 조직인 알카에다alQaeda와 연결시키라고 강력히 지시했다. 이 시도가 실패하자, 곧바로 후세인의 대량살상무기 위협으로 명분을 전환했다. 전쟁 직전에는 반전 여론도 상당히 형성되었으나, 전쟁이 시작되자 부시의 전쟁 수행에 압도적인 다수의 지지가 쏟아졌다. 그러나 이런 지지는 빠르게 사그라졌고, 정치적 당파 구도로 갈라졌다. 공화당 지지층은 전쟁을 강력히 지지했으며, 무당파는 다소 덜 지지했고, 민주당 지지층은 대체로 반대했다. 이라크 전쟁에 대한 지지는 부시가 재선에 성공하는 데 충분했으나, 두 번째 임기 동안에는 그 지지가 점차 약해졌다. 2005년 8월 허리케인 카트리나Katrina로 인한 뉴올리언스의 심각한 피해와 행정부의 늦장 대응은 국가적 우선순위에 대한 의문을 제기했다. 동시에 부시 행정부의 비현실적인 전후 계획이 드러나면서 전쟁에 대한 여론은 급격히 악화되었다. 2006년 중간선거 무렵에는 부시의 국정 지지도가 30퍼센트대 초반까지 뚝 떨어졌다.[30]

2006년 중간선거는 민주당의 대승으로 끝났다. 공화당 의원들은 워터게이트 사건 직후인 1974년 중간선거 이후 최악의 패배를 맛보았다. 존 케리가 2004년 대선에서 부시에게 패배한 뒤 민주당이 영구적인 소수당 지위까지 고민한 지 불과 2년 만에, 민주당은 하원과 상원 모두에서 다수당을 차지했다. 공화당은 특히 북동부 지역에서 전멸하다시피 했는데, 뉴햄프셔주 의회는 남북전쟁 이후 처음으로 민주당의 손에 넘어갔다. 이라크 전쟁은 유권자들을 움직인 지렛대 역할을 했다. 선거 직후 부시는 패배를 인정하며, 이라크 전쟁의 책임을 물어 도널드 럼즈펠드 국방부 장관을 경질하고 통합형 인물인 로버트 게이츠 Robert Gates로 교체했다.[31]

이라크 침공과 점령 그 자체는 공화당의 분열에 큰 영향을 미치지 못했다. 당내 보수진영은 부시 대통령 임기 내내 전쟁을 굳건히 지지했다. 그러나 여론이 이라크 전쟁과 부시 행정부에 반대하며 비판이 커지자, 보수진영은 연합을 더는 유지할 수 없었다. 부시가 임기 말 레임덕 신세가 되자, 보수 반란 세력은 자신들이 잃을 게 별로 없었기에 점점 독자적으로 행동하며 부시 행정부에 맞섰고, 이러한 현상은 2기 행정부 동안 점점 심해졌다.

'메이베리 마키아벨리'의 시대

부시 2기 행정부 말에는 오늘날까지 공화당을 지배하는 정치적 역학 관계가 명확하게 확립되었다. 당은 '지도부'와 지도부를 향해 오른쪽에서 도전하는 '반란 세력'으로 극단적으로 분열되었다. 나아가 이 분열은 반란 세력과 주요 기업 조직의 갈등으로 번졌다. 이 갈등은 2008년 금융위기 때 절정에 달했는데, 당시 공화당이 대공황 수준의 혼란을 막기 위해 대부분의 기업계가 반드시 필요하다고 여겼던 구제 금융 법안을 반대했기 때문이다. 그러나 부시 2기 행정부 초반에는 이런 심각한 분열이 나타나지 않았다. 2004년 대선 직후 공화당은 단합된 모습을 보였다. 그런데 부시 행정부는 1기 때 성공한 전략들이 2기에도 무난히 통하리라고 오판했다. 실제로, 부시 행정부가 기업계에서 정책 지지를 끌어내는 능력은 기대 이하였다. 선거자금으로 드러난 것보다 기업계 내부가 훨씬 더 분열되어 있다는 증거가 점차 쌓여갔다. 이런 역학 관계가 처음 드러난 사건이 바로 부시의 사회보장제도 민영화 실패였다.

근로자들이 연금저축의 일부 또는 전부를 주식시장에 투자할 수 있도록 사회보장제도를 민영화하려는 캠페인은 1980년대부터 시작되었다. 이 흐름은 클린턴 2기 행정부 시절 절정에 달했으나, 공화당의 탄핵 소동으로 무산되었다. 부시 행정부 출범 당시에도 사회보장제도 민영화는 주요 과제였으나, 9·11 테러로 외교 정책이 급부상하면서 추진이 미루어졌다. 부시는 2004년 대선에서 사회보장제도 개혁을 공약으로 내세우지 않았지만, 선거 막바지에 자신의 최대 후원자 그룹에 "취임식 이후 적극 나설 것이다. 근본적인 세제 개혁, 불법행위 개혁, 사회보장제도 민영화까지 밀어붙이겠다"고 말했다. 선거가 끝나자마자 곧바로 민영화 추진 팀을 꾸렸는데, 정책 전문가가 아닌 공화당 전국위원회에서 캠프를 이끌었던 칼 로브와 케네스 멜먼Kenneth Mehlman이 주도권을 쥐었다. 부시 1기 행정부 때 한 정책 참모가 지적했듯이, 정치 참모들이 주도권을 쥐는 '메이베리 마키아벨리Mayberry Machiavelli'[*]의 시대가 되었고, 이로 인해 결정적인 정책 설계 문제를 소홀히 하며 결국 치명적인 결과를 낳았다.

세금 감면 캠페인 때처럼, 사회보장제도 개혁 캠페인의 시작과 동시에 부시를 지지하는 새로운 기업 연합체가 등장했다. 2002년 비즈니스 라운드 테이블·전미제조업협회·금융서비스포럼은 '사회보장 현대화와 보호 연합'을 결성하고, 정책 지원에 수천만 달러를 투입하겠다고 약속했다. 전미제조업협회 산하에서 운영한 '근로자퇴직안정연합'도 여기에 힘을 보탰다. 부시가 공식적으로 계획을 발표하기 전인 1월, 행정부는 주요 경제인들을 불러 모아 사회보장제도 민영화에 적극 동참하는 것이 2기 행정부 접근의 필수 조건임을 통보했다. 이 캠페인은 세금 감면 추진 때처럼, 기업계가 행정부의 '명령'을 받는 회의에서 첫발을 내디뎠다.[32]

---

[*] '메이베리 마키아벨리'라는 표현은 작은 시골 마을 출신인 것처럼 외모는 순진하지만 매우 교활하고 권모술수에 능한 정치 참모를 풍자하는 말이다.

하지만 세금 감면 법안과는 몇 가지 중요한 차이점이 곧 드러났다. 무엇보다도, 부시 행정부는 실제 법안을 제출하지 않고, 단지 법안의 기본 틀만 제시했다. 처음에는 개인투자계좌 도입에 초점을 맞추었는데, 이것은 사회보장제도의 부분적 민영화를 의미했다. 그런데 행정부가 내세운 개혁 논리는 다소 교묘한 측면이 있었다. 부시는 사회보장제도의 재정 부족, 그러니까 2040년 무렵부터 적자가 예상된다는 점을 개혁의 근거로 제시했다. 하지만 일부 자금이 개인투자계좌로 전환하는 것은 재정 문제 해결에 전혀 도움이 되지 않을 뿐만 아니라, 향후 수십 년간 수조 달러에 이르는 거래 비용을 발생시켜 상황을 악화시킬 위험이 있었다. 부시는 이 문제를 해결하기 위해, 사회보장제도 민영화 계획과 함께 소득 상위 3분의 2에 해당하는 계층의 사회보장 급여를 줄이고, 최하위 3분의 1의 계층에 대해서는 급여를 다소 늘리거나 감축 폭을 제한하는 방안을 결합했다. 이러한 조치로 일부 재정 절감을 가져올 것으로 기대했다.[33]

그런데 구체적인 법안 제시를 꺼린 것은 감세 정책과 사회보장제도 개혁, 이 두 정책의 '여론 구조'와 그에 따른 이익집단 동원 방식이 근본적으로 달랐기 때문이다. 부시의 감세 정책이 대중의 반대 없이 추진된 것은 아니다. 실제로 대부분 미국인은 감세로 인해 사회보장 서비스 예산이 삭감되거나, 전반적으로 더 불평등해진 사회에서 피해를 보게 되었다. 하지만 이러한 반대는 뚜렷한 세력을 조직하지 못하고 산발적으로 나타났다. 많은 사람이 각자 조금씩 손해를 보는 구조에서는, 거대한 집단이 형성되더라도 조직화가 쉽지 않다. 반면, 사회보장제도 민영화 추진은 상대적으로 규모는 작지만 조직적으로 강력한 집

단, 즉 퇴직자들 특히 미국은퇴자협회를 직접적으로 위협했다. 미국은
퇴자협회는 수천만 명의 회원을 거느린 단체로, 부시의 개혁 시도 이
전부터 맞설 준비가 되어 있었다. 이 협회는 노동조합과 연대해 사회
보장제도 민영화 저지 운동의 핵심 축이 되었다. 여론 역시 사회보장
제도 민영화 반대에 힘을 실어주었다. 대부분의 미국인은 부시의 사회
보장제도 민영화를 월스트리트를 위한 특혜로 인식했다. 행정부가 '사
회보장제도 민영화는 국민에게도 이롭다'는 주장을 설득력 있게 제시
하지 못한 데다, 원래 우군이었던 '정치적 성장클럽' 대표를 역임한 스
티븐 무어Stephen Moore가 "사회보장제도는 복지국가의 약한 고리다.
그 부분을 찌르면 복지국가 체제 전체가 흔들릴 수 있다"며 솔직하게
개혁 목표를 드러냈는데, 이것 역시 반감에 기름을 부었다.[34]

이처럼 조직적인 대중의 반대 때문에 많은 기업 지도층은 사회보장
제도 민영화 캠페인에 적극적으로 나서기를 주저했다. 초반부터 기업
경영진들은 사회보장제도 민영화라는 대규모 프로젝트가 한 해 내내
의회 의제를 독점해, 기업들의 '소원 목록'에 있는 다른 정책들이 뒷
전으로 밀리지나 않을까 우려했다. 2005년 5월 『내셔널저널』 보도에
따르면, '사회보장 현대화와 보호 연합'에 가입한 기업은 약 300개로,
'감세 연합'에 가입한 기업 수의 3분의 1에도 미치지 못했다. 한 로비
스트는 기업들이 가장 소극적이었던 것은 이 계획이 인기가 없었기 때
문이라고 분명하게 지적했다. 비즈니스 라운드 테이블, 전미제조업협
회, 상공회의소, 전미소매연맹 등 주요 단체들은 '사회보장 현대화와
보호 연합'에 공식 회원으로 참여했지만, 회원사들이 사회보장제도 민
영화 캠페인에 전면적으로 뛰어드는 데는 매우 신중했다. 이런 모습은

조직 지도부가 1기 행정부 때 너무 밀착되어 회원사들의 내부 분위기를 제대로 파악하지 못한 결과일 수도 있다. 반면, 회원사들도 논란이 큰 사회보장제도 민영화에 자사 브랜드가 직접 연루되는 부담을 피하면서, 단체 차원에서는 '간접 지원' 정도로만 참여하고자 했을 가능성도 있다. 어쨌든 사회보장제도 민영화라는 의제를 두고 주요 경제 단체들이 회원사 동원에 보여준 힘이, 감세 추진이나 불법행위 개혁 등 다른 정책 의제 때에 비해 훨씬 약했다는 점은 분명하다.[35]

기업계의 동원이 부진한 상태에서, 행정부가 공화당 내 지지를 얻는 일도 쉽지 않았다. 가장 큰 걸림돌은 상원이었다. 하원에서는 공화당이 과반수를 확보해 어떤 법안이든 충분히 통과시킬 수 있었지만, 상원에서는 필리버스터를 막기 위해 민주당 표가 반드시 필요했다. 이런 상황에서 지속적이고 강력한 기업계의 동원이 있다면 돌파구가 될 수 있었으나, 그 힘이 미치지 못하면서 개혁 추진의 전체 동력이 정체되었다. 공화당 하원의원들 역시 이 계획이 얼마나 인기가 없는지 잘 알고 있었지만, 표결에는 나설 각오를 하고 있었다. 그러나 상원에서 통과될 가능성이 없는 법안을 굳이 부담을 무릅쓰면서까지 표결에 부칠 이유는 없었다. 한 하원의원이 말했듯이, "사람들은 피를 흘릴 각오가 되어 있지만, 이유 없이 피를 흘릴 생각은 없었"다. 6월 무렵에는 하원 지도부 전체가 이러한 입장에 공감하며, 사회보장제도 민영화 논의를 무기한 보류하기로 결정했다.[36]

사회보장제도 민영화의 좌절은 부시 행정부의 첫 번째 중대한 입법 실패였다. 이것은 대통령, 공화당, 기업 엘리트 등 삼자관계의 변화를 예고하며 '새로운 시대'의 도래를 알렸다. 물론 이후 불법행위 개혁이

나 새로운 에너지 법안 등 중요한 입법 성과가 있기는 했지만, 사회보
장제도 민영화 실패는 1기 때의 성공 전략이 2기에는 더는 통하지 않
음을 명확히 보여주었다.

이민 개혁 법안과 히스팬더링

부시 2기 행정부에서 이민 개혁 법안이 부결된 것은 사회보장제도
민영화 실패보다도 여러 면에서 더 충격적이었다. 특히 그 실패가 바로
자신의 정당, 즉 공화당에 의해 초래되었다는 점에서 더욱 충격이었다.
이 사건은 공화당의 이민 문제에 대한 입장이 확연히 선회하는 계기가
되었으며, 그 이후 현재까지 당의 기조를 결정지었다. 그러나 1990년
대 이전까지만 해도 이민 문제는 정당 간 뚜렷한 진영 대립을 드러내지
않았다. 1980년대 로널드 레이건이 수백만 명의 미등록 이민자 신분을
합법화했을 때도, 소속 정당 내에서 별다른 반발은 없었다.

1990년대에 들어서면서 피터 윌슨Peter Wilson 캘리포니아 주지사를
선두로 하는 공화당 정치인들은 이민자들을 복지국가에 부담을 주는
희생양으로 삼는 새로운 토착주의를 내세웠다. 뉴트 깅그리치는 복지
개혁안에 합법·불법 이민자 모두를 연방 지원 프로그램에서 배제하
는 여러 조치를 포함시켰다. 1996년 대선 당시 공화당 예비선거에서
밥 돌이 패트릭 뷰캐넌에게 도전받을 때, 뷰캐넌 진영은 미국 수정헌법
제14조의 출생에 따른 시민권 보장 조항 폐지를 당 강령에 성공적으로
포함시켰다. 그러나 이러한 시도들은 결과적으로 당에 선거 참패를 안
겼다. 1984년 대선에서 레이건이 히스패닉 유권자 37퍼센트의 지지를

얻었던 데 반해, 1996년 대선에서 밥 돌은 22퍼센트에 그쳤다. 또한 토착주의 정치 가능성을 처음 보여준 캘리포니아주에서도 1998년 주지사 선거에서 공화당의 히스패닉 표가 붕괴하면서 사실상 캘리포니아에서 공화당의 기반이 무너지는 도화선이 되었다.[37]

반면, 부시는 텍사스주에서 완전히 다른 길을 택했다. 1994년 첫 선거부터 토착주의를 강하게 거부했으며, 1998년 재선에서는 상당한 비율의 히스패닉 유권자 지지를 얻어냈다. 2000년 대선 캠페인에서 부시는 '따뜻한 보수주의'라는 슬로건을 내세워 민주당이 구축한 히스패닉 표의 우위를 잠식하고자 했다. 실제로 스페인어를 사용하는 유권자들에게 앨 고어보다 훨씬 더 많은 선거자금을 투입했다. 최종적으로 앨 고어가 이 인구집단에서 승리하긴 했으나, 부시는 레이건의 1984년 대선 득표율에 근접하는 성과를 냈다. 1990년대 후반 뉴트 깅그리치도 이 흐름에 동참해 공화당 내 다른 인사들에게 이중언어 교육 반대를 완화하라고 촉구했고, 자신의 보도자료에도 스페인어 번역본을 첨부했다.[38]

부시의 첫 번째 임기 동안 이민 개혁은 우선순위가 아니었다. 하지만 이민 분야에서는 두 가지 주요 정책 목표가 분명히 있었다. 첫째는 현존하는 미등록 이민자 중 일부에 대해 신분 합법화를 도입하는 것이었고, 둘째는 여러 종류의 취업 비자를 통해 수용할 수 있는 외국인 노동자 수를 크게 늘리는 것이었다. 이 두 목표가 부시와 많은 대기업의 요구와 잘 맞아떨어졌다. 1990년대 후반 상공회의소와 기업계는 '필수노동자' 이민 확대를 촉구하기 위해 '필수노동자이민연합'을 결성했다. 여기에 비즈니스 라운드 테이블과 전미제조업협회가 결성한 '컴피트 아메리카Compete America'도 합류했다. 동시에 많은 기업이 미등록 이민자들을 소비자로서 점점 더 중요하게 여기기 시작했다. 특히 금융 서비스업계는 다수의 미등록 이민자들의 현금 저축자금을 끌어들이는 데 큰 관심을 보였다. 이러한 이유들로 기업계를 중심으로 이민 개혁 자유화를 위한 연합 세력은 상당한 규모에 달했다.[39]

그러나 부시가 당선된 이후 첫 임기 말까지 이민 문제와 관련한 정치는 크게 달라졌다. 9·11 테러는 토착주의에 새로운 활력을 불어넣었고, 이제 토착주의는 국가 안보 정책의 전략적인 부분으로 편입되었다. 1999년, 콜로라도주 하원의원 톰 탕크레도Tom Tancredo가 창설한 하원의 이민 반대 의원모임은 단 16명에 불과했다. 하지만 2002년 3월에는 62명, 2005년에는 90명으로 급속히 늘어났다. 이 의원모임은 부시의 이민 개혁에 반대하는 공화당 내 세력의 전초기지가 되었다. 부시에 대한 이들의 공격은 때때로 매우 신랄했으며, 한 하원의원은 부시가 표를 얻기 위해 히스패닉 유권자들을 편애한다며 '히스팬더링Hispandering'*이라고 비난하기도 했다. 그렇지만 행정부는 이러한 반대 그룹을 대수롭지 않게 여겼다. 당시 하원의 실세였던 톰 딜레이는 행정부 입장을 수용했으나, 자신은 행정부가 이민자 신분 정리보다 단속 강화에 더 집중해야 한다고 생각했다. 그로버 노퀴스트부터 『월스트리트저널』까지 부시를 지지하는 인사들은 이민 개혁이 연합 내 큰 논란을 일으키지 않고 오히려 부시의 재선에 도움이 될 것이라고 확신

---

* '히스팬더링'은 '히스패닉Hispanic'과 '팬더링pandering'의 합성어로, 정치인이 자신의 정치적 이익을 위해 히스패닉 유권자들에게 진심이 아닌 관심을 가장하거나 과장해 환심을 사려는 행위를 말한다.

했다. 부시는 그 조언을 따랐고, 2004년 대선에서 히스패닉 표의 40퍼
센트를 얻으며 레이건의 기록을 깼다.[40]

2005년 부시 행정부가 본격적으로 이민 개혁을 추진했으나, 곧 공
화당 보수파에 가로막혔다. 이민 개혁 반대 여론은 보수 성향의 라디
오 토크쇼에서 집중적으로 확산되었다. 이들 토크쇼는 이미 공화당 내
에서 강력한 의제 설정자로서 역할을 담당하고 있었다. 2004년 대선
이후 공화당이 연방정부를 완전히 장악하면서, 보수 논객들은 평소처
럼 진보세력을 비판하는 것만으로는 청취자들의 관심을 끌기 어려웠
다. 이 때문에 내부의 적을 찾아야 했고, 부시 행정부의 이민 개혁 법
안이 절호의 먹잇감이 되었다. 이민 개혁을 지지하는 공화당 의원들은
무차별적인 비난을 받았다. 한 상원의원은 쏟아지는 항의와 욕설 전화
를 처리하는 직원에게 특별 수당을 지급할 정도였다.

톰 딜레이는 2005년 10월 부패 혐의로 기소된 직후 이민 개혁에 반
대하기 시작해, 기업이 원하는 외국인 노동자 프로그램 확대 없이 단
속 위주 정책만을 추진할 것을 공화당에 촉구했다. 이전에는 이민 문
제에 타협적인 태도를 보였던 위스콘신주 하원의원 제임스 센센브레
너James Sensenbrenner 역시 딜레이의 조언을 따랐고, 수십 년 만에 가장
강경한 이민 단속 법안을 제출했다. 이 법안은 2005년 말 하원을 통과
했으나, 상원에서 논의된 법안과는 큰 차이가 있었다. 상원의 법안이
부시의 구상에 훨씬 가까워 두 법안의 간극이 컸다. 결국 합의에 이르
지 못해 새 이민법은 제정되지 못했다.[41]

기업계의 이민 개혁 의제는 좌초되었다. 물론 단속만 강조하는 입
장을 지지하는 진영도 있었다. 미국비즈니스산업협의회는 본래 인종

분리를 옹호하던 비즈니스 단체로 시작해, 이후 미국 극우 정치 성향을 띤 사기업 중심 조직으로 변모했다. 이들은 단속 일변도의 접근을 강력히 지지하며 이민 개혁에 반대했다.[42] 방위산업과 보안업체들도 단속 강화에서 이익을 얻을 수 있었다. 그러나 대부분 기업계는 분명히 부시의 이민 개혁 법안을 지지했다. 그런데 2007년 무렵에는 상원에서조차 기업계의 기대에 부합하는 법안이 나오지 않자 기업들은 크게 낙담했다. 상원 법안은 여전히 직원의 신분 확인 책임을 기업에 부과하려 했는데, 경제 단체들은 이를 감수하려 들지 않았다. 2007년 말 무렵, 상원의 이민 개혁 법안은 사실상 '버림받은 상태'가 되었다. 민주당이 보기에 단속 강도가 여전히 너무 셌고, 보수파가 보기에 외국인 노동자 프로그램이 너무 과했다. 최종 표결에서 부시는 고작 공화당 상원의원 12명의 찬성표만 얻을 수 있었다(기업들은 법안 처리에 낙담했지만, 이민 정책에서 완전히 영향력이 없었던 것은 아니었다. 『비즈니스위크』는 톰 탕크레도가 콜로라도주의 은행들이 자신의 경쟁 후보를 지지하자 이민자들이 본국으로 송금하는 송금액에 과세하는 제안을 철회했다고 보도했다).[43]

2007년이 되자 부시 행정부와 공화당 지도부의 관계는 사실상 붕괴되었다. 5월, 부시는 조지아주에서 한 연설에서 이민 개혁에 반대하는 세력을 정면으로 비난하며, "사람들의 감정을 자극하는 공허한 정치적 수사"만 늘어놓는다고 공격했다. 또한 "그들은 미국을 위해 옳은 일을 하려 들지 않는다"고도 했다. 이민 개혁을 계속 지지하던 미시시피주 상원의원 트렌트 롯은 "요즘은 라디오 토크쇼가 미국을 움직이고 있다"고 개탄했다. 2006년 중간선거 이후, 부시와 공화당 내 비판자들은 서로에 대한 공격을 주저할 이유가 없었다. 이제 민주당이 다수인 하원과 상원에서는 양측의 정책이 통과될 가능성이 없었고, 여론은 부시가 결코 '진짜 보수'가 아니라는 결론으로 모아졌다. 부시 1기 행정부 내내 행정부, 보수 운동, 기업계를 지탱했던 일체감은 이 시점에서 완전히 깨졌다.[44]

금융위기와 주택담보대출

2008년 금융위기가 닥쳤을 당시, 부시는 이미 리더십이 크게 약화된 상태였다. 공화당 내 반란과 부시·로브·딜레이 3인방이 벌인 당파 싸움에, 새로 구성된 의회의 반격까지 겹치면서 2007년 무렵에는 임기만 채우는 '레임덕 대통령'에 불과했다. 2기 행정부가 겪은 고난이 성경의 '욥Job의 슬픔'을 연상시켰다면, 금융위기의 도래는 요한계시록에 쏟아진 재앙과 같았다. 이 위기는 공화당에 묵시록적인 사건이었으며, 이민 개혁 법안보다 훨씬 더 깊은 분열을 드러냈다.

문제의 뿌리는 1980년대까지 거슬러 올라간다. 이 시기 금융 시스템에 대한 규제가 본격적으로 풀리기 시작했다. '볼커 쇼크'로 인한 금융 변동성 속에서 수익을 찾으려던 은행들은 대공황 이후 도입된 수많은 규제의 철폐를 요구했고, 실제로 많은 규제가 차츰 해제되었다. 이러한 변화로 금융 구조는 극적으로 바뀌었다. 비은행 금융기관들이 대규모 주택담보대출(모기지)을 취급하기 시작했고, 상업은행들은 머니마켓펀드MMF와 모기지유동화증권MBS 등 훨씬 더 복잡하고 위험한 금융상품 판매에 뛰어들었다. 특히 모기지유동화증권이 핵심 상품이었는데, 이것은 파생상품의 일종으로 다른 금융상품의 가치에 따라 가격이 결정된다. 이 증권은 소유한 주택담보대출에서 발생하는 상환금 흐름이 자산 가치의 근간을 이루었다. 곧이어 다양한 파생상품이 등장했다. 예를 들어, 신용부도스와프CDS는 자산 보유자가 특정 위험을 거래 상대방과 교환하며 위험을 회피할 수 있게 만든 상품이다. 이런 금융상품들은 점점 더 복잡해졌고, 금융사들은 '맞춤형' 파생상품을 판매하며 막대한 수수료를 챙겼다. 금융상품을 발행한 회사는 물론 특정 위험을 분리해 높은 수익을 노린 구매자 또한 엄청난 이익을 챙겼다. 하지만 금융 시스템 전체는 점점 더 불투명해졌다. 금융상품들이 지나치게 복잡해 외부에서는 실제 가치를 제대로 평가할 방법이 없었기 때문이다.[45]

이 위험은 애초에 뚜렷하게 드러났어야 했다. 많은 기업이 자산으로 잡아둔 복잡한 금융상품을 쥐고 있었지만, 그 가치가 소유주들이 말하는 만큼인지 장담할 수 있는 사람은 없었다. 이런 금융상품에 대한 규제 요구가 제기되었으나, 앨런 그린스펀 연준 의장과 클린턴 행정부와 부시 2기 행정부의 재무부는 영웅적이라 할 만큼 강한 저항으로 규제를 막았다. 1998년 파생상품의 명목 가치가 70조 달러에 달해 미국 국내총생산의 10배에 이르렀을 때조차, 클린턴 행정부의 증권거래위원회 위원장 아서 레빗Arthur Levitt은 "파생상품을 악마화한다"며 규제 옹호자들을 비판했다. 그린스펀은 자유시장이 잠재적 문제를 해결할 능력이 있다고 주장했다가, 나중에는 논의 중인 규제를 자신이 발동할 권한이 없다고 말하며 책임을 회피하는 태도를 보였다.

2000년대 초, 집값이 전체 물가상승률을 크게 웃돌며 오르자, 모기지유동화증권에 대한 수요가 주택 거품을 부풀리고 있다는 사실이 명확해졌다. 은행들은 원하는 사람 누구에게나 모기지를 내주고, 그 부채를 곧바로 시장에 팔아 재무제표에서 제거한 뒤 다시 새로운 모기지를 발행할 수 있었다. 이 과정에서 모기지 발행업자들은 새로운 대출 고객을 찾아야 했고, 결국 서브프라임 모기지뿐만 아니라 더 복잡하고 위험도가 높은 조건의 모기지를 만들어 위험이 큰 고객들에게까지 대출해주는 관행이 생겼다. 1996~2005년에 모기지 사기 신고는 20배 늘었고, 2009년에는 다시 2배 더 증가했다.[46]

주택 가격은 2006년에 정점을 찍었고, 2007년에는 비프라임 모기지의 연체율이 급격히 상승했다. 이후 원래 신용도가 높아 '꼼수' 없이도 대출을 받을 수 있었던 프라임 모기지의 연체율마저 급등해, 그 규모와 손실액은 서브프라임 연체를 훌쩍 넘어섰다. 이 시점에서 부시 행정부의 재무부 장관 헨리 폴슨Henry Paulson이 위기 대응의 총책임자로 나섰다. 전략은 단순했다. 최소한의 주목을 받으면서 금융 시스템을 구제하고, 눈에 띄는 개입은 대통령 선거가 끝날 때까지 최대한 미루자는 것이었다. 이 계획의 핵심에는 세 기관이 있었다.

첫째는 연방주택대출은행으로, 연준과 유사한 체계이지만 주택담보대출 기관에 특화된 곳이다. 연준이 언론의 집중 조명을 받는 반면, 연방주택대출은행은 거의 주목받지 못했다. 폴슨은 이 은행들을 활용해 파산 위기에 몰린 주택금융회사에 수십억 달러 규모의 긴급 자금을 뒤에서 지원했다. 둘째는 연방예금보험공사다. 이 기관은 대공황 시기부터 회원 은행들에서 보험료를 받아 소액 예금자의 예금을 보호해왔다. 2007~2008년 예금 위험이 크게 증가했으나, 연방예금보험공사는 은행들의 보험료율 인상을 거부했고, 그 대신 재무부가 연방예금보험공사를 직접 지원하는 방안이 논의되기 시작했다. 결과적으로 예금보험 재원의 부담이 은행에서 일반 납세자로 전가되었다. 셋째는 정부 후원 기관인 패니 메이Fannie Mae와 프레디 맥Freddie Mac이었다. 패니 메이는 뉴딜 정책의 일환으로 은행에서 모기지를 사들이기 위해 연방정부가 설립한 기관이고, 1960년대 민영화된 후 경쟁을 위해 프레디 맥이 추가로 설립되었다. 두 기관은 민간기업이지만 실질적으로 공공의 감독을 받았다. 2007년 말에서 2008년 초, 폴슨은 두 기관이 금융 시스템을 마비시키던 일부 서브프라임 모기지를 매입할 수 있도록 매입 기준을 개정했다. 2007년 말 무렵 이 두 기관은 사실상 거의 유일한 모기지 매입 기관이 되었다. 이러한 일련의 조치는 미국 정치학자 토머스 퍼거슨Thomas Ferguson과 로버트 존슨Robert Johnson이 '그림자 구제shadow bailout'라고 명명한 개입으로, 대중의 시선을 피해 금융 시스템을 뒷받침하려는 시도였다.[47]

이 세 번째 조치는 결국 '그림자 구제'를 수면 위로 드러내는 계기가 되었고, 이로 인해 주로 공화당 보수파를 중심으로 거센 역풍이 일었다. 패니 메이와 프레디 맥이 회수 불가능한 모기지로 가득 차자, 이두 기관이 발행한 증권에 투자한 기업들의 재무제표가 악화되었다. 투자은행 베어스턴스Bear Stearns가 최초로 무너졌다. 두 기관의 증권 가격이 하락하면서 베어스턴스는 담보를 상실해 붕괴 위기에 직면했다. 폴슨에게 이 실패는 큰 재앙이었다. 첫째, 베어스턴스는 시장 전반에 걸쳐 막대한 규모의 파생상품 거래 상대방이었기 때문에 부도는 금융시장 전체로 충격이 확산될 수밖에 없었다. 둘째, 베어스턴스는 상업은행이 아닌 투자은행이어서 연준에서 직접 대출을 받을 자격이 없었다. 그러나 베어스턴스는 재무부 채권 같은 정부 증권의 최대 매입자 중 하나로서, '정부 증권의 1차 딜러'라는 지위를 근거로 연준 지원 대상에 포함될 수 있다고 주장했다. 폴슨과 벤 버냉키Ben Bernanke 연준 의장은 이 논리를 적극 밀어붙였고, 연준은 베어스턴스의 부실채권 300억 달러를 떠안는 데 동의했다. 이 조치로 베어스턴스의 상황이 일부 개선되어 J. P. 모건이 이 은행을 인수하고 완전히 무너지는 것을 막을 수 있었다. 폴 볼커는 이 결정을 "기관의 법적 권한과 암묵적 권한의 한계를 최대한까지 확장한 것"이라고 말했다. 이처럼 대담한 조치는 겉으로 드러날 수밖에 없었고, 이에 따른 구제금융 논란이 미국 사회의 최대 현안으로 떠올랐다.[48]

민주당이 가장 먼저 반응했다. 민주당은 베어스턴스 구제금융을 계기로 주택 소유자들에 대한 모기지 구제를 실시해야 한다는 주장을 폈다. 민주당은 이미 2007년부터 주택담보대출자 지원책을 제시해왔지만, 부시 행정부와 공화당 양쪽의 반대에 부딪혔다. 그러나 이제 부시가 부유층만 구제하고 평범한 미국인들은 빚더미에 내버려두고 있다고 비난하며 강하게 압박했다. 이에 공화당은 주택 소유자에 대한 지원이 무책임한 대출자들을 구제하는 행위라고 반격에 나섰다.[49]

이 반대 운동의 중심에는 딕 아미가 있었다. 아미는 2002년 의회에서 은퇴한 뒤 두 가지 역할을 맡고 있었다. 첫째, 대형 로펌 'DLA 파이퍼'에서 일하며 고객을 위해 자신의 정치적 인맥을 활용했다. 둘째, 1980년대 찰스 코크Charles Koch와 데이비드 코크David Koch가 설립한 '건전한 경제를 위한 시민들'에서 활동했다. 하지만 아미는 곧 코크 형제와 갈등을 빚었다. 코크 형제는 아미가 '건전한 경제를 위한 시민들'

을 로펌 고객의 이익을 대변하는 도구로 사용한다고 생각했다. 결국 이 단체는 분열되었고, 코크 형제는 충성파들과 함께 '번영을 위한 미국인들Americans for Prosperity'을 창립하고, 아미는 자신의 진영을 데리고 '프리덤 웍스Freedom Works'를 설립했다. 아미는 코크 형제가 비판한 대로, 프리덤 웍스를 통해 석유업계 고객을 위해 해상 시추를, 보험사 고객을 위해 생명보험 규제 완화를 적극 홍보했다. 2008년 봄, 프리덤 웍스는 주택 소유자 지원 반대의 최전선에 섰다. 프리덤 웍스 대표 맷 키베Matt Kibbe는 자유방임주의 원칙을 설파하면서 "시장에 모기지와 부동산 가치를 재평가할 기회를 주어야 하며, 정부 개입은 도덕적 해이를 조장하고 가격을 왜곡하며 그 비용을 납세자에게 떠넘긴다"고 주장했다. 이들은 자발적 시민운동처럼 보이도록 특수한 글꼴과 빨간색 화살표·느낌표 등으로 장식한 웹사이트까지 만들어 "주택 소유자에 대한 지원은 임차인에게 불공정하다"고 주장했다. '번영을 위한 미국인들' 역시 비슷한 비판을 내놓았다.[50]

이 시점에서, 주택담보대출 구제책에 대한 반대를 내세운 보수 단체들과 미국 금융계 주류가 뭉치게 되었다. 민주당이 파산법원 판사에게 모기지 조건을 변경할 수 있는 권한을 주는 방안을 제안하자, 대출업체들은 강력히 반대했다. 그러나 미지급 모기지가 금융 시스템에 미치는 위험이 점차 명확해지면서 많은 금융기관은 대출자 지원을 지지하게 되었다. 3월, 베어스턴스가 무너지기 직전에 뱅크오브아메리카와 크레디트스위스Credit Suisse는 정부가 부실 모기지를 은행에서 매입해 조건을 재조정하는 방안을 지지했다. 여름 내내 이러한 분열은 더욱 깊어져서, 패니 메이와 프레디 맥을 최후의 매입자로 활용하려던 폴슨의 계획이 결국 무산되어 두 기관은 사실상 정부 지배하에 놓이게 되었다. 폴슨은 실패한 금융기관들을 지원하기 위해 무제한 자금을 요청하며 의회에 출석해 "주머니에 물총이 있다면 꺼내야 하겠지만, 바주카포가 있고 사람들이 그 사실을 안다면 꺼내지 않아도 된다"는 유명한 말을 남겼다. 부시 행정부는 폴슨을 지지했는데, 부시는 점점 수동적인 역할을 하며 재무부 장관이 제안하는 것을 거의 무조건 승인해주었다. 그러나 의회 내 반대는 거세지고 감정적으로 과열되었다. 켄터키주 상원의원 제임스 버닝James Bunning은 "어제 신문을 보고 내가 프랑스에서 깨어난 줄 알았다. 하지만 아니다, 미국에 사회주의가 여전히 살아 있다"고 거칠게 비난했다. 미국은행가협회는 구제금융 법안을 지지했지만, 프리덤 웍스와 '정치적 성장클럽'은 반대했다. 결국 공화당 하원의원의 4분의 3이 폴슨의 계획에 반대표를 던졌으나, 민주당의 적극적인 지지 덕분에 법안은 통과되었다.[51]

미국 경제의 붕괴를 막다

9월 초에 모든 것이 무너졌다. 먼저 9월 7일, 폴슨의 '바주카포'가 공개되었다. 패니 메이와 프레디 맥의 상황이 더 악화되자 두 기관은 관리 위탁 체제로 전환되어 사실상 국유화되었다. 그리고 9월 13일, 미국 내 5대 투자은행 중 하나인 리먼브라더스가 파산했다. 봄에 있었던 베어스턴스 사태와는 달리 이번에는 폴슨이 개입하지 않았다. 폴슨과 측근들은 나중에 리먼브라더스를 도울 수 없었다고 주장했지만, 이것이 정치적 결정이며 '구제금융 피로'에 따른 결과라는 유력한 증거가 있다. 그 결과 신용시장이 전체적으로 경색되어 주택담보대출 취득부터 임금 지급에 이르기까지 모든 경제 활동이 위협받았다. 이 시점에서 금융 대재앙을 막기 위한 대담한 개입이 필요했다. 폴슨은 버냉키의 권고에 따라, 연방정부가 금융기관의 부실자산을 매입해 지급 능력을 회복하고 신용시장을 활성화하기 위해 5,000억 달러가 넘는 대규모 기금을 제안했다.[52]

폴슨의 계획은 처음에 3페이지 분량의 간단한 메모 형식으로 작성되어 의회에 제출되었고, 의회는 곧 혼란의 도가니에 빠졌다. 존 베이너는 "우리는 시장에 대한 연방정부의 추가 개입을 원하지 않는다"고 선언했다가 곧 입장을 바꿔 폴슨의 계획을 지지했다. 하지만 공화당 의원 대부분은 베이너의 원래 입장을 고수하며 법안 통과 여부는 민주당에 맡겼다. 민주당은 이를 함정으로 보았다. 자신들이 경제를 구하는 표를 내주면, 공화당은 자신들이 월스트리트에 구제금융을 해주었다고 비난할 것이라는 계산이었다.

민주당 상원 원내대표 해리 리드Harry Reid는 법안 통과를 위해서는 공화당 의원 80퍼센트의 지지가 필요하다고 주장했다. 민주당 뉴욕주 하원의원 루이즈 슬로터Louise Slaughter는 "우리가 그들의 문제를 대신 해결해주지는 않을 것"이라고 말했다. 대통령다운 모습을 보여주려 애쓰던 존 매케인은 선거운동을 중단하고 위기를 해결하기 위해 부시 행정부 회의에 참석하겠다고 선언했다. 매케인은 2주 전『월스트리트저널』에 부통령 후보인 세라 페일린Sarah Palin과 함께 구제금융 반대찬조 기고문을 냈으나, 이제는 고개를 들기 민망할 정도로 폴슨의 계획을 지지했다. 행정부 회의에서 매케인은 별다른 의견 없이 얼버무렸고, 이에 짜증이 난 부시는 "돈이 풀리지 않으면 이 쓰레기는 무너질 수도 있다"고 경고했다. 회의가 끝나고 매케인이 자리를 뜬 후, 폴슨은 낸시 펠로시 하원 의장 앞에 무릎을 꿇고 간청했다. "이 일을 망치지 말아주세요, 낸시."[53]

많은 주요 경제 단체가 폴슨의 계획을 지지한다고 공개적으로 밝혔다. 비즈니스 라운드 테이블의 회원들은 의원들에게 전화를 걸어 구제금융 법안에 찬성표를 던지라고 촉구했다. 존 카스텔라니 대표는 "법안이 하루라도 지연될수록 피해가 눈덩이처럼 커질 것이다"고 경고했다. 심지어 헤리티지재단과 미국기업연구소 같은 자유시장 옹호 싱크탱크들도 이 계획을 지지했다. 그러나 '번영을 위한 미국인들', 프리덤 웍스, 그로버 노퀴스트가 이끄는 단체들은 반대 운동을 펼쳤다. 이들과 함께 일부 금융계도 두 가지 사안에 대해 강하게 반발했다. 첫째, 최근 도입된 회계 기준이 기업들로 하여금 예상 손실을 훨씬 더 빠르게 재무제표에 반영시키는 점을 수정해달라는 것이었다. 위기 상황이 기업 재무제표가 실제 가치를 제대로 반영하지 못해서 일어났다는 점을 상기해보면 이런 주장은 아이러니였으나, 에릭 캔터Eric Cantor 등 공화당 보수파들은 구제금융에 찬성하기 전에 이 문제를 꼭 수정해달라고 했다. 둘째, 소형 은행들은 연방예금보험공사의 예금보험 한도를 10만 달러에서 더 높여야 한다고 주장했다. 이들은 법안에 포함된 머니마켓펀드 계좌에 대한 구제 조치가 소형 상업은행들에 불리하게 작용한다고 보았는데, 이들 은행이 연방예금보험공사 한도를 초과하는 예금을 보장할 수 없었기 때문이다.[54]

이러한 반대와 일부 민주당 의원들의 반대가 겹치면서, 폴슨의 구제금융 법안은 9월 29일 하원에서 205대 228로 부결되었다. 공화당에서는 고작 65표만 찬성표를 던졌다. 부시는 텍사스주 지역구 소속 19명의 하원의원에게 직접 전화해 찬성표를 요청했지만, 단 4명만 그 요청을 받아들였다. 또 정치적 이념 외에도 의원들은 자신이 대표하는 지역구의 상황에 영향을 받았으며 금융업계에 종사하는 유권자나 주택 압류를 겪는 주민이 많은 경우, 법안에 찬성할 가능성이 더 높았다.[55]

시장 반응은 즉각적이고 강렬했다. 다우존스 산업평균지수는 사상 최대 폭락을 기록했다. 주요 경제 단체들은 법안 통과를 위해 전력을 다했다. 9월 30일, 비즈니스 라운드 테이블, 상공회의소, 전미제조업협회, 금융서비스포럼 등 50여 개 주요 경제 단체는 "의회가 행동하지 않아 신용시장이 더 경색된다면 우리 단체 회원사들은 경영 자금 확보에 큰 어려움을 겪게 될 것이며, 직원들은 주택담보대출, 자동차 대출, 자녀 교육비 대출을 받는 것조차 더 힘들어질 것"이라고 경고했다. 상공회의소는 구제금융에 반대한 의원들에게 "분명히 기억하라. 의회가 아무런 조치를 취하지 않아 사태가 악화될 때, 미국인들은 이를 방관한 자들을 용납하지 않을 것"이라는 협박성 이메일을 보냈다. 심지어 '번영을 위한 미국인들'도 비밀리에 조용히 법안 지지로 돌아섰다.[56]

그 뒤, 구제금융 법안 수정과 통과를 위한 긴박한 움직임이 시작되었다. 일부 이해관계자들의 요구를 반영해 수정안이 추가되었다. 연방예금보험공사의 예금보험 한도는 기존 10만 달러에서 25만 달러로 상향 조정되었고, 은행들을 분노하게 했던 새로운 회계 기준은 폐지되었다. 또한, 세금 감면부터 에너지 크레디트까지 다양한 특혜 조항이 법안에 포함되었다. 이러한 조치와 경제 단체들의 집중적인 로비 덕분에

10월 1일 밤, 법안은 263대 171로 통과되었다. 공화당 의원 약 30명이 찬성으로 입장을 바꾸었다.[57]

구제금융 법안 통과로 금융시장과 미국 경제 전체가 완전하게 붕괴되는 것은 가까스로 막을 수 있었다. 그러나 구제금융이 경제를 지탱하는 동안, 공화당은 심각한 분열을 겪었다. 이제 당내 상당수 세력은 기존의 주요 후원자인 대기업 단체들과 확연히 거리를 두게 되었다. 이민 문제와 구제금융을 둘러싼 논쟁을 통해 보수 우파는, 부시 1기 행정부 때 우파 정책을 지지하며 이들 단체와 협력했지만 상공회의소나 비즈니스 라운드 테이블의 의견에 전혀 관심이 없다는 점을 분명히 드러냈다. 동시에, 구제금융 논쟁은 프리덤 웍스와 '번영을 위한 미국인들' 같은 새로운 단체들이 지닌 힘을 보여주었는데, 이들은 대기업 단체들이 반대할 때조차 자유시장 정책을 위해 싸웠다. 제6장에서 더 자세히 다루겠지만, 이 단체들을 괴짜 억만장자나 새롭게 등장한 소상공인의 대표로만 치부한다면 큰 오산이다. 이들은 미국 대기업의 CEO들도 지지자로 확보했으며, 전통 있는 상공회의소에 필적하는 규모로 자금을 모았다.

부시는 첫 임기 때 전혀 다른 약속을 내걸었다. 그 기반은 기업과 공화당의 '불가침 동맹'으로, 행정부가 지휘하고 기업 연합체가 실행하는 구조였다. 이 동맹은 부시의 첫 임기 내내 유지되었지만, 두 번째 임기에는 위기마다 당과 기업 연합체 모두 깊은 분열을 드러냈다. 이 4년 동안 드러난 역학 관계는 현재까지도 공화당 정치의 지배적인 특징으로 남아 있다. 대기업들의 선호와 충돌하는, 완강한 토착주의 정서는 이민 개혁이 시도될 때마다 번번이 이를 좌절시켰고, 그 과정에서 도널드 트럼프가 대선 캠페인을 시작하는 데 결정적인 발판이 된 이슈를 제공했다. 마찬가지로 2008년에 일어난 '자유시장 근본주의'는 곧 티파티로 결집되어 국가부채 한도를 둘러싼 반복적인 대립과 2013년 10월 연방정부 셧다운을 불러왔다. 근본적으로, 이들은 공화당 정치에서 당 우파와 지도부 사이의 끊임없는 격렬한 갈등이라는 패턴을 만들어냈다. 부시와 칼 로브는 자신들이 미국 정치의 규칙을 새롭게 쓰려 했고 성공을 거두었지만, 그 결과는 자신들이 기대했던 것과 사뭇 달랐다.

그림자 정당

　조지 W. 부시 재임 이후 수년간, 공화당은 정치적·제도적으로 큰 변화를 겪었다. 정치적으로는 점차 우경화가 진행되었는데, 그 구체적 의미는 빠르게 변했다. 버락 오바마 행정부 시기, 공화당은 뉴트 깅그리치 시절보다 훨씬 더 극단적인 자유시장 경제관을 채택했다. 그러나 도널드 트럼프 행정부 1기와 조 바이든Joe Biden 행정부 1기에서는 '혼합형 경제민족주의'로 급격히 방향을 틀었다. 관세를 수용하는 한편, 메디케어나 사회보장제도 공격에서는 한발 물러나면서도 감세와 규제 완화 정책은 계속 추진했다. 외교 정책에서도 비슷한 변화가 일어났다. 부시 시절 제국주의적 야망에서는 후퇴했으나, 미국의 군사적 우위 유지와 호전적 민족주의에 대한 약속은 지속되었다. 이민 문제에 대해서는 명확한 입장을 보였는데, 공화당은 부시가 히스패닉 유권자

대부분을 확보하려던 시도를 강력히 거부하고, 오히려 노골적인 '외국인 혐오'의 정당으로 변모했다.

이 변화는 미국 정당 제도의 약화와 기업 엘리트층의 분열이라는 두 가지 구조적 변화로 인해 가능해졌고, 이 시기에 새로운 힘을 얻었다. 먼저, 부시 행정부의 붕괴로 심각한 타격을 입은 공화당은 당과 제도적으로 밀접하게 연결되어 있지 않은 사회운동, 즉 티파티를 통해 재기할 수 있었다. 이처럼 분권화된 운동을 통해 보수 성향의 운동가들은 오바마 행정부에 맞서 싸우며 공화당을 극우 쪽으로 밀어붙였다. 이 과정에서 이 운동은 의사결정 기구로서 정당의 입지를 더욱 축소시켰다.

그런데 티파티는 본질적으로 부수적인 현상에 불과했고, 2014년 무렵에는 대부분 사라졌다. 이보다 더 지속적인 변화는 '슈퍼팩'의 등장으로 나타났다. 2010년 연방대법원의 판결로 슈퍼팩은 후보자 선거운동위원회와 직접 조율하지 않는 한 무제한 자금을 모금·지출할 수 있는 권한을 얻었다. 공화당 지도부는 이 기회를 즉시 활용했고, 곧 슈퍼팩이 난립하는 상황이 벌어졌다. 연방선거자금법에 따라 기부 한도가 정해진 공식 공화당 모금 기관(공화당 전국위원회·전국하원위원회·전국상원위원회 등)은 이제 자금과 인력과 권력을 두고 슈퍼팩과 경쟁해야 했다. 그 결과 당은 점점 더 혼란스러운 양상을 띠게 되었는데, 예를 들어 세계 최대 카지노 회사인 라스베이거스 샌즈Las Vegas Sands의 회장 셸던 애덜슨Sheldon Adelson이 2012년 뉴트 깅그리치의 대선후보 예비선거 캠프를 단독 후원한 사례가 있다. 20세기와 달리, 정당이 내부적으로 약해져 생긴 현상이 아니라 자신들이 존재하는 '조직 생태계'의 변화로 인해 정당의 위상이 더 축소된 것이다.

슈퍼팩과 그와 연계된 재단·비영리단체 등의 급증은 보수 엘리트 내부의 정치적 분열을 보여준다. 상공회의소와 비즈니스 라운드 테이블 같은 단체들은 부시 행정부 시절 확고한 지지 세력이었으나, 2010년대에는 코크 형제와 이들이 구축한 네트워크를 중심으로 새로운 엘리트 생태계가 등장했다. 이 네트워크는 '티파티'와의 연계로 주목받았으며, 2010년 중간선거에서 중요한 역할을 했다. 당시 코크 네트워크와 전통적 보수 단체들은 힘을 합쳐 오바마 행정부에 맞서 공화당이 의회 다수를 차지하는 데 기여했다. 그러나 곧 기업 단체들과 코크 네트워크 사이에 심각한 균열이 생겼다. 코크 네트워크 연계 정치인들이 정부 지출을 둘러싼 대립과 연방정부 셧다운, 국가부채 한도 불확실성 등을 전략적으로 추구했기 때문이다. 2010~2016년에 공화당은 칼 로브가 이끄는 네트워크와 코크 형제가 이끄는 네트워크 사이에서 슈퍼팩 경쟁이 치열하게 벌어지는 각축장이었다. 이 교착 상태는 결국 도널드 트럼프가 2016년 대선에 출마할 수 있었던 배경이 되었으며, 그 결과 양측이 원하던 것과는 전혀 다른 정당이 탄생했다.

매케인인가, 롬니인가?

공화당의 첫 번째 과제는 버락 오바마의 당선 저지였다. 그러나 2008년 대선에서 공화당은 이 과업에 전혀 준비되어 있지 않음을 드러내고 말았다. 부시 행정부의 몰락 속에서 이민 개혁과 구제금융을 지지했던 당 주류 세력도, 두 사안 모두를 반대했던 보수파 세력도 믿음직한 대통령 후보를 내세우지 못했다. 양쪽 진영과 다소 거리가 있던 존 매케인이 공화당 후보로 지명되었으나 공화당 연합 내에서 큰 반향을 불러일으키지 못했고, 금융위기와 이라크 전쟁으로 공화당을 비난했던 대부분 국민들에게도 큰 호응을 얻지 못했다. 매케인의 패배로 공화당은 내부에서 해결할 수 없는 문제를 안게 되었으며, 이 문제는 당 밖의 노력 없이는 해결하기 어려웠다.

공화당은 2008년 대선을 앞두고 교착 상태에 빠져 있었다. 부시가 대통령직에 있고, 빌 프리스트Bill Frist와 존 베이너가 의회에서 공화당 원내대표를 역임하는 등 당 지도부는 비교적 통합된 모습을 보였지만, 하원에서는 2004년 이후 반대 목소리가 꾸준히 높아졌다. 이민 문제를 둘러싼 반발로 당내 '파벌주의'가 공개적으로 다시 드러났다. 공화당 우파는 새롭게 힘을 얻고 대통령에게 도전할 의지가 있었지만, 아직 신뢰할 만한 대선후보를 내세울 만큼 충분히 강하지 못했다. 하원에서 이민 반대 의원모임을 이끌던 톰 탕크레도는 2008년 대선 출마를 시도했으나, 별다른 관심이나 자금을 얻지 못해 예비경선이 시작되기도 전에 중도 하차했다.

부시를 지지하는 당내 세력 역시 유력한 후보를 내지 못했다. 부통령 딕 체니는 지지율이 극히 저조하자 출마를 포기했는데, 현대 미국 정치에서 부통령이 대통령직에 도전하지 않은 아주 드문 사례에 속한다(딕 체니가 퇴임할 당시 지지율은 13퍼센트였다).[1] 부시와 가까웠던 현직 공화당 주지사들조차 단 한 명도 대선 출마에 나서지 않았다. 2008년 대선이 공화당에 불리할 것임을 감지한 2000년과 2004년 부시 선거 캠프의 주요 후원자 상당수도 예비경선에 적극적으로 나서지 않았다.

2007년 여름 기준, 부시의 고액 후원자 중 3분의 2는 당시까지 출마를 선언한 어느 후보에게도 기부하지 않았다.[2]

존 매케인은 수년간 부시 대통령의 후계 자리를 노려왔다. 2000년 부시와의 치열한 예비경선 이후, 매케인은 부시와의 관계를 어느 정도 회복하고 평소에는 거리를 두던 기독교 우파와도 친분을 쌓으려 노력했다. 2006년에는 제리 폴웰Jerry Falwell이 설립한 리버티대학 졸업식에서 연설하며 복음주의 지지층에 손을 내밀었다. 당 주류에서는 매케인이 자유시장 원칙에 충분히 헌신하지 않았다는 의구심을 품고 있었다(실제로 매케인은 부시 행정부 시절 민주당으로 당적을 변경하려고 했고, 존 케리에게서 부통령 제안도 받았다). 그러나 2007년에 민주당의 힐러리 클린턴이 대선후보로 유력해지자, 매케인이 힐러리를 이길 유일한 인물로 여겨지며 점차 호의적으로 돌아서는 분위기가 조성되었다.[3]

매케인의 주요 경쟁자는 밋 롬니Mitt Romney였다. 롬니는 공화당 보수파의 후보를 자처하며 출마했다. 매사추세츠주 출신의 온건파였던 롬니가 이런 역할을 맡게 된 사실만으로도, 그즈음 대선에서 공화당 보수파의 힘이 얼마나 약했는지를 잘 보여준다. 롬니는 오래전부터 대선 출마를 염두에 두고 있었다. 2002년 매사추세츠 주지사 선거에서 승리한 뒤, 바로 대선 준비에 들어가서 임기 시작 1년 반 만에 대선 출마를 위한 새로운 정치활동위원회 네트워크를 만들었으며 부시의 후원자들과의 관계도 적극적으로 넓혀갔다. 자금 측면에서는 롬니가 확실한 우위를 점했으나, 기독교 우파의 불신이라는 벽에 부딪혔다. 롬니는 예비경선 내내 기독교 우파의 지지를 얻기 위해 적극적으로 노력했고, 결국 공화당 보수파가 몹시도 꺼리는 매케인을 저지할 유력 후보로 자리매김할 수 있었다. 러시 림보Rush Limbaugh, 폴 웨이리치 등 다양한 보수 인사들의 지지를 등에 업은 롬니는 매케인에게 만만치 않은 도전자로 떠올랐다.[4]

하지만 예비경선 과정에서 공화당 보수파의 취약성이 확실하게 드러났다. 매케인 캠프가 이민 개혁 지지 표명 이후 붕괴 직전까지 내몰렸는데도, 롬니는 여론조사에서 결정적인 우위를 차지하지 못했다. 복음주의 기독교인들은 롬니의 모르몬교 신앙과 주지사 시절 보여준 사회적 진보주의 성향에 불편함을 느꼈고, 이로 인해 아칸소 주지사 마이크 허커비Mike Huckabee가 예비경선에 뛰어들어 롬니를 밀어내려고 했다. 이로써 복음주의 표심이 분산되었고, 매케인은 기독교 우파와의 불화라는 약점을 극복하며 '이라크 전쟁 승리에 가장 헌신적인 후보'라는 입지를 다질 수 있었다. 결국 조직적으로 결집된 투표 집단이 되지 못한 공화당 보수파는 릭 샌토럼이 "우리에게 반대할 뿐만 아니라 저쪽 진영을 이끄는 인물"이라고 평한 후보에게 패배할 수밖에 없었다.[5]

2008년 대선에서는 매케인이 힐러리 클린턴이 아니라 버락 오바마와 맞붙게 되었다. 이전 두 번의 선거와는 정반대로, 민주당은 공화당에 비해 압도적인 모금 우위를 확보했다. 온라인 기부를 적극 활용한 오바마의 모금 모델 덕분에 2004년 부시와 케리를 합친 금액보다 많은 자금을 압도적으로 모을 수 있었다. 그 결과, 오바마는 1970년대 '공적 선거자금 지원 제도'가 도입된 이후 처음으로 공적 선거자금 지원을 거부했다. 매케인은 부시가 성공적으로 활용했던 '레인저'와 '파이오니어' 등급을 모방하기 위해, 공화당 전략가 프레드 말렉Fred Malek을 기부자 네트워크 책임자로 임명해 대응했다. 그런데 부시 지지자들 사이에는 매케인의 선거자금 관련 입장과 대선 초기에 감세에 반대했던 태도 때문에 '앙금'이 남아 있었다.[6]

그런데 곧 매케인은 당 자금 후원자들과의 앙금보다 더 심각한 문제에 직면했다. 2008년 초가을 금융위기가 터지자, 매케인은 선거운동을 중단하고 조지 W. 부시 대통령, 낸시 펠로시 하원 의장, 버락 오바마와 함께 대책을 논의하기 위한 백악관 회동에 참여해 대통령다운 면모를 보이려 했다. 하지만 당내 강경파는 추가 구제금융을 강하게 반대했고, 매케인은 위기 상황에서 뚜렷한 방향성을 제시하지 못했다. 10월이 되자 오바마의 승리가 확실시되었고, 공화당은 다시 한번 정권을 잃었다(존 매케인의 경제 문제에 대한 무지 탓도 컸다. 매케인이 벤 버냉키 연준 의장과의 대화 도중 최근 '홈디포Home Depot' 경영 문제를 미국 금융위기의 원인에 비유하며 "비슷한 것 아닌가?"라고 물었다. 이에 깜짝 놀란 버냉키 의장은 "아니요, 전혀 그렇지 않다"고 답했다).[7]

우리는 탈레반과 같은 반란이 필요하다

오바마 당선 이후 공화당은 재정비를 시도했다. 전략가들은 수차례 회의와 비공개 모임에서 정권 탈환 방안을 모색했다. 이 모든 모임에서 한쪽으로 방향이 쏠렸는데, 바로 오바마 행정부에 맞선 '전면전'이었다. 대선이 끝난 지 이틀 만에, 미국의 작가 레오 브렌트 보젤 3세Leo Brent Bozell III가 자신과 같은 보수주의자들을 소집해 앞으로 나아갈 방향을 논의했다. 그로버 노퀴스트, 리처드 비거리Richard Viguerie 등 보수 진영 거물들도 참석했다. 공화당을 신뢰하지 않던 보수주의자들은 오바마에 맞서려면 더욱 강력한 보수주의가 핵심이라고 결론지었다. 대선 기간 내내 부정적인 이미지를 보였던 세라 페일린조차도 자신들에게 필요한 지도자로 추앙받았다. 이들은 오바마에 대한 저항과 투쟁을 공화당이 아니라 '보수 운동'이 주도해야 한다고 주장했다.[8]

오바마 취임식 밤에도 비슷한 모임이 열렸는데, 이번에는 공화당 내부 인사들의 만남이었다. 공화당 여론조사 전문가이자 전략가 프랭크 런츠Frank Luntz가 주최한 이 회의에는 에릭 캔터, 폴 라이언 같은 하원의원들과 제임스 워런 더멘트 상원의원, '흑막의 실세'로 불리는 뉴트 깅그리치가 참석했다. 당연히 침울한 분위기였지만, 정권을 책임질 부담에서 해방된 데서 오는 일종의 안도감도 있었다. 한 참석자는 부시 행정부 시절 자신들이 "기차가 제시간에 가는 것만 신경 썼다. 그런데 기차가 낭떠러지로 향하고 있다면?"이라면서 회한을 토로했다. 이제 이들은 자유롭게 야당의 역할을 할 수 있었다. 오바마의 인기가 너무 높아 직접 공격하기 어려웠기에, 깅그리치가 클린턴에게 했던 것처럼 모든 법안에 반대하는 전략을 채택하기로 합의했다. 공화당 하원의원 케빈 매카시Kevin McCarthy는 "우리는 모든 법안마다, 모든 선거마다 도전해야 한다"고 선언했다. 깅그리치는 회의를 마무리하며 "바로 오늘이 2012년의 씨앗이 뿌려진 날"이라고 말했다.[9]

마침내 세 번째 모임이 캘리포니아주에서 소집되었다. 2009년 1월 마지막 주말에 코크 형제의 연례 세미나가 열렸다. 2003년부터 개최된 이 세미나는 해마다 부유한 보수 인사들로 구성된 대규모 사람들을 점차 더 많이 끌어모았다. 세미나의 목적은 두 가지였다. 첫째, 다양한 자유주의 경제 이슈에 대한 강연과 토론 중심의 정치 교육 행사였다.

둘째, 참석자들이 각종 코크 네트워크에 기부하는 모금 행사였다. 이 두 목적이 맞물려 세미나는 참가자들 사이의 이념적 결속을 다지는 역할을 했는데, 코크 형제는 '부유한 우파를 위한 모임 제공자'로 자처했다. 2006년 이후 민주당의 정권 탈환 가능성이 커지자, 보수 엘리트층의 참여율이 높아지면서 세미나 참석 인원도 급증했다.[10]

2009년 '코크 세미나'에서는 텍사스주 상원의원 존 코닌John Cornyn과 사우스캐롤라이나주 상원의원 제임스 워런 더멘트가 토론을 벌였다. 두 사람 모두 극단적인 보수주의자로, 공화당의 헤게모니 복원을 위한 전략을 모색했다. 코닌은 공화당이 더 폭넓은 지지 기반을 구축하고 중도 성향 유권자에게 어필해야 한다고 주장했다. 반면 더멘트는 정반대 입장을 고수하며 "아무런 신념도 없는 다수보다 신념 있는 공화당원 30명이 더 낫다"고 말했다. 토론이 이어지던 중 코닌이 찬성표를 던진 구제금융 문제가 거론되자 사람들은 야유를 쏟아냈다. 세미나에 모인 부유한 보수 엘리트들 사이에서는, 금융위기 기간에 부시 행정부와의 협력이 이단시되었으며, 오바마 행정부와의 협력은 더 큰 반역으로 간주되었다. 오바마 취임 연설 직후, 코크 형제의 핵심 정치 고문인 리처드 핑크Richard Fink는 참석자들에게 대통령을 이기려면 '인생에서 가장 치열한 싸움'이 필요할 것이라고 주장했다.[11]

당 내부와 당에 영향력을 행사하려는 당 밖의 활동가들에게는 오바마 행정부에 대한 전면적 반대로 공화당의 헤게모니가 재건될 수 있다는 의견이 모아지고 있었다. 2009년 2월, 공화당 전국하원위원회 신임 위원장 피트 세션스Pete Sessions는 내부 회의에서 공화당의 전략을 이렇게 암시했다. "반란. 우리는 탈레반 때문에 반란에 대해 좀더 잘 이해하고 있을 것이다. 우리도 반란이 필요하다는 걸 이해할 필요가 있다." 뉴트 깅그리치의 '베트콩'은 이제 의회 반란 세력의 새로운 세대에게 그 자리를 내주게 되었다.[12]

티파티의 반동 정치

오바마 행정부에 대한 '전면적 반대 전략'은 놀라운 정치적 성공을 거두었지만, 역설적으로 당 자체의 정치적 영향력을 약화시키는 결과를 초래했다. 첫째, 공화당은 새로운 정체성을 구축하고 리브랜딩하기 위해 당 밖의 사회운동인 티파티를 활용해 '자유시장 보수주의 정치'를 다시 정당화하고자 했다. 이 전략은 상당한 성공을 거두었지만, 예비경선에서 가장 보수적인 후보를 당선시키려는 티파티의 우선순위가 공화당의 선거 전략을 쉽게 흔들 수 있었다. 둘째, 2010년 '시민연대 대 연방선거위원회'의 연방대법원 판결로 후보자 선거운동위원회와 독립된 조직의 무제한 선거 비용 지출이 합법화되면서, 당의 '조직생태계'가 급격하게 변했다. 공화당은 갑작스럽게 자신들과 견줄 만한 재정 자원을 보유한 외부 단체들과 어색하게 협력해야 하는 처지에 놓였다. 이 두 가지 변화는 2010년대 공화당의 정치적 성공에 기여했지만, 동시에 극심한 당내 갈등을 일으키는 결과를 낳기도 했다.

2008년 봄, 부시 행정부가 돌이킬 수 없는 몰락의 문턱에 들어서던 무렵, 1994년 이른바 '깅그리치의 신진 의원 그룹' 일원으로 의회에 진출해 1998년부터 2002년까지 공화당 전국하원위원회 위원장을 지낸 톰 데이비스Tom Davis는 당의 상황에 대한 자신의 견해를 담은 메시지와 함께 은퇴를 발표했다. 데이비스는 주저하지 않고 "공화당 브랜드는 쓰레기통 신세가 되었다. 우리가 개 사료였다면 진작 매장에서 퇴출당했을 것"이라며, 부실했던 부시 행정부와의 결별과 완전히 새로운 정체성 확립이 필요하다고 선언했다.[13]

공교롭게도, 그런 기회는 에이브러햄 링컨이 공화당을 집권 가능한 정당으로 변모시키는 선거운동을 시작했던 시카고에서 찾아왔다. 2009년 2월 19일, CNBC 앵커 출신 릭 산텔리Rick Santelli는 시카고 상업거래소 현장에서 민주당이 모기지 대출자 지원 정책을 검토 중이라며 거센 비난을 퍼부었다. 산텔리는 몇 달 뒤 시위 계획을 내놓으며 이렇게 말했다. "우리는 7월에 시카고 티파티를 열 생각이다. 미시간 호수로 모이고 싶은 자본가들이 있다면, 내가 조직을 이끌겠다."[14] 이후 산텔리를 비롯한 인사들이 이 순간을 통제 불능 정부에 대한 시민 분노의 '즉흥적인' 폭발로 미화했지만, 사실 이미 치밀하게 준비되어 있었다는 증거가 있다. 1990년대 담배산업은 새로운 규제와 과세에서 자신들을 보호하기 위한 전술로 '세금 반대 티파티'를 내세웠다. 한 내부 문서에는 다음과 같은 광고 문구가 있었다.

"영국의 소수 독점 정치, 정부 개입 확대, 부당한 과세……. 이런 문제들이 오늘날 우리 앞에 다시 놓여 있다. 소비세, 광고 제한, 가맹점 법안, 가격 지원, 금연 조례까지. 미국 시민으로서 우리의 권리를 지키기 위해 행동해야 한다."

1990년대 딕 아미는 '단일 세율 과세 제도' 홍보 캠페인에서 이 이미지를 활용했다. 코크 형제의 '건전한 경제를 위한 시민들' 역시 2000년대 초 각종 세금 반대 티파티 집회를 조직했다. 2008년 8월,

한 시카고 공화당 조직자 겸 라디오 진행자가 시카고 티파티 도메인 chicagoteaparty.com을 등록했고, 같은 해 1월 초에 '일리노이주 자유지상주의당'은 '세금 반대 티파티' 시위 계획을 논의했다.[15]

이들 세력은 산텔리 방송 직후 즉시 행동에 나섰다. 몇 시간 만에 시카고 티파티 웹사이트가 개설되었고, 같은 날 시카고 자유지상주의 운동가 에릭 오덤Eric Odom은 웹사이트 taxdayteaparty.com을 등록했으며, '번영을 위한 미국인들'도 웹사이트 taxpayerteaparty.com을 등록했다. 다음 날부터 약 50명의 보수 활동가가 처음에는 주간 단위로, 이후에는 일일 단위로 전화 회의를 열어 2월 '전국 행동의 날'을 조율했다. 딕 아미의 프리덤 웍스도 이 회의 진행을 지원했다. 이 모든 활동은 2009년 2월 27일, 미국 18개 도시에서 약 3만 명이 참가한 일련의 시위로 이어졌다.[16]

미국 사회학자 클래런스 로Clarence Lo는 이 순간 이후 티파티가 성장하는 과정을 이해하는 데 유용한 틀을 제시하며, 2009년 4월까지 티파티가 '시험적 마케팅' 단계에 있었다고 설명했다. 이 시기에 딕 아미 등 보수 엘리트들은 자신들이 추구하는 반反정부적 보수주의가 과연 대중적으로 통할지 반응을 살폈다. 2월 말 시위에서 아이디어가 입증된 후, 보수 운동은 진정한 풀뿌리 단계에 본격적으로 접어들었다. 이 시기부터는 '번영을 위한 미국인들'이나 프리덤 웍스와 별다른 연결고리 없이 활동하는 지역 모임들이 빠르게 확산되었다. 2009~2014년에 집계한 통계에 따르면, 전국에 3,500개가 넘는 지역 그룹이 존재했고, 적극적인 활동가 수는 14~31만 명으로 추산되었다. 그렇다고 보수 엘리트들의 주도나 지원이 완전히 중단된 것은 아니다.

예를 들어, 〈폭스뉴스〉는 시위를 끊임없이 홍보했으며, 방송인 글렌 벡Glenn Beck은 실제 프리덤 웍스와 계약을 맺고 상당한 대가를 받으며 이들의 콘텐츠를 방송에서 소개했다. 프랭크 런츠는 글렌 벡의 역할을 높이 평가하며 "산텔리의 분노가 중상층 이상과 투자자들을 일깨웠다면, 글렌 벡은 나머지 사람들을 일깨웠다. 글렌 벡의 방송이 티파티 운동을 만들었다. 2009년 4월 15일 납세일에서 시작해 7월 타운홀 미팅에서 폭발했다. 3개월 만에 대중운동을 구축할 수 있었다"고 말했다. 여러 연구는 글렌 벡 같은 인물들이 보수 운동의 대중화와 확산에 중요한 역할을 했음을 확인해주지만, 2월 27일 이후 각 지역에서 자생적인 조직화도 활발히 진행되었다는 점 또한 분명하다.[17]

2009~2010년에 수천 개의 지역 티파티 그룹이 조직되었는데, 경제 위기로 압류와 소득 감소가 심각하고 인종적으로 분리가 강한 지역에서 주로 생겨났다. '티파티 패트리어츠Tea Party Patriots'나 '1776 티파티1776 Tea Party' 같은 전국적 상부 단체들이 제공하는 인터넷 서비스를 활용해 전국 곳곳에 지역 티파티 그룹이 생겨났다. 이런 웹사이트들은 각 지역 티파티 그룹이 자체 페이지를 열고 행사나 블로그 글을 올리고, 다른 단체들과 연계할 수 있도록 지원했다. 이런 구조 덕분에 티파티는 이후 '월스트리트를 점령하라Occupy Wall Street'와 '흑인의 생명도 중요하다Black Lives Matter' 같은 운동이 널리 채택하게 되는 사회운동 조직 모델을 발전시켰다.[18]

이들 티파티 그룹은 2009~2014년에 수천 건의 시위를 조직해 수백만 명의 참여자를 끌어모았다. 2009년 2월 27일과 4월 15일에 열린 시위처럼, 대중 집회는 대표적인 전술 가운데 하나였다. 또 다른 전술로는 입법자들의 타운홀 미팅 방해가 있었다. 2009년 여름 휴회 기간, 많은 민주당 의원은 자신이 대표하는 주와 지역구로 돌아가 주민들과 만나 헬스케어 개혁에 대한 지지를 구하려고 했다. 티파티 운동가들은 이 타운홀 미팅을 소란스럽게 만들고, 의원들을 거칠게 비난했다. 이런 행동은 헬스케어 개혁 반대 여론을 널리 알릴 뿐 아니라, 민주당이 정국 주도권을 상실했다는 인상을 심어주어 오바마에 대한 지지율 하락에도 일조했다.[19]

더불어 이 과정에서 티파티는 오바마 행정부에 대한 반대를, 실패한 공화당의 투쟁에서 부활한 보수 운동의 과제로 리브랜딩했다. 보수 운동이 충분히 확산되어 대중적인 힘을 얻자, 여론조사에서 티파티는 공화당보다 더 높은 지지를 얻었다. 티파티 운동가들은 민주당과 공화당 모두와 거리를 둔다고 공개적으로 선언함으로써, 자신들의 오바마 반대가 '초당적超黨的 정치'라는 이미지를 효과적으로 만들어냈다. 물론 실제 모습은 이미지와 다르다. 티파티 운동가 대부분은 공화당 정치 경험이 많은 고령의 백인 미국인이었다. 미국 정치학자 시다 스코치폴 Theda Skocpol과 버네사 윌리엄슨Vanessa Williamson은 "우리가 만난 티파티 활동가 중 놀라울 만큼 많은 이가 1964년 배리 골드워터 캠페인을 자신의 첫 정치 경험으로 꼽았다"고 지적했다. 이렇게 티파티 활동가와 지지자들은 매우 보수적이며, 오바마 행정부에 맞서 제대로 투쟁하지 못하는 공화당에 불만이 컸음을 확인해주었다.[20]

티파티는 오바마의 헬스케어 개혁법 통과를 막지는 못했지만, 보수주의를 부흥시키는 데에는 성공했다. 이로써 2010년 중간선거에서 공화당이 재기에 성공할 수 있는 토대를 마련하는 중요한 역할을 했다.

또한 티파티는 공화당에 결정적으로 기여하면서, 당의 통제를 완전히 벗어난 정치세력이 새롭게 등장했음을 보여주었다. 이 세력은 다른 공화당 연합 세력에 항상 협력적이지는 않았다. 티파티의 조직적 독립성 때문에, 공화당이 선거 전략상 중점적으로 삼는 지역에 활동이 집중되지 않고, 주택 위기가 심했던 지역들을 중심으로 전개되었다. 더욱이, 티파티 조직은 종종 예비선거에서 공화당 후보를 공격하는 도전자를 지원해 2010년 중간선거와 2012년 대선에서 공화당의 승리를 일부 저해했다. 전반적으로 티파티 운동은 어느 정도 공화당에 분명 도움이 되었다. 하지만 공화당이 자체적으로 부활하지 못하고 사실상 외부 세력에 의존하게 된 현상은 공화당의 조직 역량과 쇠퇴를 단적으로 보여주는 불길한 신호였다.[21]

영국 역사학자 에드워드 파머 톰프슨Edward Palmer Thompson은 사회 운동의 수명이 대략 6년이라고 언급한 바 있다. 하지만 티파티 운동은 6년을 채우지 못했다. 2010년 이후 쇠퇴하기 시작해서, 2014년쯤에는 거의 자취를 감추었다. 한때 납세일 시위처럼 전국적 동시다발로 조직된 대규모 행동의 날은 이제 찾아볼 수 없었다. 시위 자체도 급감했고, 남은 티파티 그룹들은 주로 내부 모임에 집중했다. 2014년 중간선거에서 공화당이 상원과 하원에서 다수당이 된 뒤에는 제도 정치가 새로운 가능성으로 부상했다. 한 티파티 활동가는 "시위는 훨씬 덜 중요해졌다. 흥미진진하긴 하지만 실제로는 아무것도 바꾸지 못한다"고 말했다. 2012년 이후 티파티와 공화당 주류의 갈등이 겉으로 드러나면서, 보수진영 유권자들 사이에서도 티파티에 대한 호감도가 떨어졌다. 그리고 2014년, 티파티 지역 지부의 90퍼센트 이상이 모든 가시적

인 활동을 중단했다. 이제 "티파티의 거센 함성은 속삭임으로 급속히 바뀌었"다.[22]

'코크 세미나'와 '번영을 위한 미국인들'

찰스 코크와 데이비드 코크는 오바마가 대통령에 취임할 때까지, 수십 년 동안 미국 보수 우파에서 중요한 인물로 활동했다. 그런데 2000년대 후반 이전까지는 공화당과 일정 거리를 두었다. 부시 2기 행정부 말기에 이런 태도가 변하기 시작해서, 2012년 무렵에는 이들 형제가 이끄는 네트워크가 공화당 내에서 강력한 세력으로 자리매김했다. 코크 네트워크의 부상으로 공화당은 의사결정자로서 그 역할에서 주변으로 밀리게 되었다.

코크 형제는 석유화학 기업가이자 존 버치 협회 창립 멤버였던 아버지에게서 보수 우파 정치를 물려받았다. 이들은 1970~1980년대에 자유지상주의 정당과 자유지상주의 싱크탱크인 카토연구소에 주로 자금을 쏟아부었다. 1984년에는 균형예산과 사회보장제도 폐지를 목표로 '건전한 경제를 위한 시민들'을 설립했다. 이 단체는 1990년대에 토머스 도너휴 체제의 상공회의소에서 채택한 비즈니스 모델의 선구자로, 다양한 기업에서 사실상 자금과 네트워크를 지원받는 방식을 도입했다. 비영리법인이었기에 기부 내역이 공개되지 않았는데, 클린턴 행정부의 담배세 인상 정책에 반대할 때는 필립모리스에서 100만 달러를, 통신 규제 완화를 추진할 때는 한 통신사에서 100만 달러를 받은 것으로 알려졌다. 또한 기후변화 대응에 반대하는 캠페인을 벌일 때는 엑손모빌에서 자금을 지원받았고, 독점금지 규제에 맞서 싸울 때는 마이크로소프트가 기꺼이 기부했다.[23]

2000년대 초, '건전한 경제를 위한 시민들'은 코크 형제의 지휘 아래 여전히 운영하는 '번영을 위한 미국인들'과 딕 아미가 이끄는 '프리덤 웍스'로 분열되었다. 아미는 2002년 의회에서 물러난 후 '건전한 경제를 위한 시민들'의 대표를 맡았으나, 2003년 말 코크 형제와 갈등을 겪으며 2004년에 단체가 분열된 것이다. 이후 아미는 '건전한 경제를 위한 시민들' 모델을 기반으로 '프리덤 웍스'를 운영하며, 자신이 근무하던 'DLA 파이퍼'의 고객사를 위해 로비 활동을 벌였다. 반면 코크 형제는 다른 조직 모델 개발에 나섰다. '번영을 위한 미국인들'은 2007년까지 15개 주에 책임자들을 두며 강력한 조직 기반을 빠르게 구축했는데, 이들 주에는 미국 인구의 47퍼센트가 거주하고 있었다. 비슷한 시기에, 코크 형제는 '코크 세미나'를 시작했다. 이 세미나를 통해 모금 규모가 급격하게 늘어났다. 2007~2008년에는 1억 달러 미만의 기부금 약속을 받았지만, 2011~2012년에는 모금액이 4억 달러를 넘어서 공화당 전국위원회·전국하원위원회·전국상원위원회가 모은 금액과 맞먹었다. 2015~2016년에는 모금액이 8억 달러에 달해, 공화당 전국위원회 3곳의 모금액을 3배 이상 능가했다. 이 시기 코크 관련 네트워크는 막대한 자금을 바탕으로 1,200명 이상의 직원을 고용했는데, 공화당 전국위원회 3곳이 고용한 인력의 3.5배에 달하는 규모였다.[24]

코크 형제는 이 자금을 바탕으로 공화당 정치에 깊숙이 관여하기 시작했다. 2004년 '건전한 경제를 위한 시민들'은 랠프 네이더의 대선

캠프를 지원하기 위해 자원봉사자들을 조직했는데, 네이더가 존 케리의 표를 빼앗아올 수 있으리라는 기대 때문이었다. 2008년에는 '웰스프링Wellspring'이라는 단체를 설립했는데, 이 단체 역시 '건전한 경제를 위한 시민들'처럼 비영리법인으로 기부자 명단을 공개할 의무가 없었다. 이 단체는 전前 공화당 전국위원회 위원을 고용해 '번영을 위한 미국인들'과 같은 코크 네트워크 내 다른 단체에 700만 달러 이상의 자금을 전달하는 역할을 맡겼다. 이를 통해 코크 형제는 공화당 권력의 중심부로 빠르게 다가갔다. 이 단체의 대표는 상공회의소 관계자들과 정기적으로 만나며, 칼 로브가 운영을 맡고 셸던 애덜슨이 자금을 대는 '프리덤스 워치Freedom's Watch'가 주최하는 회의에도 참여했다. 오바마 대통령 당선 이후 '웰스프링'은 네트워크에서 분리되었으나, 그 모델의 유효성은 명확히 증명되었다.

그 후 2년 동안 코크 네트워크의 '번영을 위한 미국인들'은 티파티 운동을 지원하며 2010년 중간선거에서 민주당 후보들을 공격하기 위해 광고와 유세에 막대한 비용을 쏟아붓는 등 영향력을 행사했다. 2011년에는 '자유 파트너스 상공회의소'를 설립했는데, 이 조직은 '웰스프링'과 같이 여러 단체에 자금을 배분하는 역할을 했으며 규모도 훨씬 컸다. 2011년 한 해에만 '번영을 위한 미국인들', 및 롬니를 지원하는 슈퍼팩, 오바마 헬스케어 반대 단체 등에 2억 3,000만 달러 이상을 지원했다. 2015년에는 '자유 파트너스 행동기금'을 설립해, 이전처럼 다른 단체에 기금을 지원하는 대신 정치 광고를 직접 집행했다.[25]

이처럼 코크 형제는 막대한 자금력과 조직력을 바탕으로 공화당 정치에서 주요 세력으로 급부상했다. 이들은 예산 삭감, 규제 완화, 노동조합 권한 축소를 지지하는 후보들을 적극 지원했다. 2010년 위스콘신주에서는 '번영을 위한 미국인들'을 통해 대규모 집회를 주최하며 스콧 워커Scott Walker 주지사 후보를 부각시켰다. 공식적으로 워커를 지지하지는 않았으나(비영리단체 지위 위반 우려 때문이다), 티파티 네트워크 덕분에 워커는 주 전역에서 인지도를 높이고 자원봉사자들을 동원할 수 있었다. 매사추세츠주에서는 민주당 상원의원 에드워드 케네디Edward Kennedy의 사망으로 치러진 보궐선거에서 공화당의 스콧 브라운Scott Brown이 민주당의 마사 코클리Martha Coakley를 꺾었다. 당시 코크 형제는 브라운을 지원했다. 이 승리로 공화당은 상원 의석수를 늘리면서, 민주당이 보유하고 있던 '필리버스터 차단 다수 의석'의 지위를 빼앗아 상원 입법 과정에서 민주당이 의사진행을 효과적으로 방해할 수 없도록 했다. 2010년에는 의회 역사상 가장 보수적인 신입 공화당 의원들에게 자금을 지원했다. 2012년에는 데이비드 코크가 주최한 밋 롬니 모금 행사에 애리조나주의 존 킬Jon Kyl부터 버지니아주의 밥 맥도넬Bob McDonnell에 이르기까지 야심만만한 공화당 정치인들이 대거 참석했다. 이들은 이 영향력을 활용해 당을 급격히 우경화했으며, 티파티 조직과 함께 공화당 정치인들에게 훨씬 더 보수적인 노선을 강요했다.[26]

코크 형제는 네트워크를 구축하면서 중요한 자본가 집단을 효과적으로 동원해 티파티와 극단적인 자유시장 정치세력을 지원했다. 일부 학자들은 "자본가들이 급증하는 포퓰리스트 우파를 이끌거나 자금을 대거나 지휘한다는 증거는 없다"고 주장하며 이 점을 인정하려고 들지 않았으나, 코크 네트워크 후원자들을 자세히 살펴보면 상당수의 유력 자본가들이 포함되어 있음을 알 수 있다. 이들은 '우파 신화'에서 흔히 떠올리는 소규모 고용주들이 아니라, 대기업의 소유주나 경영자들이었다. 2010년, '코크 세미나' 참석자 명단이 언론에 유출되었는데 그 안에는 대기업 CEO와 금융계 주요 인사가 포함되어 있었다. 이는 자본가 계급 내에서 티파티 정치에 대한 광범위한 지지를 확인해준다. 대기업은 '포천 500' 개별 부유층보다 티파티 후보자에게 기부할 가능성이 더 컸다. 따라서 오바마 행정부 시기 공화당의 급격한 우경화는 몇몇 돌출적인 억만장자의 일탈 때문이 아니라, 미국 자본가 집단의 상당한 세력이 부시 행정부와는 다른 보수 정치 모델을 조직적으로 뒷받침한 결과였다.[27]

코크 네트워크가 공화당에 자금과 조직을 제공해 당의 부흥을 도운 것은 분명하다. 그러나 이 코크 네트워크가 당과 당직자에게 책임을 지지 않는 독립적 조직의 집합체로 성장하면서 여러 문제가 발생했다. 가장 근본적인 문제는 코크 네트워크가 공화당 전국위원회 같은 기존 당 조직과 자금 유치 경쟁을 벌였다는 점이다. 실제로 2013년 '코크 세미나'에서 한 발표자는 '번영을 위한 미국인들'이 공화당 전국위원회나 밋 롬니 선거운동위원회보다 효율적인 유권자 동원 조직을 개발했다고 명확히 주장했다. 이 세미나에 참석했던 기자는 "코크 네트워크가 기부자 자금을 공식 공화당 조직보다 잘 관리한다는 메시지가 분명했다"고 말했다. 같은 시기, 2012년 대선 이후 공화당의 자체 평가 보고서에서는 "현재의 선거자금 환경이 우리 쪽에서 소규모 후원자들과 연계 단체들이 지배하는 상황을 낳았다. 이는 건강하지 못하다"고 우려했다. 이 보고서는 "공화당 전국위원회가 정당의 전국 조직으로서 정당한 위상을 되찾도록 돕는 선거자금 개혁을 강력하게 추진하라"고 권고했다. 티파티 운동이 그랬던 것처럼, 코크 네트워크 역시 2008년 이후 공화당의 부흥에 기여했지만, 결과적으로 의사결정자로서 공화당의 입지는 더욱 주변으로 밀려났다.[28]

칼 로브와 '프리덤스 워치'

2007년 무렵, 칼 로브는 돈과 긴밀히 연결되어 있었다. 조지 H. W. 부시가 로브를 '대학 공화당College Republican'[*]에서 공화당 전국위원회로 발탁한 이후 40년 동안 부시 가문과 오랜 인연을 맺어왔다. 그는 부시 가문의 부유층과 결혼했고, 조지 W. 부시 행정부가 기업 권력과 공화당을 궁극적으로 융합하려고 할 때 부시의 측근 고문으로 활약했다. 하지만 부시 행정부 말기, CIA 분석가 신분 누출 사건의 조사 대상이 되면서 영향력은 크게 저하되어 2007년 8월 공식 고문직에서 사임했다. 로브는 부시 행정부에서 물러난 뒤에도 2010년대에 기여 한도가 없는 슈퍼팩 등 공화당을 능가할 정도로 영향력 있는 새로운 정치자금 생태계 조성에 기여했다.[29]

칼 로브가 처음 시도한 일은 부시 행정부의 이라크 병력 증원 지지를 위한 비영리단체 '프리덤스 워치'를 창립하는 것이었다. 이 단체는 전직 백악관 대변인 애리 플라이셔Ari Fleischer를 비롯해 부시 행정부 베테랑들이 운영했다. 이들은 수천만 달러를 투입해 부시 행정부의 이라

---

[*] '대학 공화당'은 미국 공화당을 지지하는 대학생들의 조직으로, 대학 캠퍼스에서 활동하며 공화당의 가치와 정책을 홍보하고 보수주의 정치 활동에 참여하는 대학생들의 모임이다.

크 전쟁을 지지하는 광고를 내보낼 계획이었다. 하지만 단순히 이라크 병력 증원 사업에 그치지 않고, 프리덤스 워치를 우파 진영의 '조니 애플시드Johnny Appleseed'[*]처럼 정치자금을 조달하는 역할을 맡기며 다른 단체에도 보조금을 지원하려고 했다. 로브가 공식 직책을 맡지는 않았지만, 고문 역할을 했다는 상당한 증거가 있다. 창립 직후 로브의 후계자인 칼 포티Carl Forti가 대표로 취임했고, 이 단체는 순수한 정책 광고 활동을 넘어 2008년 대선에서 주요 세력으로 자리 잡기 위해 직접 선거운동에 뛰어들었다. 또한 상공회의소, 정치적 성장클럽, 웰스프링 등 외부 단체들과 전략 조율 회의를 주최하기도 했다.[30]

이러한 노력은 상당히 인상적이었으나, 오바마의 소액 기부자 기반의 우위와 매케인의 자금 모금 네트워크의 전반적 붕괴를 만회할 수는 없었다. 프리덤스 워치는 존 매케인이 패배한 후 곧 해산되었다. 그렇지만 이 프로젝트는 정당 외부에서도 상당한 자금을 모금할 수 있음을 보여주었다. 이 단체의 한 이사는 "이 그룹이 아메리칸 크로스로즈American Crossroads와 그 이후에 등장한 모든 슈퍼팩의 모델이 되었다"고 말했다. 칼 로브는 곧 새로운 프로젝트를 기획했는데, 2010년 연방대법원이 판결을 내린 뒤에 기회가 찾아왔다. 이 판결 뒤에 로브와 동료들은 텍사스주에서 '댈러스 석유 클럽Dallas Petroleum Club' 회원들에게 새 조직 네트워크를 소개했는데, 이 모임에는 토머스 분 피컨스Thomas Boone Pickens와 할런 크로Harlan Crow 등 오랜 보수진영 기부자

---

[*] '조니 애플시드'는 미국 서부 개척 시대의 전설적인 인물인 존 채프먼John Chapman의 별명이다. 그는 사과 씨앗을 들고 미국 서부 일대를 돌아다니며 사과나무를 심고 묘목을 나누어주며 개척자 정신을 상징하는 인물로 알려져 있다.

들이 포함되어 있었다. 이 네트워크는 새로운 슈퍼팩인 아메리칸 크로스로즈·프리덤스 워치와 마찬가지로 비영리단체인 '아메리칸 액션 네트워크American Action Network', 여론조사 기관인 '리서전트 리퍼블릭Resurgent Republic'으로 구성될 예정이었다. 로브는 오바마에게 맞서기 위해서는 보수진영의 조직화가 필요하다고 강조하며, "사람들은 우리를 거대한 우파 음모라고 부르지만, 사실 우리는 반쪽짜리 우파 음모에 불과하다. 지금이야말로 진짜로 움직일 때다"고 말했다.[31]

칼 로브의 계획은 공화당 전국위원회가 처한 곤경에 대한 대응이기도 했다. 오바마의 승리 이후, 공화당 전국위원회는 메릴랜드주 전前 부지사 마이클 스틸Michael Steele을 새 위원장으로 선출했다. 아프리카계 미국인 최초로 공화당 전국위원회 위원장에 오른 스틸은 당의 지지 기반을 넓히려는 계획을 세웠으나, 기부자들과의 인맥이 부족했고 지도력 또한 매우 서툴렀다. 위원장 자리에 오른 지 몇 달 만에 한 인터뷰에서 낙태를 '개인의 선택'이라고 선언했는데, 이것이 러시 림보와 갈등을 빚는 등 문제를 일으켰다. 곧 주요 기부자들이 공화당 전국위원회를 외면하면서 선거자금 모금에 치명타를 입었다.[32]

로브에게 스틸의 무능함은 오히려 기회였다. 아메리칸 크로스로즈는 주요 공화당 전략가들을 한데 모았다. 칼 포티가 아메리칸 크로스로즈의 실질적인 책임을 맡았고, 존 매케인의 모금 책임자였던 프레드 말렉이 '아메리칸 액션 네트워크'를 이끌었다. 도널드 트럼프 1기 행정부 당시 노동법 개혁 저지에 앞장선 상공회의소의 핵심 인사이자 미치 매코널Mitch McConnell 전前 상원 원내대표의 보좌관이었던 스티븐 루Steven Lew가 새로운 비영리단체인 '크로스로즈 GPSCrossroads GPS'를 지휘했다. 전前 공화당 전국위원회 위원장 마이크 덩컨Mike Duncan과 에드워드 길레스피Edward Gillespie도 합류했다. 이렇게 구성된 팀을 기반으로, 로브는 공화당 기부자들에게 공화당 전국위원회에 기부하지 말고 자신에게 직접 기부하라고 설득했다.[33]

칼 로브의 네트워크는 2010년 중간선거에 온 힘을 다해 뛰어들었다. 그 첫 번째 움직임은 네바다주 상원의원 후보 섀런 앵글Sharron Angle을 지원하는 것이었다. 티파티 운동을 이끌었던 앵글은 예상치 못한 예비경선 승리를 거두고, 당시 민주당 상원 원내대표였던 해리 리드Harry Reid와 맞붙게 되었다. 하지만 앵글은 로브가 선호하는 공화당원 유형과는 거리가 멀었다. 무신경하고 충동적이었으며, 경기침체기 실업자를 '응석받이'라고 공격했고, 임신한 강간 피해자에게 "삶이 레몬을 건네면 레모네이드로 만들어라"고 말해 논란이 되었다. 그렇지만 아메리칸 크로스로즈는 앵글을 지지하면서 리드를 공격하는 데 12만 달러를 지출했다. 이를 통해 로브는 아메리칸 크로스로즈를 티파티와 친화적인 조직으로 자리매김하고, 반反오바마 물결에 확실히 편승하도록 했다.[34]

2010년 로브의 전략은 상원을 우선적으로 공략하고 하원은 후순위로 삼는 것이었다. 6월까지 '아메리칸 크로스로즈'와 '크로스로즈 GPS'는 11개 상원의원 선거에 집중했다. 선거 막바지인 마지막 한 달에 접어들면서 공화당이 하원을 탈환할 가능성이 커지자, 로브는 하원의원 선거에도 지출을 확대했다. 이로 인해 민주당은 예상치 못한 지역들에 대한 방어에 더 많은 비용을 지출해야 했다. 전체적으로 로브의 네트워크는 선거 기간에 약 6,000만 달러를 지출했는데, 이것은 공화당 전체 지출의 약 3분의 1에 해당했다. 공화당 선거위원회가 쓴 지출 금액의 80퍼센트 가까이가 로브의 네트워크에서 나왔다.[35]

2010년 연방대법원 판결 이후 1년 만에, 칼 로브의 네트워크는 공화당 공식 조직을 능가하는 외부 자금 지원 능력을 갖추게 되었다. 이것은 코크 네트워크보다 위협이 덜한 측면도 있었는데, 로브의 네트워크가 공화당 공식 조직과 깊숙이 연결되어 있었기 때문이다. 2011년, 라인홀드 프리버스Reinhold Priebus가 마이클 스틸을 물리치고 공화당 전국위원회 위원장에 취임하자, 공화당과 정치활동위원회는 협력을 적극적으로 내세웠다. 게다가 아메리칸 크로스로즈는 당내 예비경선에는 개입하지 않고 중립적인 자세를 유지했다. 그렇지만 로브의 네트워크는 공화당의 쇠퇴를 부추겼다. 자금과 인력 확보를 두고 당과 경쟁하며, 당 밖 자금이 어떤 힘을 발휘할 수 있는지를 보여주는 사례가 되었다. 이것은 공화당 우위를 다시 구축하려는 노력의 일환이었지만, 결과적으로 로브는 공화당의 기반을 약하게 만들어놓았다.[36]

오바마 행정부에 대한 '전면적 반대 전략'

공화당은 오바마 행정부의 주요 정책 의제에 맞서 '전면적 반대 전략'을 실행에 옮겼다. 오바마 1기 행정부의 3대 핵심 입법 과제는 경기부양책, 헬스케어 개혁, 금융 개혁이었다. 이 세 법안 모두에 대해, 오바마는 하원에서 3표, 상원에서는 단 2표만 공화당 찬성표를 얻을 수 있었다. 하지만 공화당의 강경한 반대 전략은 미국 기업 엘리트 사이에서도 의견이 엇갈렸다는 사실을 보여주었다. 공화당이 오바마의 정책 의제에 필사적으로 맞섰는데도, 상당수 주요 기업 지도자들은 이 정책들을 유의미하게 지지했으니 말이다.

오바마의 첫 입법 과제는 경기부양책이었다. 금융위기로 경제가 급격히 위축되었고, 오바마 취임 당시 실업률은 이미 8퍼센트에 육박했다. 경제학자들은 1조 달러 이상의 자금이 필요하다고 보았지만, 현실 정치에서는 불가능하다는 판단 아래 약 7,870억 달러 규모의 법안이 통과되었다. 이 중 약 35퍼센트는 세금 감면으로 구성되었는데, 경기 부양 효과는 공공서비스에 대한 직접 지출보다 상대적으로 낮았다.[37] 비즈니스계, 특히 주요 경제 단체들은 강력한 지지를 보냈다. 오바마 취임 전부터 비즈니스 라운드 테이블은 초당적으로 경기부양 입법을 촉구했다. 상공회의소 역시 법안 통과 후 "선거 이후 우리는 대통령과 함께 이 법안을 신속히 통과시켜 제세동기를 가동해 경제를 소생시키는 일에 동참했다"고 말했다. 전미제조업협회 등 다른 경제 단체들도 적극적으로 지원에 나섰다. 경제 붕괴 상황 속에서, 오바마의 경기부양 정책은 기업의 승인을 광범위하게 받았다.[38]

하지만 보편적인 지지를 받지는 못했다. '번영을 위한 미국인들'과 '프리덤 윅스' 모두 이 법안에 반대하는 광고를 내보내고 시위를 조직했다. '번영을 위한 미국인들'은 오바마 취임 48시간 이내에 경기부양책 반대 광고를 송출하기 시작했고, 최종적으로 이 법안에 반대하는 50만 명 이상의 서명을 받아냈다. 이 두 단체를 중심으로 하는 네트워크는 공화당과 긴밀히 협력했다. 하원 세출위원회의 민주당 위원장이 공화당 간사에게 "공화당 의원들이 법안에서 원하는 것과 민주당이 수용할 수 있는 범위는 무엇인지" 물었지만, 공화당은 명확히 거절했

254

다. 즉, 공화당이 수용할 수 있는 법안은 사실상 존재하지 않았다. 하지만 하원과 상원 모두에서 민주당이 다수였기에, 법안은 결국 통과되었다.[39]

오바마의 헬스케어 개혁도 비슷한 과정을 거쳤다. 다만, 이 과정에서 상공회의소는 다른 역할을 맡았다. 헬스케어 개혁은 오바마 취임 당시 수십 년 동안 민주당의 최우선 과제였으며, 오바마는 그 누구보다도 성공할 정치적 자산과 통찰력을 자신이 갖추었다고 믿었다. 오바마는 얼마 전 매사추세츠주에서 밋 롬니가 추진한 모델을 참고해 헬스케어 계획을 설계했다. 이 계획의 핵심은 보험에 가입하지 않은 사람들에게 건강보험 가입을 의무로 하는 '의무가입 조항'이었다. 보험사에 안정적인 시장을 보장해줌으로써, 행정부는 보험업계와 완전히 적대적으로 돌아서지 않고도 여러 비용 절감 조치를 이끌어낼 수 있었다. 중요한 점은 이러한 정책에 대한 기업계의 지지가 점차 확산되었다는 것이다. 롬니의 매사추세츠주 모델 또한 각종 비즈니스 단체의 폭넓은 의견 수렴을 거쳐 설계되었고, 2007년에는 비즈니스 라운드 테이블이 전국적 의무가입 규정에 대한 지지 입장을 공식화했으며, 건강보험업계 또한 이를 지지했다.[40]

하지만 공화당은 이 법안을 반드시 저지하겠다는 입장을 분명히 밝혔고, 경기부양책 반대 진영에 있던 단체들도 힘을 합쳤다. 코크 네트워크는 2009년 세미나에 참석한 백만장자 랜디 켄드릭Randy Kendrick이 오바마의 정책에 맞서 싸워야 한다는 과장된 호소를 세미나 참가자들에게 전한 후, 본격적으로 헬스케어 개혁 반대 운동을 전개했다. 켄드릭은 곧 '환자권리보호센터'라는 비영리단체를 설립해, 코크 네트워크

산하 단체들에 자금을 지원했다. '번영을 위한 미국인들'은 시위 조직을 위해 별도의 '환자연합조직'이라는 단체를 설립했다. 딕 아미가 이끄는 '프리덤 웍스'는 필립모리스, 메트라이프MetLife 등 기업들의 자금을 지원받아 민주당 정치인의 행사에서 '미국 의료의 연방정부 장악 반대'를 주장하며 집요하게 행사를 방해하는 활동가 조직을 도왔다. 이러한 과장된 퍼포먼스와 전략적 행동으로 오바마 헬스케어 개혁에 대한 대중적 반대 여론을 성공적으로 조성했다.[41]

상공회의소도 헬스케어 개혁 반대에 나섰다. 상공회의소는 2009년 가을까지 헬스케어 개혁에 대해 명확한 입장을 내지 않았으나, 이후 대규모 광고와 캠페인을 전개하며 법안 반대에 나섰다. 상공회의소는 2009년 3분기에만 약 3,900만 달러를 로비에 지출했는데, 그해 상반기 전체 지출액을 넘어서는 액수였다. 이 자금의 상당 부분은 '미국건강보험협회'에서 나온 것으로 알려졌다. 미국건강보험협회는 공개적으로는 개혁을 지지한다고 밝혔으나, 실제로는 막대한 자금을 상공회의소에 전달해 법안 저지를 위한 공격적인 캠페인을 지원했다. 건강보험업계와 오바마 행정부는 비용 절감 협상 과정에서 심각한 충돌을 빚었다. 오바마 행정부가 계획을 밀어붙이는 동안 보험사들은 공개적으로는 지지 의사를 표명했지만, 상공회의소를 통해 법안 저지를 위한 자금을 지원했다. 상공회의소에 대한 기부금은 노출되지 않았기 때문에(언론 보도로만 알려졌다), 보험사들은 법안 반대에 따른 부정적인 여론을 피할 수 있었다. 그러나 이러한 강력한 헬스케어 개혁 반대 캠페인도 민주당이 하원과 상원에서 다수를 차지하고 있었기 때문에 별반 소용이 없었다.[42]

2010년은 당이 없어도 괜찮다

공화당은 오바마 대통령의 첫 임기 주요 과제들을 막지 못했으나, 2009~2010년의 활동과 자금 동원을 바탕으로 2010년 중간선거 준비를 위한 튼튼한 기반을 마련했다. 2009년 말, 공화당 내에서는 중간선거에서 하원을 탈환하고 적어도 상원에서는 필리버스터를 할 수 있는 의석을 확보할 가능성이 싹트기 시작했다. 오바마의 지지율은 이미 50퍼센트 가까이 도달했고 실업률은 10퍼센트에 달했지만, 티파티 운동이 꺼져가던 보수주의에 활력을 불어넣었다. 2010년 1월 말 매사추세츠주에서 스콧 브라운의 승리는 공화당의 '물결'이 일고 있음을 보여주는 또 다른 증거였다.

그렇지만 이런 낙관론이 공화당의 단합으로 이어지지는 못했다. 2010년 중간선거의 예비선거에는 후보가 유례없이 대거 출마했다. 2006년 중간선거 당시 공화당 예비선거에서 티파티의 후원을 받은 도전자는 약 350명이었으나, 2010년에는 750명이 넘었다. 티파티 운동이 후보자 급증의 주요 원동력이었으며, 티파티 시위가 활발했던 지역일수록 예비선거에 더 많은 후보가 출마하는 경향을 보였다. 또한, 티파티와 연계된 후보자가 그렇지 않은 후보자에 비해 예비선거에서 훨씬 더 좋은 성과를 거두었다.[43]

티파티의 지원을 받은 예비선거 후보자들은 단순히 무주공산 지역을 노리지 않고 공화당 현직 의원들에게 도전장을 내밀었다. 사우스캐롤라이나주에서는 10년 넘게 재임한 현직 밥 잉글리스Bob Inglis가 트레이 가우디Trey Gowdy에게 패배했다. 잉글리스는 정치 경력 초기에 코크 형제의 지원을 받았으나, 기후 정책에서 점차 자유주의적 성향을 띠면서 코크 형제와 척을 졌다. 코크 형제는 가우디를 지원했고, '번영을 위한 미국인들'도 여기에 적극 합세했다. 유타주에서는 20년 가까이 재직한 밥 베넷Bob Bennett이 프리덤 웍스와 정치적 성장클럽의 자금 지원을 받은 마이크 리Mike Lee에게 패배했다. 알래스카주에서는 조 밀러Joe Miller가 세라 페일린과 '티파티 익스프레스Tea Party Express'의 후원을 받아 현직 상원의원 리사 머카우스키Lisa Murkowski를 꺾었지만, 머카우스키는 독립 후보로 출마해 본선에서 당선되었다.[44]

공화당 현직 의원이 없는 공석空席 선거에서도 당내 주류 세력은 부진했다. 특히 공화당 전국상원위원회의 지지를 받은 후보들이 티파티 후보들에게 패배했다. 켄터키주에서는 티파티의 대부 론 폴의 아들 랜드 폴Rand Paul이 미치 매코널이 지지한 후보를 23퍼센트포인트 차로 제쳤다. 콜로라도주에서는 당내 주류 세력이 상원의원 후보로 제인 노턴Jane Norton을 지원했는데, 노턴은 공화당 전국상원위원회와 상공회의소의 지지를 동시에 받았다. 상공회의소가 개입한 몇 안 되는 예비 선거 중 하나였다. 그런데 노턴의 경쟁자 켄 벅Ken Buck은 코크 네트워크의 '환자권리보호센터'가 자금을 지원하는 비영리단체 '직업 안정을 위한 미국인들'의 후원을 받았고, 결국 근소한 차이로 승리했다.

당내 주류 세력과 반란 세력의 경쟁에서는 후보 사이의 표 차이가 겉보기에는 미미했지만, 실제로는 중요한 정치적 대립을 드러내기도 했다. 플로리다주에서는 공화당 전국상원위원회가 일찍 개입해 전前 주지사이자 뛰어난 모금 능력을 갖춘 찰리 크리스트Charlie Crist를 공식 지지했다. 당시 주 의원이던 마코 루비오Marco Rubio는 젭 부시Jeb Bush

와 긴밀한 관계를 유지하며 중도 성향의 이미지가 있었는데도 출마를 선언했다. 공화당 우파 내에서는 전국상원위원회가 크리스트를 지지한 데 대한 불만이 컸으며, 루비오는 이 불만을 적극 이용해 공화당 반란 세력의 상징적 후원자 제임스 워런 더멘트의 지지를 받았고, 티파티와도 긴밀히 협력했다. 루비오는 강력한 선거운동을 펼쳐 결국 크리스트가 예비선거에서 사퇴하고 무소속 후보로 본선에 출마하는 상황이 연출되었다. 이 과정에서 루비오는 선거운동의 판도가 바뀌고 있음을 깨달았다. "2010년에 사람들은 '당이 없어도 괜찮다'는 사실을 깨닫기 시작했다."[45]

공화당 주류 세력의 후보들이 예비선거에서 고전하던 시기에, 당 밖 네트워크들은 2010년 중간선거를 본격적으로 준비했다. 코크 네트워크는 공화당 예비선거에 적극 개입하며 다수의 반란 세력 후보를 지원한 반면, 칼 로브가 이끄는 '아메리칸 크로스로즈'와 상공회의소는 예비선거에 관여하지 않았다. 그러나 이 세 그룹은 본선에서 긴밀히 협력해 공화당이 다수 의석을 확보할 수 있도록 힘을 모았다. 상공회의소는 2009년 7월부터 오바마 행정부가 제공하는 건강보험 플랜인 헬스케어 '공공 옵션' 반대 광고를 내보내기 시작했고, 가을에는 오바마 행정부에 대한 전면적 반대 입장으로 전환했다. 2010년 3월에는 중간선거를 위해 5,000만 달러를 지출할 계획을 발표했으며, '번영을 위한 미국인들' 또한 6월에 4,500만 달러를 지출할 계획을 발표했다. 이 시점에서 상공회의소, 코크 네트워크, 로브 네트워크 모두 협력 체제를 구축했다.

상공회의소는 로브 네트워크 회의와 코크 네트워크 회의에 대표를 파견했고, 코크 네트워크는 '환자권리보호센터'를 운영하는 숀 노블Sean Noble을 '아메리칸 크로스로즈'의 뉴욕 회의에 참석시켰다. 로브 네트워크는 주로 상원의원 선거에 집중했고, 코크 네트워크는 하원의원 선거에 주력했다. 2010년 연방대법원 판결 덕분에 이런 네트워크가 후보자 선거운동위원회와는 독립적으로 있으면서도 자유롭게 상호 협조할 수 있었다. 이로 인해 당 밖 네트워크들은 체계적이고 강력한 선거운동 조직을 구축했으며, 보수진영의 네트워크는 진보진영을 압도했다. 진보진영의 네트워크 가운데 가장 큰 캠페인은 '서비스직원국제연합'과 '전미 주 카운티 지방공무원 연맹'이 각각 펼쳤는데, 두 조직의 지출 총액은 약 2,400만 달러에 달했다. 하지만 상공회의소와 '아메리칸 크로스로즈'가 지출한 금액의 3분의 2 수준에 불과했다.[46]

노동시장의 붕괴, 티파티의 조직화, 새롭게 열린 정치자금의 홍수라는 세 가지 요소가 합쳐지면서 공화당은 대승을 거두었다. 하원에서 64석을 추가해 242석 대 193석으로 다수당이 되었고, 상원에서도 6석을 더 확보해 민주당의 다수 의석을 53석(무소속 2석 포함)으로 줄였다. 티파티는 이 승리에서 핵심적인 역할을 했다. 우선, 당에 활기를 불어넣고 새로운 이미지로 탈바꿈하도록 이끌었다. 여론조사 데이터를 분석한 게리 C. 제이콥슨Gary C. Jacobson은 "티파티 정서가 2010년 중간선거에 영향을 미쳤다면, 그 효과는 티파티 지지 후보뿐만 아니라 모든 공화당 후보에게 고르게 나타났다"고 결론지었다. 티파티가 지역적으로도 중요한 영향을 미쳤다는 강력한 증거가 있다. 티파티 조직이 많은 지역구에서 공화당이 더 높은 득표율을 기록했다. 또한 2010년 연방대법원 판결 이후 정치자금 지출에서 기업들이 노동조합보다 더 큰 영향력을 행사하게 되었고, 그 결과 공화당에 유리하게 작용했을 것이라는 합리적인 추정도 가능하다(2010년 중간선거와 관련한 증거는 명확하지 않다. 대부분의 연구가 연방 선거보다는 주州 선거에 집중되었기 때문이다. 그러나 이 연구들은 일관되게 보수파가 권력을 강화했다는 사실을 밝혀냈다).[47]

  티파티와 공화당의 '그림자 정당shadow party'들이 뒷받침한 2010년 중간선거에서 신입 의원들은 미국 현대사에서 가장 보수적이며, 그들 중 77퍼센트가 이전 의회의 공화당 의원보다 보수적이었다. 뉴트 깅그리치의 '공화당 혁명'이 하원을 오른쪽으로 대거 이동시켰지만, 2010년의 변화는 그보다 훨씬 더 컸다. 1970년대 뉴라이트 활동가들이 결성한 보수 의원모임과 공화당 연구위원회Republican Study Committee(티파티가 지지하는 짐 조던Jim Jordan이 이끄는 보수 성향 하원 의원모임)는 그동안 하원 내 소수파에 머물렀으나, 제112대 의회(2011. 1~2013. 1)에서는 공화당 의원의 70퍼센트가 이 모임에 가입했다. 선거 직후, 프리덤 웍스는 공화당 신입 의원들을 대상으로 볼티모어에서 이틀간의 연수를 개최해, 정치적 협상이나 타협 과정에서 받게 될 압박감과 도전을 대비하도록 훈련했다.[48]

  2010년 중간선거에서 오바마 당선 이후 보수진영이 기대했던 성과를 대부분 달성했지만, 동시에 공화당 주변의 새로운 세력들이 일으킨 문제도 드러냈다. 특히 상원의원 선거에서는 후보들이 상대적으로 더 다양한 유권자층에 어필해야 했기 때문에, 예비선거에서 승리한 티파티 후보들이 본선에서 참패하는 경우가 많았다. 콜로라도주, 델라웨어주, 네바다주 등에서는 정치 경험 부족, 이념적 급진성, 심지어 무능함이 복합적으로 작용한 후보들이 선거에서 패배했다. 선거가 치러지기도 전에 일부 공화당 인사들은 우려를 표했다. 전前 상원 원내대표이자 로비스트로 활동 중인 트렌트 롯은 "제임스 워런 더멘트의 제자들이 너무 많을 필요는 없다"고 말했고, 한 상공회의소 관계자는 "티파티의 정치와 입법 현실이 반드시 맞아떨어지는 것은 아니다"며 신중한 태도를 보였다. 티파티와 코크 네트워크는 공화당이 권력을 되찾는 데 큰 역할을 하면서도 당내 새로운 균열을 만들었기에, 앞으로 몇 년 동안 균열이 더욱 깊어질 게 분명했다.[49]

티파티에 아첨하는 공화당 강경파

제112대 의회에서 공화당 다수파는 1994년 '공화당 혁명'으로 권력을 장악한 제104대 의회(1995. 1~1997. 1) 공화당과 공통점이 많았다. 뉴트 깅그리치가 이끈 1994년 신입 의원들처럼, 이들은 다시 한번 의회를 되찾아왔다. 다만, 제104대 의회가 40년간 이어진 민주당 지배를 끝낸 것과 달리, 제112대 의회에서는 4년간 이어진 하원 민주당 다수를 무너뜨렸을 뿐이다. 두 집단 모두 자신들을 이전 세대보다 이념적으로 더욱 결속된 세력으로 평가하며, 이전 세대는 온건하거나 소극적이었다고 규정했다. 1994년 신입 의원들이 깅그리치에게 때로 골칫거리였던 반면, 제104대 의회는 공화당 내 갈등의 시작점이 되었다. 제112대 의회의 하원 의장 3명(존 베이너, 폴 라이언, 케빈 매카시)은 모두 당 우파 세력과의 충돌로 인해 자리에서 물러났다.

동시에, 2010년 중간선거를 통해 공화당에 유입된 보수주의는 전국적으로 확산되었다. 티파티 운동이 이 변화의 핵심 동력이었으며, 이들의 정치적 영향력은 당이 주도권을 잡는 데 중요한 역할을 했다. 하지만 시간이 지나면서 티파티의 중요성은 점차 줄어들었다. 이 과정에서 촉발된 정책 갈등은 특히 2012년 상하원과 주지사 선거 이후 칼 로브와 상공회의소가 반대 조직을 결성하는 계기가 되었다. 이들은 완고한 우파 세력이 예비선거에서 과격한 도전을 일삼아 당의 의석을 잃게 만들고, 당이 효과적인 야당 역할을 수행하는 것을 방해한다고 판단했다. 이러한 노력은 어느 정도 성과를 거둔 듯 보였으나, 이 시기 당내 주류 세력과 반란 세력의 갈등은 결국 도널드 트럼프의 부상으로 이어지게 된다.

2010년 중간선거에서 당선된 '티파티 의원'들은 임기 초부터 자신들의 의도를 분명하게 드러냈다. 선거 직후, 미셸 바크먼은 존 베이너 하원 의장을 찾아가 하원에서 권한이 가장 센 상임위원회인 세입위원회 위원장 자리를 요구했다. 2007년 의회에 입성해 티파티의 지지를 받은 바크먼은 통상 이런 핵심 직책에 적합한 인물로 여겨지지 않았기에, 베이너는 처음에는 거절했다. 그러나 바크먼이 〈폭스뉴스〉와 라디오 토크쇼에 나가 "존 베이너가 공화당이 하원을 탈환하는 데 도움을 준 티파티 의원들을 억압하고 있다"고 폭로하겠다고 위협하자 결국 베이너는 그의 요구를 들어줄 수밖에 없었다. 베이너는 "미셸이 나를 완전히 휘어잡고 있었고, 모든 권한을 휘두른다는 것을 알았다"고 말했다. 베이너 자신도 과거 공화당의 강경파에 속했고 티파티에 여러 차례 아첨하려고 했지만, 당내 주류 세력으로 인식되어 티파티에서 부정적으로 보았다.[50]

실제로 베이너가 티파티에 아첨하려는 시도는 결과적으로 제104대

의회에서 가장 심각한 당내 갈등을 불러일으켰다. 새 의회가 개원할 때마다 처음 승인하는 하원 규칙 패키지의 일부로서, 베이너는 '게파트 조항Gephardt Rule' 폐지에 동의한 바 있었다. 이 규칙은 예산 결의안이 의무적 지출을 규정할 경우, 국가부채 한도 상향 조정을 자동으로 허용해 별도의 투표 없이도 행정부가 의무 지출을 수행할 수 있게 했다. 1995년 깅그리치 시절 하원 공화당이 이 규칙을 폐지한 탓에 당시 연방정부 셧다운을 촉발했는데, 이후 2007년 민주당이 부활시켰다가, 이제 새 의회에서 공화당이 다시 폐지하려고 한 것이다. 2011년 봄에 총부채가 국가부채 한도에 가까워지자, 하원 공화당은 채무 불이행(디폴트)을 무기로 삼아 오바마 행정부에 지출 삭감을 강요했다.[51]

베이너가 국가부채 한도 인상을 조건으로 일부 지출 삭감 강제 추진에는 동의했지만, 공화당 우파는 민주당이 받아들이지 않을 균형 예산 수정안 등을 포함한 최대한도의 요구를 고수했다. 재무부는 2011년 8월 2일을 돈을 빌리지 못하면 정부가 월급·연금 등 청구서를 지불할 수 없는 날로 못 박았다. 봄과 여름 내내 하원 공화당 의원들(일부 상원 강경파도 동참)은 자신들의 강경한 요구를 끝까지 밀어붙였다. 코크 네트워크도 이 캠페인에 참여했다. 찰스 코크는 『월스트리트 저널』에 하원 공화당이 요구하는 삭감이 충분치 않다고 한탄하는 기고문을 실었다. '번영을 위한 미국인들'은 베이너가 오바마 행정부와 체결하는 어떤 타협안도 의원들이 받아들이지 못하도록 압박하는 캠페인을 벌였다. 한때 베이너는 뉴욕으로 가서 데이비드 코크를 만나 "사태를 수습해달라"고 간청하기도 했다. 정치적 성장클럽도 이 캠페인에 합류했다. 반면, 상공회의소, 전미제조업협회, 비즈니스 라운드 테이블은 베이너를 지지하는 서한을 보내 미국 국채의 불확실성이 초래할 경제적 파급을 경고했다. 이때 공화당을 지원하던 기업 연합에 금이 가기 시작했다.[52]

가장 중요한 것은 '짖지 않은 개', 즉 월스트리트였다. 채무 불이행 사태로 금융계가 입게 될 손실이 가장 크기 때문이다. 미국 국채 신용 등급 강등은 전 세계 포트폴리오에 큰 혼란을 초래할 것이다. 이들 포트폴리오는 미국 국채를 가장 안전한 자산으로 간주해서 구축된 것이었다. 그렇지만 금융기업들은 국가부채 한도 인상을 지지하도록 공화당에 로비하는 일에 별다른 노력을 기울이지 않았다. 역량 부족 때문이 아니었다. 2010년 7월 도드 프랭크 법안이 통과된 후 금융기업들은 로비스트를 적극 채용했다. 소비자은행가협회 회장 리처드 헌트Richard Hunt는 "이것이 일자리 부양 법안보다 더 많은 일자리를 창출할 것"이라고 말했다. 그러나 동시에 기업 경영진과 로비스트들은 "채무 논쟁에 최대한 거리를 두고, 고객에게 전달할 정보를 수집하는 데만 집중하고 있다"고 말했다. 금융계는 한편으로 의회 내 도드 프랭크 법안 폐지를 주장하는 티파티 의원들과 긴밀한 관계를 맺었으며, 국가부채 한도 인상을 조건으로 도드 프랭크 법안 폐지를 요구하기도 했다. 금융계는 2008년 금융위기 이후 도입된 금융 규제 철폐에 집중했는데, 자신들의 로비가 없어도 채무 불이행을 피하기 위한 압력이 충분히 강해 금융 붕괴를 막을 수 있으리라 판단했기 때문이다.[53]

그 판단은 옳았다. 7월 말, 베이너는 민주당 표 없이는 통과할 수 없는 국가부채 한도 합의안을 처리하기로 동의하면서 당내 완고한 우파 세력을 사실상 우회했다. 이로 인해 하원 의장 자리는 위기에 처하게 되었다. 베이너는 자신의 상황을 이렇게 표현했다. "알몸으로 협상하는 것은 어렵다. 아무것도 없으면 협상은 더더욱 힘들다." 이 싸움은 공화당 우파에도 상처를 남겼다. 7월에는 공화당 연구위원회 사무국장이 특정 의원들을 타깃으로 삼아 외부 단체들과 손잡은 사실이 밝혀졌다. 공화당 의원총회에서 의원들은 짐 조던과 공화당 연구위원회를 강하게 비난하며 해당 직원을 해고하라고 요구했다. 전반적으로 보수파는 국가부채 한도 설정에 실패했고, 국가부채 한도 합의안에 세금인상이 포함되는 것도 막지 못했다. 결국 이 법안은 민주당 표에 의존해 통과되었기 때문에, 공화당이 단결해 마련했더라면 나왔을 법한 법안보다 훨씬 진보적인 성격을 띠게 되었다.[54]

2013년, 공화당은 행정부 운영을 계속하려면 반드시 통과시켜야 하는 예산 기한을 압박 카드로 삼아 오바마 헬스케어 폐지를 요구했다. 결과적으로 기한을 넘기면서 10월 1일에 연방정부 셧다운 사태가 벌어졌다. 처음에 존 베이너와 에릭 캔터는 공화당 의원총회에서 하원이 먼저 오바마 헬스케어 예산 전액 삭감안을 표결하고, 이어 정부 예산안 표결을 진행하되 두 번째 표결은 첫 번째 결과와 무관하게 실시한다는 전략을 제안했다. 그러나 공화당 의원들의 격렬한 비난에 지도부는 사실상 쫓겨나다시피 했다. 특히 베이너는 하원 의장직이 위태로운 상황이었다. 제113대 의회(2013. 1~2015. 1) 개원 시점에 이미 9명의 공화당 의원이 베이너의 의장 선출을 지지하지 않았던 것이다. 2013년 가을, 온라인 건강보험거래소 같은 오바마 헬스케어의 핵심 기능이 가동되자 보수 성향 단체들의 반대 운동은 들불처럼 확산되었다. 코크 네트워크는 법안을 공격하는 광고와 집회에 막대한 자금을 쏟아부었다.

8월에는 공화당 하원의원 마크 메도스Mark Meadows가 오바마 헬스케어 예산 전액 삭감이 이루어지지 않으면 연방정부 예산을 인질로 잡겠다는 내용의 서한을 돌리기 시작했다. 제임스 워런 더멘트가 이끄는 '헤리티지 액션Heritage Action'은 서명에 참여하지 않는 공화당 의원들의 지역구에 광고를 내고, 예비선거에서 다른 후보를 선출하겠다는 압박을 가했다.[55]

베이너와 캔터는 처음에는 저항했지만 결국 굴복했다. 베이너는 의원들에게 솔직하게 말했다. "오바마(대통령), 바이든(부통령), 해리 리드(상원 의장), 낸시 펠로시(하원 의장). 이들은 우리가 이토록 멍청하다는 게 믿기지 않는다는 듯, 얄미운 미소를 지었다." 하지만 새로 구축된 '그림자 정당' 생태계는 하원의 권력 구도를 바꿔놓았다. 한 공화당 전략가는 "하원의원이 의장이나 당의 기존 구조에 반기를 들면 자금 지원을 받지 못했고, 재선된다 해도 심각한 보복 조치가 있었다. 하지만 이제는 모두 독립적인 행위자이며, 각자 자신의 자금원을 확보했다. '베이너가 나를 쫓아냈는데 나는 그에게 상관 말라고 했다'는 트윗을 날리면 오히려 더 많은 자금이 몰린다"고 말했다. 9월, 베이너는 반란 세력의 계획을 따르겠다고 선언했으며, 연방정부 예산을 오바마 헬스케어 예산 삭감과 연계했다. 결국 10월 1일, 예산안이 통과되지 않아 연방정부 셧다운이 이루어졌다(공화당의 전국하원위원회 위원장 피트 세션스조차도 이 전략에 반대했다).[56]

존 베이너의 직감은 옳았다. 오바마 헬스케어 예산 삭감으로 연방정부 셧다운이 끝날 가능성은 애초에 없었다. 첫째, 상원은 여전히 민주당이 장악하고 있었다. 하원이 오바마 헬스케어 예산 삭감 조항을 포함한 예산안을 통과시켜도, 상원은 해당 조항을 삭제한 채 법안을 다시 하원에 돌려보냈다. 둘째, 2011년 국가부채 한도 대치 사태 때 반대했던 기업 연합이 다시 뭉쳐 연방정부 셧다운에 반대 의사를 밝혔다. 상공회의소, 비즈니스 라운드 테이블, 전미제조업협회 등은 공화당의 예산 삭감에는 공감하면서도, 연방정부 셧다운으로 끌고 가는 데는 공개적으로 반대했다. 셋째, 깅그리치 시절의 연방정부 셧다운 때와 마찬가지로 대중은 공화당에 책임을 돌렸다. 코크 네트워크조차 연방정부 셧다운과 거리를 두었고, "우리는 오바마 헬스케어 예산 삭감과 예산 연계 전략에 대해 공식 입장을 내지 않았으며, 관련 입법 로비도 하지 않았다"고 말했다. '번영을 위한 미국인들'은 연방정부 셧다운을 지지했는데, 오바마 헬스케어 예산 삭감보다는 전반적으로 정부 지출에 대한 광범위한 우려 때문이었다. 오바마 헬스케어 예산 삭감 방어가 불가능해지자 미치 매코널 상원 원내대표는 조 바이든과 타협을 이루어 연방정부 셧다운을 종료시켰다.[57]

2010년 이후, 의회 내 우파 세력은 조지 W. 부시 2기 행정부 시절 공화당 내부에서 시작된 분열을 더욱 심화시켰다. 2010년 중간선거 승리와 당 외부에서 급성장한 정치 네트워크의 지원으로 자신감을 얻은 이들은 존 베이너에게 자신들의 요구를 수용하도록 효과적으로 압박을 가했다. 하지만 이 완고한 우파 세력은 당내 주류 세력과 점점 대립했고, 이에 따라 주류 세력은 2012~2016년 당내 통제권을 회복하기 위한 전략을 모색할 수밖에 없었다.

'미국의 미래 회복'과 '미국을 위한 최우선 행동'

2012년 대선을 앞둔 시점에서, 공화당 내 반란 세력이 직면한 고질적인 문제가 다시 고개를 들었다. 티파티와 연합 세력들이 하원 공화당 의원총회의 상당 부분을 장악했지만, 과거 당 우파 세력들과 마찬가지로 경쟁력 있는 대통령 후보를 내놓지는 못했다. 코크 네트워크의 막대한 지원을 기대하며 환심을 사려는 여러 인사가 코크 형제에게 접근했으나 결과는 신통치 않았다. 텍사스 주지사 릭 페리Rick Perry는 네 가지 핵심 공약 중 하나를 빠뜨리는 등 어이없는 실수를 범했다. 코크 네트워크의 숀 노블은 폴 라이언에게 출마를 권유했지만, 라이언은 부통령 후보 지명을 선호한다며 거절했다. 코크 형제는 뉴저지 주지사 크리스 크리스티Chris Christie에게 호감을 보였으나, 크리스티는 신중한 고민 끝에 출마를 포기했다. 코크 네트워크 후원자 중 일부는 티파티의 경제정책과 기독교 우파의 사회정책을 옹호하는 인디애나 주지사 마이크 펜스Mike Pence를 지지했으나, 펜스는 이미 인디애나 주지사 재선 출마를 선언한 상태였다. 하원 티파티 의원모임 창립자 미셸 바크먼, 전前 펜실베이니아주 상원의원 릭 샌토럼, 정계 은퇴 후 마지막 출마를 시도한 뉴트 깅그리치 역시 당 우파를 대표하려 했으나, 보수진영을 결집시키기에 충분한 지지를 모으지 못했다.[58]

반면, 당내 주류 세력은 일찍부터 밋 롬니를 중심으로 결집했다. 2010년 가을, 롬니의 2008년 대선캠프 베테랑들이 2012년 대선 출마를 지원하기 위해 슈퍼팩 '미국의 미래 회복Restore America's Future'을 출범시켰다. 이 조직을 이끌 인물로 칼 포티가 영입되었는데, 포티는

2008년 롬니 대선캠프의 정치국장이자 당시 로브의 '아메리칸 크로스로즈' 네트워크 정치국장이었다. '아메리칸 크로스로즈'가 공식적으로는 예비경선에서 중립을 유지했지만, 내부 전략가들의 성향은 분명했다. 롬니의 슈퍼팩은 초기 모금에서 엄청난 기록을 세웠는데, 2012년 초까지 오바마와 다른 공화당 예비경선 후보들의 슈퍼팩을 모두 합친 3,000만 달러를 이미 모았다. 초기 예비경선에서 롬니는 대학 교육을 받은 교외 지역의 전통적인 부자 유권자층을 기반으로 압도적인 우위를 차지했다.[59]

그렇지만 2012년 예비경선에서 밋 롬니가 초반에 후보 지명을 확정짓지 못한 것은 새로운 공화당 정치 생태계 때문이었다. 여러 후보가 억만장자 후원자를 확보하고, 후원자가 자신이 지지하는 슈퍼팩에 막대한 자금을 단독 지원하면서 후보를 계속 방송에 등장시켜 예비경선에서 버틸 수 있게 했다. 릭 샌토럼은 오랫동안 기독교 우파를 후원해온 투자 매니저 포스터 프리스Foster Friess의 지원을 받았다. 실제로 샌토럼은 2012년 초 상당 기간 지지율이 한 자릿수에 불과하고 선거자금도 부족했으나, 프리스가 자금을 댄 슈퍼팩이 아이오와 코커스caucus(당원대회) 직전 대대적인 광고를 집행하며 샌토럼을 "급진적인 이슬람의 위협을 인식하고 이해하는 비전 있는 인물"로 홍보했다. 이 광고 효과로 샌토럼은 지지율 2위로 도약할 수 있었다(샌토럼이 아이오와 코커스에서 사실상 가장 많은 대의원을 확보했으나, 코커스 절차의 복잡성과 집계 과정에서 발생한 변동으로 결국 롬니가 승자로 공식 선언되었다). 뉴트 깅그리치 역시 셸던 애덜슨의 후원을 받았다. 애덜슨은 오랜 기간 공화당과 친親이스라엘 단체에 거액을 기부해왔으며, 과거 조지 W. 부시가 "나에게 소리 지르는 미친 유대인 억만장자"라고 불렀던 인물이다. 1990년대부터 깅그리치와도 인연이 있었던 애덜슨은, 깅그리치가 과거 "미국 역사상 가장 악명 높은 반역자"라고 비난했던 유대계 미국인이 이스라엘을 위한 스파이 혐의로 유죄 판결을 받은 후 사면을 지지하는 입장으로 바꾸자, 깅그리치의 슈퍼팩에 2,000만 달러 이상을 후원했다. 이처럼 슈퍼팩들은 후보자 선거운동위원회를 뒤로 밀어내고 예비경선의 화두로 떠올랐는데, 실제로 아이오와 코커스에서는 당 밖 네트워크의 지출이 후보자 선거운동위원회보다 2배에 달했다.[60]

2012년 공화당 대선 예비경선에서 슈퍼팩들은 선거 구도를 혼란스럽게 만들었다. 릭 샌토럼은 전체 대의원 중 25퍼센트도 얻지 못했지만 4월까지 예비경선에 남아 있었고, 뉴트 깅그리치는 더욱 파괴적인 역할을 했다. 깅그리치는 폴 라이언의 예산안을 '우파적 사회 공학'이라고 비판해 당내 사람들에게서 반발을 샀다. 이에 대해 깅그리치는 특유의 거만한 태도로 "공화당 주류는 반지성적이고 변화를 거부한다. 나는 구태를 바꾸기 위해 출마했다"고 응수했다. 설상가상, 깅그리치가 밋 롬니의 사모펀드 회사 베인캐피털Bain Capital 시절을 공격하며 사업 모델을 "부자들이 교묘한 법적 수단으로 회사를 약탈하는 방식"이라고 비난했다. 오바마 캠프와 오바마의 슈퍼팩 '미국을 위한 최우선 행동Priorities USA Action'은 이 공격을 신속히 차용해 매우 효과적으로 활용했다. 한편, 도널드 트럼프는 예비경선 출마를 포기했기에 혼란을 부추기는 요인이 되지는 않았다. 트럼프는 공화당 우파 내에서 '오바마 출생지 조작' 음모론을 내세우며 상당한 정치적 자본을 축적했으나, 폴 라이언의 긴축 예산안이 공화당에 부담이 될 것이라고 판단해 2012년 대선 출마를 포기했다. 이후 트럼프는 2012년 대선에서 롬니가 패배한 직후, '미국을 다시 위대하게Make America Great Again, MAGA'라는 정치 슬로건을 상표 등록했다.[61]

2012년 4월 말쯤, 밋 롬니의 대의원 우위는 극복하기 어려운 수준에 이르렀고, 본격적인 대선 캠페인이 시작되었다. 롬니는 당내 우파 지지층 결집에 나섰다. 예비경선 기간 중 티파티에 대한 충성을 약속했고, 기후변화가 인간 활동에 기인한다는 점을 부인했으며, 폴 라이언의 예산안을 거의 그대로 따른 매우 보수적인 예산안을 발표했다. 이에 보답하듯 코크 네트워크는 전폭적인 지원을 아끼지 않았고 2012년 대선에서 총 4억 달러 이상을 지출했다. 특히 '번영을 위한 미국인들'은 대선에 예산을 거의 집중시켰다. '아메리칸 크로스로즈'와 '크로스로즈 GPS' 또한 코크 네트워크에 버금가는 약 3억 2,500만 달러를 지출했다. 또한 롬니 캠프는 에너지와 금융산업에서도 막대한 기부를 받았는데, 이들은 오바마 행정부가 부과한 규제의 족쇄에서 하루빨리 벗어나고 싶어 했다.[62]

이처럼 막대한 자금 지원을 바탕으로 롬니 캠프는 선거운동 내내 승리를 자신했다. 부통령 후보로 지명된 폴 라이언은 가족에게 워싱턴으로 이사 준비를 시킬 정도였다. 그러나 오바마에게도 자신만의 자금원이 있었다. 오바마는 통신, 소프트웨어, 제약 산업에서 큰 성공을 거두었는데, 이들 산업과는 1기 행정부 내내 노골적이거나 은밀한 방식으로 관계를 구축해왔다. 게다가 오바마 캠프의 슈퍼팩 네트워크는 공화당보다 훨씬 더 엄격한 규율과 협조 체계를 보여주었다. 이들은 역할을 확실하게 분담했는데, '미국을 위한 최우선 행동'은 대통령을 겨냥한 부정적 광고를 담당하고, 다른 슈퍼팩들은 각각 하원과 상원 선거를 담당했다. 이 단체들은 기부자가 여러 단체에 나누어 기부할 수 있도록 피라미드 형태의 기금 모금 조직까지 만들어 매우 긴밀히 협력했다. 상원 선거에 대한 슈퍼팩 지출 분석에 따르면 민주당 측의 이례적인 긴밀한 협조가 드러난 반면, 프리덤 웍스나 아메리칸 크로스로즈 같은 공화당 네트워크는 각기 다른 의제를 추구했다. 전반적인 슈퍼팩의 성장으로 인해 2012년 대선은 정당들이 직접 지출한 금액보다 외부 단체들이 더 많은 금액을 지출한 최초의 선거가 되었는데, 그 지출 규모는 공화당 약 25억 달러, 민주당 약 16억 달러에 달했다.[63]

2012년 대선에서 민주당의 조직력 우위와 롬니가 '부유층'이라는 이미지 외에 뚜렷한 매력을 보여주지 못한 요인이 결합되어 민주당이 대승을 거두었다. 롬니와 라이언은 내부 여론조사에서 오바마가 패배할 것이라고 확신했기에 이 결과에 크게 충격을 받았다. 롬니에게 중요한 주州라고 할 수 있는 오하이오주에서도 2008년 존 매케인보다도 적은 표를 얻었다. 하원과 상원에서는 민주당이 의석을 늘렸으며, 특히 상원에서는 우파 세력의 영향으로 공화당이 의석을 잃었다. 인디애나주 예비선거에서는 프리덤 웍스와 '정치적 성장클럽'이 지원한 리처드 머독Richard Mourdock이 오랫동안 재직하고 있던 현직 상원의원 리처드 루거Richard Lugar를 물리쳤다. 그런데 머독은 "삶은 신이 주신 선물이며, 그 삶이 강간이라는 끔찍한 상황에서 시작되더라도 그렇다"는 발언으로 본선에서 패배했다. 미주리주에서는 당 우파 출신이지만 티파티와는 별다른 연계가 없던 토드 아킨Todd Akin도 이와 비슷하게 부적절한 발언을 해서 패배했다.[64]

부검 보고서

2012년 대선 이후, 공화당 주류 세력은 자신들의 패배 원인으로 우파를 지목하며 통제에 나섰다. 2012년 12월, 존 베이너는 특히 완고한 하원의원 4명을 위원회 직책에서 제외하는 강경 조치를 단행했는데, 이 조치는 당내 우파에 대한 경고로 널리 해석되었다. 대선 전, 원내총무 스티브 스컬리스Steve Scalise는 반세기 가까이 하원 우파의 근간 역할을 해온 공화당 연구위원회 차기 위원장 자리를 놓고 당 지도부와의 건설적 관계를 바탕으로 선거운동을 벌였다. 그러나 기존 위원회 지도부를 이끌던 짐 조던 세력이 다른 강경파 의원을 단독 선출하자, 스컬리스는 잘 알려지지 않은 위원회 규칙을 활용해 전체 회원 투표를 강제로 실시했다. 아이러니하게도, 티파티의 예비선거 도전이 오히려 덜 강경한 보수 의원들을 공화당 연구위원회에 참여시키면서, 이 모임은 다소 온건해졌다. 또한 전체 공화당 하원의원 중 4분의 3에 달하는 170명 이상의 회원을 확보했다. 스컬리스가 투표에서 승리한 뒤, 조던과 강경파는 2015년에 초청제로 운영되는 '프리덤 코커스Freedom Caucus'를 결성했다. 한편, 폴 라이언은 자신의 긴축 예산안에서 방향을 선회해 베이너가 지지하는 타협안을 추진했다. 반면 티파티 의원모임은 2012년 여름 이후 행사를 중단했고, 회원 수도 크게 줄었다. 한편, 전국위원회 위원장 라인홀드 프리버스는 대선 패배 원인 분석 보고서를 외부 기관에 의뢰했는데, 이것은 바로 '부검剖檢 보고서'로 알려졌다.[65]

공화당 밖에서도 우파 진영은 큰 혼란에 빠졌다. 대선 이틀 뒤, 보수 라디오 진행자 숀 해니티Sean Hannity는 청취자들에게 "우리는 이민 문제를 완전히 해결해야 한다"며, 2005년부터 우파가 '사면'이라고 부르며 비판해온 미등록 체류자들에게 합법적으로 시민권을 취득할 수 있는 길을 열어주는 방안을 지지한다고 말했다. 롬니가 이민 문제에서 우파의 입장을 견지했지만 히스패닉 유권자의 단 27퍼센트만 확보했다는 출구조사 결과가 보수층을 공포에 몰아넣은 것이다. 티파티 선거 개입의 핵심 조직인 프리덤 웍스는 가장 중요한 두 지도자인 딕 아미와 맷 키베 사이의 분열을 겪었으며, 이 과정에서 아미가 본부에 권총을 들고 나타나 무장 쿠데타를 시도하는 사태까지 벌어졌다. 아미는 쿠데타 실패 후 조직을 떠났다.

한편, 칼 로브는 공화당 예비선거에서 중립 입장을 버렸다. 2013년 초, 아메리칸 크로스로즈는 미국 보수 성향의 잡지 『내셔널리뷰』를 창간한 윌리엄 F. 버클리 주니어William F. Buckley Jr.의 "이길 수 있는 가장 보수적인 후보를 지원하라"는 격언을 따르는 '보수 승리 프로젝트 Conservative Victory Project'를 출범시켰다. 2013년 10월 연방정부 셧다운 이후, 상공회의소도 당내 주류 후보를 보호하기 위해 본격적으로 공화당 예비선거에 참여할 뜻을 밝혔다. 부시 행정부 시절 기업 공동체 핵심 전략가였던 더크 반 동겐은 이렇게 말했다. "공화당 내부에서, 자신들이 당의 보수적 기준을 100퍼센트 충족하지 못해 '순수하지 않다'고 공격받는 후보자들을 보호하기 위해 공화당이 예비선거에 적극적으로 개입해야 한다는 이야기가 회자되고 있다."[66]

2014년 중간선거를 앞두고 공화당 지도부는 당내 완고한 우파 세력을 제압했다고 자신했다. 칼 로브와 상공회의소는 공화당 예비선거에서 전례 없는 역할을 하며, 당 지도부와 협력할 의원들을 지키기 위해 막대한 자금을 투입했다. 그러나 2014년 상반기 내내 당내 주류 세력은 불안감을 느껴야 하는 사건들에 직면했다. 첫째, 연초에 존 베이너는 〈폭스뉴스〉 CEO 로저 에일스Roger Ailes와 만나 아이오와주 하원의원 스티브 킹Steve King과 텍사스주 하원의원 루이스 고머트Louis Gohmert처럼 공화당 내 가장 극단적인 인물들에게 방송 시간을 너무 많이 할애하지 말아달라고 요청했다. 이 만남은 에일스가 오바마를 무슬림으로 몰며 자신이 24시간 감시당하고 있다고 고함치는 것으로 마무리되었다. 둘째, 6월에는 에릭 캔터 하원 원내대표가 반反이민 정책을 강력하게 지지하지 않았다는 이유로 보수 우파 도전자에게 예비선거에서 패배했다. 셋째, 미시시피주에서는 당내 주류 세력이 새드 코크런Thad Cochran 상원의원의 낙선을 막기 위해 전력을 다해야 했다. 이에 맞서 헤일리 바버Haley Barbour의 정치 조직은 미시시피주의 흑인 민주당원들에게 지지를 호소했는데, 이들이 예비선거에 참여할 수 있었기 때문이다. 상공회의소는 풋볼 선수 브렛 패브Brett Favre를 영입해 코크런 지지 광고에 출연시켰다. 코크런은 간신히 승리했다.[67]

전반적으로 당내 주류 세력은 좋은 성과를 거두었다. 당 우파가 예비선거에서 현직 상원의원 6명을 집중 표적으로 삼았으나, 주류 세력은 그 도전을 모두 물리쳤다. 적어도 2014년에는 리처드 머독과 같은 사례가 더는 나오지 않았다. 상공회의소는 예비선거에 적극 개입해 2,000만 달러 가까이 지출했다. 상공회의소 선임 정치국장 스콧 리드Scott Reed는 "우리는 그들을 '동굴인 코커스Caveman Caucus'라고 불렀으며, 반드시 무너뜨려야 했다"고 말했다.[68] 결국 2014년 중간선거는 공화당에 큰 성공을 안겨주었다. 상원의원 9석을 추가로 확보하며 오바마 대통령 임기 중 처음으로 상원에서 다수당이 되었고, 하원은 다수당을 유지해 입지를 한층 강화했다. 칼 로브는 이 결과가 자신의 전략이 옳았음을 입증한 것이라며, "유권자들은 화요일(11월 4일)에 대통령과 공화당 모두에게 메시지를 보냈다. 공화당은 그 메시지를 가장 먼저, 가장 잘 받아들이는 것이 현명하다"고 말했다.[69]

하지만 정당 시스템 차원에서는 2014년 중간선거가 더욱 불길한 메시지를 전달했다. 외부 자금 지출이 다시 한번 당 자체 지출을 능가했기 때문이다. 2014년에는 후보자 모금과 전국위원회 모금 모두 2010년에 비해 감소했다. 2012년에는 오바마와 롬니가 각각 자신만의 슈퍼팩을 운영했지만, 2014년에는 연방선거위원회 집계에 따르면 94개의 단일 후보자 슈퍼팩이 활동 중이었다. 당과 '그림자 정당' 사이의 권력은 더욱더 균형을 잃고 있었다.[70] 극소수의 초부유층 인사들이 주도하는 외부 자금 지출이 폭증하는 가운데, 미국 역사상 최대 수준의 유권자 참여율 하락이 동시에 일어났다. 최근 중간선거 투표율은 제2차 세계대전으로 유권자 참여가 크게 감소했던 1942년 이후 가장 낮은 수준이다. 다시 말해 대부분 주州에서 유권자 참여율은 현대 정당이 등장하기 이전인 19세기 초 이후 가장 낮은 수준에 이르렀다. 미국 정치의 '지각판'이 움직이고 있었으나, 다가올 대지진을 예측한 이는 극히 드물었다.[71]

공화당의 역사를 다루는 최근 책들은 대부분 어떤 식으로든 도널드 트럼프의 대통령 재임 시절을 설명하려고 한다. 이 책도 예외는 아니다. 트럼프의 집권은 반드시 해명이 필요하다. 정치 경험의 부재, 무례함, 극도로 혼란스러운 행정부 운영, 자유롭고 공정한 선거에 대한 근거 없는 공격, 2020년 대선 패배 이후에도 영향력을 계속 유지한 점 등은 모두 대통령직의 기존 관례를 명백하게 벗어난 것이다. 여러 전문가가 지적하듯, 트럼프의 대통령직 수행은 기존의 사회과학적 분석 틀을 무너뜨렸으며, 서로 다른 여러 패러다임이 결합된 '이질적인 조합'으로 나타났다.[1]

트럼프의 정치 방식을 해석하는 데 가장 큰 어려움은, 1기 행정부가 이룬 성과가 들쭉날쭉 일관되지 않았다는 점이다. 한편으로, 트럼프는 공화당 예비경선과 본선에서 미국 정치사에서 가장 충격적인 승리를 거머쥐었고, 미국 정치경제를 새로운 보호무역주의 시대로 전환시켜 놓았다. 2020년 대선 패배 이후에도 이어진 공화당에 대한 트럼프의 영향력은 미국 역사상 유례가 없었다. 하지만 동시에, 트럼프는 정말 독특한 방식으로 실패하기도 했다. 그가 공약했던 오바마 헬스케어 폐지는 끝내 실패했고, 대표 의제였던 이민 통제 역시 의미 있는 새로운 입법을 이루지 못했다. 행정명령으로 강행했던 이민 정책들마저 연방 대법원에서 연이어 제동이 걸렸다. 오바마 헬스케어와 이민 정책 실패는 2018년 중간선거의 패배로 이어졌고, 이로써 임기 후반 대대적인 입법은 사실상 불가능해졌다. 설상가상, 2019~2020년은 트럼프 자신이 자초한 각종 조사와 탄핵으로 얼룩졌다. 마지막으로, 2020년 대선 결과를 뒤집으려는 트럼프의 시도는 1월 6일 쿠데타까지 치달았다가 결국 실패했는데, 이것은 공화당에는 씻을 수 없는 오점을, 트럼프 자신에게는 새로운 '역사적 오명'을 남겼다.

이처럼 승리와 패배가 뒤섞인 독특한 조합은 2016년 대선에 접어든 공화당의 특수한 상황과 트럼프가 이 상황을 활용한 방식과 깊은 연관이 있다. 2010년 이후 두 개의 파벌로 분열된 공화당은 유권자들과의 관계에서 변화를 겪고 있었다. 2008년과 2012년에는 공화당 예비선거에서 유권자들이 민주당을 이길 수 있는 후보에게 힘을 모았지만, 2016년에는 파벌 싸움이 이어져 당 지도부가 유권자들에게 메시지를 전달하는 능력을 잃었다. 게다가 공화당 유권자들도 당 주류 세력과 코크 네트워크 양쪽 모두의 전통적인 노선에 등을 돌리기 시작했다. 두 파벌 모두 자유시장, 사회보장 축소, 이민 개혁을 내세웠지만 유권자들은 이 세 가지 모두에 불만을 품고 있었다. 당내 파벌 싸움을 벌이던 어느 쪽도 유권자들의 마음이 변하고 있다는 사실을 알아차리지 못했다. 반면 트럼프는 공화당 유권자들의 지향점을 거의 본능적으로 알아차리고 있었다. 티파티의 격화된 극단적인 공격으로 인해, 공화당 지지층은 자유주의에 대항하는 '선전포고'를 강하게 외치는 후보를 받아들일 준비가 되어 있었다.

당 지도부가 분열되고 지지 기반과도 괴리된 상황에서 등장한 트럼프는 미국 정치에서 매우 드문 '개인 중심 정치'로 강력한 당 장악력을 이루어냈다. 트럼프가 대통령에 당선된 뒤 그 정치에 반대하는 세력은 변두리로 밀려났고, 그 상태가 거의 10년 가까이 지속되고 있다. 미국 내 대부분 지역에서 공화당은 트럼프가 믿는 것을 믿고, 지지하는 것을 지지한다. 탁월한 언론 장악 능력을 바탕으로, 트럼프는 자신에게 도전한 대부분의 공화당 인사들을 굴복시켰으며, 심지어 가장 강력한 정적들조차 애처롭게 아양을 떠는 추종자로 전락시켰다.

트럼프는 공화당에 대한 '개인 중심 정치'를 확립하는 데 성공했지만, 미국이라는 국가를 비슷한 방식으로 통치하려다 뼈아픈 실패를 수차례 겪었다. 미국의 제4대 대통령 제임스 매디슨James Madison에 의해 설계된 삼권분립 체제는 '개인 중심 정치'와 근본적으로 맞지 않는다. 법안을 통과시키려면 대통령이 직접 권한을 행사할 수 없는 정당들과 협상해야 하며, 행정명령은 사법부의 심사를 받는다. 방대한 연방 관료 기구는 조직적인 통제가 필요한데, 트럼프는 이를 제대로 수행하지 못했다. 이런 이유로 트럼프의 정치는 다소 허구적으로 보일 수밖에 없었다. 당에 대한 성공적인 '개인 중심 정치'와 국가에 대한 실패한 '개인 중심 정치'를 동시에 보여주었다. 국가라는 배를 혼자서 조종하지 못한 트럼프의 첫 임기는 결국 대규모 감세, 환경 규제 완화, 보수적 사법부 판사 임명이라는 전통적인 공화당 정책의 산물로 귀결되었다.

정치 역사상 가장 위대한 광고 프로그램

2016년 예비선거에 앞서, 공화당 주류와 반란 세력 모두 다가올 예비경선에 자신감을 내비쳤다. 공화당은 당 전체적으로 2003~2005년 부시 행정부 전성기 때보다 더 강력한 위치를 점하고 있었다. 의회에서 공화당 다수 의석은 1920년대 이후 최대였으며, 당시 공화당은 10년간 연속으로 의회와 백악관을 장악했다. 이 지배력은 주정부 차원에도 미쳐 미국 인구의 절반 가까이가 공화당이 주정부를 완전히 통제하는 지역에서 거주했다. 반면 민주당이 완전히 장악한 주에 사는 인구는 약 15퍼센트에 불과했다. 공화당 전국위원회 위원장 라인홀드 프리버스는 예비경선 일정을 조정해 후보 지명 기간을 단축하고 토론 횟수를 줄임으로써 당내 갈등을 최소화하고 가능한 한 조속히 유력한 후보를 선출하려고 했다.[2]

당내 주류 세력인 칼 로브와 동료들은 2014년 중간선거의 기세를 등에 업고 자신감을 보였다. 그해 공화당은 대부분의 예비선거 도전을 물리쳤으며, 2006년 이후 처음으로 상원 다수당을 차지하는 데 성공했다. 선거 이후 반란 세력은 공화당 연구위원회 장악을 시도하며 사우스캐롤라이나주 하원의원 존 마이클 멀베이니John Michael Mulvaney 를 위원장 후보로 내세웠으나, 에너지 기업 CEO 출신인 빌 플로레스

Bill Flores에게 패배했다. 플로레스는 전前 위원장 스티브 스컬리스가 존 베이너 하원 원내대표와 유지해왔던 협력관계를 자신도 계속 이어가 겠다고 밝혔다. 유권자층에서는, 보수층 내에서도 티파티에 대한 지지 가 이전보다 한층 떨어진 상태였다. 2016년 대선 예비경선에서도 젭 부시는 경선이 시작되기도 전부터 승리를 위한 입지를 다지고 있었다. 부시의 슈퍼팩 '라이트 투 라이즈Right to Rise'는 2015년 1월, 부시가 공식 출마 선언을 하기 전부터 활동을 개시했다. 부시는 아직 공식 후 보가 아니었기 때문에 이 슈퍼팩을 직접 모금할 수 있었는데, 이것은 연방선거위원회가 규정하고 있는 후보와 슈퍼팩의 협력 금지 조항을 피해가는 전략이었다. 2015년 6월까지 1억 달러 이상을 모았다. 이렇 게 모인 막대한 자금은 경쟁자들을 예비경선 초반부터 압박하고 탈락 시키는 '충격과 공포' 캠페인 역할을 하도록 기획되었다. 당내 주류는 부시가 본선에서 승리하면 반란 세력을 제압하고 당을 재통합할 수 있 으리라 기대했다.[3]

하지만 반란 세력 역시 희망을 품을 만한 이유가 있었다. 2015년 초, 하원의원들은 존 베이너 의장에게 또 한 차례 도전장을 내밀어 24표를 얻었다. 남북전쟁 이후 다수당 소속 하원 의장 후보가 받은 최다 반대 표였다. 이후 짐 조던과 마크 메도스 같은 반란 세력은 '초청제' 의원모 임을 조직했다. 기존 공화당 연구위원회가 자신들의 눈에 무용지물이 된 전철을 밟지 않기 위한 조치로, 스티브 킹과 루이스 고머트처럼 활 동을 방해하는 인물들을 배제하려는 목적도 있었다. 이 모임은 '프리 덤 코커스'라고 불렸다. 30명 이상의 의원을 거느린 '프리덤 코커스'는 공화당 다수 의석을 흔들 수 있는 힘을 얻게 되었다. 이 힘으로 베이너가 반드시 협상 테이블에 앉아 자신들과 대화할 수밖에 없게 만들었다. 프리덤 코커스가 여러 달 동안 지도부의 구상을 잇달아 저지하자, 베이너는 반란 세력에 의해 축출되는 대신 2015년 10월 자진 사퇴를 선택했다. 베이너의 뒤를 이어 케빈 매카시가 필요한 표 확보에 실패하자, 폴 라이언이 마지못해 하원 의장직을 맡았다.[4]

공화당 외부에서도 반란 세력은 힘을 키워가고 있었다. 2012년 이후 코크 네트워크는 다시 중앙집중적으로 운영되었다. 이제는 숀 노블 같은 외부 컨설턴트에게 막대한 자금을 넘기지 않고, 모든 운영을 자체적으로 관리하기로 한 것이다. '자유 파트너스 상공회의소'가 이 네트워크의 주요 자금 지원 창구가 되었고, 정보기술과 인사 서비스는 '공유서비스센터Center for Shared Services'로 통합되었다. 또한 코크 네트워크가 운영하는 영리 목적의 유권자 데이터 분석 회사 'i360'이 자료 분석과 유권자 맞춤형 분석을 담당했는데, 2015년까지 이 회사의 성과가 워낙 뛰어나 많은 공화당 후보가 공화당 전국위원회보다 i360을 선호할 정도였다. 2015년 초, 코크 형제는 2016년 대선에 9억 달러 가까이 지출할 계획을 발표했는데, 이것은 공화당 전국위원회의 지출 규모를 훨씬 넘어서며, 대선캠프 전체 지출과 맞먹는 수준이었다.[5] 이처럼 공화당 내전의 양 진영 모두 전에 없던 규모의 전투를 준비하고 있었다. 그런데 이때 또 다른 강력한 경쟁자가 참전을 준비하고 있었다.

도널드 트럼프는 오랜 기간 대통령 출마를 암시해왔다. 1980년대부터 여러 인터뷰에서 자신이 훌륭한 대통령이 될 것이라고 말했다. 2000년에는 잠시 개혁당Reform Party의 후보 지명을 위해 출마를 시도하기도 했다. 당시 트럼프는 정치적 이념이 확고하지 않았고, 양당 정치인 모두에게 자주 기부해왔다. 그러나 오바마 행정부 시절부터 점차 공화당과 가까워지기 시작해서 2010년에는 칼 로브의 '아메리칸 크로스로즈'에 5만 달러를 기부했으며, 2011년에는 보수정치활동위원회CPAC에서 연설하며 석유수출국기구와 중국을 무역 조작자로 비판해 2012년 출마설이 돌기도 했다. 이후 '오바마 출생지 조작' 음모론을 퍼뜨리면서, 공화당 유권자 사이에서 유명한 음모론 주창자로 신뢰를 얻었다(존 베이너는 나중에 "하원의원들 중 최소한 20여 명은 오바마 출생지 조작설이 사실이라고 믿었다"고 말했다).[6] 폴 라이언의 긴축 예산안이 공화당에 부담이 되자 출마를 포기했으나, 영향력이 너무 컸기에 밋 롬니 캠프 매니저가 트럼프타워를 찾아가 신임 변호사 마이클 코언Michael Cohen과 만나 지지를 확보하려고 했을 정도였다.[7]

밋 롬니가 예비경선에서 탈락한 후, 도널드 트럼프는 2016년 대선 출마를 본격적으로 준비했다. 공화당 인사들에게 집중적으로 기부했는데, 공화당 주지사협회에는 25만 달러를 기부했다. 2015년 1월, 트럼프는 아이오와주 하원의원 스티브 킹이 주최한 '아이오와 프리덤 서밋Iowa Freedom Summit'에 모습을 드러냈다. 이 행사는 아이오와 코커스를 앞둔 전초전으로 여겨졌다. 아이오와주에서 트럼프는 뉴트 깅그리치와 아침 식사를 함께하며 출마와 관련한 질문을 쏟아냈다. 그리고 2015년 6월, 공식 출마를 선언했다. 그러나 당시 트럼프는 대통령직을 목표로 여기지 않았다. 오히려 자신을 홍보하는 데 더 중점을 두었다. 트럼프는 이렇게 말했다. "최악의 경우가 뭐죠? 우리가 진다고요? 그게 뭐 어쨌다고요? 이건 정치 역사상 가장 위대한 광고 프로그램이 될 겁니다." 초기 선거 참모 중 한 명은 "트럼프는 이번이 인류 역사상

가장 훌륭한 브랜딩 실험이 될 거라고 말하기도 했다"고 말했다.[8]

2016년 공화당 예비경선은 혼란스러웠지만, 트럼프를 제외하면 사실상 승산 있는 후보는 3명뿐이었다. 젭 부시는 그의 형 조지 W. 부시를 지지했던 기업 연합에서 막대한 자금을 모아 경쟁자들을 물리치려고 했다. 마코 루비오는 젭 부시의 옛 후계자로, 티파티 성향 지지자들에게도 인기가 있으면서 당내 주류 세력과 협력할 수 있는 '공화당 내 온건파'로 오랫동안 활동해왔다. 그래서 모든 진영에 어필하려는 선거운동을 펼쳤지만, 특정 지지 기반을 확고히 하지 못해 여론조사에서 1위를 차지하지 못했다. 다만 다른 후보가 경선에서 탈락하면 그 지지를 흡수해 단숨에 선두로 도약할 가능성을 염두에 두었다. 마지막으로 텍사스주 상원의원 테드 크루즈Ted Cruz는 당내 반란 세력의 후보로 출마해 티파티와 기독교 우파 모두에게 호소했다. 크루즈는 선거 출정식을 제리 폴웰이 세운 리버티대학에서 열었는데, 10년 전 존 매케인이 기독교 우파 지지를 호소했던 장소이기도 하다. 크루즈는 대선 출마 선언 직후, 부시에 이어 두 번째로 큰 규모의 슈퍼팩 네트워크와 함께 강력한 데이터 분석과 기부금 모금 조직을 신속히 구축했다.[9]

'가장 미친놈'에게 투표하다

2015년 8월 열린 첫 공화당 예비경선 토론회 이후, 도널드 트럼프는 여론조사에서 선두를 확실히 굳혔다. 이후 여론조사에 대한 대응 방식이 당내 모든 인사의 행보를 결정지었다. 공화당 전국위원회 위원장 라인홀드 프리버스는 트럼프가 이기는 것보다 지는 것을 더 우려했다. 프리버스가 가장 두려워한 시나리오는 트럼프가 예비경선에서 중도 하차한 뒤 본선에서 무소속으로 출마해 힐러리 클린턴에게 대통령직을 넘겨주는 것이었다. 이를 막기 위해 프리버스는 트럼프에게 '충성 서약'을 요구하며 무소속 출마를 하지 않겠다는 약속을 받아내려고 했다. 실제로 트럼프는 무소속 출마를 전혀 고려하지 않았는데, 미국처럼 무소속으로 출마하기 까다로운 제도가 있는 나라에서 매우 어려운 일이었기 때문이다. 그러나 트럼프는 이런 억측을 이용해 자신을 계속 화제의 중심에 두면서 프리버스를 곤란하게 만들었다. 결국 트럼프는 충성 서약서에 서명했지만, 프리버스를 직접 트럼프타워로 불러 서명하게 함으로써 이 서약의 주도권이 자신에게 있음을 확실히 보여주었다.[10]

한편 젭 부시와 테드 크루즈는 트럼프에 대한 직접 공격을 삼갔다. 부시 캠프는 크루즈와 트럼프가 공화당 내 극우 유권자층을 두고 경쟁하고 있다고 보았다(이는 훗날 드러난 것처럼, 트럼프 지지 기반에 대한 오해였다). 그래서 두 사람이 서로 맞붙도록 내버려두는 게 최선이라고 판단했다. 젭 부시의 슈퍼팩 '라이트 투 라이즈'의 수석 전략가 마이크 머피Mike Murphy는 "크루즈는 불만 정서를 겨냥하는 강력한 무기를 갖고 있고, 우리는 크루즈가 그 무기를 트럼프에게 사용하리라는 것을 안다. 트럼프는 그 점에서 매우 취약하다"고 말했다. 그래서 부시 캠프는 트럼프 비판에 매몰되는 것을 원하지 않았다. 반면 크루즈는 트럼프를 잠시 반짝했다 사라질 일시적인 현상으로 보았으며, 자신이 갖춘 정교한 캠프 조직이 트럼프가 일으킨 '적대감 정치'를 쉽게 흡수할 수 있다고 확신했다. 크루즈는 오히려 공개적으로 트럼프를 칭찬하며 군중 앞에서 "나는 도널드 트럼프가 좋다. 트럼프가 경선에 나와서 기

쁘다. 트럼프는 경선에 긍정적인 영향을 많이 주고 있다"고 말했다. 그는 또 트럼프가 자신의 지지자를 단지 '임대'하고 있을 뿐이라고 주장했다. 하지만 크루즈는 트럼프의 '점유하는 사람이 사실상의 주인이다'는 말이 정확히 들어맞는다는 사실을 알게 되었다.[11]

트럼프와 크루즈 간의 휴전은 예상대로 아이오와 코커스 도중 깨지고 말았다. CNN은 신경외과 의사이자 군소 후보였던 벤저민 카슨Benjamin Carson이 경선을 중도 포기했다는 '오보'를 내보냈다. 크루즈의 정교한 미디어 모니터링과 메시지 전달 조직은 곧바로 아이오와주 전역의 지지자들에게 자신에게 표를 모아 달라는 메시지를 퍼뜨렸다. 그 결과 크루즈가 승리했고 트럼프는 2위에 머물렀다. 이 오보 사건이 실제 결과에 영향을 끼쳤다는 증거는 명확하지 않았지만, 카슨은 억울함을 호소하며 반발했고 트럼프도 아이오와주 공화당 의장에게 크루즈의 승리를 인정하지 말라고 요구했다. 한편 젭 부시는 2.8퍼센트 득표에 그치며 8위로 밀려났다. 다음 주 뉴햄프셔주 경선에서 트럼프는 20퍼센트포인트 차로 승리해 확실한 선두주자를 굳혔고, 부시의 선거캠프는 사실상 존속이 어려워졌다.[12]

이 시점부터 '어떻게 트럼프를 저지할 것인가?'가 공화당의 핵심 쟁점으로 떠올랐다. 1월에는 '아워 프린서플스Our Principles'라는 새로운 슈퍼팩이 트럼프 저지를 목표로 출범했다. 이 단체는 금융가 폴 싱어Paul Singer와 토머스 리케츠Thomas Ricketts 같은 오랜 공화당 기부자들의 자금을 지원받아 네거티브 광고로 트럼프를 짓누르려고 했다. 한편 당내 다른 진영에서는 '자유 파트너스 상공회의소' 회장 마크 쇼트Marc Short가 찰스 코크와 회동해 트럼프 저지에 코크 네트워크를 동원하려고 했다. 그러나 코크 계열사 일부 고위 경영진은 기업의 평판이 지나치게 정치적 성격을 띠고 있다며 반대했다. 이에 쇼트는 곧바로 '자유 파트너스 상공회의소' 회장직을 사임하고 마코 루비오 캠프로 합류했다. 코크 네트워크에서도 트럼프의 승리에 대한 위기감이 고조되었지만, 크루즈와 루비오로 지지가 갈라지면서 대안 후보에게 단일하게 모이지 못했다.[13]

공화당 내 다른 캠프의 조정 실패와 전략적 실수가 없었다면 트럼프가 승리했을 가능성은 낮았다. 2016년 공화당 예비선거 투표에서 트럼프가 얻은 투표율은 약 40퍼센트 수준이었다. 프리버스가 공화당 전국위원회 관계자들의 조언을 무시하고 트럼프를 특별히 배려했고, 크루즈와 부시가 트럼프 공격을 자제함에 따라, 트럼프는 2015년 하반기에 사실상 '무임승차'를 한 셈이었다. 부시와 크루즈의 조정 실패 자체도 공화당 내 극심한 파벌 싸움의 결과였다. 특히 크루즈는 당 지도부를 향한 과시적 자기 홍보로 인해 당내에서 비판을 받았다. 이런 점에서, 트럼프의 공화당 경선 승리는 당이 분열된 결과였으며, 이러한 분열은 '그림자 정당'들을 후원하는 부유한 자본가들의 파벌 싸움을 반영한 것이기도 했다(공화당 엘리트들의 조정 실패가 트럼프 승리의 설득력 있는 설명은 아니라는 주장도 있다. 이들은 트럼프가 경쟁자들과의 일대일 맞대결에서 항상 다수의 표를 얻었다는 여론조사 결과를 근거로 제시한다. 그러나 이 데이터도 2016년 초에 실시된 여론조사에서 나온 것으로, 이미 그 시점에 공화당 엘리트들이 내린 선택을 반영한 것이다. 공화당 엘리트들이 좀더 일찍 조율했다면, 응답자의 답변 또한 달랐을 가능성이 높다).[14]

트럼프에게는 몇 가지 강점이 있었다. 특히 미디어 영향력이 막대했다. 분석가들은 트럼프가 언론 보도를 독점해 확보한 방송 노출 가치가 약 50억 달러에 달한다고 추산한다. 첫 공화당 예비경선 토론회 이후, 상공회의소 정치 전략팀은 온라인 토론의 82퍼센트가 트럼프에 관한 것임을 확인했다. 또한 트럼프는 언론계 인사들에게서 직접적인 지원을 받기도 했다. 2016년 3월, 테드 크루즈가 마지막 경쟁자였을 때, 〈폭스뉴스〉의 기고자 2명이 크루즈 캠프에 전화를 걸어 "방송 중 당신에 대해 긍정적으로 말할 수 없다"고 알렸다. 크루즈는 나중에 "도널드 트럼프를 대통령으로 만드는 게 로저 에일스의 최후의 소원이었던 것 같다"고 말했다.[15]

　메시지도 미디어만큼 중요했다. 도널드 트럼프는 공화당 후보가 되기 전까지 공화당 내에 있지도 않던 정치적 입장을 조합해 제시했다. 2012년 대선 평가 보고서는 밋 롬니 캠페인의 경제정책, 즉 폴 라이언의 과감한 감세와 예산 삭감 정책이 기본적으로는 괜찮았지만, 문제는 반反이민 정책으로 인해 당이 표를 잃었다고 진단했다. 반면 티파티와 그 정치적 후계 세력은 복지국가에 대해 훨씬 더 공격적인 조치를 주장했다. 그런데 미국 정치학자 시다 스코치폴이 지적했듯, 이 두 가지 정책 의제는 공화당 유권자들의 마음과 점점 더 멀어지고 있었다. 유권자들은 세금과 복지 삭감에 대해 회의적이면서도 이민자와 다문화 정책에는 더 적대적이 되었다. 2015년, 트럼프가 출마하기 직전에 실시된 여론조사에서는 공화당원의 3분의 2가 당 지도부에 대해 '매우 적은' 신뢰를 보이고 있었음이 나타났다. 트럼프는 이 틈새를 완벽히 파고들었다. "메디케어, 메디케이드, 사회보장을 삭감 없이 지킬 것"을 약속했고, 북미자유무역협정 같은 무역협정을 강하게 비판하며, 이민자들을 신랄하게 공격했다. 이 점에서 트럼프는 테드 크루즈 같은 티파티 연계 후보들과 확연히 구별되었다. 티파티 운동이 활발했거나 티파티 소속 의원이 있는 지역들은 오히려 트럼프에게 표를 덜 주는 경향이 있었다. 주요 공화당 후보들 가운데 트럼프만이 국가 경제와 개인 재정 상태에 대해 부정적으로 인식하는 유권자들의 지지를 더 많이 받을 가능성이 크다는 연구도 있었다. 결국 공화당 예비선거에서 트럼프는 다른 후보들과 확연히 구별되는 정책 의제를 제시했으며, 공화당의 유권자 상당수가 이를 지지했다.[16]

결국, 트럼프는 예비경선에서 가장 반反자유주의적인 성향의 인물이었기 때문에 경쟁자들을 물리치고 승리를 거머쥐었다. 2016년 이전부터 미국 정치는 정치학자들이 '부정적 당파성negative partisanship'이라고 부르는 현상이 점점 뚜렷해지고 있었다. 이 현상은 상대 정당에 대한 적대감을 특징으로 하는데, 여론조사 결과에 따르면 사람들이 자기 당에 대해 평가하는 태도는 대체로 일관된 반면, 상대 당에 대해서는 점점 더 부정적으로 변해갔다.[17] 공화당 내에서는 이러한 '부정적 당파성'이 티파티에 의해 더욱 거세졌는데, 이들은 버락 오바마를 '자신들이 알던 미국을 종말에 이르게 할 인물'로 묘사하며 거친 공격을 퍼부었다. 2010년대 초반 내내, 극단적인 부정적 수사법이 공화당 내에 표준처럼 자리 잡았고, 이로 인해 민주당 정치인들을 더 가혹하게 공격하는 후보가 등장할 기반이 마련되었다. '프리덤 코커스'에서 '너무 괴팍하다'는 이유로 배제당한 공화당 켄터키주 하원의원 토머스 매시Thomas Massie는 이렇게 말했다. "그동안 나는 사람들이 자유지상주의자 공화당원에게 표를 준 줄 알았다. 하지만 곰곰이 생각해보니, 예비선거에서 랜드 폴과 론 폴과 나에게 표를 주었을 때, 사람들은 자유지상주의 이념에 투표한 게 아니라 경선에서 '가장 미친놈'에게 투표하고 있었던 것이다. 그리고 도널드 트럼프가 그 부문에서 1등을 차지했다."[18]

2016년 공화당 예비선거에서 트럼프의 승리는 의외의 결과였으며, 그 결과를 예측한 사람은 거의 없었다. 그러나 그 승리는 2008년 이후 공화당 내에 뿌리내린 정치적 역동성에서 비롯되었다. 당 주류 세력과 반란 세력 사이의 깊은 분열은 트럼프를 저지하기 위한 조율을 어렵게, 심지어 불가능하게 했다. '그림자 정당'들의 부상으로 자유시장경제에 대한 불만이 당내 유권자들 사이에서 커지고 있다는 사실을 알아차리지 못했다. 티파티가 개척하고 코크 네트워크가 자금을 댄 선동적인 수사법은 트럼프 특유의 정치 스타일에 완벽히 맞는 사람들을 모여들게 했다.

트럼프의 승리, 힐러리의 패배

도널드 트럼프의 2016년 대선 승리는 예비선거의 승리보다 훨씬 더 큰 충격이었다. 라인홀드 프리버스는 트럼프에게 여러 차례 역사적인 패배가 임박했다고 경고했고, 2016년 대선 당일 밤 트럼프 또한 승리를 확신하지 못해서 승리 연설문을 사전에 충분히 준비하지 못했다. 예상 밖의 결과에 대한 긴장과 불확실성 때문이었다. 결국 트럼프는 즉석에서 승리 연설을 했으며, 이 뜻밖의 승리는 부풀려진 주장들이 과도하게 퍼지는 계기가 되었다. 특히 널리 알려진 두 가지 주장은 트럼프의 당선이 공화당이 새로운 노동계급 중심의 유권자 기반을 확보하는 전환점이었다는 것과 인종주의 급증의 결과라는 점이다. 하지만 이 두 주장 모두 사실과 다르다. 어쩌면 트럼프의 당선은 매우 평범한 결과였다. 민주당 정권 8년 후, 몇몇 경합 주州에서 간신히 승부를 뒤집어 가까스로 공화당 후보가 대통령에 선출된 것이다. 이런 점에서 트럼프의 당선은 멀리서 보면 뚜렷하게 보이나, 자세히 들여다보면 불확실하고 복잡한 양상을 드러내는 '점묘화點描畫'와 같다.[19]

이 혼란을 확실히 들여다보려면 먼저 주요 담론들을 살펴보아야 한다. 트럼프가 노동계급 유권자들에게 특유의 호소력을 지닌 인물이라는 주장은 공화당 내부뿐만 아니라 외부에서도 널리 반복되어왔다. 실제로 2016년에 노동계급 유권자 사이에서 트럼프의 지지율이 올랐다. 사실, 공화당은 이미 꾸준히 노동계급의 지지 기반을 넓혀오고 있었다. 2005년만 해도 보수 성향 작가 로스 다우댓Ross Douthat과 리한 살람Reihan Salam은 '개혁보수' 운동을 시작하며 공화당이 "점점 더 노동계급 정당이 되어가고 있으며, 대부분의 백인 노동계급이 당의 세력 기반"이라는 선언을 내놓은 바 있다. 트럼프의 노동계급 지지 상승은 사실상 공화당이 이미 오래전부터 이어오던 추세를 따른 것에 불과했다.[20]

둘째, 백인 유권자들의 '인종적 반감'이 대규모로 퍼진 덕분에 도널드 트럼프가 집권할 수 있었던 것은 아니다. 실제로 인종적 반감 연구에 가장 널리 쓰이는 조사 도구를 개발한 미국 정치학자 도널드 킨더Donald Kinder는 2015년에 "지난 25년간 백인 미국인들의 인종적 반감은 거의 변함이 없었다. 오바마 대통령 재임 기간 중에도 백인들의 인종적 반감이 깊어진 징후는 보이지 않았다"고 밝혔다. 이런 주장에 대한 최신 분석들도 대체로 비슷한 결론에 이르렀다. 트럼프가 새로운

'물결'을 일으킨 게 아니라 몇몇 주요 주에서 기존에 쌓여 있던 '반감'을 끌어올렸다고 본다. 물론 2016년에 인종 문제에 대해 보수적인 유권자들이 트럼프에게 투표할 가능성이 2012년 밋 롬니에 비해 더 높아진 것은 사실이다. 하지만 그런 성향의 유권자는 2012년에서 2016년 사이에 줄었다. 인종적 반감이 높은 유권자들의 비중은 트럼프 지지층에서 롬니 지지층보다 오히려 적었다. 이들은 "트럼프가 롬니에 비해 백인 유권자 순득표에서 가장 많이 증가한 부류는 중간 수준의 인종적 반감을 가진 유권자들"이었다. 1968년 대선 당시 미국 독립당 후보이자, 전前 앨라배마 주지사인 조지 월리스George Wallace 이후 트럼프가 누구보다 명확하게 인종차별 성향의 유권자들을 끌어들인 것은 사실이지만, 이 유권자가 오히려 감소했다는 점에서 이 현상만으로는 트럼프의 승리를 충분히 설명할 수 없다(그렇지만, 트럼프가 경찰 노동조합의 지지를 얻어낸 것이 승리에 기여했다는 증거도 있다. 이것은 트럼프의 인종차별 정치와도 밀접한 관련이 있는 사실이다).[21]

그 대신, 트럼프가 어떻게 승리할 수 있었는지를 이해하려면 트럼프 캠프가 보여준 독특한 대선 전략과 메시지에 주목할 필요가 있다. 물론 힐러리 클린턴 캠프의 실수도 한몫했다. 특히 힐러리의 정치 광고는 후보 개인의 자격과 인격에 집중했고, 정책은 거의 다루지 않았다. 힐러리의 광고 중 무려 60퍼센트 이상이 개인적 특성에 초점을 맞추었는데, 2000년 이후 그 어떤 선거 캠페인도 이 비율이 20퍼센트를 넘은 적이 없었다. 이미 대중에게 이미지가 뚜렷하고 개인적으로 반감을 많이 사고 있던 힐러리에게 이런 전략은 치명적인 실책이었다. 하지만 힐러리 캠프가 트럼프의 승리에 일정 부분 기여한 것 이상으로 중요한 점은, 트럼프가 공화당 내 다양한 세력을 자기 진영으로 어떻게 끌고 왔는가, 자신의 메시지를 공화당 지지층에 어떻게 어필했는가 하는 것이다.[22]

5월 3일, 테드 크루즈가 예비경선에서 하차하면서 도널드 트럼프가 공화당의 사실상 대선후보로 확정되었다. 당 지도부와 관계자 대부분은 트럼프에 대해 미온적인 태도를 보였다. 앨라배마주 상원의원 제퍼슨 세션스Jefferson Sessions는 이미 2월에 트럼프를 지지했지만, 트럼프가 '프리덤 코커스' 내에서 얻은 지지는 단 한 명, 의사 출신의 테네시주 하원의원 스콧 데스잘레이스Scott DesJarlais뿐이었다(그는 과거 여러 환자와 성관계를 맺고 이후에 낙태를 강요한 사실이 드러났다). 4월이 되자 지지 선언이 조금씩 나오기 시작했지만, 당 지도부는 여전히 공화당 유권자들이 내린 선택에 놀라움을 감추지 못했다. 그렇지만 당과 트럼프 진영의 교류는 시작되었다. 5월, 스티브 윈Steve Wynn이 칼 로브에게 "당신이 자신에 대해 좋은 평가를 해주길 트럼프가 바라고 있다"고 전했다(라스베이거스 카지노 거물 스티브 윈은 '아메리칸 크로스로즈'의 초창기 주요 기부자 중 한 명으로, 트럼프와는 때로는 친구이자 때로는 라이벌로 서로 복잡한 관계를 이어왔다). 일주일 뒤, 로브와 트럼프는 스티브 윈의 맨해튼 아파트에서 만나 선거 전략을 논의했다. 당시 트럼프는 캘리포니아주에서 승리가 확실하다고 생각하고 있었다. 이 자리에서 로브는 트럼프에게 마이크 펜스를 부통령 후보로 지명하라고 권유했다.[23]

마이크 펜스를 선택한 것은 트럼프에게 결정적으로 중요했다. 펜스는 공화당 우파에서 정치 경력을 성공적으로 쌓아왔다. 2001~2013년에 인디애나주 하원의원으로 활동했으며, 오바마 1기 행정부 시절에는 공화당 의원총회 의장을 역임했다. 2011년, 코크 네트워크에 속한 공화당 정치자금 거물들이 전략가 데이비드 매킨토시David McIntosh에게 예비경선에서 밋 롬니를 꺾을 수 있는 후보를 찾아달라고 요청했을 때, 매킨토시가 제안한 인물이 바로 마이크 펜스였다. 펜스는 '번영을 위한 미국인들' 등 코크 네트워크와 오랜 기간 긴밀한 관계를 유지해왔으며, 독실한 복음주의 기독교인으로서 기독교 우파와도 인맥을 잘 쌓아왔다. 예비경선 기간에 많은 복음주의자가 트럼프에게는 미온적이었기에, 펜스를 부통령 후보로 지명한 것은 기독교 우파의 지지를 끌어들이기 위한 전략이었다. 동시에 펜스는 당내 다른 파벌에도 '화해의 손길'을 내미는 역할을 했다. 펜스는 하원 지도부 출신으로 당 주류 세력과 신뢰 관계를 쌓았으며, 열렬한 자유시장주의자로서 반란 세력과도 소통이 가능한 인물이었다. 예를 들어, 2010년대 초 경선에서 반란 세력의 '공격 대장' 역할을 맡았던 정치적 성장클럽은 경선 기간 내내 트럼프에 대해 대규모 반대 자금을 투입했다. 하지만 2016년 당시 정치적 성장클럽 회장이던 데이비드 매킨토시가 트럼프의 부통령 제안에 대한 펜스의 조언을 받고 "고민할 필요조차 없는 선택"이라고 평가하며 사실상 승인을 해주었다.[24]

그렇지만 트럼프는 진정한 당내 통합에 실패했다. 오히려 여름 내내 자신이 불러일으킨 혼란에 휘말려 시간을 낭비했다. 트럼프대학 사기 사건[*] 재판을 맡은 멕시코계 미국인 판사를 공격한 일은 공화당 정

---

[*] 트럼프대학은 2005~2010년에 운영된 사설 부동산 교육기관으로, 가짜 부동산 강의를 통해 수강생들을 속였다는 혐의로 여러 소송이 제기되었다. 도널드 트럼프는 대선 기간에 이 사건을 강하게 부인했으나, 2016년 대선 직후 피해자들과 합의했다.

치인들에게서 비난을 받았다. 공화당 하원 의장 폴 라이언은 트럼프의 발언을 "인종차별의 교과서적 예"라며 강력하게 비판했다. 게다가 자금 모금에서 트럼프는 힐러리 클린턴에 크게 뒤처졌다. 다만 공화당 후보로서는 드물게 소액 기부자 모금에서 독보적인 성과를 냈다. 프리버스가 수년간 다져온 공화당 전국위원회의 인프라를 바탕으로, 트럼프는 수많은 기부자를 확보했다. 2016년 8월 말까지, 트럼프의 기부자는 210만 명으로 힐러리의 230만 명에 근접했다. 하지만 2010년 연방대법원 판결 이후 대규모 기부자 동원에서는 4년 전 롬니가 차지했던 숫자에 크게 미치지 못했다. 코크 형제, 폴 싱어, 셀던 애덜슨 등 주요 공화당 기부자들은 모금에 나서지 않았고, 2012년 최대 기부자 애덜슨은 5월에 1억 달러 지출을 약속했지만 8월 말까지 자금을 내놓지 않았다. 공화당 전국위원회의 지원 부진으로 대선캠프 재정이 심각해져 정책 브리핑 담당 직원 몇몇은 임금 미지급으로 사직했다. 10월을 버티지 못할 것이라는 관측도 한때 있었다.[25]

반反주류 세력과 반反워싱턴 후보

트럼프에게는 '에인절angel' 투자자가 필요했다. 트럼프는 머서Mercer 가문에서 그 역할을 맡을 인물을 찾았다. 로버트 머서Robert Mercer는 1990년대부터 금융업으로 수백만 달러의 부를 쌓았으며, 적어도 빌 클린턴 행정부 시절부터 미국 내 극우 정치 진영의 지지자로 알려져 있었다. 2000년대 들어 로버트 머서의 딸 리베카 머서Rebekah Mercer는 가족 재단의 활동 방향을 자선과 연구 지원에서 정치적 목적 지원으로 전환시켰다. 2010년 연방대법원 판결 이후, 머서 가문은 '그림자 정당'에서 막강한 영향력을 행사하며 아메리칸 크로스로즈에 기부하고 코크 네트워크에도 합류했다. 2012년 정치적 성장클럽이 주최한 콘퍼런스에서 로버트 머서는 온라인 정치 뉴스 기업가 앤드루 브라이트바트Andrew Breitbart를 만났다. 머서는 브라이트바트의 웹사이트(브라이트바트 뉴스www.breitbart.com)에 주요 투자자로 참여했다. 그런데 얼마 지나지 않아 브라이트바트가 심장마비로 사망하자, 웹사이트 운영은 공동 창립자 스티븐 배넌Stephen Bannon에게 넘어갔다. 머서와 배넌은 곧 긴밀한 관계를 맺었다. 2016년 대선에서 머서 가문은 처음에 테드 크루즈를 지지했다. 로버트 머서는 크루즈의 슈퍼팩에 수백만 달러를 기부했고, 리베카 머서는 그중 하나를 운영했으나 점차 크루즈 캠프에 비판적이 되었다. 크루즈가 예비경선에서 사퇴하자 머서 가문은 트럼프에 대한 지지로 방향을 선회했다.[26]

　8월 중순, 트럼프 선거운동에서 머서 가문의 역할이 절대적으로 중요해졌다. 선거운동이 흔들리는 상황에서, 트럼프는 미식축구팀 뉴욕 제츠New York Jets 구단주가 주최한 뉴욕주 햄프턴스Hamptons 기금 모금 행사에서 리베카 머서를 만났다. 머서는 트럼프에게 선거캠프 매니저 폴 매너포트Paul Manafort를 경질하고 자신들의 가족과 밀접하게 연관된 인물들로 구성된 팀을 투입할 것을 압박했다. 그 결과, 켈리앤 콘웨이Kellyanne Conway가 선거캠프 매니저가 되었다. 콘웨이는 마이크 펜스의 보좌관을 지냈고, 테드 크루즈의 슈퍼팩 중 하나를 이끌었던 인물이다. 여기에 스티븐 배넌이 수석 전략가로 합류했다. 또한, 2010년 연방대법원 승소로 유명한 보수 단체 '시민연대Citizens United'의 대표 데이비드 보시David Bossie도 머서 가문의 후원을 받아 선거캠프 부매니저가 되었다. 새 지도부는 플로리다주·노스캐롤라이나주·버지니아주·오하이오주·펜실베이니아주에 집중하기로 결정했는데, 이들 주는 '트럼프가 노동계급과 경제적으로 좌절한 유권자에게 가장 강력한 반항을 일으킬 수 있는 곳'이라고 판단했기 때문이다.[27]

이 변화가 분기점이 되었다. 첫째, 트럼프가 공화당 주류 세력과 타협할 필요가 없어졌다. 스티븐 배넌은 지난 몇 년간 공화당 내부 분쟁에서 강경파로 활동했고, 당 지도부에는 승리를 보장할 수 있는 상원 의석을 잃게 만든 무책임한 인물로 여겨졌다. 배넌은 트럼프를 '반反주류 세력, 변화의 후보, 반反워싱턴 후보'로 자리매김하도록 했다. 둘째, 트럼프 캠프는 특히 철강, 고무, 기계 등 보호무역주의 정책으로 이익을 볼 산업들에서 새로운 자금원을 확보했다.[28] 한편, 9월에 이르러 공화당의 고액 기부자들이 명확하지 않은 이유로 트럼프에게 자금을 지원했다. 반反트럼프 슈퍼팩 '아워 프린서플스'에 자금을 댔던 토머스 리케츠는 트럼프 지지 슈퍼팩에 기부를 시작했다. 수개월 동안 기부를 거부했던 셸던 애덜슨도 마침내 트럼프 지지 슈퍼팩에 500만 달러를 지원했다.[29]

이 모든 상황으로 선거운동을 유지하기에 충분했지만, 9월 말까지도 트럼프가 실제로 승리할 것이라고 믿는 사람은 거의 없었다. 공화당의 고액 기부자들은 의회 다수당 지위를 지키기에 집중하면서 대통령 후보 선출은 이미 물 건너간 일로 간주했다. 셸던 애덜슨조차 트럼프에게 기부하는 것보다 훨씬 많은 4,000만 달러를 하원과 상원 공화당 선거캠프에 투입했다. 특히 트럼프가 자신의 인지도를 이용해 여성들을 성추행했다는 내용을 담은 TV 프로그램 〈액세스 할리우드Access Hollywood〉의 녹취록이 언론을 통해 공개된 이후, 공화당은 사실상 트럼프를 포기했다. 공화당 전국위원회 위원장 라인홀드 프리버스는 트럼프에게 직설적으로 말했다. "당신은 역사상 가장 큰 표차로 패배하거나, 예비경선에서 물러나 승리할 수 있는 다른 후보에게 기회를 주어야 한다." 공화당 하원 의장 폴 라이언은 트럼프에 대한 지지를 철회할까 고민했지만, 케빈 매카시가 그렇게 하면 하원 선거에 악영향을 줄 것이라고 설득해 지지 철회를 미루었다. 상원 원내대표 미치 매코널은 대선캠프에 대한 공화당 전국위원회의 지출을 중단하고 모든 자금을 상원의원 선거운동에 투입해 힐러리 클린턴이 연방대법원 판사를 임명하지 못하게 해야 한다고 주장했다. 심지어 폴 라이언의 퇴진을 준비하던 '프리덤 코커스'도 당시에는 트럼프가 패배할 것이라는 전제하에 움직이고 있었다. 이들은 패배의 원인을 당의 지지 부족에서 찾고, 이것을 기회 삼아 라이언을 몰아낼 계획을 세웠다. 분위기는 매우 암울해져, 트럼프 자신도 패배가 확정되면 개인 전용기를 타고 몬테카를로로 가서 휴식을 취하며 도박을 즐기려는 계획을 세우기도 했다(멜라니아 트럼프Melania Trump는 도널드 트럼프의 계획을 비웃으며 "11월에 몬테카를로에 가는 사람은 없어요"라고 말했다고 한다).[30]

트럼프는 결국 근소한 차이로 승리했다. 힐러리는 일반투표에서 약 290만 표 차이로 트럼프를 앞섰으나, 대통령 당선은 선거인단 투표 결과에 의해 결정되었기 때문에 위스콘신주·미시간주·펜실베이니아주 등 세 경합 주에서 10만 표도 채 되지 않는 근소한 차이로 트럼프의 선거인단이 승리했다. 이 결과는 힐러리 선거운동의 실패에서 비롯되었다. 예를 들어, 위스콘신주에서 트럼프는 2012년 대선에서 밋 롬니가 받은 표보다 적었는데도, 특히 흑인 유권자들 사이에서 힐러리에 대한 지지가 더 많이 하락했다. 그러나 여러 증거는 트럼프 선거운동의 혼란스러운 모습이 예상 밖의 승리에 중요한 역할을 했음을 시사한다.

첫째, 상원의원 선거캠프에 집중적으로 쏟아진 막대한 자금은 트럼프의 당선 가능성이 낮았던 상황에서 나온 결과였지만, 역설적으로 트럼프의 선거운동에 긍정적인 '역逆견인 효과'를 불러왔다. 즉, 상원의원 선거를 지원하기 위해 쏟아진 막대한 자금이 트럼프 캠프에까지 좋은 영향을 주어, 지지세가 동반 상승했다. 10월 초 민주당이 상원을 탈환할 가능성이 제기되자, 미치 매코널·칼 로브와 밀접한 관계에 있는 슈퍼팩들이 상원의원 선거를 지원하기 위해 대규모 자금을 투입했다. 공화당 전국상원위원회는 자금 부족 상태였기에, 이 '그림자 정당'들이 선거 막바지에 주요 부담을 떠맡았다. 동시에, 기부자의 공개 의무가 없는 비영리단체들에서 유입된 '검은 돈'이 급증했는데, 전례 없이 자금이 집중되었던 2012년 대선 때보다도 더 큰 규모였다. 정치 도박 시장의 증거는 이러한 상원의원 자금 지원이 트럼프에게도 유리하게 작용했음을 보여준다. 선거 마지막 2주 동안, 트럼프 당선 가능성과 공화당의 상원 다수당 유지 가능성이 동반 상승했다. 선거 당일, 미국 역사상 처음으로 상원 선거 지도와 대통령 선거 지도가 정확히 일치하는 경향을 보였다.[31]

둘째, 8월 스티븐 배넌의 부상으로 상징되듯 트럼프의 '민족주의' 메시지는 더욱 선명해졌고, 이를 통해 힐러리 캠프가 미처 다루지 못했던 중서부 지역의 구체적인 현안에 더 가까이 다가갈 수 있었다. 이 변화는 라인홀드 프리버스와 폴 라이언 등 공화당 지도부가 트럼프의 당선 가능성이 어렵다고 절망한 계기가 되었지만, 배넌이 강조한 경제 문제와 탈산업화에 대한 메시지는 중요한 몇몇 주에서 공감을 얻었다. 미국 노동자들이 부당한 대우를 받고 있다는 트럼프의 분노에 찬 주장은, 승리가 절실했던 중서부 주들에서 큰 호응을 얻었다. 2012~2016년에 민주당에서 공화당으로 표심이 전환된 다수의 카운티에서는 "지역 신문 1면에 대규모 공장 폐쇄나 이전 계획이 보도되었다. 이것은 '오바마 호황'에서 소외되었다는 쓴맛을 상기시키는 사건"이었다. 또 중국과의 경쟁에 직면한 지역에서 표심이 공화당으로 뚜렷하게 이동했고, 제조업 일자리 감소로 동일 카운티 내 백인 유권자들이 경제를 비관적으로 보고 공화당에 투표했다. 결국 "탈산업화는 도널드 트럼프의 놀라운 당선을 이끈 백인 유권자 반발의 핵심 요소"라고 할 수 있다. 배넌이 8월에 수립한 전략, 즉 중서부 지역의 주에 집중하고 '경제민족주의'를 강조한 것은 상원 다수당 확보에 집착하는 '그림자 정당'들의 지원과 더불어 성공을 거두었다고 할 수 있다.[32]

트럼프의 승리는 겉으로는 평범한 선거 결과처럼 보이지만, 자세히 들여다보면 역사상 어떤 선거와도 달랐다. 힐러리 캠프가 후보를 어떻게 '팔아야' 할지 완전히 오판한 점이 결정적으로 작용해, 트럼프는 아주 근소한 차이로 승리할 수 있었다. 공화당이 트럼프에게 완전히 결집하지 못한 상황이었지만, 하원과 상원을 지키려는 당 지도부와 부유층 기부자들의 강한 의지가 와해 직전이던 트럼프 캠프를 떠받쳤다. 아이러니하게도, 당내에서 많은 이를 불쾌하게 만들었던 트럼프의 메시지가 바로 그 박빙의 승리, 즉 극적이고 아슬아슬한 승부를 이끌어낸 힘이 되었다. 이렇게 백악관 입성을 앞둔 트럼프는 두 가지 과제에 직면했다. 첫째는 모든 대통령이 마주하는 일상의 '정치'라는 정상적인 과업이며, 둘째는 지난 2년간 자신을 멀리하려 애썼던 공화당을 하나로 통합하는 일이었다.

'공화당 지지자'와 '트럼프 지지자'

트럼프는 공화당 내 회의적 시선과 민주당의 거센 반대를 동시에 받으며 집권을 시작했다. 민주당의 반대는 임기 내내 변함이 없었으나, 공화당 내 분위기는 급속히 변했다. 2018년 중간선거 무렵, 트럼프는 미국 정치사에서 어느 누구도 이루지 못한 개인 중심의 당 장악력을 확립했다. 여기서 '개인 중심 정치'는 당의 방향이 한 개인의 통제 아래 놓이고, 그 개인이 당 전체의 이익보다 자신의 이익을 위해 당을 이용하는 정도를 뜻한다.[33] 트럼프 시대의 공화당은 '트럼프주의 정당'으로 재편되었으며, 2020년 대선 패배 이후에도 그 상태는 유지되고 있다. 트럼프의 권력 장악은 지난 10여 년간 공화당이 약화되어 공허해진 '공백'을 메운 것이며, 동시에 각자 자신의 목표 실현을 위해 트럼프에게 협조한 당 엘리트들의 지원 덕분에 가능했다. 이들의 협력으로 트럼프는 자신의 리더십에 반대하는 인사들을 효과적으로 '제거'할 수 있었다. 의회 차원의 개별 표결에서는 종종 트럼프에게 반발하기도 했으나, 당을 다른 방향으로 몰고 가려는 의도가 있는 인물들은 대부분 당에서 밀려나고 말았다.

그런데 대통령은 단순히 정당의 지도자에 그치지 않는다. 특히 미국 대통령은 세계 최대 규모의 관료 조직, 즉 연방정부의 수장이다. 트럼프는 공화당에서 보여준 방식, 즉 부하들을 굴복시키고 일방적으로 지시하는 것과 똑같이 연방정부를 통치하려고 했다.[34] 트럼프는 스스로 '정치적 집행자' 역할을 하려 했는데, 오랜 상공회의소 실무자이자 공화당의 선거 전략가 스콧 리드는 "트럼프가 백악관 정치국장이다"고 평가하기도 했다. 그런데 연방정부는 이런 개인 중심 정치에 매우 비우호적이다. 대통령의 정책은 사법부의 감시를 받고, 입법은 반드시 의회를 거쳐야 한다. 이런 제도들을 뚫으려면 여러 집단의 긴밀한 '조율'이 필요하다. 그러나 트럼프는 참모들이 서로 자신의 환심을 사려고 경쟁하는 모습을 즐겼을 뿐, 조율에는 관심을 기울이지 않았다. 결과적으로 트럼프는 자신이 원했던 독자적이고 두드러진 정책을 거의 실현시키지 못했다. 오히려 가장 성공적이었던 영역은 매우 전통적인 공화당의 목표, 즉 불평등을 심화시키는 감세, 보수적 연방 사법부 구성과 관련된 정책뿐이었다. 국제무역처럼 정책 방향을 전환한 듯 보이는 영역조차, 사실은 기존 공화당의 전통적 이해관계 집단들과 협력한 결과였다. 이처럼 정당에 대한 강력한 장악력과 힘없는 대통령직의 결합이 트럼프 행정부를 매우 독특하고, 해석하기 어렵게 만들었다.[35]

트럼프의 정치 경력에는 개인 중심 정치가 깊게 뿌리박혀 있다. 선거에서 보여준 매력 역시 이와 밀접하게 연관되어 있었다. 트럼프는 종종 자신의 능력에 대해서 공개적으로 매우 높이 평가했다. 더더군다나, 최상류층 집단 내 위치 덕분에 자신만이 특별한 정치 자격을 갖추었다고 주장했다. 첫째, 전통적인 공화당의 논리에 따라 정부를 기업에 비유하며, 자신이 사업가로서 쌓은 경험을 강조했다. 둘째, 자신의 부富가 정치 부패를 일으키는 거대 자본가들의 이해관계에서 자유로울 수 있는 근거가 된다고 주장했다. 아이오와주에서 "나의 장점은 누구의 돈도 필요 없다는 것이다. 로비스트들과 기부자들은 젭 부시, 힐러리 클린턴, 그 돈을 받는 모든 사람을 완전히 통제하고 있다. 내가 하는 말을 들어라. 아무도 나를 위해 수백만 달러를 내지 않는다. 나는 내 돈을 쓰고 있다"고 유권자들에게 자랑하듯 말했다. 셋째, 트럼프는 자신이 엘리트 계층의 일부로서 일반 미국인들이 어떻게 착취당하는지 정확히 알고 있다고 주장했다. 2016년 대선에서 공화당이 탈환한 펜실베이니아주에서는 "세계화는 정치인들에게 기부하는 금융 엘리트를 매우 부유하게 만들었다. 나도 그중 하나였다. 말하기는 싫지만, 나도 한때 그랬다. 그러나 그것이 수백만 명의 노동자를 그저 빈곤과 고통 속에 남겨두었다"고 말했다. 트럼프는 의사결정이 이루어지는 자리에 있었기 때문에, 미국 노동자들이 겪고 있는 현실을 진솔하게 알릴 수 있는 유일한 위치에 있다고 자신했다. 심지어 자신의 캠프를 트럼프 조직 같은 '가문 기업'처럼 운영하려고 시도했다. 트럼프 캠프의 선거 전략가 릭 게이츠Rick Gates에 따르면, 2016년 6월 중순 몇 주간 트럼프는 딸 이방카 트럼프Ivanka Trump가 부통령 후보로 가장 적합하다고 주장하며 이를 놓고 논쟁을 벌였다고 한다(아이러니하게도, 마이크 펜스는 이방카 트럼프가 했을 법한 '아첨하는 부통령' 역할을 수행했다는 평가를 받는다).[36]

2016년 대선에서 트럼프는 공화당을 완전히 장악하지 못했다. 테드 크루즈 같은 핵심 인사들은 트럼프의 지지를 끝내 거부했다. 다른 당직자들 또한 트럼프의 패배를 확신하며 거리를 두려고 했다. 심지어 일부 인사들은 〈액세스 할리우드〉의 녹취록이 공개된 뒤 지지를 철회하기도 했다. 트럼프의 예상치 못한 승리로 공화당 엘리트들은 곤란한 상황에 빠졌다. 주류 세력과 반란 세력 모두 트럼프를 길들이려고 했다. 라인홀드 프리버스는 백악관 비서실장직을 수락하며 당혹스러워하는 동료들에게 이렇게 말했다. "백악관 집무실에는 제정신이 박힌 목소리가 필요하다. 방 안에 반드시 합리적인 사람이 있어야 한다." 겉으로는 반대자였던 다른 인물들도 비슷한 이유로 움직였다. 코크 네트워크를 떠난 마크 쇼트는 백악관 입법국장 자리를 받아들여 의회 내 행정부 입법을 책임졌다. 내각도 마찬가지였다. 골드만삭스 출신으로 국가경제위원회 위원장으로 임명된 주류파 게리 콘Gary Cohn, 강경 우파이자 코크 네트워크의 기부자였던 엘리자베스 디보스Elisabeth DeVos 교육부 장관 같은 인물이 혼재했다. 이처럼, 적어도 트럼프 행정부 초기에는 반란 세력과 주류 세력 사이의 분열을 극복한 게 아니라, 그 분열을 행정부 안으로 그대로 들여온 셈이었다. 게다가 트럼프는 참모들에게 명확한 행동 지침을 제시하는 데 관심이 없었기에, 서로 다른 진영 사이의 암투와 갈등은 행정부 어디에든 있었다.[37]

백악관 밖에서, 공화당 역시 점차 트럼프에 맞춰나가기 시작했다. 프리버스가 백악관에 입성하면서 새로운 공화당 전국위원회 위원장이 필요했는데, 그 자리는 프리버스의 추천을 받은 미시간주 공화당 당직자이자 트럼프의 대의원 출신 로나 롬니 맥대니얼Ronna Romney McDaniel에게 돌아갔다. 폴 라이언은 트럼프를 통제하는 최선의 방법은 일탈 여지를 남기지 않는, 이미 완성된 입법 의제를 제시하는 것이라고 판단했다. 마찬가지로, 미치 매코널은 트럼프에게 가능한 한 많은 보수 성향 판사를 임명하는 것이 최우선 과제라고 전했다. 반란 세력 역시 자신들의 의제를 진전시킬 수 있는 트럼프와의 동맹을 모색했다. '프리덤 코커스'의 짐 조던은 트럼프가 매일 아침 〈폭스뉴스〉를 시청하는데, 종종 회의 시작 전 몇 시간씩 지켜보며 그 내용에 크게 영향을 받는다는 사실을 재빨리 알아챘다. 조던은 보좌진에게 트럼프가 보는 프로그램에 자신이 출연할 수 있도록 섭외하라고 지시하며, "우리가 TV에 나올 때마다, TV 시청자뿐 아니라 대통령에게 직접 말하는 것이다"고 설명했다. 심지어 대선 기간 내내 트럼프에게 냉담했던 코크 형제도 규제 완화와 사법부 인사 문제에서 행정부와 협력할 방안을 모색했다. 이러한 '적응'은 정치적·재정적으로 모두 성과를 거두었다. 2016년 대선 전 워싱턴에 문을 연 트럼프 인터내셔널 호텔의 개장 첫해 주요 고객 상위 4곳은 공화당 전국위원회, 트럼프 선거운동위원회, 공화당 주지사협회, 친親트럼프 슈퍼팩이었다.[38]

공화당 지도부가 트럼프에 맞춰가기 시작하던 시기, 이들은 트럼프에게 맞서는 것이 정치적으로 '비용이 많이 드는' 일이라는 사실을 깨닫고 있었다. 2017년 2월 보수정치활동위원회 연사 중 한 명은 "어떤 의미에서 지금 도널드 트럼프가 곧 보수 운동이고, 보수 운동이 곧 도널드 트럼프다"고 외치며 상당수 공화당 지지층의 확신을 대변했다. 트럼프가 보수 운동과 이처럼 완전히 결합할 수 있었던 것은 트위터를 통해 지지자들과 직접 소통하는 방식을 자유자재로 구사한 덕분이었다. 트럼프는 자신의 트위터 소통에 대해 "이것이 내 메가폰이다. 나는 이 방법으로 아무런 필터 없이 국민들에게 곧장 이야기한다"고 말했다. 임기 처음 몇 달 만에, 트럼프의 트윗 공격 한 번이면 어느 공화당 정치인에게도 상당한 고통이 닥칠 수 있음을 확실히 입증했다. 실제로 '프리덤 코커스' 소속 의원들이 트럼프의 오바마 헬스케어 폐지 안을 지지하지 않자, 마이크 펜스 부통령이 직접 나서서 이들을 꾸짖었다. 이런 질책을 받은 후, "몇몇 의원은 성인 남성임에도 눈물을 쏟았는데, 그 눈물은 부통령을 실망시켰기 때문이 아니라 트럼프의 트윗 공격을 받을까 두려웠기 때문"이라고 했다.[39]

트럼프가 공화당원들에게 이처럼 강력한 영향력을 행사할 수 있었던 배경에는 자신만의 독특한 정당 구축 전략이 있었다. 제2차 세계대전 이후 공화당 소속 대통령들은 재임 기간에 꾸준히 당의 역량을 체계적으로 키우고 기반을 넓혀왔다. 예컨대 로널드 레이건은 '레이건 민주당원Reagan Democrat'*을 끌어들였고, 조지 W. 부시는 히스패닉 유권자를 적극 공략했다. 하지만 트럼프는 이러한 지지층 확장에는 전혀 관심을 보이지 않았다. 오히려 "선거와 정당 활동에 적극적으로 참여하는, 자신의 신념과 같은 지지자를 늘리기에만 집중"했다. 이 전략은 민주당 의원들이 트럼프의 정책에 협력할 동기를 크게 줄이는 효과를 가져왔다. 조지 W. 부시가 대통령으로서 추진한 감세, 메디케어 처방약 보험 등 주요 과제는 민주당의 상당한 협조 속에 통과되었으나, '기존 핵심 지지층만 바라보는' 트럼프의 전략은 그런 타협의 가능성을 원천 차단했다. 동시에 오직 자신의 지지 기반에만 집중한 덕분에, 현대 어느 미국 대통령보다 자기 진영의 '절대적 지지'를 끌어낼 수 있었다. 자신을 지지하지 않는 집단을 설득하려 하지 않았기에, 당 주류가

---

* '레이건 민주당원'은 1980년 대선에서 공화당 대선후보인 로널드 레이건을 지지한 민주당원들을 말한다.

흔히 겪는 '타협 과정에서 핵심 지지층 이탈 현상'에서 자유로울 수 있었던 것이다.[40]

2018년 중간선거가 다가올 무렵, 트럼프의 공화당 장악력은 사실상 절대적이었다. 그렇다고 해서 트럼프가 개별 사안에서 당내 반발을 전혀 겪지 않았다는 뜻은 아니었다. 다만 당의 방향을 바꾸려 하거나, 더 나아가 민주당과 손잡고 트럼프에게 대항하려는 시도는 거의 예외 없이 신속하게 제압당했다. 트럼프는 트위터를 이용해 반대파를 공개적으로 공격했을 뿐 아니라, 공화당 전국위원회를 통해 당 조직 전반에 충성파를 심어놓았다. 로나 롬니 맥대니얼은 충실한 '집행자' 노릇을 하며 트럼프 반대자들을 빠짐없이 비판했다. 동시에 백악관 참모들도 주州 단위 당 지도부를 직접 관리하며 "우리는 대통령의 동맹들이 주 당 지도부를 장악하도록 모니터하고, 추적하고, 보장하고 있다"고 공식적으로 발표했다. 이런 통제력은 당 하부 조직까지 미쳤다. "주州에서 은밀히 이루어지는 '후보자 발굴 정치'를 통해, 트럼프에게 충성하는 주 당대표들은 목소리가 크고 결연한 트럼프 지지자들만이 공직 후보로 선출되고 주 당의 소중한 지원과 서비스를 받도록 보장한다." 이미 '그림자 정당'과의 경쟁으로 속이 비어버린 공화당은 트럼프의 장악력에 저항할 힘조차 없었다. 실제로 트럼프 집권 1년 남짓인 2018년 초, 공화당원의 60퍼센트 정도가 자신을 '공화당 지지자'가 아니라 '트럼프 지지자'라고 여겼다. 그리고 2020년 8월 공화당 전당대회에서는 트럼프라는 성姓을 쓰는 연설자가 무려 7명이나 등장했다.[41]

북미정상회담과 트럼프의 탄핵

트럼프는 사상 초유의 개인 중심 정치 방식으로 비교적 짧은 기간에 공화당을 장악하는 데 성공했지만, 같은 방식으로 국가를 통치하려고 시도했지만 반대의 결과를 낳았다. 트럼프가 자신의 권한만을 내세워 정책을 밀어붙이려 할 때마다, 백악관 밖 제도권 사람들한테 번번이 막혔다. 예컨대 집권 직후 무슬림 국가의 이민을 차단하겠다는 선거 공약을 이행하려고 서둘러 행정명령을 내려, 7개 주요 무슬림 국가 출신의 이민을 90일 동안 전면 중단시켰다. 그런데 법무부의 심사 절차도 건너뛰며 법적 절차 따위에는 아랑곳하지 않았으며, 집행 책임자였던 국토안보부 장관 존 켈리John Kelly와도 협의하지 않았다. 그 결과, 행정명령에 서명했을 때 이미 미국행 비행기에 타고 있던 사람들을 어떻게 처리할지 그 절차조차 마련하지 못했다. 이 행정명령은 곧바로 연방대법원에 제소되었고, 발효된 지 일주일도 못 되어 연방대법원이 대부분의 내용을 정지시켰다.

2018년 여름, 트럼프는 신임 국토안보부 장관 키어스천 닐슨Kirstjen Nielsen에게 남부 국경을 통한 이민 억제를 위해 더 강경한 대책을 요구했다. 트럼프는 상원의원 제퍼슨 세션스와 백악관 부비서실장이자 국토안보보좌관 스티븐 밀러Stephen Miller가 마련한 계획에 근거해, 국경에서 체포된 가족의 아이들을 부모와 분리시키라고 닐슨을 압박했다. 닐슨과 몇몇 각료는 부모와 떨어진 아이들을 돌볼 사회복지 시설의 대규모 동원이 꼭 필요한데 현실적으로 준비가 되어 있지 않다고 경고했으나, 트럼프는 고집을 꺾지 않았다. 불과 몇 주 만에 급조된 캠프 혹은 울타리에 갇힌 아이들의 모습이 언론에 쏟아지자 거센 반발이 일었고, 결국 트럼프는 이 정책을 폐기하는 새로운 행정명령을 내릴 수밖에 없었다. 이처럼 이민 문제를 적극 해결하겠다고 공약했지만, 제도적 협력을 배제한 채 오로지 자신의 명령만으로 정책을 추진한 탓에 트럼프의 대표적 정책들은 엉성하게 시행된 끝에 손쉽게 무너졌다.[42]

트럼프는 외교에서도 비슷한 방식을 취했다. 일본 총리 아베 신조安倍晉三에게 자신의 외교 방식을 이렇게 설명했다. "나는 상대방을 똑바로 바라본 뒤 큰 승부수를 던진다. 이 방식으로 내 사업 제국을 일구었고, 그래서 내가 역대 대통령 중에서 가장 위대한 협상가다." 트럼프는 대북對北 문제에서도 같은 접근법을 시도했다. 2017년 북한이 신형 미사일 시스템을 시험한다는 소식이 전해지자, 트럼프는 김정은을 향해 호전적 위협과 인신공격을 거듭하며 갈등을 고조시켰다. 그러다 2018년 초, 북한 고위 관리들이 외교적 협상 재개에 호의적인 신호를 보내자, 트럼프는 한반도 전쟁을 끝낼 대통령이 될 기회를 재빨리 붙잡았다. 약간의 구슬림과 개인적 매력만으로도 김정은을 설득해 북한이 핵무기 프로그램을 포기하게 만들 수 있다고 믿는 듯했다.

트럼프의 전략은 김정은과의 정상회담을 성사시키는 것이었는데, 그것은 처음으로 열리는 북미 정상의 만남이었다. 북미정상회담은 사전에 구체적인 합의 내용을 협상하고 진행되는 것이 관례였기에, 외교·안보 관료 조직 전체가 크게 반대했다. 그러나 트럼프는 자신의 협상 실력만으로 한반도 갈등을 해결할 수 있다고 확신했고, 2018년 6월 싱가포르에서 북미정상회담을 강행했다. 그 결과는 비핵화에 대한 두루뭉술한 약속 외에는 그 어떤 실질적인 성과도 없었다. 2019년 2월에는 후속 협상마저 무산되었는데, 미국의 실질적인 양보 없이는 북한이 핵무기 프로그램을 유의미하게 축소하지 않으리라는 점이 점차 명확해졌기 때문이다. 그러나 트럼프는 끝내 그런 양보를 내놓지 않았다.[43]

개인 중심 정치 방식의 외교가 결국 2019년 12월 첫 번째 탄핵으로 이어졌다. 트럼프는 변호사 루돌프 줄리아니Rudolph Giuliani의 영향을 받아 자신의 재선 캠프에 협력하라고 우크라이나 정부를 압박했다. 그 방법은 당시 민주당 대선후보 경선에 막 출마한 조 바이든을 낙마시키기 위해, 그 아들 헌터 바이든Hunter Biden이 이사로 있던 우크라이나 에너지 기업을 조사하게 하는 것이었다. 트럼프의 압박은 외교적·관료적 압력으로 드러나기 시작했다. 예컨대 2019년 볼로디미르 젤렌스키Volodymyr Zelensky가 우크라이나의 새 대통령으로 취임했을 때 마이크 펜스를 축하 사절단으로 보내는 것을 거부했고, 우크라이나가 수사 개시에 동의할 때까지 백악관 회담 일정도 미루었다.

2019년 6월, 한 걸음 더 나아가 미국 의회가 승인한 4억 달러 규모의 군사 지원 제공을 일시 중단했다. 그해 7월 25일 젤렌스키와의 통화에서 추가 군사 지원을 요청받자, 트럼프는 "우리에게 한 가지 호의를 베풀어주셨으면 한다"며 헌터 바이든에 대한 수사를 직접 요구했다. 이처럼 양국 정상 사이의 '거래'식 외교, 선거운동과 국정 운영 사이의 경계 자체를 무시한 태도는 트럼프에 대한 첫 번째 탄핵 재판의 핵심 근거가 되었다. 2019년 11월 민주당이 탄핵 청문회에 착수하자, 트럼프는 모든 참모의 만류를 무시하고 오히려 자신에게 무죄를 입증해줄 것이라는 잘못된 확신 속에 젤렌스키와의 통화 녹취록을 공개했다. 하지만 이 결정은 오히려 혐의를 더 짙게 했고, 이어진 탄핵 조사와 재판으로 몇 달 동안 트럼프의 임기는 소모되었으며, 행정부가 다른 목표를 추진할 능력까지 잃게 했다.[44]

마지막으로, 트럼프는 실제 정책에 영향을 미치는 것보다 자신이 공로를 인정받는 데 훨씬 더 집착했다. 예컨대 2017년 9월 허리케인 '마리아Maria'가 푸에르토리코를 강타했을 때, 트럼프는 군중에게 종이타월을 던져주는 '보여주기식' 이벤트를 했다. 하지만 연방정부의 재난 대응은 전혀 조율되지 않았고, 엄청난 피해 규모를 감당하기에도 턱없이 부족했다. 이런 트럼프의 성향은 몇 년 뒤 또 다른 위기에서 다시 드러났다. 2020년 초 코로나19 펜데믹이 확산하자, 의회는 펜데믹이 초래할 거대한 혼란을 완화하기 위한 경기부양 입법에 착수했다. 그러나 트럼프는 탄핵 이후 낸시 펠로시 하원 의장과 대화를 끊은 상태였고, 법안 형성 과정에서 별다른 역할도 하지 못했다. 유일한 정책 제안이었던 급여세 감면안은 최종 법안에 반영되지 못했다.[45] 결국 미국 역사상 최대 규모의 지출 법안이 만들어지는 동안, 트럼프는 법안의 내용이나 정책 방향이 아니라 미국인들에게 배포될 경기부양 지원금에 자신의 이름을 새겨 넣는 일에 집중했다. 트럼프는 여러 정책에 공적功績을 독차지하려 했지만, 그로 인해 오히려 자신의 영향력은 점점 약해졌다.[46]

그나마 일부 영역에서는 개인 중심 정치가 잘 작동할 수 있는 제도적인 환경이 갖추어져 있었기에 트럼프 행정부가 중요한 정치적 성과를 거둘 수 있었다. 특히 사법부 판사 임명이 대표적이다. 이 문제에서 트럼프와 미치 매코널 상원 원내대표는 긴밀한 협력관계를 구축했다. 트럼프는 매코널이 제안한 주류 보수주의에 우호적인 판사들을 임명하는 데 동의했고, 매코널은 트럼프가 지명한 판사들이 인준 절차를 더 원활하게 통과할 수 있도록 상원 절차를 수정했다. 트럼프는 보수 법률 운동 활동가들과 사실상 사전 조율해, 후보자 명단을 상원에 제출하기만 하면 추가 로비나 협상 없이도 대부분 인준을 받았다. 이 협력의 결과는 놀라웠다. 트럼프는 단임 4년 동안 대법관 3명을 임명해 연방대법원의 이념 균형을 보수 쪽으로 기울여놓았다. 아울러 174명의 연방 지방법원 판사와 54명의 연방 항소법원 판사도 임명했다. 이로 인해 3곳의 연방 항소법원에서 세력 균형이 뒤집혀, 12개 연방 항소법원 중 7곳이 보수 성향을 띠게 되었다. 그런데 트럼프의 판사 임명 전략이 매우 인상적이기는 하지만, 개인 중심 정치의 한계를 두 가지 측면에서 되새길 수밖에 없다. 첫째, 이 성공은 매코널과 보수주의자들의 협력이 전제되었기 때문에 가능했다. 자신이 원하는 사람은 누구나 임명할 수 있었던 것은 아니다. 둘째, 트럼프가 지명한 판사들은 본질적으로 이전 공화당이 했던 것과 큰 차별점이 없었다. 트럼프가 연방 사법부에 자신의 색깔을 남긴 것은 분명하지만, 이것은 공화당이 그동안 해왔던 방식과 비슷하다.[47]

트럼프의 개인 중심 정치는 당과 행정부 모두에서 이전 대통령들과 현저한 차이를 보였다. 당내에서는 큰 성공을 거두었다. 2년 만에 반대파를 완전히 제압해, 트럼프에게 도전 자체가 거의 불가능한 상태로 만들었다. 그러나 행정부 운영에서는 별다른 정책적 성과를 내지 못했고, 오히려 반복적인 자기 패배를 초래했다. 이런 상황을 고려할 때, 미국 사회학자 딜런 라일리Dylan Riley가 트럼프를 '가부장적 부적격자patrimonial misfit'라고 지칭한 것은 적절하다.[48]

미국건강관리법과 '국경 조정세'

트럼프의 첫 임기는 최근 수십 년 동안의 공화당 정책 노선과의 단절이 아니라 오히려 연속성이 두드러졌다. 사회보장 축소 시도, 가장 부유한 미국인에게 집중된 대규모 감세, 이란을 겨냥한 강경 대외정책은 밋 롬니가 대통령이 되었다고 해도 예상할 수 있었던 결과였다. 일부 영역, 특히 무역 분야에서는 트럼프가 지난 수십 년 동안의 공화당 노선과 상당히 동떨어진 정책을 추진하기도 했다. 하지만 이것도 근본적인 방향 전환이 아니라 이미 진행 중이던 변화에 속도를 더했을 뿐이다. 트럼프 자신은 물론 민주당의 경쟁자들도 트럼프가 '이전 공화당 정치인들과 확연히 다르다'고 주장했지만, 그가 국정을 운영하는 방식은 그러한 변화를 실현할 능력을 약화시켰다. 즉, "트럼프의 즉흥적이고 순간적인 의사결정 방식은 백악관의 정책 수립에 심각한 타격을 주었고, 결과적으로 공화당 내 다른 행위자들에게 권력을 넘겨주는 결과"를 낳았다. 집권 첫 2년간 이 '다른 행위자'는 주로 하원과 상원의 공화당 다수파였다. 2018년 중간선거에서 민주당이 하원 다수당이 된 이후, 트럼프가 근본적인 노선 전환을 이끌 역량은 더욱 제한되었다.[49]

트럼프가 백악관에 입성하면서 내세운 주요 정책 우선순위는 오바마 헬스케어 폐지였다. 그런데 이것은 공화당 내에서 새로운 의제가 아니라, 2010년 이후 숙원 사업이었다. 2010년부터 공화당이 장악한 하원에서는 오바마 헬스케어 폐지를 50회 이상 표결에 부쳤다. 트럼프는 자신이 과거 공화당원들과 달리, 이 표결을 실제 법률 제정으로 이끌 수 있는 협상의 대가라고 자처했다. 하지만 임기 초부터 여러 차례의 폐지 시도로 정치적 분열을 불러왔고, 결국 실패했다. 오바마 헬스케어 폐지 추진의 주도권은 공화당 하원 의장 폴 라이언에게 넘어갔고, 백악관은 몇 가지 모호한 정책만 제시했다. 라이언은 이전 공화당의 정책들을 종합해 '미국건강관리법'을 내놓았다. 이 법안은 오바마 헬스케어의 보험 시장인 '마켓플레이스'에서 구입한 보험에 대한 보조금을 폐지하지만(마켓플레이스 자체는 유지), 메디케이드 확대를 취소하고 메디케이드를 일정 금액만 지원하는 방식으로 전환하는 내용을 담고 있었다. 2월 말, 폴 라이언은 하원에서 이 법안을 통과시키려고 밀어붙였다.[50]

미국건강관리법은 여러 방면에서 반대에 부딪혔다. 오바마 헬스케어는 병원과 보험사의 합병을 촉진하는 결과를 낳았고, 이들 양측의 협회는 폐지에 강력히 반대했다. 또한, 대부분의 공화당 주지사들도 오바마 헬스케어의 메디케이드 확대가 폐지될 경우 주 예산에 심각한 타격이 있을 것을 우려하며 반대 의사를 표명했다. 상공회의소는 미국건강관리법을 지지하며 이를 자신의 핵심 투표 의제로 삼았지만, 처음 오바마 헬스케어 통과를 막기 위해 벌였던 대대적인 동원과는 달리 적극적인 조직 활동은 하지 않은 것으로 보인다. 한편, 보수진영 내 일부 강경파들은 미국건강관리법이 오바마 헬스케어를 충분히 폐지하지 못했다고 비판하며, 다양한 소비자 보호 조치와 오바마 헬스케어에 부과된 세금까지 완전 폐지해야 한다고 주장했다.[51]

이처럼 복잡한 이해가 얽힌 이익집단들 간 조율에 시간이 걸리면서 미국건강관리법은 2017년 5월 초까지 하원 통과가 미루어졌다. 상원에서는 하원 내 보수파의 요구에 맞춰 수정된 법안 때문에 여러 공화당 상원의원의 지지를 잃었다. 이탈 의원이 늘면서 미치 매코널은 필요한 60표를 확보하지 못했다. 그러자 랜드 폴은 미국건강관리법의 몇몇 조항을 삭제하고, 오바마 헬스케어 대부분을 대폭 폐지하는 더 단순한 법안을 제출했다. 그러나 이 법안은 이전 법안보다도 지지표가 더 적었다. 2017년 여름까지 공화당의 의제는 '오바마 헬스케어 폐지와 대체'에서 '폐지'로, 다시 '부분적 폐지'로 점차 축소되었다. 7월 말 상원에 제출된 법안은 향후 8년 동안 오바마 헬스케어의 개인과 사업자 보험 가입 의무를 폐지하고, 의료기기 제조사에 부과된 세금을 3년간 면제하며, 여성 건강과 출산 서비스를 지원하는 비영리단체 '플랜드 페어런트후드Planned Parenthood'에 대한 메디케이드 자금을 1년간 중단하는 내용을 담았다. 또한, 보험 상품 관련 혁신 면제 제도의 유연성을 높이고, 건강저축계좌 혜택을 확대하는 조치도 포함되었다.

이처럼 정책 목표가 크게 축소되면서 이 법안은 '뼈대만 남은 법안'으로 널리 불렸다. 그런데 이 법안은 뇌암 투병 중이던 존 매케인 상원의원의 극적인 반대표로 폐기되었다. 이때가 대체로 공화당의 오바마 헬스케어 폐지 시도 좌절의 결정적 순간으로 여겨지지만, 매케인의 반대 이전에도 그해 초 폴 라이언이 제안한 의제는 이미 대부분 실패한 상태였다. 트럼프는 여러 차례 공화당 의원들에게 "'사소한 문제들은 잊고 큰 그림에 집중하라'고 압박했으나, 의원들을 자신의 뜻대로 움직이지는 못"했다. 매코널은 이러한 실패 원인 중 하나로 트럼프의 개인 중심 정치를 꼽으며 "트럼프는 민주주의 절차가 빠르게 진행될 것이라고 지나치게 낙관했다"고 지적했다. 결국 공화당은 2017년 말 개인의 건강보험 가입 의무 조항 폐지에 성공했지만, 오바마 헬스케어는 보수파의 기대와 달리 폐지되지 않았다. 이로써 오바마 헬스케어 폐지 운동은 의도에 다소 못 미치는 결말로 마무리되었다.[52]

오바마 헬스케어 폐지 시도가 실패한 이후, 트럼프 행정부는 세제 개혁에 집중하는 쪽으로 방향을 전환했다. 대선 기간에 트럼프는 개인과 법인의 세율을 대폭 인하하고, 소위 '성과보수'와 같은 세금 회피 조항을 없애겠다고 약속했다. 하지만 취임 후에는 이 문제에 별다른 관심을 기울이지 않았고, 4월에 제출한 한 장짜리 세제 개혁안은 백악관 세금 정책 전문가들에게 곤혹감을 안겨주었을 뿐이다. 오바마 헬스케어 폐지 시도와 마찬가지로, 세제 개혁의 주요 결정과 입법 활동은 모두 의회에서 이루어졌다.[53]

최종 통과된 '세금 감면과 일자리법'은 조지 W. 부시 행정부 시절의 대규모 감세 정책과는 뚜렷한 차이를 보였다. 부시 행정부 당시에는 막강한 행정부가 주요 기업 단체들과 함께 움직이며, 개인소득세 감면을 우선 수용하도록 지시하고 이후 기업들이 원하는 세제 혜택을 보상 형식으로 제공하는 방식이었다. 반면 트럼프 행정부는 이와는 정반대 양상으로, 행정부가 기업들을 조율하는 대신 기업의 로비로 세제 개혁이 이루어졌다. 트럼프 행정부가 내놓은 세제 개혁안은 하원 의장 폴 라이언과 세입위원회 위원장 케빈 브래디Kevin Brady가 작성했다. 이 법안은 대규모 기업 세금 인하, 상속세 폐지, 소득세 구간 수 축소를 주요 내용으로 했다. 그러나 이런 대규모 감세 정책은 다른 재정 보완책 없이 진행하면 재정적자를 크게 늘릴 것으로 예상되어, 라이언과 브래디는 '국경 조정세' 도입을 제안했다. 국경 조정세는 과세 대상이 '미국 내에서 발생한 이익'에서 '미국 내에서 판매된 상품의 이익'으로 바뀌는 조치다. 이는 수출 기업에는 큰 이득이지만, 수입 기업에는 새로운 세금 부담이 된다는 점에서 논란이 되었다. 이 세금은 앞으로 10년간 약 1조 달러의 세수를 확보할 것으로 예상되며, 이를 통해 이 법안은 '재정 중립'을 달성할 수 있도록 설계되었다.[54]

이 때문에, 트럼프의 국경 조정세는 제품을 수입하는 기업들의 반발을 샀다. 여기에는 월마트, 베스트바이Best Buy 같은 소매업체들과 주요 석유화학 기업들이 포함되었다. 기업 단체들은 전체 세제 개혁안에 대해서는 강한 지지를 보냈으나, 국경 조정세를 놓고 의견이 엇갈려 상공회의소는 입장을 내지 않기로 결정했다. 대형 석유 수입 기업인 코크 인더스트리스는 이 세금에 강력히 반대하며, '번영을 위한 미국인들'을 동원해 반대 운동을 전개했다. 코크 가문은 백악관 입법국장 마크 쇼트와의 관계를 활용해 트럼프에게 국경 조정세를 법안에서 제외하도록 설득했다. 결국 6월 말, 폴 라이언은 자신이 끝까지 지지했던 국경 조정세가 법안에서 제외되었다고 발표했다. 코크 가문뿐만 아니라 다른 주요 인사들도 법안에 영향을 미쳤다. 12월 초, 트럼프는 사모펀드 억만장자 스티븐 슈워츠먼Stephen Schwarzman이 주최한 모금 행사에 참석했다. 이 자리에서 후원자들은 기업 세금 감면은 환영하지만 개인소득세 감면도 필요하다고 요구했으며, 트럼프도 동의했다. 그 결과, 최종 법안에는 개인소득세 최고 구간의 세율 인하도 포함되었다.[55]

결국, 트럼프 행정부의 세제 개혁 법안 통과 과정은 조지 W. 부시 행정부의 사례보다는 로널드 레이건 행정부 시절과 비슷했다. 1981년 당시 예산국장 데이비드 스토크먼은 "기득권 세력들이 엄청난 혜택을 받고, 탐욕과 기회주의가 통제 불능 수준에 이르렀다"고 말했다. 실제로 그 법안은 모두에게 무언가를 제공하지 못하고 막대한 재정적자를 불러왔으며, 평시 미국 역사상 최대 규모의 증세로 이어졌다. 트럼프 행정부의 세제 개혁은 로널드 레이건 행정부의 방식을 명확히 닮았다. 특수 이해관계 집단에 대해 행정부가 독자적으로 리더십을 발휘하는 것과는 거리가 멀었으며, 오히려 이전 공화당 대통령들에 비해 이들의 영향력 아래 훨씬 무력한 행정부를 구축한 셈이다.[56]

트럼프의 '관세 전쟁'

무역 정책은 트럼프가 미국 정치를 진정으로 재편했다고 평가받는 분야 중 하나다. 2018년 초반, 트럼프 행정부는 세탁기에서 철강에 이르기까지 다양한 중국산 제품에 관세를 부과했다. 이에 따라 중국산 수입품에 대한 평균 관세율은 6배 이상 상승했는데, 이것은 미중 무역의 약 3분의 2를 포괄하는 조치로, 대공황 시기 '스무트 홀리 관세법 Smoot Hawley Tariff Act'[*] 이후 미국에서 시행된 가장 광범위한 관세 조치였다. 하지만 이 과정에서 트럼프의 주도적 역할은 실제보다 상당히 과장되어 전해진다. 트럼프가 당선될 무렵 이미 미국 내 많은 엘리트는 10년에 걸쳐 이와 비슷한 방향으로 움직이고 있었다. 2000년대 중반부터, 특히 중국산 수입품과의 경쟁에 영향을 받은 지역구 출신 의원들 사이에서는 반중反中 정서가 확산되었다. 2008년 금융위기 이후

---

[*] 1930년 6월 허버트 클라크 후버 대통령은 수입 제품에 대해 평균 59퍼센트, 최고 400퍼센트에 이르는 관세를 부과하는 법에 서명했다. 이 법을 발의한 리드 스무트Reed Smoot와 윌리스 홀리Willis Hawley의 이름에서 유래했다.

이런 반중 담론은 특히 공화당 내에서 더욱 격화되었다. 이것은 "수입 경쟁의 부정적 영향을 무역 정책이 아닌 중국 탓으로 돌림으로써 공화당 의원들은 소속 정당의 자유무역 노선"을 계속 지킬 수 있었다.

민주당은 노동조합 등 연합 세력의 지지를 받으며 보호무역을 훨씬 노골적으로 주장할 수 있었던 반면, 부시와 오바마 행정부 시절의 공화당 의원들은 탈산업화의 책임을 중국에 주로 떠넘기면서도 이를 가능하게 만든 미국 내 정책에는 침묵을 지켰다. 그런데 민주당도 점차 중국에 대한 적대적인 입장을 강화했다. 2006년 뉴욕주 상원의원 척 슈머Chuck Schumer는 '환율조작정의법'을 공동 발의했는데, 트럼프가 부과한 관세와 유사한 내용의 의회 움직임이었다. 오바마 행정부는 중국을 경제적으로 견제하기 위해 환태평양경제동반자협정CPTPP을 협상했으며, 힐러리 클린턴은 오바마보다 더욱 강경한 대對중국 정책을 취했다. 트럼프가 취임할 무렵, 조지 H. W. 부시, 빌 클린턴, 조지 W. 부시 행정부 시기 내내 유지되었던 '중국 관여engagement 정책'은 이미 붕괴 직전에 이르렀다.[57]

트럼프 행정부 초기에는 오바마 행정부의 대중국 정책과 크게 다르지 않았다. 취임 직후 트럼프는 환태평양경제동반자협정에서 탈퇴했는데, 이것은 오바마 행정부의 가장 중요한 중국 관련 무역 정책을 뒤집는 조치였으나, 이를 명확히 대중국 정책 변화로 규정하지 않았다. 트럼프 행정부 출범 후 첫 1년간 중국에 대해 특별히 과감한 조치를 취하지 않았는데, 당시에는 '대중 유화론자'로 평가되는 인사들이 요직에 많이 포진해 있었다. 재무부 장관 스티븐 므누신Steven Mnuchin, 국가경제위원회 위원장 게리 콘, 중국에서 자신의 패션 브랜드 상표권을 출원하려던 트럼프의 딸 이방카도 여기에 포함되었다. 행정부 외부에도 마카오 카지노에 대규모 투자를 한 셸던 애덜슨과 스티브 윈 등 영향력 있는 대중 유화론자들이 있었다. 그런데 2017년 하반기가 되면서, 철강산업 변호사 출신 로버트 라이트하이저Robert Lighthizer가 주도하는 '대중 강경파'가 힘을 얻기 시작했다. 2017년 8월, 트럼프는 중국의 지식재산권 침해에 관한 조사를 미국 무역대표부에 지시했고, 이로써 이듬해 부과될 관세의 기틀이 마련되었다.[58]

트럼프 행정부의 관세 정책에 대한 미국 기업들의 반응은 상당히 미온적이었다. 그렇다고 아예 반응이 없었던 것은 아니다. 많은 기업은 '자유무역을 위한 미국인들'이나 '미국 글로벌 가치 사슬 연합' 같은 반反관세 연합에 참여했다(이지은과 이언 오스굿Iain Osgood은 트럼프의 무역 전쟁에 대한 기업들의 반대가 "지난 25년간 어떤 무역 현안에서도 보기 힘들 만큼 가장 체계적으로 조직된 사례"라고 주장했지만, 이를 뒷받침하는 근거는 매우 빈약하다).[59] 또 1974년 무역법 제301조에 따라 트럼프가 제기한 관세 조치에 대해 수많은 공개 의견서를 제출했고, 대부분은 관세 정책의 일부 측면을 비판했다. 그러나 이러한 공개적 움직임은 오히려 미국 내 여러 산업 부문에서 중국과의 무역에 대한 실망이 커지고 있다는 사실을 가리기도 했다. 특히 제조업 부문에서 중국 무역에 대한 회의가 깊어졌고, 기술 분야 기업들은 중국의 지식재산권 침해 문제를 강하게 비판했다.

2010년대 들어 1990년대 후반부터 중국과의 무역 확대를 지지하며 결성된 대규모 기업 연합은 해체되었다. 관세 조치는 기업들의 조직과 운영에 더 큰 혼란을 가져왔다. 로비 활동은 비용이 수반되므로 기업들은 가장 중요한 쟁점에 집중하는 경향이 있는데, 이 상황에서는 관세 제도 전반에 반대하기보다는 개별 품목에 대한 '예외'를 요구하는 로비 형식으로 나타났다. "중국에서 영업하는 가장 크고 수익성 높은 일부 다국적 기업만이 무역 전쟁 발발 직전 관세에 공개적으로 반대 성명을 냈다. 반면, 3배가 넘는 기업이 예외 요청을 제출했고, 훨씬 더 많은 기업이 미국 무역대표부를 상대로 개별 품목 예외를 위해 비공개 로비를 벌였다." 이처럼 예외 요청을 제출한 기업이 워낙 많아, 결국 많은 기업이 원하는 결과를 얻지 못했다.[60]

트럼프의 대중국 정책은 지난 25년간 '중국 관여 정책'에 대한 엘리트 집단 전반의 실망감을 바탕으로 형성되었다. 정치 엘리트와 경제 엘리트들은 점차 '그 게임에 들인 노력만큼 얻는 게 없다'고 판단하고 있었다. 관세에 반대한 기업들은 각자 개별 전략에 의존할 수밖에 없었고, 이로 인해 집단적으로 대응하기 어려운 문제가 생겼다. 트럼프 행정부는 다른 행정부들보다 확실히 강경하게 정책을 추진했지만, 미국 무역 정책의 방향을 근본적으로 바꾸었다고 볼 수는 없다. 실제로 오바마 행정부에서 국무부 부장관을 역임한 앤터니 블링컨Antony Blinken과 부시 행정부에서 재무부 장관을 역임한 헨리 폴슨 같은 다양한 성향의 권위자들이 트럼프 행정부의 무역 정책을 지지했다는 점이 이를 뒷받침한다.[61]

결국, 트럼프는 첫 임기 동안 공화당 정책 노선에서 의미 있는 변화를 이루지 못했다. 주요 정책 우선순위는 대선 예비경선 이전부터 공화당 내부에서 핵심 의제로 자리 잡은 것들이었다. 트럼프는 특유의 개인 중심 정치 스타일과 행정부의 관료적 절차를 전반적으로 무시하는 태도로 대통력직을 수행했다. 그런데 이러한 특징은 주로 트럼프의 대통령직을 약화시키는 결과를 초래했다. 행정부는 사법부·입법부와의 불필요한 갈등에 휘말렸고, 막대한 행정 자원을 소모하는 각종 조사에 시달렸다. 이 점에서 트럼프 행정부는 기업 권력, 행정 권력, 정당 권력을 결합해 미국 정치를 결정적으로 이끌었던 조지 W. 부시 대통령의 공화당 정부와 확연히 달랐다. 트럼프는 그러한 성과를 전혀 이루지 못했다.

국회의사당으로 몰려간 애국자들

미국 정치사에서 재기한 인물은 많이 있다. 스티븐 그로버 클리블랜드Stephen Grover Cleveland, 리처드 닉슨, 조 바이든 등 정치적으로 낙인 찍힌 인물들이 예수의 기적으로 다시 살아난 라자로Lazarus처럼 부활했다. 2020년 이후 도널드 트럼프도 그 대열에 합류했다. 2020년 대선 패배는 시작에 불과했다. 트럼프는 패배 직후, 대규모 부정선거가 있었다는 음모론을 퍼뜨리며 자신이 대통령직을 부당하게 빼앗겼다고 주장했다. 이 선거 결과 뒤집기 시도는 2021년 1월 6일 국회의사당 폭동으로 절정에 달했다. 당시 친親트럼프 단체가 선거인단 최종 인증 절차를 방해하려다 실패하고 국회의사당에 난입했다. 이 실패한 쿠데타 이후 많은 사람은 트럼프가 정치적 파멸을 맞으리라 예상했다. 국회의사당 폭동 이후 "공화당은 회복할 수 없는 분열을 겪었"지만, 이후 상황은 모두의 예상을 빗나갔다. 트럼프는 여전히 공화당에 대한 지배력을 유지했고, 전국적으로 각 주의 당 조직은 이전보다 더욱 트럼프주의적으로 변모했다. 트럼프에 대한 충성심 외에는 뚜렷한 원칙이 없는 인물들이 권력을 차지했다. 반反트럼프 세력은 2024년 공화당 대선후보 지명 경쟁에 도전했으나, 니키 헤일리Nikki Haley가 뉴햄프셔주와 워싱턴 D.C.(컬럼비아 특별구)에서 두각을 나타낸 것을 제외하면, 트럼프는 예비경선을 손쉽게 통과했다. 공화당은 트럼프의 리더십에 대한 신앙 외에는 뚜렷한 통합력을 갖추지 못했다.[62]

2020년 대선은 2016년 대선과 유사한 경향을 보였다. 특히 민주당은 공화당에 비해 압도적으로 많은 선거자금을 지출했다. 후보자 선거운동위원회, 슈퍼팩, 비공개 자금 그룹 등 거의 모든 분야에서 민주당의 지출은 공화당의 150~200퍼센트였다. 고액 기부자인 셸던 애덜슨 같은 인물들이 다시 거금을 냈지만, 트럼프 1기 행정부의 불안정과 무능함에 지친 기업 지도층이 더 많은 자금을 냈다. 9월에 기업 CEO 100명을 대상으로 실시한 설문조사에서 77명이 바이든에게 투표할 계획이라고 답했는데, 많은 이가 트럼프의 무능한 코로나19 대응을 주요 이유로 꼽았다. 힐러리 클린턴도 2016년에 비슷한 모금 우위를 보였으나, 2020년에는 바이든이 자금 경쟁에서 확실한 우위를 점하면서 트럼프를 제쳤다.[63]

도널드 트럼프의 2020년 대선 패배는 2016년과 달리, 공화당이 트럼프를 거의 완전하게 지지한 상황에서 일어났다는 점에서 역설적이다. 2016년 당시 미치 매코널과 폴 라이언 같은 인사들은 트럼프가 패배하기를 바랐으며, 그렇게 되면 자신들이 선호하는 기업 중심 공화당 노선으로 회귀할 수 있을 것으로 기대했다. 그러나 2020년에는 공화당 전체가 트럼프를 전폭적으로 지지했다. 이들의 지지는 매우 완벽해, 2020년 대선에서 정책 강령을 작성하지도 않았다. 이것은 공화당이 더는 특정 정책 비전보다는 트럼프가 그때그때 지지하는 입장에 따라 움직인다는 것을 노골적으로 드러냈다.[64]

2020년 대선에서 트럼프는 2016년과 달리 이번에는 승리할 것이라고 굳게 믿었다. 선거를 앞두고 수개월 동안 "오직 대규모 선거 사기만이 자신을 막을 수 있다"고 반복해서 주장했다. 선거가 치러지기 전부터 트럼프와 지지자들은 여러 주에서 40건이 넘는 소송을 제기하며 각종 선거 절차에 이의를 제기했다. 선거 당일 밤 〈폭스뉴스〉가 애리조나주를 바이든의 승리로 발표했는데, 사실상 전체 대선 승리를 확정 짓는 결과가 되었다. 이에 트럼프 측은 선거 결과를 뒤집기 위한 캠페인을 시작했다. 트럼프와 최측근 자문단은 법조계 주변 인사들을 모아 선거 결과를 무효 처리할 수 있는 방안을 모색했지만, 모든 시도는 실패로 끝났다. 2020년 12월 14일 선거인단이 투표를 진행했다.* 며칠 뒤, 트럼프는 트위터를 통해 1월 6일 상원이 선거인단 결과 인증 절차를 진행하는 날 워싱턴에서 시위가 있을 것이라고 알렸다.[65]

1월 6일 국회의사당 폭동은 트럼프 재직 시 발생한 수많은 사건 중에서도, 트럼프 행정부가 미국 정치사에서 이례적인 일탈임을 상징하는 결정적인 순간이었다. 미국 역사상 선거 결과를 뒤집기 위해 폭력을 사용한 사례가 전혀 없던 것은 아니지만, 규모와 대담성 면에서 이 사태는 전례를 뛰어넘는다. 폭동 전날, 트럼프는 마이크 펜스 부통령

에게 마지막으로 전화를 걸어 선거인단 투표 무효화를 압박했고, "역사에 애국자로 남을지 겁쟁이로 남을지 선택하라"고 말했다. 트럼프는 지지자들에게 국회의사당으로 행진을 지시했고, 자신도 경호원들을 강제로 데리고 그곳에 가려 했다. 폭동이 일어나는 동안 도널드 존 트럼프 주니어Donald John Trump Jr.부터 〈폭스뉴스〉 진행자 로라 잉그러햄Laura Ingraham까지 트럼프에게 폭동 규탄을 간절히 요청했으나 트럼프는 이를 거부했다. 폭동은 몇 시간 만에 끝났고 주 방위군이 도착해 대부분 진압했지만, 워터게이트 사건 이후 미국 헌법 질서에 닥친 최대 위기로 기록되었다.[66]

2021년 1월 6일 발생한 국회의사당 폭동과 선거 결과를 뒤집으려는 트럼프의 무모한 행동은 미국 기업계의 강력한 반발을 불러일으켰다. 트럼프가 처음으로 선거 결과에 이의를 제기하기 시작한 2020년 11월부터 주요 기업 CEO들이 모여 영향력을 행사해 트럼프를 저지할 계획을 세웠다. 1월 6일 폭동 이후 기업계의 대응은 더욱 격렬해졌다. 20세기 미국에서 가장 보수적인 정치 성향을 대표하는 전미제조업협회는 마이크 펜스와 행정부 각료들에게 수정헌법 제25조를 발동해 트럼프를 대통령직에서 물러나게 할 것을 촉구했다. '포천 500' 기업 중 일부는 연방 선거 후보자에 대한 모든 정치 기부를 일시 중단하고 기부 기준을 재평가하겠다고 발표했다. 한때 미국 기업들은 공화당의 정책이나 이념에 반하는 조직적인 움직임을 보이는 듯한 분위기가 형성되기도 했다.[67]

상황은 곧 변하기 시작했다. 2021년 3월, 상공회의소는 "우리는 의회 의원들을 선거인단 결과 인증에 대한 투표만으로 평가하는 것은 적절하지 않다고 생각한다"는 입장을 발표했다. 선거 결과 인증에 반대한 의원들은 2022년 예비선거에서 큰 불이익을 받았으며, '포천 500' 기업들의 정치활동위원회에서 평균 약 10만 달러 상당의 기부금을 잃었다. 하지만 2022년 중간선거와 2024년 대선 예비선거에서는 이러한 불이익을 받은 의원들이 점차 줄어들었고, 결과적으로 2024년에는 트럼프의 '부정선거' 주장에 공개적으로 반대하는 공화당 의원을 찾기 어려워졌다.[68]

기업들의 보이콧이 오래가지 못한 데에는 몇 가지 이유가 있었다. 첫째, 공화당은 다른 자금원을 통해 그 영향을 충분히 만회할 수 있었다. 실제로 2021년 1월, 하원과 상원을 위한 공화당의 정치자금 모금액은 민주당을 앞섰다. 소액 기부자가 급증한 덕분에 결집한 공화당 지지자들은 기업 정치활동위원회의 기부 감소분을 손쉽게 메웠다. 한편, 극우 성향의 백만장자들도 2020년 대선 결과에 이의를 제기하는 후보와 단체에 막대한 자금을 지원했다. 예를 들어, 리처드 율라인Richard Uihlein과 엘리자베스 율라인Elizabeth Uihlein은 2010년대에는 비교적 공화당 소액 기부자였으나, 2022년 중간선거에서는 공화당 후보들에게 가장 많은 기부를 한 인물로 부상했다. 이들은 가장 황당한 음모론을 수용하는 후보들까지 후원했다. 이처럼 소액 기부자와 고액 기부자의 결합으로, 부정선거를 주장하는 공화당 후보들은 기업 정치활

동위원회의 지원 감소에도 충분한 선거자금을 모을 수 있었다.[69]

선거 부정론자들이 입지를 지킨 사실도 기업들이 보이콧에서 이탈하는 계기가 되었다. 미국 기업들의 정치 기부는 기본적으로 정치인에 대한 '접근권'을 유지하기 위한 것으로, 이념적이라기보다는 실용적인 성격이 강하다. 선거 결과를 부정한 공화당 의원들이 여전히 지위를 유지하자, 기업들은 집단적·계급적 이해, 즉 보이콧 유지보다는 의원들과의 접근권 유지라는 개별 이익에 맞춰 다시 행동하기 시작했다. 결국, 트럼프가 대선에 이의를 제기함으로써 미국 역사상 공화당과 기업 사이에 최대 규모의 갈등이 촉발되었다. 하지만 첫 번째 타격에도 견딜 자원을 보유한 공화당을 마주한 기업들은 점차 전장을 이탈하게 되었다(그렇다 하더라도 1월 6일 국회의사당 폭동이 기업 지도자들과 더 넓게는 부유층이 민주당 쪽으로 점점 더 이동하는 데 일정한 역할을 했을 가능성이 크다).[70]

도널드 트럼프는 갈등이 지속되는 동안 공화당 내 지배력을 유지했다. 2021년 내내 공화당 후보들에게 부정선거 주장을 지지하라고 거세게 압박하며, 이를 거부하는 후보에 대해서는 예비선거에서 대항 후보를 후원하겠다고 위협했다. 트럼프의 이러한 노력이 성공할 수 있었던 데에는 공화당 예비선거 유권자들 사이에서 깊어진 '부정적 당파성'이 큰 역할을 했다. 트럼프의 논리는 단순명료하지만 매우 효과적이었다. 민주당이 자신을 거짓말쟁이라고 비난하니, 민주당과 같은 입장을 취하는 사람은 모두 민주당 편이라는 것이다. 지난 10년간 '당파적 적대감'이 격화되며 공화당 지지층에 깊이 뿌리내린 상황에서, 이 논리는 큰 공감대를 형성했다.

주정부에서는 트럼프에게 충성을 맹세한 후보들을 지지함으로써,

진성 지지자들이 주 당 조직을 장악했다. 그러나 미국 정치학자 줄리아 아자리Julia Azari가 지적한 것처럼, 트럼프의 공화당 장악은 예상 밖의 결과를 낳았다. 전반적으로 당의 정책에 급격한 변화를 일으키지 못했으며, 트럼프의 지배는 오히려 선거 결과에 부정적인 효과를 미친 경우가 더 많았다. 트럼프가 충성파 후보들을 지지한 결과, 이들은 예비선거에서 여러 차례 승리했지만 본선에서 패배하는 일이 잦았다. 주 당 조직에서는 트럼프 신봉자들의 지배로 정치적 역량이 부족한 인사가 당을 운영하는 상황이 생겼고, 이것이 모금 활동에 심각한 장애가 되었다. 미시간주에서 당 간부 크리스티나 카라모Kristina Karamo가 연방선거자금법에 무지해 수차례 법 위반을 저질렀고, 이로 인해 주요 경합 주에서 당이 막대한 부채에 시달리게 되었다.[71]

도널드 트럼프는 2022년 중간선거 직후 2024년 공화당 대선후보 출마를 공식 선언했다. 경쟁자로는 플로리다 주지사 로널드 디샌티스Ronald DeSantis와 트럼프 1기 행정부에서 유엔 대사를 지낸 니키 헤일리가 있었다. 디샌티스는 트럼프라는 이름 대신 '트럼프주의'라는 정치적 스타일과 이념을 내세우려 했으나, 트럼프 특유의 쇼맨십과 카리스마가 부족했을 뿐만 아니라 트럼프를 정면으로 공격하지 않아서, 유권자들은 디샌티스 대신 트럼프를 선택할 이유를 갖게 되었다. 반면, 헤일리는 당 주류와 코크 네트워크를 아우르는 '통합 후보'를 자처했는데, 2010년대 초반 공화당의 심각했던 분열을 생각하면 상상하기 어려운 전략이었다. 사실 헤일리 자신도 2010년 사우스캐롤라이나 주지사 선거에서 티파티 후보로 출마했을 당시, 상공회의소가 "우리는 극단적인 후보보다는 중도 후보를 선호한다"며 공개적으로 반대했다.

그러나 2024년 대선을 앞두고 헤일리는 합리적인 목소리로 이미지 변신을 꾀해 당의 방향 전환을 바라는 유권자와 기부자들이 선호하는 후보가 되었다. 여러 재력가의 지원을 받았지만, 헤일리의 캠페인은 유권자들의 마음을 움직이지 못했고, 2024년 2월, 코크 네트워크는 헤일리에 대한 자금 지원을 중단한다고 발표했다.[72]

결국 도널드 트럼프는 2024년 대선에 돌입할 때까지 공화당 내에서 여전히 확고한 지배자였다. 트럼프의 리더십하에서 공화당은 선거에서 패배하고 오랜 기간 당을 지지해온 기업계와도 균열이 생겼지만, 당 지지자들의 성향이 당분간 바뀔 기미는 거의 없다. 이런 의미에서, 트럼프의 당 장악력은 대선 출마 이전부터 당을 괴롭혀온 내부 파벌 갈등을 사실상 잠재웠다고 볼 수 있다. 조지 W. 부시는 집권 당시 반란 세력과 주류 세력 모두를 행정부 의제에 끌어들이는 전략으로 내부 파벌 갈등을 잠재웠으나, 트럼프는 현실적으로 세금 감면 법안에서만 비슷한 통합을 성공적으로 이루었을 뿐이다. 그 외 대부분 분야에서 트럼프의 개인 중심 정치는 당내 파벌 갈등을 사라지거나 줄이는 쪽으로 작용했으며, 파벌들을 하나로 묶는 헤게모니적 통합에는 이르지 못했다. 한편, 니키 헤일리의 캠페인은 트럼프 시대에 새로운 당내 구성 변화가 등장하고 있음을 보여준다. 트럼프 이후 공화당에 나타날 갈등 세력들은 과거와 분명 다를 가능성이 크다. 그러나 트럼프의 개인 중심 정치에도 당내 불화가 완전히 사라지지 않았으며, 앞으로도 강한 내적 갈등이 공화당을 특징짓게 될 것은 분명하다.

공화당의 분열과 민주당의 분열

지난 30년간 공화당의 변화는 세계 정치사에서 가장 인상적인 사건이었다. 불과 20년 전만 해도 공화당 지도부는 잠시 동안 자신들이 세계를 지배하는 거인이라고 생각했으나, 이제 그 지도자들은 거의 대부분 당을 떠났다. 2024년 9월 전前 하원의원이자 딕 체니의 딸 엘리자베스 체니Elizabeth Cheney는 카멀라 해리스를 지지했고, 아버지 딕 체니 또한 해리스에게 투표할 것이라고 밝혔다. 이 같은 동맹은 10년 전만 해도 상상할 수 없는 일이었다. 그러나 이 사건이 보여주듯, 변화한 것은 공화당만이 아니다. 민주당도 변했고, 이제 딕 체니와 버니 샌더스Bernie Sanders가 지지하는 정당이 되었다. 다만 공화당의 변화는 훨씬 더 극적이었다.[1]

그런데 공화당과 민주당의 변화의 차이는 따로 설명이 필요하다. 왜 민주당의 변화는 공화당의 변화를 단순히 따라가지 않았던 것일까?

이 책의 프롤로그에서 제시한 세 가지 변화, 즉 보수화 심화, 내부 갈등 심화, 기업과의 갈등 심화 가운데 어느 요인을 보더라도 민주당의 최근 역사에서 드러나는 것은 그저 미미할 뿐이다. 민주당 역시 약화된 당 조직과 균열된 기업계라는 상황에 직면했다는 점까지 감안하면, 이 의문은 더욱 깊어진다. 언뜻 보기에, 공화당을 뒤흔든 바로 그 힘이 민주당에도 똑같이 작용했어야 할 것 같기 때문이다.

이제 민주당을 살펴보며, 상대적으로 더 강한 응집력을 보이는 이유를 설명한다. 민주당이 여성, 성소수자LGBT 유권자, 노동조합, 아프리카계 미국인 등 다양한 이익집단과 오랜 기간 맺어온 관계 덕분에 공화당과 같은 길을 걷지 않아도 되었다는 게 핵심 주장이다. 하지만 민주당 역시 변했고, 일부 노동자 계층의 지지를 잃는 대신 미국 현대사의 어느 시기보다 엘리트층의 지지를 강하게 얻었다. 다만 엘리트층과 대기업 최고 경영진으로 재편된 것은 많은 이가 우려한 '재분배 정책 후퇴'로 이어지지는 않았다. 오히려 버니 샌더스의 대선 캠페인을 떠받친 혁명적인 에너지와 불안하게 공존하고 있다. 마지막으로 새로운 미국 정당 시스템 속에서 공화당, 즉 극우 정당의 미래를 다시 한번 살펴보려고 한다.

민주당 역시 공화당을 약화시킨 것과 동일한 역학 구도의 영향을 받아왔다. 민주당 지도부도 공화당 지도부처럼 정치자금 경쟁에 몰두하고 있다. 공식 당 조직은 슈퍼팩과 '검은 돈' 단체 같은 외부 조직과 경쟁하면서도 동시에 협력하는 관계에 놓여 있다. 또한 공화당과 마찬가지로, 민주당도 예비선거 제도로 인해 후보 공천 과정, 즉 투표지에 오를 후보를 스스로 통제할 권한을 상실했다.

그렇지만 민주당은 분명히 공화당의 뒤를 똑같이 따르지 않았다. 대체로 민주당은 공화당만큼 빠르게 중도에서 멀어지지 않았다. 더 놀라운 점은, 민주당이 상당한 내부 결속력을 유지하고 있다는 사실이다. 물론 도전이 없었던 것은 아니다. 버니 샌더스의 2016년과 2020년 대선 캠페인은 명백히 반反주류 노선을 내세우며 민주당 지도부에 대한 불만을 정치적 쟁점으로 크게 부각시켰다. 그러나 샌더스의 태도가 잘 보여주듯, 이러한 도전은 공화당이 겪은 내부 분열로 이어지지는 않았다. 2018년 중간선거 당시 민주당 뉴욕주 예비경선에서 알렉산드리아 오카시오코르테스Alexandria Ocasio-Cortez에게 패배한 하원 의원 조 크롤리Joe Crowley는 에릭 캔터에 비견될 수는 있겠지만, 민주당에는 존 베이너, 폴 라이언, 케빈 매카시에 해당하는 인물이 없다. 마찬가지로, '네버 트럼프Never Trump' 운동 당시 공화당으로 대거 이탈한 전직 민주당 고위 인사도 없다. 미시간주 하원의원 러시다 털리브Rashida Tlaib처럼 당 지도부에 끊임없이 도전하는 민주당 의원들은 있지만, 공화당 지도부가 플로리다주 하원의원 매슈 게이츠Matthew Gaetz에게 드러내는 노골적인 경멸에 필적할 만한 감정을 민주당 지도부가 털리브에게 품고 있다고 보기는 어렵다.[2]

이러한 차이가 나타난 핵심 이유는 민주당 내 이익집단의 위치에 있다. 민주당은 공화당과 달리 이익집단 중심의 정당이다. 1970년대 이후 공화당은 후보가 이념적 보수주의를 얼마나 설득력 있게 내세우느냐에 따라 성공이 좌우되는 경향이 크다. 반면 민주당은 그렇지 않다. 미국 정치학자 맷 그로스먼Matt Grossmann과 데이비드 홉킨스David Hopkins는 민주당을 이렇게 평가했다. "당내 수많은 구성 집단의 선호를 종합해 정책 의제를 구성하고, 특정 집단에 혜택을 주는 다양한 구체적인 정책을 제시함으로써 광범위한 대중의 지지를 얻는 정당이다. 민주당이라는 '빅텐트big tent'에 속한 여러 집단과 그 정책 요구는 시대에 따라 변해왔으나, 정당의 근본적인 당파적 성격은 수십 년에 걸친 선거 역사 속에서 일관되게 유지되어왔다."[3]

민주당은 대체로 '누가 가장 진보적인가?'에 따라 예비선거에서 승리하지 않는다. 민주당 후보들은 당의 지지 기반을 이루는 다양한 이익집단을 단결시키고, 각 집단에 구체적인 혜택을 제공하는 능력을 얼마나 효과적으로 내세우느냐에 따라 승패가 갈린다.[4] 후보들은 선거에서 이기기 위해 당만큼이나 이익집단에 크게 의존한다. 민주당은 '뉴딜 연합' 전성기 시절부터 노동조합의 지원을 받아 선거를 치러왔다. 이후 여성 단체, 아프리카계 단체, 환경 단체 등 여러 조직이 가세해 모금과 유권자 동원 활동을 수행해왔다. 공화당 역시 태아 생명 보호 단체와 광범위한 기독교 우파 단체들이 비슷한 역할을 하지만, 이들의 영향력은 민주당의 이익집단이 당의 성패에 미치는 영향만큼 결정적이지는 않다.[5]

공화당을 더 오른쪽으로

이익집단이 민주당에서 차지하는 '중심적 위치' 때문에 이념적 양극화가 억제되는 경향이 있다. 민주당 예비선거 유권자와 이를 조직하는 단체들은 당내에서 가장 진보적인 후보를 찾지 않는다. 공화당이 정기적으로 승리하는 주에서는, 자신의 집단을 공화당의 공격에서 가장 효과적으로 보호해줄 후보를 선택한다. 반면 뉴욕주나 캘리포니아주처럼 한 당이 우세한 주에서는, 자신들의 집단에 가장 많은 성과를 가져다줄 후보를 찾는다. 이 관점에서 보면, '샌더스 돌풍'은 미국 사회의 조직 구조가 해체되는 흐름 속에서 상당수 민주당의 유권자가 전통적인 이익집단 밖에 머물게 된 결과이기도 하다. 하지만 2020년 조 바이든의 승리가 보여주었듯 민주당의 이익집단 구조가 흔들리고 있기는 해도 완전히 무너진 것은 아니다.[6]

민주당의 촘촘한 이익집단 구조는 당내에서 이념적으로 극단을 추구하는 후보가 설 자리를 거의 남기지 않았다. 후보가 당의 이익집단에 실질적인 혜택을 제공하지 못한다면, 이념적 일관성은 큰 의미가 없다. 낙태 문제에서 이념적 엄격함을 요구하는 여성 단체처럼 일부 집단도 있지만, 이들 역시 두 가지 사실을 잘 알고 있다. 첫째, 때로는 선거 경쟁력을 위해 자기의 집단이 손해를 감수해야 할 때가 있다는 점이다(2016년 대선에서 힐러리 클린턴은 부통령 후보로 낙태 반대 성향의 버지니아주 상원의원 팀 케인Tim Kaine을 지명했다). 둘째, 다른 모든 이익집단도 때로는 손해를 감수해야 한다는 점이다. 따라서 각 집단은 핵심 이익을 지키면서도 타협의 부담을 다른 집단에 떠넘기려 하기에, 원칙 중심의 광범위한 정치 노선은 대체로 피한다. 이는 '자유주의의 가치와 전통주의의 가치를 융합한 보수주의'가 한창이던 시절의 공화당과 뚜렷이 대비된다. 당시 보수진영의 여러 집단은 자유지상주의 경제, 사회적 보수주의, 공격적 군사주의라는 '삼원구조' 원칙에서 조금이라도 벗어나면 감시하고 제재했다. 그 결과 1970년대 이후 공화당 후보는 이 세 원칙을 강하게 지지하는 것이 당연해졌고, 특히 2010년 이후에는 자신을 '가장 보수적'이라고 내세우지 않는 후보들은 보수진영에서 도전을 받을까 걱정해야 했다. 이것은 공화당을 더 오른쪽으로 이끌려는 정치 거물들을 꾸준히 배출했다. 반면, 이익집단에 기초한 민주당에서는 이런 정치적 원천이 없다.

공화당을 더 오른쪽으로 이끌려는 정치인들은 언제나 든든한 자금 지원을 받을 수 있었지만, 민주당에서 이와 비슷한 시도를 하는 후보들은 자금 모금의 벽에 부딪히기 일쑤였다. 특히 2010년대 온라인 모금 혁명 이전에는 고액 기부가 선거운동과 정당 운영의 생명줄이었기에, 이 격차는 더욱 두드러졌다. 물론 민주당 좌파를 지원하려는 부유한 기부자들이 없지는 않았지만, 공화당 우파를 뒷받침한 초부유층 네트워크와 비교하면 그 수는 매우 적었다. 이러한 차이는 온라인 모금의 부상으로 일정 부분 해소되었다. 버니 샌더스와 알렉산드리아 오카시오 코르테스는 이념적으로 결집된 소액 기부자들의 힘으로 선거자금 경쟁에서 충분히 버틸 수 있음을 보여주었다. 그렇지만 민주당 좌파에는 공화당 우파가 누려온 초부유층 네트워크와 견줄 만한 조직이 여전히 없다. 공화당 우파는 공화당 정치활동위원회GOPAC, 코크 형제의 세미나, 2020년 대선 결과를 뒤집으려 한 트럼프 지지자들까지 당의 보수화를 뒷받침하는 대규모 자금 네트워크를 꾸준히 만들어왔다.

마지막으로, 정당을 보수화하려는 정치인들과 자유화하려는 정치인들은 당 지도부와의 관계에서 뚜렷한 차이를 보인다. 1980년대 이후 보수 성향의 정치인들은 주로 당이 민주당의 입법을 저지하는 데 더 공격적으로 나서도록 집중해왔다. 특히 의회 소수당 시기에는 뉴트 깅그리치에서 테드 크루즈에 이르기까지, 타협을 거부하고 연방정부 셧다운이나 국가부채 한도 협상 결렬 같은 대가를 감수하더라도 민주당에 최대한 예산 삭감을 요구했다. 이들의 주요 목표는 당이 확실하게 "노"라고 말하게 만드는 것이기에, 당 지도부의 협조에 크게 의존하지 않는다. 지도부가 이를 받아들이지 않아도 지역구로 돌아가 "최선을 다해 싸웠다"고 지지자들에게 지지를 호소할 수 있다. 반면, 진보 성향의 정치인들은 당이 더 많은 성과를 내도록 만드는 능력에 자신의 명성을 건다. '모두를 위한 메디케어Medicare for All'나 '그린 뉴딜Green New Deal' 같은 대규모 법안을 통과시키려면 당 지도부와 긴밀히 협력할 수밖에 없다. 이러한 차이 때문에, 공화당의 매슈 게이츠나 마저리 테일러 그린처럼 지도부와 노골적으로 갈등하는 의원을 민주당에서 찾아보기 어렵다.

민주당을 지지하는 부유층

민주당이 공화당과 같은 급격한 변화를 겪은 것은 아니지만, 분명히 변화는 있었다. 민주당은 상당 기간 노동계급 유권자들에 대한 영향력을 점점 잃어왔다. 한때 민주당의 확실한 지지 기반이었던 노동계급 유권자들은 이제 민주당과 공화당 사이에 훨씬 고르게 분포되어 있다.[7] 이보다 더 눈에 띄는 변화는 부유층 유권자의 유입으로, 비교적 최근에 나타난 현상이다. 2000~2017년 기업 CEO들의 정치자금 기부 실태를 조사한 연구에 따르면, 그들의 57퍼센트가 기부금의 3분의 2 이상을 공화당에, 19퍼센트만이 민주당에 기부한 것으로 나타났다. 그러나 최근 10년간 이루어진 조사에서는 기업 지도자들 사이에서 뚜렷한 좌파 쏠림 현상과 더불어 보수진영 지지층의 분열이 확인되었다. 2024년 대선을 앞두고 "2020년 이후 벤처캐피털 기부자의 75퍼센트, 헤지펀드 기부자의 68퍼센트가 민주당에 기부하고 있다. 제약업계와 대형 로펌도 민주당에 기울어 있으며, 같은 기간 매킨지·베인Bain·보스턴컨설팅그룹 등 3대 경영 컨설팅 기업의 기부금 중 무려 95퍼센트가 민주당"으로 흘러들어갔다.[8] 미국의 부유층 역시 확실히 민주당 쪽으로 이동하고 있다. 즉, 노동계급 표는 민주당과 공화당 사이에 분산되고 있지만, 부유층 표는 신뢰할 만하게 민주당에 집중되고 있다.[9]

이러한 변화를 근거로 민주당이 새로 유입된 상류층 유권자의 선호에 맞춰 '재분배 정책'에서 후퇴했으리라 예상할 수 있으나, 실제로는 그렇지 않다. 조 바이든 행정부에서 민주당은 '위대한 사회'* 이래 가장 야심찬 재분배 정책을 추진하려고 했다. 민주당 내 가장 보수적인 두 상원의원 때문에 무산되었지만, 당내 다수는 여전히 이 정책을 강하게 지지했다는 사실은 분명하다(어떤 이들은 법안에 반대한 결정적인 표였던 조지프 맨친Joseph Manchin이 사실상 희생양이었다고 주장한다. 당 지도부가 비밀리에 맨친과 의견을 같이했지만, 법안을 무산시킨 책임을 떠안았다는 것이다. 그러나 이 법안을 둘러싼 정치적 내분의 증거는 이러한 주장을 뒷받침하지 않는다).[10] 또한 민주당이 지난 20년간 경제 이슈에서 보수적으로 변화했다는 증거도 없다. 오히려 조세와 금융 규제 등 광범위한 경제 현안에서 고소득 민주당 유권자들이 저소득 민주당 유권자들보다 더 일관되게 진보적인 입장을 취했다.[11]

---

* 1964년 린든 존슨 대통령이 추진한 '위대한 사회The Great Society'는 빈곤 퇴치, 중산층 지원, 교육과 의료지원 확대 등을 골자로 한 대규모 개발계획이다.

이러한 현상은 민주당이 '과도기'에 있음을 시사한다. 지난 반세기 동안 유지되어온 이익집단 기반은 약화되고 있으며, 이념 성향을 앞세운 후보들이 점점 늘어나고 있다. 대학 교육을 받은 유권자들 사이에서 이념적 자유주의가 강화된 것이 변화의 한 원인으로, 이런 유권자가 많은 지역에서는 급진적 평등주의를 내세운 민주당 후보들이 당선되었다. 2016년과 2020년 버니 샌더스의 선거운동이 보여준 혁명적인 에너지는 현재 잠시 주춤한 상태이나, 완전히 사라질 가능성은 낮다. 이런 점에서 민주당은 일정 시차를 두고 공화당이 걸어온 '양극화'의 길을 따라가고 있는 것으로 보인다(이것은 많은 사회 문제에서 벌어지는 현상과는 정반대다. 현재 공화당의 태도가 민주당의 태도와 마찬가지로 자유주의적으로 변하고 있지만, 민주당에 비해 다소 늦게 진행되고 있다).[12]

그렇지만 민주당의 향방이 공화당과 전혀 다른 궤적을 그릴 만한 충분한 이유가 있다. 첫째, 좌파 정치 거물들이 겪는 예산 제약은 앞으로도 크게 변하지 않을 가능성이 높으며, 이들은 공화당 우파가 했던 것처럼 신속히 당 주류에 정면 도전하기 어렵다. 둘째, 좌파 정치 거물들은 정책을 실제로 통과시키기를 원하기 때문에, 당 지도부를 흔들고 마비시키는 데 주저함이 없는 '프리덤 코커스'와 같은 좌파 세력이 등장할 가능성은 낮다. 셋째, 교육받은 상류층의 이념적 자유주의가 앞으로도 재분배 정치까지 포괄할지는 불확실하다. 민주당 평등주의자들이 구상하는 사회민주주의 복지국가는 부자 증세만으로는 재원을 마련하기 어렵고, 훨씬 더 광범위한 증세가 필요하다. 상당한 세금 인상이 현실화되는 상황에서도, 재정적 여유가 있는 자유주의자들의 '연민 어린 마음'이 여전히 진심일지는 지켜보아야 한다.[13]

공화당의 '국가보수주의'

공화당 역시 과도기에 놓여 있다. 도널드 트럼프는 당을 근본적으로 변화시켰다. 그렇다고 해서 트럼프 이전의 공화당을 미화하려는 뜻은 아니다. 로널드 레이건과 조지 W. 부시 시절의 공화당도 인종차별적 반발과 제국주의적 폭력성을 보였으며, 필요할 때는 법을 무시하는 데 거리낌이 없었다. 트럼프의 새로움은 반동의 새로운 심연을 파고든 데 있지 않다. 오히려 당에 대한 개인 중심 정치와 행정부에 대해서도 유사한 방식으로 지배하려 한 시도가 진정한 새로움이다. 이러한 개인 중심 정치는 새로운 공화당 내에서 보수주의 자체에 의문을 제기한다.

2016년 이후, 공화당 정치에서 전통적인 보수 이념은 트럼프에 대한 충성심과 그때그때 내놓는 트럼프의 주장에 대한 충성으로 대체되었다. 분명히 말해, 트럼프의 공화당 예비선거 승리는 특히 경제와 외교 정책과 관련해, 공화당 유권자들 사이에서 보수 이념에 대한 애착이 이미 약해졌음을 보여주었다. 트럼프가 승리한 것은 대부분의 공화당 후보들과 달리, 수십 년간 이어져온 '복지 제도 공격'과 '공격적 군사주의 지지'라는 공화당의 합의를 기꺼이 버렸기 때문이다. 비록 트럼프 행정부는 이 두 사안에서 당의 전통적인 입장에 가까운 정책을 펼쳤지만, 2016년 대선에서 트럼프가 내세운 메시지는 당을 지배해온 보수 이념과의 명확한 단절을 의미했다.

2016년 이후 공화당 내 전통적인 보수 이념은 트럼프의 '변덕'에 밀려났다. 2020년에는 당이 아예 공식 강령을 작성하지 않았다. 트럼프의 '말'이 곧 강령이었다. 2024년에도 당은 형식적인 강령을 발표했으나, 2020년에 비해 정책 비전에 대한 관심이 크게 늘지는 않았다. 동시에, 트럼프는 1970년대 이래 공화당의 핵심이었던 태아 생명 보호 정책도 사실상 포기했다. 과거 조지 H. W. 부시가 낙태 찬성 입장을 철회하며 기독교 우파에 굴복했던 것과 달리, '로 대 웨이드Roe v. Wade 판결'*이 폐기된 이후에도 낙태 건수가 계속 증가했지만, 트럼프는 낙태 문제에 대해 원칙적인 입장을 취하는 것을 거부해왔다. 공화당 내 이념 지향 단체들도 쇠퇴하고 있다. 예컨대 2024년 봄 자유지상주의 단체 '프리덤 웍스'는 공화당 내에서 강경한 이념적 보수주의에 대한 수요가 사라졌음을 인정하며 공식 해산했다.[14]

프리덤 웍스 사례가 보여주듯, 공화당 내에서 과거 '자유주의의 가치'와 '전통주의의 가치'를 융합한 보수주의 이념을 대체하려는 시도 중 하나는 소위 '국가보수주의national conservatism'**다. 이 사상은 자유시장경제를 거부하면서도 강한 문화적 보수주의를 유지한다. 싱크탱크 '아메리칸 컴퍼스American Compass'를 통해 제도화되었으며, 부통령 제임스 밴스James D. Vance 같은 정치인들과 밀접한 관련이 있다. 하지만 국가보수주의가 과거 공화당의 '삼원구조' 원칙을 대체할 수 있을지는 여전히 의문이다. 우선, 주요 후원자들이 이 운동을 전폭적으로 지지하지 않는다. 페이팔의 창업자 피터 틸Peter Thiel은 이 운동의 최대 후원자이자 밴스의 주요 후원자라고 할 수 있지만, 몇 년 전만 해

---

* 1973년 미국 연방대법원은 여성의 낙태 권리를 헌법상 '사생활의 권리'에 근거해 인정하며 낙태권 합법화의 기초가 되었지만, 2022년 6월 미국 연방대법원은 이 판결을 폐기했다.

** 주로 국가 주권과 국민 정체성, 사회 질서의 보존을 중시하는 보수주의 변종이다. 기존 자유시장, 신자유주의적 보수주의와는 구별된다.

도 국가 탈출을 목표로 한 '해상 거주' 프로젝트에 투자할 정도로 강한 자유지상주의자였다. 현재는 '국가보수주의 회의National Conservatism Conference'에 자금을 지원하고 있으나, 피터 틸의 이념은 어떤 긍정적 비전보다 반反자유주의에 가까워 보인다. 특히 자신이 이사로 있는 메타Meta(페이스북)의 경쟁자 공격에 국가 권력을 이용하는 데 열의를 보였다. 또한, '아메리칸 컴퍼스'의 재원은 주로 우파 내 시장 규제 지지 세력을 키우려는 비교적 자유주의적 성향의 단체들에서 나온다. 결국 이 운동에 진정으로 헌신하는 인물은 많지 않은 편이다.[15]

좀더 일반적으로 보면, 이 운동이 정책에 큰 영향을 미치고 있다는 뚜렷한 증거는 없다. '국가보수주의' 진영의 지식인들이 옹호한 새로운 관세 정책을 트럼프가 제안한 것은 사실이다. 하지만 이것은 국가보수주의 이념 때문이 아니라, 트럼프가 수십 년간 견지해온 '중상주의' 성향에서 비롯된 것이다. 당내 다른 세력의 관세에 대한 열의는 여전히 낮은 편이다. 또한, 노동조합에 대해 최소한 중립적인 입장을 취하고 진보적 과세를 수용하자는 운동의 경제정책 강령 일부도 별다른 지지를 받지 못했다. 이것은 결코 놀라운 일이 아니다. 공화당의 실질적인 기반은 '전국적'이라기보다는 '지역적'이며, 미국의 유명한 역사 작가인 패트릭 와이먼Patrick Wyman이 '미국의 지방 신사 계층local gentry'이라고 부른 집단이 그 중심에 있다. 이들은 자동차 판매업자, 중간 규모 농업 경영자, 수십 개 매장을 운영하는 패스트푸드 프랜차이즈 점주, 기타 소규모 자본가들로 구성된다. 이들은 사치스러운 생활을 누릴 만큼 부유하지만, '포천 500' 기업에 대해서는 반감을 지니고 있다. 노동조합과 세금 문제에 대해서도 '배리 골드워터' 추종자 못지않게 적대적이다. 개인과 법인의 세금 인하를 포함한 추가 감세는 지방 신사 계층에 큰 매력으로 작용하지만, 세금 인상이나 노동조합 수용은 그렇지 않다.[16]

누가 자유주의자를 분노하게 하는가?

국가보수주의의 매력은 경제 프로그램보다는 반反자유주의를 기꺼이 받아들이는 태도에 크게 기반하고 있다. 이 점에서 국가보수주의가 두각을 나타내는 현상은, 공화당이 더는 '이념 정당'이 아니라 '민주당에 반대하는 정당'임을 보여준다. 뉴트 깅그리치는 트럼프를 이렇게 평가했다. "트럼프는 본질적으로 보수주의자가 아니라 반자유주의자다. 이 둘은 같은 현상이 아니다. 그러나 아마도 내 평생 가장 효과적으로 자유주의를 뿌리째 뽑은 인물일 것이다." 정치학자들은 이런 현상을 '부정적 당파성'으로 설명한다. 많은 사람이 자신의 당에 대한 열정보다는 상대 당에 대한 반감 때문에 투표한다는 것이다. 공화당 내에서 '부정적 당파성'은 전방위적으로 지배적인 현상이 되었으며, 정치인들은 누가 자유주의자들을 더 분노하게 할 수 있을지 경쟁하고 있다. 자유주의자들을 분노하게 만드는 구체적인 내용은 크게 중요하지 않다.[17]

이러한 역학 관계가 보여주듯, 오늘날 공화당에서 '미디어 주목도'는 중요한 '정치자금'으로 작용한다. 특히 소액 기부 중심의 정치자금 조달 시대에는, 미디어 관심이 자금 모으기에 매우 효과적인 수단이기 때문이다. 하원에서 별다른 영향력을 행사하지 못하면서도 뛰어난 기금 모금자로 꼽히는 마저리 테일러 그린이 과격한 언행으로 광범위한 미디어의 집중 조명을 받는 이유가 바로 여기에 있다. 이 주목에는 자유주의자들의 비난도 포함되며, 그린은 자신을 '자유주의에 가장 효과적으로 맞서는 정치인'으로 내세워 그에 따른 지지자와 기부자를 끌어모았다. 이러한 전략은 성공을 거두었으며 앞으로도 지속될 가능성이 크다. 한편, 이 전략은 공화당 내 지속적인 갈등을 불러오기도 한다. 반자유주의 경쟁에서 앞서려는 의원들은 자신들의 의회 대표단 지도부가 충분히 반자유주의적이지 않다고 비판하며 대립한다. 그린은 이 같은 내부 역학 관계를 잘 보여주는 사례다. 2023년 10월 케빈 매카시가 하원 의장직에서 물러난 후, 그린은 새 공화당 하원 의장 마이크 존슨Mike Johnson의 퇴진을 촉구하며 "'보수적'이라는 우리의 의장이 공산당 민주당에 굴복하는 모습을 지켜보는 것이 지긋지긋하다"고 밝혔다. 당의 이념적 해체로 이러한 역학 관계는 더욱 격화되었다. 명확한 이념적 가이드라인이 부재하면 반란 세력과 주류 세력 사이 갈등의 범위는 더 넓어질 수밖에 없다.[18]

그렇다고 해서 공화당이 보수주의를 포기할 것이라는 뜻은 아니다. 당 지도부와 후보자들은 여전히 당을 강경한 이념 정당으로 표현할 것이다. 그러나 현재 보수주의는 그 내용이 점점 공허해지고 있다. 이념이 공격적 군사주의를 의미하는지, 미국의 해외 개입 반대를 의미하는지조차 명확하지 않은 상황이다. 강경 보수주의자인 미치 매코널은 당이 자유무역을 수용해야 한다고 생각하는 반면, 트럼프 지지자들은 관세 부과를 요구한다. 친親출산 복지국가를 지지하는 주장과 전통적인 사회안전망 축소를 요구하는 보수파의 입장이 공화당 내에서 서로 진정한 보수주의라며 경쟁하고 있다. 공화당은 앞으로도 보수 정당으로 남겠지만, 그 보수주의가 구체적으로 무엇을 의미하는지에 대한 합의는 전혀 이루어지지 않았다.

이 모든 것은 앞으로도 공화당 내에서 지속적인 혼란이 있을 것임을 시사한다. 20세기 대부분 보수 정치의 일관된 구도를 형성해온 힘은 이미 소진되었다. 더 견고한 당 조직의 발전도 기대하기 어렵다. 현재 공화당은 1970년대 후반보다 훨씬 약한 조직으로, 그 당시 정치학자들은 정당의 쇠퇴를 이미 경고한 바 있다. 진정한 혁신을 위해서는 슈퍼팩 등 당 밖 조직의 힘을 제한하는 정치자금 개혁이 필수적이다. 그러나 2010년 보수적 시민단체인 '시민연대'와 '스피치 나우SpeechNow'가 각각 제기한 판결 이후, 그러한 개혁에는 헌법 수정이나 연방대법원의 전면적인 재구성이 필요한데, 현재로서는 그 가능성이 매우 희박하다. 또한 미국 자본가들이 1970년대처럼 국가나 노동조합의 강력한 도전 없이 조직적인 집단행동을 재현할 가능성도 낮다. 이러한 기본적이고 구조적인 상황이 앞으로 수십 년간 미국 정치의 판도를 결정할 것이다. 당의 이념적 기반 약화와 미디어·정치자금 모금 네트워크가 만들어내는 잘못된 동기는 당의 구조적 취약성을 더욱 심화시킨다. 이로 인해 2010년대보다 격렬한 당내 갈등이 지속될 가능성이 크다. 공화당 내 혼란은 현재 진행 중이며 끝이 보이지 않는다.

주

프롤로그

1 Ellen Schrecker, 『Many Are the Crimes: McCarthyism in America』(New York: Little, Brown, 1998), p.259; Joseph R. McCarthy, 『America's Retreat from Victory』(New York: Devin-Adair, 1951), p.43, pp.95~96.

2 Ellen Schrecker, ibid., p.250. 반공주의와 매카시에 대한 기업계의 지지에 대해서는 다음을 참조하라. Peter H. Irons, 『American Business and the Origins of McCarthyism: The Cold War Crusade of the Chamber of Commerce』, in Robert Griffith and Athan Theoharis, eds., 『The Specter: Original Essays on the Cold War and the Origins of McCarthyism』(New York: New Viewpoints, 1974), pp.72~89; Martin Trow, 『Small Businessmen, Political Tolerance, and Support for McCarthy』, 『American Journal of Sociology』 64:3(1958), pp.270~281; Larry Tye, 『Demagogue: The Life and Long Shadow of Senator Joe McCarthy』(Boston: Houghton Mifflin Harcourt, 2020), pp.352~354.

3 Larry Tye, ibid., pp.218~220; David M. Oshinsky, 『A Conspiracy So Immense: The World of Joe McCarthy』(Oxford: Oxford University Press, 2005[1983]), p.218. 윌리엄 벤턴이 경제개발위원회에서 어떤 역할을 했는지에 대해서는 다음을 참조하라. Robert M. Collins, 『The Business Response to Keynes, 1929-1964』(New York: Columbia University Press, 1981), pp.81~84.

4 Shelby Scates, 『Maurice Rosenblatt and the Fall of Joseph McCarthy』(Seattle:

University of Washington Press, 2006), pp.88~90; Richard M. Fried, 「Men Against McCarthy」(New York: Columbia University Press, 1976), pp.266~267, p.295.

5 Robert M. Collins, ibid., p.148; Gerald R. Rosen, 「The Blue Ribbon Business Council」, 「Dun's Review」(January 1970), pp.37~41; Philip H. Burch Jr., 「Elites in American History: Volume III: The New Deal to the Carter Administration」(New York: Holmes and Meier, 1980), p.126; Larry Tye, ibid., pp.341~346; David M. Oshinsky, ibid., pp.357~358; Stephen Maher, 「Corporate Capitalism and the Integral State: General Electric and a Century of American Power」(Cham: Palgrave MacMillan, 2022), p.44.

6 Larry Tye, ibid., p.384; Richard M. Fried, ibid., p.280.

7 Philip H. Burch Jr., ibid., p.149; 「The Business Council Background」, The Business Council(thebusinesscouncil.org); Kim McQuaid, 「Big Business and Presidential Power: From FDR to Reagan」(New York: William Morrow, 1982), p.180; Gerald R. Rosen, ibid., p.40.

8 Larry Tye, ibid., p.448; Philip H. Burch Jr., ibid., p.149, 165, n.88; Richard M. Fried, ibid., p.292; Shelby Scates, ibid., p.107.

9 Thomas Ferguson, Paul Jorgensen, and Jie Chen, 「Industrial Structure and Political Outcomes: The Case of the 2016 US Presidential Election」, in Ivano Cardinale and Roberto Scazzieri, eds., 「The Palgrave Handbook of Political Economy」(London: Palgrave MacMillan, 2018), pp.333~440; 「Club for Growth Steps Up Fight with Donald Trump」, 「Dow Jones Institutional News」, September 4, 2015; Michelle Conlin, 「Powerful Koch Brothers Rebuff Big Donors' Calls to Back Trump for White House」, 「Reuters」, August 2, 2016; David Gelles, Karl Russell, and Ashwin Seshagiri, 「The Business Leaders Who Were on Trump's Advisory Councils」, 「New York Times」, August 16, 2017; Matt Egan, 「Wall Street Is Shunning Trump: Campaign Donations to Biden Are Five Times Larger」, 「CNN」, September 25, 2020; Katie Arcieri, 「Donors Affiliated with Amazon, Big Tech Throw Support Behind Biden Campaign」, 「S and P Global」, October 7, 2020.

10 Zhao Li and Richard DiSalvo, 「Can Stakeholders Mobilize Businesses for the Protection of Democracy? Evidence from the U.S. Capitol Insurrection」, 「American Political Science Review」 117:3(2023), pp.1130~1136.

11 Thomas E. Mann and Norman Ornstein, 「It's Even Worse Than It Looks: How the American Constitutional System Collided with the New Politics of Extremism」(New York: Basic Books, 2012); Jacob S. Hacker and Paul Pierson, 「Confronting Asymmetric Polarization」, in Nathaniel Persily, ed., 「Solutions to Political Polarization in America」(Cambridge: Cambridge University Press, 2015), pp.59~70.

12 Matthew N. Green and Jeffrey Crouch, 「Newt Gingrich: The Rise and Fall of a Party Entrepreneur」(Lawrence: University Press of Kansas, 2022), pp.152~156; Paul Heideman, 「With Kevin McCarthy's Removal, a Long Government Shutdown Just Got More Likely」, 「Jacobin」, October 4, 2023.

13 Sam Rosenfeld, 「The Polarizers: Postwar Architects of Our Partisan Era」(Chicago: University of Chicago Press, 2017).

14 David D. Kirkpatrick, 「How Marjorie Taylor Greene Raises Money by Attacking Other Republicans」, 「The New Yorker」, April 27, 2024.

15 William Greider, 「The Education of David Stockman and Other Americans」(New York: E. P. Dutton, 1982), p.58.

16 Matthew N. Green and Jeffrey Crouch, ibid., p.91.

17 Jeff Stein, Jacqueline Alemany, and Josh Dawsey, 「Some Billionaires, CEOs Hedge Bets as Trump Vows Retribution」, 「Washington Post」, October 28, 2024; Brian Schwartz, Dana Mattioli, and Rebecca Ballhaus, 「The Week CEOs Bent the Knee to Trump」, 「Wall Street Journal」, December 13, 2024.

chapter 1

1 Adam Smith, 「An Enquiry into the Nature and Causes of the Wealth of Nations」 (London: Methuen, 1904[1776]), pp.68~69.

2 Wolfgang Streeck and Philippe Schmitter, 「The Organization of Business Interests: Studying the Associative Action of Business in Advanced Industrial Societies」, Max Planck Institute for the Study of Societies Paper 99/1(1999), p.14; 이것이 현실에서 어떻게 구현되는지에 대해서는 다음을 참조하라. Peter Swenson, 「Capitalists Against Markets: The Making of Labor Markets and Welfare States in

the United States and Sweden』(New York: Oxford University Press, 2002).

3 Claus Offe and Helmut Wiesenthal, 「Two Logics of Collective Action」, 「Political Power and Social Theory』 1(1980), p.74.

4 F. W. Hilbert, 「Employers' Associations in the United States」, in Jacob H. Hollander and George E. Barnett, eds., 「Studies in American Trade Unionism』 (New York: Henry Holt, 1906), p.185; Cathie Jo Martin and Duane Swank, 「The Political Construction of Business Interests: Coordination, Growth, and Equality』 (Cambridge: Cambridge University Press, 2012).

5 Wolfgang Streeck, 「Re-Forming Capitalism: Institutional Change in the German Political Economy』(New York: Oxford University Press, 2010).

6 Colin Gordon, 「Why No Corporatism in the United States? Business Disorganization and Its Consequences」, 「Business and Economic History』 27:1(Fall 1998); Cathie Jo Martin, 「Crossroads Blues: Business Representation, Public Policy, and Economic Growth for the Twenty-First Century」, in William J. Crotty, ed., 「The State of Democracy in America』(Washington, DC: Georgetown University Press, 2001), p.178.

7 미국의 초기 노동조합 조직률에 대해서는 다음을 참조하라. Leo Wolman, 「The Growth of American Trade Unions, 1880-1923』(National Bureau of Economic Research, 1924).

8 Cathie Jo Martin, 「Sectional Parties, Divided Business」, 「Studies in American Political Development』 20:1(2006), pp.160~184; Robert A. Brady, 「Business as a System of Power』(New York: Columbia University Press, 1943), pp.198~199.

9 Richard W. Gable, 「Birth of an Employers' Association」, 「Business History Review』 33:4(1959), pp.535~545.

10 Jennifer Delton, 「The Industrialists: How the National Association of Manufacturers Shaped American Capitalism』(Princeton: Princeton University Press, 2020), p.11; Colin Gordon, 「New Deals: Business, Labor, and Politics in America, 1920-1935』 (Cambridge: Cambridge University Press, 1994), pp.141~143.

11 Richard Hume Werking, 「Bureaucrats, Businessmen, and Foreign Trade: The Origins of the United States Chamber of Commerce」, 「Business History Review』 52:3(1978), pp.321~341.

12 Richard Hume Werking, ibid.; Robert M. Collins, 「The Business Response to

Keynes, 1929-1964』(New York: Columbia University Press, 1981), pp.23~24.

13 Colin Gordon, ibid.(1994), pp.145~147; Robert M. Collins, ibid., pp.50~54.

14 G. William Domhoff, 『The Myth of Liberal Ascendancy: Corporate Dominance from the Great Depression to the Great Recession』(New York: Routledge, 2013), chapter 4; Mark S. Mizruchi, 『The Fracturing of the American Corporate Elite』(Cambridge: Harvard University Press, 2013), pp.40~41.

15 Mark S. Mizruchi, ibid., p.58; Charlie Whitham, 「The Committee for Economic Development, Foreign Trade and the Rise of American Corporate Liberalism, 1942-1948」, 『Journal of Contemporary History』 48:4(2013), p.862; G. William Domhoff, ibid., chapter 4.

16 Gerald A. Epstein and Juliet Schor, 「The Federal Reserve-Treasury Accord and the Construction of the Postwar Monetary Regime in the United States」, in 『The Political Economy of Central Banking: Contested Control and the Power of Finance, Selected Essays of Gerald Epstein』(London: Edward Elgar, 2019), pp.116~157; Robert A. Collins, 「American Corporatism: The Committee for Economic Development, 1942-1964」, 『The Historian』 44:2(1982), pp.151~173; Robert M. Collins, ibid., pp.135~137.

17 Mark S. Mizruchi, ibid., p.292, n.5; Howell John Harris, 『The Right to Manage: Industrial Relations Policies of American Business in the 1940s』(Madison: University of Wisconsin Press, 1982), p.184.

18 이 시기 기업계 지배의 전모를 알고 싶으면 다음을 참조하라. G. William Domhoff, ibid.

19 Charles Noble, 『Liberalism at Work: The Rise and Fall of OSHA』(Philadelphia: Temple University Press, 1986), pp.85~86; David Vogel, 『Fluctuating Fortunes: The Political Power of Business in America』(New York: Basic Books, 1989), pp.68~69.

20 Kim McQuaid, 『Uneasy Partners: Big Business in American Politics, 1945-1990』(Baltimore: Johns Hopkins University Press, 1994), p.139; Leonard Silk and David Vogel, 『Ethics and Profits: The Crisis of Confidence in American Business』(New York: Simon & Schuster, 1976), pp.52~53.

21 Benjamin C. Waterhouse, 『Lobbying America: The Politics of Business from Nixon to NAFTA』(Princeton: Princeton University Press, 2014), chapter 5.

22 Marc Linder, 『Wars of Attrition: Vietnam, the Business Roundtable, and the Decline of Construction Unions』(Iowa City: Fǎnpìhuà Press, 2000), pp.28~32, p.109.

23 G. William Domhoff, 『The Corporate Rich and the Power Elite in the Twentieth Century: How They Won, Why Liberals and Labor Lost』(New York: Routledge, 2020), p.191; Robert Brenner, 「The Political Economy of the Rank-and-File Rebellion」, in Aaron Brenner, Robert Brenner, and Cal Winslow, eds., 『Rebel Rank and File: Labor Militancy and Revolt from Below During the Long 1970s』(London: Verso, 2010), pp.37~76.

24 Robert Brenner, ibid., pp.57~58; James Gross, 『Broken Promise: The Subversion of U.S. Labor Relations』(Philadelphia: Temple University Press, 1995), p.197.

25 James Gross, ibid., pp.200~209.

26 James Gross, ibid., p.201.

27 G. William Domhoff, ibid.(2013), chapter 8.

28 G. William Domhoff, ibid.(2013), chapter 10.

29 G. William Domhoff, ibid.(2013), chapter 10; Mark S. Mizruchi, ibid., p.174.

30 Marc Linder, ibid., pp.182~188; G. William Domhoff, ibid.(2013), chapter 6.

31 Marc Linder, ibid., pp.188~195.

32 Benjamin C. Waterhouse, ibid., chapter 3.

33 Kim Phillips-Fein, 『Invisible Hands: The Making of the Conservative Movement from the New Deal to Reagan』(New York: W. W. Norton, 2009), p.190; John S. Saloma III, 『Ominous Politics: The New Conservative Labyrinth』(New York: Hill and Wang, 1984), p.67; Michael Useem, 『The Inner Circle: Large Corporations and the Rise of Business Political Activity in the US and the UK』(Oxford: Oxford University Press, 1984), p.163.

34 Thomas B. Edsall, 『The New Politics of Inequality』(New York: W. W. Norton, 1984), p.123.

35 Benjamin C. Waterhouse, ibid., chapter 2.

36 Kim Phillips-Fein, ibid., p.200; Benjamin C. Waterhouse, ibid., chapter 2; Alyssa Katz, 『The Influence Machine: The U.S. Chamber of Commerce and the Corporate Capture of American Life』(New York: Spiegel and Grau, 2015),

chapter 3.

37 Patrick Akard, 「The Return of the Market: Corporate Mobilization and the Transformation of U.S. Economic Policy, 1974-1985」(PhD diss., University of Kansas, 1989), p.106.

38 Mark Green and Andrew Buchsbaum, 「The Corporate Lobbies: Political Profiles of the Business Roundtable and The Chamber of Commerce」(Public Citizen, 1980), pp.108~118; Patrick Akard, 「Corporate Mobilization and Political Power: The Transformation of U.S. Economic Policy in the 1970s」, 「American Sociological Review」 57:5(1992), pp.597~615; Patrick Akard, 「The Political Origins of 'Supply-Side' Economic Policy: The Humphrey-Hawkins Bill and the Revenue Act of 1978」, 「Political Power and Social Theory」 10(1996), pp.95~148.

39 G. William Domhoff, ibid.(2013), chapter 11; Laurence H. Shoup and William Minter, 「Imperial Brain Trust: The Council on Foreign Relations and United States Foreign Policy」(New York: Monthly Review Press, 1977), p.302; Judith Stein, 「Pivotal Decade: How the United States Traded Factories for Finance in the Seventies」(New Haven: Yale University Press, 2010), chapter 10; Tim Barker, 「Other People's Blood」, 「n+1」(Spring 2019); Michael A. McCarthy, 「The Monetary Hawks」, 「Jacobin」, August 3, 2016.

40 Judith Stein, ibid., p.234, 265; G. William Domhoff, ibid.(2013), chapter 11; William Greider, 「Secrets of the Temple: How the Federal Reserve Runs the Country」 (New York: Simon & Schuster, 1987), p.571; Thomas Ferguson and Joel Rogers, 「Right Turn: The Decline of the Democrats and the Future of American Politics」 (New York: Hill and Wang, 1986), pp.116~117.

41 이와 관련해서는 다음 두 자료를 비교해보라. Judith Stein, ibid., p.237; 「Capital Formation and Inflation」, 「Hearing Before the Joint Economic Committee」, 96th Congress, 2nd session, June 18, 1980, pp.43~50.

42 1980년대 기업계의 로널드 레이건 지지에 대해서는 다음을 참조하라. Thomas Ferguson and Joel Rogers, 「The Reagan Victory」, in Thomas Ferguson and Joel Rogers, eds., 「The Hidden Election: Politics and Economics in the 1980 Presidential Campaign」(New York: Pantheon, 1981), pp.3~64; Thomas Ferguson and Joel Rogers, ibid.(1986), pp.119~124.

43 Benjamin C. Waterhouse, ibid., chapter 7; Thomas Ferguson and Joel Rogers,

ibid.(1986), p.121; Patrick Akard, ibid.(1992), p.608.

44 Thomas Ferguson and Joel Rogers, ibid.(1986), p.122; Patrick Akard, ibid.(1992), pp.610~611.

45 Benjamin C. Waterhouse, ibid., chapter 7; Patrick Akard, ibid.(1989, 1992); William J. Lanouette, 「Chamber's Ponderous Decision Making Leaves It Sitting on the Sidelines」, 「National Journal」, July 24, 1982.

46 Alyssa Katz, ibid., chapter 3; Mark S. Mizruchi, ibid., pp.198~204.

47 Mark S. Mizruchi, ibid., pp.200~204; Benjamin C. Waterhouse, ibid., chapter 7; Jacob Hacker and Paul Pierson, 「American Amnesia: How the War on Government Made Us Forget What Made America Prosper」(New York: Simon & Schuster, 2017), chapter 7.

48 Michael C. Dreiling and Derek Y. Darves, 「Agents of Neoliberal Globalization: Corporate Networks, State Structures, and Trade Policy」(Cambridge: Cambridge University Press, 2016); James Shoch, 「Trading Blows: Party Competition and U.S. Trade Policy in a Globalizing Era」(Chapel Hill: University of North Carolina Press, 2001); Jacob Hacker and Paul Pierson, ibid.; 「The Fallen Giant」, 「Fortune」, December 8, 1997; Peter H. Stone, 「Business Strikes Back」, 「National Journal」, October 25, 1997, p.2130.

49 Jacob Hacker and Paul Pierson, ibid.; Bo Becker, Daniel Bergstresser, and Guhan Subramanian, 「Does Shareholder Proxy Access Improve Firm Value? Evidence from the Business Roundtable's Challenge」, 「Journal of Law and Economics」 56:1(February 2013).

50 Mark A. Smith, 「American Business and Political Power: Public Opinion, Elections, and Democracy」(Chicago: University of Chicago Press, 2000), p.45.

51 Jacob Hacker and Paul Pierson, ibid.; G. William Domhoff, 「Is the Corporate Elite Fractured, or Is There Continuing Corporate Dominance? Two Contrasting Views」, 「Class, Race, and Corporate Power」 3:1(2015); McGee Young, 「Developing Interests: Organizational Change and the Politics of Advocacy」(Lawrence: University Press of Kansas, 2010); Ronald G. Shaiko and Marc A. Wallace, 「From Wall Street to Main Street: The National Federation of Independent Business and the New Republican Majority」, in Robert Biersack, Paul S. Hernnson, and Clyde Wilcox, eds., 「After the Revolution: PACs, Lobbies,

and the Republican Congress」(Longman, 1999), pp.18~35.

52 Jacob Hacker and Paul Pierson, ibid.; Alyssa Katz, ibid., pp.58~63.

53 John B. Judis, 「The Paradox of American Democracy: Elites, Special Interests, and the Betrayal of Public Trust」(New York: Pantheon, 2000), pp.238~240; Jacob Hacker and Paul Pierson, ibid.; Alyssa Katz, ibid.

54 Alyssa Katz, ibid., chapter 4; Jeff Nesbit, 「Poison Tea: How Big Oil and Big Tobacco Invented the Tea Party and Captured the GOP」(Thomas Dunne, 2016).

55 Alyssa Katz, ibid.; Jacob Hacker and Paul Pierson, ibid.

56 Richard Lachmann, 「First-Class Passengers on a Sinking Ship: Elite Politics and the Decline of Great Powers」(Verso, 2020).

chapter 2

1 Liam Stack, 「Denounced by His Party as a Nazi, Arthur Jones Wins Illinois G.O.P. Congressional Primary」, 「New York Times」, March 20, 2018; Elise Hu, 「Meet Kesha Rogers」, 「Texas Tribune」, March 16, 2010.

2 J. A. W. Gunn, 「Factions No More: Attitudes to Party in Government and Opposition in Eighteenth-Century England」(London: Frank Cass, 1972); Richard Hofstadter, 「The Idea of a Party System: The Rise of Legitimate Opposition in the United States, 1780-1840」(Berkeley: University of California Press, 1969); Martin Shefter, 「Political Parties and the State: The American Historical Experience」(Princeton: Princeton University Press, 1994), p.66; Ronald P. Formisano, 「Federalists and Republicans: Parties Yes - System No」, in Paul Kleppner et al., eds., 「The Evolution of American Electoral Systems」(Westport, CT: Greenwood Press, 1981), pp.37~76.

3 Lynn L. Marshall, 「The Strange Stillbirth of the Whig Party」, 「American Historical Review」 72:2(1967), pp.445~468; Martin Shefter, ibid., pp.70~71.

4 John H. Aldrich, 「Why Parties? A Second Look」(Chicago: University of Chicago Press, 2011), p.99; Stephen Skowronek, 「Building a New American State: The Expansion of National Administrative Capacities, 1877-1920」(Cambridge: Cambridge University Press, 1982), p.26.

5 James M. McPherson, 『The Battle Cry of Freedom: The Civil War Era』(New York: Oxford University Press, 1988), pp.52~64; Marc W. Kruman, 「The Second American Party System and the Transformation of Revolutionary Republicanism」, 『Journal of the Early Republic』 12:4(1992), pp.509~537; William G. Shade, 「Political Pluralism and Party Development: The Creation of a Modern Party System, 1815–1852」, in Paul Kleppner et al., eds., ibid., p.104.

6 William E. Gienapp, 「The Republican Party and the Slave Power」, in Stephen E. Maizlish and Robert H. Abzug, eds., 『New Perspectives on Race and Slavery in America: Essays in Honor of Kenneth M. Stampp』(Lexington: University of Kentucky, 1986), pp.51~78; James Oakes, 「Freedom National: The Destruction of Slavery in the United States, 1861–1865」(W. W. Norton, 2014); Eric Foner, 『Reconstruction: America's Unfinished Revolution』(New York: HarperCollins, 1988). 남북전쟁 이전의 공화당 조직에 대해서는 다음을 참조하라. Michael D. Pierson, 「'Prairies on Fire': The Organization of the 1856 Mass Republican Rally in Beloit, Wisconsin」, 『Civil War History』 48:2(2002), pp.101~122.

7 W. E. B. Du Bois, 『Black Reconstruction in America: An Essay Toward a History of the Part Which Black Folk Played in the Attempt to Reconstruct Democracy in America, 1860–1880』(New York: Atheneum, 1977); Edwin Godkin, 「Socialism in South Carolina」, 『The Nation』 18:459(April 16, 1874), pp.247~248; Eric Foner, ibid., p.527. 에드윈 로런스 고드킨과 뉴욕 기업계의 커넥션에 대해서는 다음을 참조하라. Sven Beckert, 『The Monieed Metropolis: New York City and the Consolidation of the American Bourgeoisie, 1850–1896』(Cambridge: Harvard University Press, 2001), pp.190~191.

8 R. Hal Williams, 「Dry Bones and Dead Language: The Democratic Party」, in H. Wayne Morgan, ed., 『The Gilded Age: A Reappraisal』, rev. ed(New York: Alfred A. Knopf, 1970), p.130; Philip H. Burch Jr., 『Elites in American History: The Civil War to the New Deal』(New York: Holmes and Meier, 1981); Thomas Ferguson, 『Golden Rule: The Investment Theory of Party Competition and the Logic of Money–Driven Political Systems』(Chicago: University of Chicago Press, 1995).

9 Austin Ranney, 『The Doctrine of Responsible Party Government: Its Origin and Present State』(Urbana: University of Illinois Press, 1962[1954]), pp.32~34; Max Weber, 『Charisma and Disenchantment: The Vocation Lectures』, Paul Reitter

and Chad Wellmon, eds.(New York: The New York Review of Books, 2020), pp.105~106.

10 Thomas Ferguson, ibid., pp.71~79; J. Morgan Kousser, 「The Shaping of Southern Politics: Suffrage Restrictions and the Creation of the One-Party South, 1880-1910」(New Haven: Yale University Press, 1974).

11 Martin Shefter, ibid., pp.75~81; Alexander Keyssar, 「The Right to Vote: The Contested History of Democracy in the United States」(New York: Basic Books, 2000), chapter 5.

12 Frank Parsons, 「The City for the People: Or, the Municipalization of the City Government and of Local Franchises」(Philadelphia: C. F. Taylor, 1900), p.471; Nancy Rosenblum, 「On the Side of the Angels: An Appreciation of Parties and Partisanship」(Princeton: Princeton University Press, 2008), pp.196~197; Samuel P. Hays, 「The Politics of Reform in Municipal Government in the Progressive Era」, 「Pacific Northwest Quarterly」 55:4(1964), pp.157~169; James Weinstein, 「Organized Business and the City Commission and Manager Movements」, 「The Journal of Southern History」 28:2(1962), pp.166~182.

13 Adam Winkler, 「Voters' Rights and Parties' Wrongs: Early Political Party Regulation in the State Courts, 1886-1915」, 「Columbia Law Review」 100:3(2000), pp.873~900; Leo Alilunas, 「The Rise of the 'White Primary' Movement as a Means of Barring the Negro from the Polls」, 「Journal of Negro History」, 252(1940), pp.161~172; Mark Lawrence Kornbluh, 「Why America Stopped Voting: The Decline of Participatory Democracy and the Emergence of Modern American Politics」(New York: New York University Press, 2000), p.127; Alan Ware, 「The American Direct Primary: Party Institutionalization and Transformation in the North」(Cambridge: Cambridge University Press, 2000).

14 Frances Fox Piven and Richard A. Cloward, 「Why Americans Don't Vote」(New York: Pantheon, 1989), p.73; Brian F. Schaffner, Matthew Streb, and Gerald Wright, 「Teams Without Uniforms: The Nonpartisan Ballot in State and Local Elections」, 「Political Research Quarterly」 54:1(2001), pp.7~30; Mark Lawrence Kornbluh, ibid., pp.126~128; Michael E. McGerr, 「The Decline of Popular Politics: The American North, 1865-1928」(New York: Oxford University Press, 1986), chapter 7.

15 V. O. Key Jr., 「American State Politics: An Introduction」(New York: Alfred
    A. Knopf, 1956) p.119; Charles R. Adrian, 「Some General Characteristics
    of Nonpartisan Elections」, 「American Political Science Review」 46:3(1952),
    pp.766~776; Alan Ware, ibid., pp.235~241.

16 Mark Lawrence Kornbluh, ibid., p.127; V. O. Key Jr., 「Politics, Parties, and
    Pressure Groups」(New York: Crowell, 1964), p.342.

17 Alan Ware, ibid., pp.244~246.

18 Michael Kazin, 「What Did Gompers Start?」, 「Labor History」 40:2(1999),
    pp.189~192.

19 David Montgomery, 「The Fall of the House of Labor: The Workplace, the State,
    and American Labor Activism, 1865-1925」(Cambridge: Cambridge University
    Press), pp.269~275; Daniel Schlozman, 「When Movements Anchor Parties:
    Electoral Alignments in American History」(Princeton: Princeton University Press,
    2016), pp.52~55. 조합자율주의의 균열에 대해서는 다음을 참조하라. Howell
    Harris, 「The Snares of Liberalism? Politicians, Bureaucrats, and the Shaping of
    Federal Labour Relations in the United States, ca. 1915-1947」, in Steven Tolliday
    and Jonathan Zeitlin, eds., 「Shop Floor Bargaining and the State: Historical and
    Comparative Perspectives」(Cambridge: Cambridge University Press, 1985),
    pp.152~159.

20 Franklin D. Roosevelt, 「The 'Forgotten Man' Speech」, radio address from
    Albany, New York, American Presidency Project(presidency.ucsb.edu); Irving
    Bernstein, 「The Turbulent Years: A History of the American Worker, 1933-1941」
    (Chicago: Haymarket Books, 2010[1969]), p.3; Barry Eidlin, 「Labor and the Class
    Idea in the United States and Canada」(Cambridge: Cambridge University Press,
    2018), p.171.

21 Arthur M. Schlesinger Jr., 「The Coming of the New Deal: 1933-1935」(New York:
    Houghton Mifflin, 1958), p.139; James A. Gross, 「The Making of the National Labor
    Relations Board: A Study in Economics, Politics, and the Law, Volume I (1933-
    1937)」(Albany: State University of New York Press, 1974), chapter 1.

22 이 법안의 구체적인 내용을 알고 싶으면 다음을 참조하라. Irving Bernstein, ibid.,
    chapter 7; Daniel Schlozman, ibid., p.58; James A. Gross, ibid., p.145; David
    Plotke, 「Building a Democratic Political Order: Reshaping American Liberalism

in the 1930s and 1940s』(Cambridge: Cambridge University Press, 1996), p.122; Barry Eidlin, ibid., p.180.

23 Harvard Sitkoff, 『A New Deal for Blacks: The Emergence of Civil Rights as a National Issue, Volume I: The Depression Decade』(Oxford: Oxford University Press, 1978), p.41, pp.95~96; James L. Sundquist, 『Dynamics of the Party System: Alignment and Realignment of Political Parties in the United States』(Washington, DC: The Brookings Institution, 1983), pp.217~218.

24 Daniel Schlozman, ibid., pp.60~70.

25 James L. Sundquist, ibid., pp.226~228, 244~252.

26 Rick Perlstein, 『Before the Storm: Barry Goldwater and the Unmaking of the American Consensus』(New York: Hill and Wang, 2001), chapter 3.

27 James T. Patterson, 「A Conservative Coalition Forms in Congress, 1933–1939」, 『Journal of American History』 52:4(1966), pp.757~772; Ira Katznelson, Kim Geiger, and Daniel Kryder, 「Limiting Liberalism: The Southern Veto in Congress, 1933–1950」, 『Political Science Quarterly』 108:2(1993), pp.283~306; Martin Shefter, ibid., p.84.

28 Susan Dunn, 『Roosevelt's Purge: How FDR Fought to Change the Democratic Party』(Cambridge: Belknap Press, 2010); Doris Kearns Goodwin, 『No Ordinary Time: Franklin and Eleanor Roosevelt: The Home Front in World War II』(New York: Simon & Schuster, 1994), pp.525~526; Paul Heideman, 「It's Their Party」, 『Jacobin』, February 4, 2016, pp.23~39.

29 Harvard Sitkoff, 「Harry Truman and the Election of 1948: The Coming of Age of Civil Rights in American Politics」, 『Journal of Southern History』 27:4(1971), pp.597~616; Adam Hilton, 『True Blues: The Contentious Transformation of the Democratic Party』(Philadelphia: University of Pennsylvania Press, 2021), p.42.

30 James L. Sundquist, ibid., chapter 11; Adam Hilton, ibid., pp.33~35.

31 Paul F. Boller, 『Presidential Campaigns』(Oxford: Oxford University Press, 1984), p.295.

32 Doris Kearns Goodwin, 『Lyndon Johnson and the American Dream』(New York: Open Road, 1976), p.154.

33 Committee on Political Parties, 「Toward a More Responsible Two–Party System」, supplement, 『American Political Science Review』 44:3(1950), v–99.

이 보고서와 관련해서는 다음을 참조하라. Austin Ranney, ibid.; Sam Rosenfeld, 「The Polarizers: Postwar Architects of Our Partisan Era」(Chicago: University of Chicago Press, 2017), chapter 1; Philip A. Klinkner, 「The Losing Parties: Out-Party National Committees, 1956-1993」(New Haven: Yale University Press, 1994), p.20.

34 Philip A. Klinkner, ibid., pp.26~40; 딘 애치슨과 폴 니체와 관련해서는 다음을 참조하라. Luke Fletcher, 「The Collapse of the Western World: Acheson, Nitze, and the NSC 68/Rearmament Decision」, 「Diplomatic History」 4:4(2016), pp.750~777.

35 Julian Zelizer, 「On Capitol Hill: The Struggle to Reform Congress and its Consequences, 1948-2000」(Cambridge: Cambridge University Press, 2004), p.44.

36 Julian Zelizer, ibid., pp.37~38, 49~50, 54~56; Sam Rosenfeld, ibid., pp.41~42.

37 Sam Rosenfeld, ibid., p.52.

38 Frances Fox Piven and Richard Cloward, 「Poor People's Movements: Why They Succeed, How They Fail」(New York: Vintage, 1977), pp.221~224; Jack Bloom, 「Class, Race, and the Civil Rights Movement」(Bloomington: Indiana University Press, 1987), pp.114~149; Joseph E. Luders, 「The Civil Rights Movement and the Logic of Social Change」(Cambridge: Cambridge University Press, 2010), pp.54~77; Adam Hilton, ibid., pp.45~46.

39 Dominic Sandbrook, 「Eugene McCarthy and the Rise and Fall of Postwar American Liberalism」(New York: Alfred A. Knopf, 2004), pp.133~141.

40 William H. Chafe, 「Never Stop Running: Allard Lowenstein and the Struggle to Save American Liberalism」(New York: Basic Books, 1993), pp.267~272; Dominic Sandbrook, ibid., pp.162~173.

41 Adam Hilton, ibid., p.54.

42 Adam Hilton, ibid., pp.62~64; Melvin Small, 「'Hey, Hey, LBJ!' American Domestic Politics and the Vietnam War」, in David L. Anderson, ed., 「The Columbia History of the Vietnam War」(New York: Columbia University Press, 2011), pp.345~346; Sam Rosenfeld, ibid., pp.123~124.

43 Adam Hilton, ibid., p.69.

44 Sam Rosenfeld, ibid., p.136; Adam Hilton, ibid., pp.72~87.

45 Adam Hilton, ibid., p.79.

46 Sam Rosenfeld, ibid., p.151; Adam Hilton, ibid., p.125.

47 Adam Hilton, ibid., pp.110~128; Christopher Lydon, 「The Democrats and Reform」, 「New York Times」, December 1, 1974, p.5.

48 Adam Hilton, ibid., p.197.

49 David Rosenbaum, 「5 Mississippians Retain Seniority」, 「New York Times」, January 20, 1971, p.14; Sam Rosenfeld, ibid., p.161.

50 Eric Schickler, Eric McGhee, and John Sides, 「Remaking the House and Senate: Personal Power, Ideology, and the 1970s Reforms」, 「Legislative Studies Quarterly」 28:3(2003), pp.301~302.

51 James T. Patterson, ibid., pp.763~764; Robert Mason, 「The Republican Party and American Politics from Hoover to Reagan」(Cambridge: Cambridge University Press, 2012), pp.44~48; Clyde P. Weed, 「The Nemesis of Reform: The Republican Party During the New Deal」(New York: Columbia University Press, 1994), pp.89~90.

52 Robert Mason, ibid., p.61; Elliott A. Rosen, 「The Republican Party in the Age of Roosevelt: Sources of Anti–Government Conservatism in the United States」 (Charlottesville: University of Virginia Press, 2014), pp.32~36; George Wolfskill, 「The Revolt of the Conservatives: The American Liberty League, 1934–1940」 (Westport, CT: Greenwood Press, 1962), pp.214~215; Eric Schickler and Devin Caughey, 「Public Opinion, Organized Labor, and the Limits of New Deal Liberalism, 1936–1945」, 「Studies in American Political Development」 25(2011), p.162.

53 James T. Patterson, 「Congressional Conservatism and the New Deal」(Lexington: University of Kentucky Press, 1967), pp.149~154; Ira Katznelson, Kim Geiger, and Daniel Kryder, ibid.; Eric Schickler and Devin Caughey, ibid.

54 James T. Patterson, 「The New Deal and the States: Federalism in Transition」 (Princeton: Princeton University Press, 1969), pp.140~142; Elliott A. Rosen, ibid., pp.85~88; Robert Mason, ibid., pp.76~77.

55 Elliott A. Rosen, ibid., pp.97~105; Philip H. Burch Jr., 「Elites in American History, Volume III: The New Deal to the Carter Administration」(New York: Holmes and Meier, 1980), p.45; Donald Bruce Johnson, 「Wendell Willkie and the Republican Party」(PhD diss., University of Illinois, 1952), pp.84~94.

56 Elliott A. Rosen, ibid., pp.109~113; Robert Mason, ibid., p.95.

57 Robert Mason, ibid., pp.96~101; Elliott A. Rosen, ibid., pp.153~156.

58 Elliott A. Rosen, ibid., pp.142~148, p.156, 172~173; Robert Mason, ibid., pp.107~108; 「Fashions in Politics」, 『New York Times』, March 17, 1945, p.12.

59 Michael Bowen, 『The Roots of Modern Conservatism: Dewey, Taft, and the Battle for the Soul of Republican Party』(Chapel Hill: University of North Carolina Press, 2011), pp.21~31; Robert Mason, ibid., p.115.

60 Michael Bowen, ibid., pp.59~68; Robert Mason, ibid., pp.120~121.

61 Sam Rosenfeld, ibid., p.62; Daniel Schlozman, ibid., p.140.

62 Philip H. Burch Jr., ibid.(1980), pp.126~127; Travis Beal Jacobs, 「Eisenhower, the American Assembly, and 1952」, 『Presidential Studies Quarterly』 22:3(1992), p.458; Robert Mason, ibid., p.143; Alan R. Raucher, 『Paul G. Hoffman: Architect of Foreign Aid』(Lexington: The University Press of Kentucky, 1985), p.92.

63 Geoffrey Kabaservice, 『Rule and Ruin: The Downfall of Moderation and the Destruction of the Republican Party From Eisenhower to the Tea Party』(New York: Oxford University Press, 2012), p.15; Kevin S. Price, 「The Partisan Legacies of Preemptive Leadership: Assessing the Eisenhower Cohorts in the U.S. House」, 『Political Research Quarterly』 55:3(2002), pp.609~631.

64 Geoffrey Kabaservice, ibid., pp.13~14; Michael Bowen, ibid., pp.85~86.

65 Patrick C. Patton, 「Standing at Thermopylae: A History of the American Liberty League」(PhD diss., Temple University, 2015), pp.168~172; Clarence E. Wunderlin Jr., 「'Be Patient and Satisfied with Their Progress Thus Far': Senator Robert A. Taft's Opposition to a Permanent Fair Employment Practices Commission, 1944–1950」, 『Ohio History』 120(2013), pp.92~117. 미국자유연맹이 남부에서 추구한 목표에 대해서는 다음을 참조하라. George Wolfskill, ibid., pp.189~191.

66 Sam Rosenfeld, ibid., pp.70~71; Scott N. Heidepriem, 『A Fair Chance for a Free People: The Biography of Karl E. Mundt, United States Senator』(Madison, SD: Leader Printing, 1988), pp.158~166.

67 Allan J. Lichteim, 『White Protestant Nation: The Rise of the American Conservative Movement』(New York: Atlantic Monthly Press, 2008), chapter 5; Rick Perlstein, ibid., chapter 1.

68 배리 골드워터의 선거운동에 대한 자세한 내용은 다음을 참조하라. Rick Perlstein,

ibid.; Mary C. Brennan, 「Turning Right in the Sixties: The Conservative Capture of the GOP」(Chapel Hill: University of North Carolina Press, 1995); Elizabeth Tandy Shermer, ed., 「Barry Goldwater and the Remaking of the American Political Landscape」(Tucson: University of Arizona Press, 2013).

69 Philip A. Klinkner, ibid., pp.71~77.

70 John H. Fenton, 「Midwest Politics」(New York: Holt, Rinehart, and Winston, 1966), p.117; Brian M. Conley, 「The Rise of the Republican Right: From Goldwater to Reagan」(New York: Routledge, 2019), pp.41~50.

71 Brian M. Conley, 「The Politics of Party Renewal: The 'Service Party' and the Origins of the Post-Goldwater Republican Right」, 「Studies in American Political Development」 27:1(2013), pp.51~67.

72 Brian M. Conley, ibid.(2019), pp.99~100, 119~120.

73 Philip A. Klinkner, ibid., pp.146~152; Brian M. Conley, ibid.(2019), pp.116~127; Daniel J. Galvin, 「Presidential Party Building: Dwight D. Eisenhower to George W. Bush」(Princeton: Princeton University Press, 2010), chapter 6.

74 Philip A. Klinkner, ibid., p.128; David Menefee-Liberty, 「Embracing Campaign-Centered Politics at the Democratic Headquarters: Charles Manatt and Paul Kirk in the 1980s」, in John C. Green, ed., 「Politics, Professionalism, and Power: Modern Party Organization and the Legacy of Ray C. Bliss」(Lanham: University Press of America, 1994), pp.167~185.

75 Daniel J. Galvin, ibid., chapter 9; Sidney Milkis, 「The President and the Parties: The Transformation of the American Party System Since the New Deal」(New York: Oxford University Press, 1993), p.189; Philip A. Klinkner, ibid., p.93; Julian Zelizer, ibid., p.111.

76 Julian Zelizer, ibid., chapter 7; Marian Currinder, 「Money in the House: Campaign Funds and Congressional Party Politics」(Boulder: Westview Press, 2009), pp.19~21.

77 Morris Fiorina, 「The Decline of Collective Responsibility in American Politics」, 「Engineering and Science」 44:2(1980), p.14; Paul S. Herrnson, 「The Evolution of National Party Organizations」, in L. Sandy Maisel and Jeffrey M. Berry, eds., 「The Oxford Handbook of American Political Parties and Interest Groups」(Oxford: Oxford University Press, 2010), p.234.

78 Gary J. Andres, 「Business Involvement in Campaign Finance: Factors Influencing the Decision to Form a Corporate PAC」, 「PS: Political Science and Politics」 18:2(1985), p.214; David Vogel, 「Fluctuating Fortunes: The Political Power of Business in America」(New York: Basic Books, 1989), p.207; Edwin M. Epstein, 「Business and Labor Under the Federal Election Campaign Act of 1971」, in Michael J. Malbin, ed., 「Parties, Interest Groups, and Campaign Finance Laws」(Washington, DC: American Enterprise Institute, 1980), pp.110~111, p.118.

79 Allan J. Cigler, 「Political Parties and Interest Groups: Competitors, Collaborators, and Uneasy Allies」, in Eric M. Uslaner, ed., 「American Political Parties: A Reader」 (Itasca, IL: F. E. Peacock Publishers, 1993), pp.418~421; Adam Clymer, 「New GOP Chairman Criticizes Party's Right Wing」, 「New York Times」, January 18, 1981, p.18; Adam Clymer, 「G.O.P Seeking Accord with Conservative Groups」, 「New York Times」, June 24, 1981, p.17; Daniel Schlozman and Sam Rosenfeld, 「The Hollow Parties: The Many Pasts and Disordered Present of American Political Parties」(Princeton: Princeton University Press, 2024), chapter 6.

80 Richard S. Katz and Robin Kolodny, 「Party Organization as an Empty Vessel: Parties in American Politics」, in Richard S. Katz and Peter Mair, eds., 「How Parties Organize: Change and Adaptation in Party Organizations in Western Democracies」(London: Sage, 1994), pp.23~50.

81 Thomas Ferguson, 「Legislators Never Bowl Alone: Big Money, Mass Media, and the Polarization of Congress」, Institute for New Economic Thinking working paper, 2011(ineteconomics.org).

82 Marian Currinder, ibid., pp.24~26, 87~89; Ross K. Baker, 「The New Fat Cats: Members of Congress as Political Benefactors」(New York: Priority Press, 1989), pp.29~40.

83 Marian Currinder, ibid., pp.28~31, 124~125.

84 Eric Heberlig, Marc Hetherington, and Bruce Larson, 「The Price of Leadership: Campaign Money and the Polarization of Congressional Parties」, 「The Journal of Politics」 68:4(2006), pp.992~1005; Marian Currinder, ibid.; Frances McCall Rosenbluth and Ian Shapiro, 「Responsible Parties: Saving Democracy from Itself」(New Haven: Yale University Press, 2018), pp.114~118(프랜시스 매컬 로젠블 루스·이언 샤피로, 노시내 옮김, 「책임 정당: 민주주의로부터 민주주의 구하기」, 후

마니타스, 2022년).

85 Paul S. Herrnson and David Menefee-Libey, 「The Dynamics of Party Organizational Development」, 『The Midsouth Political Science Journal』 11(1991), pp.3~30.

86 Gerald C. Wright, 「State Parties Research: The Quest for Strong, Competitive State Parties」, in L. Sandy Maisel and Jeffrey M. Berry, eds., ibid., pp.410~413; John J. Coleman, 「The Resurgence of Party Organization? A Dissent from the New Orthodoxy」, in Daniel M. Shea and John C. Green, eds., 『The State of the Parties: The Changing Role of Contemporary American Parties』(Lanham: Rowman and Littlefield, 1994), p.318.

87 Daniel Schlozman and Sam Rosenfeld, 「The Hollow Parties」, in Frances E. Lee and Nolan McCarty, eds., 『Can America Govern Itself?』(Cambridge: Cambridge University Press, 2019), p.121.

88 Nolan McCarty, Keith T. Poole, and Howard Rosenthal, 『Polarized America: The Dance of Ideology and Unequal Riches』(Cambridge, MA: MIT Press, 2006), chapter 2.

chapter 3

1 Geoffrey Kabaservice, 『Rule and Ruin: The Downfall of Moderation and the Destruction of the Republican Party From Eisenhower to the Tea Party』(New York: Oxford University Press, 2012), pp.371~372; Matthew N. Green and Jeffrey Crouch, 『Newt Gingrich: The Rise and Fall of a Party Entrepreneur』(Lawrence: University Press of Kansas, 2022), p.22, 25.

2 Julian Zelizer, 『Burning Down the House: Newt Gingrich, the Fall of a Speaker, and the Rise of the New Republican Party』(New York: Penguin Press, 2020), pp.54~55, p.61; Thomas Ferguson and Joel Rogers, 『Right Turn: The Decline of the Democrats and the Future of American Politics』(New York: Hill and Wang, 1986), pp.155~156; Matthew N. Green and Jeffrey Crouch, ibid., p.34.

3 Julian Zelizer, ibid., pp.56~57; Matthew N. Green and Jeffrey Crouch, ibid., pp.33~34.

4 Sean M. Theriault, 『The Gingrich Senators: The Roots of Partisan Warfare in Congress』(Oxford: Oxford University Press, 2013), pp.22~23; Matthew N. Green and Jeffrey Crouch, ibid., pp.59~74; Randall Strahan, 『Leading Representatives: The Agency of Leaders in the Politics of the U.S. House』(Baltimore: Johns Hopkins University Press, 2007), p.139.

5 Nicole Hemmer, 『Partisans: The Conservative Revolutionaries Who Remade American Politics in the 1990s』(New York: Basic Books, 2022), p.46; Marcus M. Witcher, 『Getting Right with Reagan: The Struggle for True Conservatism, 1980– 2016』(Lawrence: University Press of Kansas, 2019), p.34, 42, 78; Matthew N. Green and Jeffrey Crouch, ibid., p.44.

6 Larry J. Sabato and Glenn R. Simpson, 『Dirty Little Secrets: The Persistence of Corruption in American Politics』(New York: Times Books, 1996), pp.77~78.

7 William Corkery, 『Newt Gingrich and GOPAC: Training the Farm Team That Helped Win the Republican Revolution of 1994』(honors thesis, College of William and Mary, 2011), pp.17~18, 26~27.

8 William Corkery, ibid., p.27; Matthew N. Green and Jeffrey Crouch, ibid., p.84. 이 점에서 뉴트 깅그리치가 자신을 어떻게 인식했는지에 대해서는 다음을 참조하라. Randall Strahan, ibid., pp.141~143.

9 Julian Zelizer, ibid.; Randall Strahan, ibid.

10 Larry J. Sabato and Glenn R. Simpson, ibid., p.78.

11 Larry J. Sabato and Glenn R. Simpson, ibid., pp.79~81.

12 Larry J. Sabato and Glenn R. Simpson, ibid., p.124; Michael Kranish, 『The House That Gingrich's PAC Rebuilt』, 『Seattle Times』, November 23, 1994, A3; Matthew N. Green and Jeffrey Crouch, ibid., p.91.

13 Eliza Newlin Carney, 『PACMEN』, 『National Journal』, October 1, 1994, p.2268; Marian Currinder, 『Money in the House: Campaign Funds and Congressional Party Politics』(Boulder: Westview Press, 2009), pp.123~124: Gary Jacobson, 『The 1994 House Elections in Perspective』, 『Political Science Quarterly』 111:2(1996), pp.203~223; Thomas Ferguson, 『The 1994 Explosion』, in Benjamin Ginsberg and Alan Stone, 『Do Elections Matter?』, 3rd ed.(New York: Routledge, 1996), pp.88~89.

14 토니 쿠엘료의 업적에 대해서는 다음을 참조하라. Brooks Jackson, 『Honest Graft:

Big Money and the American Political Process」(New York: Alfred A. Knopf, 1988).

15 R. H. Melton, 「Funds Flock To PAC Controlled by Gingrich」, 「Washington Post」, April 10, 1995; Elizabeth Drew, 「Showdown: The Struggle Between the Gingrich Congress and the Clinton White House」(New York: Simon & Schuster, 1996), p.118; Randall Strahan, ibid., pp.148~152; Marian Currinder, ibid., pp.134~135; Thomas Ferguson, 「Big Money, Mass Media, and the Polarization of Congress」, in William Crotty, ed., 「Polarized Politics: The Impact of Divisiveness in the US Political System」(Boulder: Lynne Rienner Publishers, 2015), p.99; Jim VandeHei, 「GOP Chairmen Warned About Contributions, Gingrich, Linder Seek More Cash For 'Breakout' Ads」, 「Roll Call」, October 1, 1998.

16 Issue One, 「The Price Of Power: A Deep-Dive Analysis into How Political Parties Squeeze Influential Lawmakers to Boost Campaign Coffers」, Washington, DC, 2017(issueone.org); Eric Heberlig, Marc Hetherington, and Bruce Larson, 「The Price of Leadership: Campaign Money and the Polarization of Congressional Parties」, 「Journal of Politics」 68(2006), pp.992~1005; Damon M. Cann, 「Sharing the Wealth: Member Contributions and the Exchange Theory of Party Influence in the U.S. House of Representatives」(Albany: SUNY Press, 2008); Eleanor Neff Powell, 「Where Money Matters in Congress」, unpublished working paper, Yale University, 2010.

17 Lou Dubose and Jan Reid, 「The Hammer: Tom DeLay, God, Money, and the Rise of the Republican Congress」(New York: PublicAffairs, 2004), p.65, 87; Paul Kane, 「Dennis Hastert's Rise Was Based on Being the No 'Skeletons' Guy-Until This Week」, 「Washington Post」, May 29, 2015; Geoffrey Kabaservice, ibid., pp.375~376; Thomas B. Edsall, 「Building Red America: The New Conservative Coalition and the Drive for Permanent Power」(New York: Basic Books, 2006), pp.135~136.

18 David Maraniss and Michael Weiskopff, 「Speaker and His Directors Make the Cash Flow Right」, 「Washington Post」, November 27, 1995, A1; Linda Killian, 「The Freshmen: What Happened to the Republican Revolution」(Boulder: Westview Press, 1998), p.118.

19 Linda Killian, ibid., pp.425~426; Matthew N. Green and Jeffrey Crouch, ibid.,

pp.149~156.

20 David Baumann, 「Grading the Class of '94」, 『National Journal』, May 1, 2004, p.1323.

21 Alyssa Katz, 『The Influence Machine: The U.S. Chamber of Commerce and the Corporate Capture of American Life』(New York: Spiegel and Grau, 2015), p.62. 이런 주장을 하는 다른 학자들과 관련해서는 다음을 참조하라. Jacob Hacker and Paul Pierson, 『American Amnesia: How the War on Government Made Us Forget What Made America Prosper』(New York: Simon & Schuster, 2017), pp.216~217; Mark S. Mizruchi, 「The Power Elite in Historical Context: A Reevaluation of Mills' Thesis, Then and Now」, 『Theory and Society』 42:2(2017), pp.95~116.

22 Nelson Lichtenstein and Judith Stein, 『A Fabulous Failure: The Clinton Presidency and the Transformation of American Capitalism』(Princeton: Princeton University Press, 2023), pp.101~107.

23 Alyssa Katz, ibid., p.62; John Judis, 「Abandoned Surgery: Business and the Failure of Healthcare Reform」, 『American Prospect』, April 1, 1995; Mark S. Mizruchi, ibid., p.110.

24 Nelson Lichtenstein and Judith Stein, ibid., pp.113~117; Jason Stahl, 『Right Moves: The Conservative Think Tank in American Political Culture Since 1945』(Chapel Hill: University of North Carolina Press, 2016), p.158.

25 G. William Domhoff, 『The Corporate Rich and the Power Elite in the Twentieth Century: How They Won, Why Liberals and Labor Lost』(New York: Routledge, 2020), p.348.

26 Dana Priest and Ann Devroy, 「Business Leaders Split with Clinton」, 『Washington Post』, February 2, 1994. 비즈니스 라운드 테이블의 결정을 이끈 상세한 과정에 대해서는 다음을 참조하라. John Judis, ibid.; Nelson Lichtenstein and Judith Stein, ibid., pp.137~143.

27 Dana Priest and Michael Weisskopf, 「Healthcare Reform: The Collapse of a Quest」, 『Washington Post』, October 11, 1994.

28 연방정부 셧다운이 경제에 미친 영향에 대해서는 다음을 참조하라. Marc Labonte, 「The FY 2014 Government Shutdown: Economic Effects」, 『Congressional Research Service』, November 1, 2013.

29 Thomas Ferguson and Joel Rogers, ibid., pp.185~193; qtd. in John H. Makin,

「Perspective on U.S. Fiscal Policy Before and After 1990」, 「Hearing Before the Subcommittee on Deficits, Debt Management and International Debt of the Committee on Finance United States Senate」, 102nd Congress, 2nd session, June 6, 1992; Mark S. Mizruchi, 「The Fracturing of the American Corporate Elite」(Cambridge: Harvard University Press, 2013), pp.231~232; Seito Hayasaki, 「The Unlikely Heroes of Progressive Taxation: CEO Support for Bill Clinton's Tax Increase Package in 1993」, 「Journal of Policy History」 35:2(2023), pp.219~253; I. M. Destler and C. Randall Henning, 「Dollar Politics: Exchange Rate Policymaking in the United States」(Washington, DC: Institute for International Economics, 1989), p.128.

30 Paul Starobin, 「Welcome to the Club」, 「National Journal」, January 28, 1995, p.219; Graeme Browning, 「Bob Walker's Got an Idea」, 「National Journal」, August 12, 1995, p.2062; Louis Jacobson, 「Washington's a Movable Feast for Conservatives」, 「National Journal」, November 25, 1995, pp.2928~2929.

31 Paul Starobin, ibid.; Elizabeth Drew, ibid., p.116.

32 Michael Meeropol, 「Surrender: How the Clinton Administration Completed the Republican Revolution」(Ann Arbor: University of Michigan Press, 1998), pp.242~264; Steven M. Gillon, 「The Pact: Bill Clinton, Newt Gingrich, and the Rivalry That Defined A Generation」(Oxford: Oxford University Press, 2008), p.148; Bob Woodward, 「The Choice: How Bill Clinton Won」(New York: Simon & Schuster, 1996), pp.410~412. 빌 클린턴 행정부가 재정 균형 정책을 수립하는 과정에 대한 자세한 논의는 다음을 참조하라. Nelson Lichtenstein and Judith Stein, ibid., pp.185~218; Erik Van Deventer, 「The Strong Dollar and the Political Economy of Financialization, from Reagan to Clinton」(PhD diss., New York University, 2020), pp.365~375.

33 Bob Woodward, ibid., p.444; Eric Pianin and John F. Harris, 「Clinton Signs Measures to Halt Shutdown」, 「Washington Post」, January 6, 1996, A1; Ann Devroy, 「The End of the Endgame」, 「Washington Post」, January 7, 1996.

34 「Testimony of Susan Hering, Salomon Brothers Inc Before the Senate Finance Committee」, July 28, 1995; Mike McNamee, 「Why Everybody Thinks Rubin is Crying Wolf」, 「Business Week」, November 20, 1995.

35 「An Impressive Beginning for Congress」, 「Nation's Business」, December 1995,

p.80; 「Our Debt Deepens by $482 Million a Day」, 『Nation's Business』, January 1996, p.64; 「Obstructionism is Not Good Policy for 1996」, 『Nation's Business』, February 1996, p.76.

36 Paul Pierson, 『Dismantling the Welfare State? Reagan, Thatcher, and the Politics of Retrenchment』(Cambridge: Cambridge University Press, 1994), p.126; 「Republican Contract with America」(house.gov).

37 「Readers' Views on Welfare Reform」, 『Nation's Business』 80:11(1992); 「Welfare Reform: Undoing the Mistakes」, 『Nation's Business』 83:6(1995); 「Readers' Views on Welfare Bill」, 『Nation's Business』 83:8(1995); Ellen Reese, 『Backlash Against Welfare Mothers: Past and Present』(Berkeley: University of California Press, 2005), p.168.

38 Ronald Walters, 「The Democratic Party and the Politics of Welfare Reform」, in Clarence Y. H. Lo and Michael Schwartz, eds., 『Social Policy and the Conservative Agenda』(Malden: Blackwell Publishers, 1998), pp.37~52; Bob Woodward, ibid., pp.248~250.

39 Peter Baker and Susan Glasser, 『The Man Who Ran Washington: The Life and Times of James A. Baker III』(New York: Doubleday, 2020), p.485.

40 Thomas Ferguson, 「Blowing Smoke: Impeachment, the Clinton Presidency, and the Political Economy」, in William J. Crotty, ed., 『The State of Democracy in America』(Washington, DC: Georgetown University Press, 2001), pp.212~221. 뉴트 깅그리치의 규제 완화 열정에 대한 산업계의 우려에 대해서는 다음을 참고하라. Graeme Browning, 「Scowls, High-Pitched Whines And Great Grub」, 『National Journal』, September 2, 1995, p.2165. 이 법안의 영향에 대해서는 다음을 참조하라. Jay D. Hmielowski, Michael A. Beam, Myiah J. Hutchens, 「Structural Changes in Media and Attitude Polarization: Examining the Contributions of TV News Before and After the Telecommunications Act of 1996」, 『International Journal of Public Opinion Research』 28:2(2016), pp.153~172.

41 Sara Miles, 『How to Hack a Party Line: The Democrats and Silicon Valley』(New York: Macmillan, 2001), pp.28~30.

42 Sara Miles, ibid., pp.35~36; Margaret O'Mara, 『The Code: Silicon Valley and the Remaking of America』(New York: Penguin, 2019).

43 James Shoch, 『Trading Blows: Party Competition and U.S. Trade Policy in a

Globalizing Era』(Chapel Hill: University of North Carolina Press, 2001), chapters 7~9; Nelson Lichtenstein and Judith Stein, ibid., chapters 8 and 11.

44 G. William Domhoff, ibid., pp.481~482.

45 James Shoch, ibid., pp.145~160.

46 James Shoch, ibid., p.179; G. William Domhoff, ibid., pp.484~487.

47 James Shoch, ibid., p.214; Jiwon Choi et al., 「Local Economic and Political Effects of Trade Deals: Evidence from NAFTA」, 『American Economic Review』 114:6(2024), pp.1540~1575.

48 Nelson Lichtenstein and Judith Stein, ibid., chapter 12.

49 Nelson Lichtenstein and Judith Stein, ibid., chapter 12; Peter H. Stone, 「The Bailout Brigade」, 『National Journal』, January 24, 1998, p.174; Peter H. Stone, 「A Bailout Agency Bailout」, 『National Journal』, September 5, 1998, p.2032.

50 David Jackson, 「Here's One Exec Buchanan Won't Bash」, 『Chicago Tribune』, March 1, 1996.

51 Ben Wildavsky, 「Going Nativist?」, 『National Journal』, May 27, 1995; Peter Beinart, 「The Nationalist Revolt」, 『The New Republic』, December 1, 1997, pp.20~26; Robert Weissman, 「Rejecting the IMF」, 『Multinational Monitor』, May 1998, pp.6~7; James Shoch, ibid., pp.222~223.

52 Richard S. Dunham, 「Is the GOP the Only Party of Business?」, 『Business Week』, May 4, 1998, p.154; Thomas B. Edsall, 「GOP Angers Big Business on Key Issues」, 『Washington Post』, June 11, 1998; James Shoch, ibid., p.223.

53 Peter H. Stone and Margaret Kriz, 「The Bottom-Line Fallout: A GOP Bonanza」, 『National Journal』, September 9, 1998, pp.2158~2159; Thomas B. Edsall, 「Business, GOP Chiefs Reconcile on Agenda」, 『Washington Post』, July 8, 1998, A4.

54 Nelson Lichtenstein and Judith Stein, ibid., pp.317~325; Steven M. Gillon, ibid., pp.210~211.

55 Eric Laursen, 「The People's Pension: The Struggle to Defend Social Security Since Reagan』(Chico: AK Press, 2012), pp.246~250, p.368.

56 Steven M. Gillon, ibid., p.153.

57 Lee Walczak and Amy Borrus, 「Impeachment: Bad for Business?」, 『Business Week』, January 11, 1999, pp.38~40; David Warner, 「Hurdles for Business in the

New Congress」, 「Nation's Business」, February 1999, p.24.

58 Nelson Lichtenstein and Judith Stein, ibid., pp.322~324; Howard Gleckman and Mike McNamee, 「Advantage, Clinton」, 「Business Week」, February 1, 1999, pp.30~31; Steven M. Gillon, ibid., p.224.

59 John Boehner, 「On the House: A Washington Memoir」(New York: St. Martin's Press, 2021), pp.76~77.

60 「Delay, Inc.: A Democracy 21 Report on House Majority Leader Tom DeLay and His Money Machine」, 「Democracy21」, July 22, 2003; Lou Dubose and Jan Reid, ibid., pp.126~127; Peter H. Stone, 「The Nicotine Network」, 「Mother Jones」, May/June 1996.

61 Laura E. Tesler and Ruth E. Malone, 「'Our Reach Is Wide by Any Corporate Standard': How the Tobacco Industry Helped Defeat the Clinton Health Plan and Why It Matters Now」, 「American Journal of Public Health」 100:7(July 2010), pp.1174~1188.

62 David A. Kessler, 「Statement on Nicotine-Containing Cigarettes」, 「Tobacco Control」 3(1994), pp.148~158; David A. Kessler, 「A Question of Intent: A Great American Battle with a Deadly Industry」(New York: PublicAffairs, 2001), pp.331~333; Terence Monmaney and John M. Broder, 「Clinton Hints at Giving FDA Tobacco-Regulation Power」, 「Los Angeles Times」, July 14, 1995.

63 Peter H. Stone, 「Blowing Smoke at its Critics」, 「National Journal」, April 20, 1996, pp.884~888.

64 Thomas Ferguson, ibid.(2001), pp.205~209.

65 Bente Tangvik, 「President Clinton and the American Tobacco Industry」(master's thesis, University of Oslo, 2007), p.82; Jeffrey Klein, 「Where There's Smoke」, 「Mother Jones」, September/October, 1998.

chapter 4

1 Margaret Carlson, 「The Clinton in Us All」, 「Time」, December 28–January 4, 1998, p.94.

2 William Booth, 「How Larry Flynt Changed the Picture」, 「Washington Post」,

January 11, 1999, C1.

3 Thomas Schaller, 「The Stronghold: How Republicans Captured Congress but Surrendered the White House』(New Haven: Yale University Press, 2015), p.88; Mark K. Updegrove, 「The Last Republicans: Inside the Extraordinary Relationship Between George H. W. Bush and George W. Bush』(New York: HarperCollins, 2017), pp.239~241.

4 Mark K. Updegrove, ibid., pp.190~191; Thomas Schaller, ibid., pp.88~89; Burt Solomon, 「The Other, Softer, GOP」, 「National Journal』, February 2, 1999, pp.456~457; Michael Nelson, 「George W. Bush's Elections: 2000, 2002, 2004, 2006, and 2008」, 「43: Inside the George W. Bush Presidency』(Lawrence: University of Kansas Press, 2022), p.37.

5 Jacob Weisberg, 「The Bush Tragedy』(New York: Random House, 2008), p.92, pp.96~97; Kevin M. Kruse, 「Compassionate Conservatism: Religion in the Age of George W. Bush」, in Julian Zelizer, ed., 「The Presidency of George W. Bush: A First Historical Assessment』(Princeton: Princeton University Press, 2010), pp.227~251.

6 「George W. Reagan」, 「New York Post』, November 23, 1999, p.38; John Robert Greene, 「The Presidency of George W. Bush』(Lawrence: University Press of Kansas, 2021), p.59; Robert V. Remini, 「The House: The History of the House of Representatives』(New York: HarperCollins, 2006), p.463.

7 Nelson Lichtenstein, 「Ideology and Interest on the Social Policy Home Front」, in Julian Zelizer, ed., ibid., p.172; Helen Dewar, 「GOP Departures Signal Arrival of a New Era For Conservatism」, 「Washington Post』, September 16, 2002.

8 Lawrence R. Jacobs and Robert Y. Shapiro, 「Bush's Democratic Ambivalence: Responsiveness and Policy Promotion in Republican Government」, in Colin Campbell, Bert A. Rockman, and Andrew Rudalevige, eds., 「The George W. Bush Legacy』(Washington, DC: Congressional Quarterly, 2008), p.49; Kevin M. Kruse, ibid., pp.232~233; Thomas B. Edsall, 「Building Red America: The New Conservative Coalition and the Drive for Permanent Power』(New York: Basic Books, 2006), chapter 2; Jacob Weisberg, ibid., pp.133~136.

9 Michael Nelson, 「George Bush: Texan, Conservative」, in Michael Nelson and Barbara A. Perry, eds., 「41: Inside the Presidency of George H. W. Bush』(Ithaca:

Cornell University Press, 2014), p.28.

10 Paul Burka, 「Has Bush Monkeyed Around with Business?」, 『Texas Monthly』, June 1999; Bob Sechler, 「Coming From Texas, Bush Knows New Economy's Clout」, 『Wall Street Journal』, December 13, 2000.

11 Lee Walczak, 「Why Business is Holding its Fire」, 『Business Week』, May 29, 2000, p.82; Bob Dreyfuss, 「George W. Bush: Calling for Philip Morris」, 『The Nation』, October 21, 1999; John Mintz, 「Big Tobacco Takes Its Chances on Bush」, 『Washington Post』, February 18, 2000, A6; Laura Cohn, 「The Bushdaq vs. the Goredex」, 『Business Week』, November 13, 2000, p.84; Thomas B. Edsall, ibid., p.109; Peter H. Stone, 「Corporations, K Street Throw a Party」, 『National Journal』, January 13, 2001, p.117.

12 Peter H. Stone, 「GOP Jousts with Business Roundtable」, 『National Journal』, January 11, 1997, p.75; Nick Confessore, 「Welcome to the Machine」, 『Washington Monthly』, July 1, 2003; Jeremy Scahill, 「Exile on K Street」, 『The Nation』, February 20, 2006.

13 Sheldon D. Pollack, 「Refinancing America: The Republican Antitax Agenda」 (Albany: State University of New York Press, 2003), pp.119~120; 「Mr. Bush's Beginning」, 『New York Times』, April 29, 2001.

14 Jacob M. Schlesinger and John D. McKinnon, 「Bush Tax Cuts Send Corporate Lobbyists into a Feeding Frenzy」, 『Wall Street Journal』, February 2, 2001, A1; Thomas Ferguson and Joel Rogers, 「Right Turn: The Decline of the Democrats and the Future of American Politics」(New York: Hill and Wang, 1986), pp.119~124; Benjamin C. Waterhouse, 「Lobbying America: The Politics of Business from Nixon to NAFTA」(Princeton: Princeton University Press, 2014), chapter 7; John Maggs and Peter H. Stone, 「Tax Cut Fever」, 『National Journal』, February 3, 2001, pp.324~329.

15 Michael J. Graetz and Ian Shapiro, 「Death by a Thousand Cuts: The Fight over Taxing Inherited Wealth」(Princeton: Princeton University Press, 2005), chapter 15; Elizabeth Drew, 「Bush's Weird Tax Cut」, 『New York Review of Books』, August 9, 2001.

16 Howard Gleckman and Rich Miller, 「Selling the Tax Cut」, 『Business Week』, February 5, 2001, pp.34~40; Michael J. Graetz and Ian Shapiro, ibid., chapter

15; Jeffrey Birnbaum, 「The Man in the Middle」, 『Fortune Small Business』, April 1, 2002.

17 Michael J. Graetz and Ian Shapiro, ibid., p.165.

18 「Corporate Tax Breaks Enacted」, in 『CQ Almanac 2004』, 60th ed., Washington, DC: Congressional Quarterly, 2005; Jacob S. Hacker and Paul Pierson, 「Tax Politics and the Struggle over Activist Government」, in Paul Pierson and Theda Skocpol, eds., 『The Transformation of American Politics: Activist Government and the Rise of Conservatism』(Princeton: Princeton University Press, 2007), p.257. 딕 체니의 말은 다음에서 인용했다. James T. Patterson, 「Transformative Economic Policies: Tax Cutting, Stimuli, and Bailouts」, in Julian Zelizer, ed., ibid., p.118. 2003년 법안 지지를 위한 기업의 로비 활동에 대해서는 다음을 참조하라. Peter H. Stone, 「Arm-Twisting on Taxes」, 『National Journal』, February 1, 2003, pp.375~376; Keith Koffler, 「Spending Millions on Bush's Tax Plan」, 『National Journal』, May 3, 2003, pp.1388~1389. 기업들이 재정적자에 대해 관용적인 태도를 보이게 된 현상에 대한 논의는 다음을 참조하라. Jonathan Fuerbringer, 「Deficits Are Back: But Maybe They Aren't as Dangerous」, 『New York Times』, August 25, 2002; David Leonhardt, 「That Big Fat Budget Deficit. Yawn」, 『New York Times』, February 8, 2004; Martin Vaughn, 「K Street Not Wild About Bush Tax Plan」, 『National Journal』, October 22, 2005, p.3283.

19 Steven Greenhouse, 「Battle Lines Drawn over Ergonomic Rules: Business Pitted Against Washington」, 『New York Times』, November 18, 2000; Peter H. Stone, 「Block Those Regs!」, 『National Journal』, February 17, 2001, pp.484~487; Stephen Labaton, 「OSHA Leaves Worker Safety Largely in Hands of Industry」, 『New York Times』, April 25, 2007. 다음은 전미제조업협회 대표 마이클 E. 바루디[Michael E. Baroody]와의 인터뷰다. Louis Jacobson, 「Baroody's Bottom Line」, 『National Journal』, March 13, 1999, pp.700~701.

20 David Marcus, 「The History of the Modern Class Action, Part II: Litigation and Legitimacy, 1981-1994」, 『Fordham Law Review』 86:4(2018), pp.1785~1845; Terry Carter, 「Boosting the Bench」, 『ABA Journal』 88:10(2002), pp.28~30; Myriam E. Gilles, 「'A Force Created': The U.S. Chamber of Commerce and the Politics of Corporate Immunity」, 『DePaul Law Review』 72(2022), pp.139~170; David Byrd, 「Why Trial Lawyers Have a Beef with Bush」, 『National Journal』,

May 8, 1999, pp.1256~1258; Shawn Zeller, 「Tort Reform's Massive War Chest」, 『National Journal』, March 29, 2003, pp.1008~1009; Thomas B. Edsall, ibid., pp.126~127.

21 Jesse Rhodes, 『An Education in Politics: The Origin and Evolution of No Child Left Behind』(Ithaca: Cornell University Press, 2012), chapter 6; Susan Crabtree and John Bresnahan, 「Boehner Facing Plenty of Heat from Conservatives」, 『Roll Call』, May 3, 2001, p.1; Michael S. Greve, 「The End of Education Reform」, 『Weekly Standard』 6:34(May 21, 2001), pp.16~17.

22 Milt Freudenheim, 「Employers Seek to Shift Costs of Drugs to U.S.」, 『New York Times』, July 2, 2003; Thomas R. Oliver, Philip R. Lee, and Helene L. Lipton, 「A Political History of Medicare and Prescription Drug Coverage」, 『The Milbank Quarterly』 82:2(2004), pp.283~354; Dick Armey, 「Say 'No' to the Medicare Bill」, 『Wall Street Journal』, November 21, 2003; David E. Rosenbaum, 「A Final Push in Congress: The Savings Plan」, 『New York Times』, November 23, 2003; Fred Barnes, 「Hey Big Spenders」, 『Weekly Standard』, December 8, 2003, pp.9~10.

23 Peter H. Stone, 「Power Rangers」, 『National Journal』, October 30, 2004, pp.3288~3292; Thomas B. Edsall, Sarah Cohen, and James V. Grimaldi, 「Pioneers Fill War Chest, Then Capitalize」, 『Washington Post』, May 16, 2004, A1; Thomas B. Edsall, 「In Bush's Policies, Business Wins」, 『Washington Post』, February 8, 2004.

24 Fred Barnes, 「Realignment, Now More Than Ever」, 『Weekly Standard』, November 22, 2004.

25 Vivek Chibber, 「American Militarism and the US Political Establishment」, 『Socialist Register』 45(2009), pp.23~53.

26 Melvyn P. Leffler, 『Confronting Saddam Hussein: George W. Bush and the Invasion of Iraq』(Oxford: Oxford University Press, 2023), pp.46~47.

27 Benjamin W. Cramer, 「The Power of Secrecy and the Secrecy of Power: FACA and the National Energy Policy Development Group」, 『Communication Law and Policy』 13:2(2008), pp.183~230; Don van Natta Jr. and Neela Banerjee, 「Top G.O.P. Donors in Energy Industry Met Cheney Panel」, 『New York Times』, March 1, 2002.

28 외교위원회의 보고서에 대해서는 다음을 참조하라. Lawrence H. Shoup, 「Wall

Street's Think Tank: The Council on Foreign Relations and the Empire of Neoliberal Geopolitics, 1976-2014』(New York: Monthly Review Press, 2015).

29 「National Energy Policy」, Report of the National Energy Policy Development Group, May 2001; 「Strategic Energy Policy Challenges for the 21st Century」, report of an independent task force cosponsored by the James A. Baker III Institute for Public Policy of Rice University and the Council on Foreign Relations, April 2001; Keith Reinhard and Tom Miller, 「A Business Problem for U.S. Firms」, 『International Herald Tribune』, May 27, 2004, p.8.

30 Vivek Chibber, 「The Iraq Invasion 20 Years Later」, 『Jacobin』, July 28, 2023, pp.11~18; Gary C. Jacobson, 『A Divider, Not a Uniter: George W. Bush and the American People』(Boston: Longman, 2011), chapter 8.

31 Mike Davis, 「The Democrats After November」, 『New Left Review』 2:43(2007), pp.5~31.

32 Daniel Béland and Alex Waddan, 『The Politics of Policy Change: Welfare, Medicare, and Social Security Reform in the United States』(Washington, DC: Georgetown University Press, 2012), pp.134~135; Ron Suskind, 「Without a Doubt」, 『New York Times Magazine』, October 17, 2004, p.102; George C. Edwards, 『Governing by Campaigning: The Politics of the Bush Presidency』(New York: Pearson, 2007), pp.215~216; Mark A. Peterson, 「Still a Government of Chums: Bush, Business, and Organized Interests」, in Colin Campbell, Bert A. Rockman, and Andrew Rudalevige, eds., ibid., p.302; Peter H. Stone, 「The Business Blitz on Social Security」, 『National Journal』, January 22, 2005, pp.209~210; Glen Justice, 「Social Security Fight Begins, Over a Bill Still Nonexistent」, 『New York Times』, February 17, 2005; Judy Sarasohn, 「Coalition Pushes Social Security Accounts」, 『Washington Post』, April 6, 2005; Paul Magnusson, 「Bush's Reluctant Business Allies」, 『Business Week』, May 9, 2005, pp.69~70.

33 George C. Edwards, ibid., chapters 6 and 7.

34 Jacob S. Hacker and Paul Pierson, 「Abandoning the Middle: The Bush Tax Cuts and the Limits of Democratic Control」, 『Perspectives on Politics』 3:1(2005), pp.33~53; Gary C. Jacobson, ibid., p.160; Mark Preston, 「AUPSS Gets Cash Infusion」, 『Roll Call』, June 27, 2005; John Tierney, 「Can Anyone Unseat F. D.

R.?」, 「New York Times」, January 23, 2005.

35 Paul Magnusson, ibid.; 「COMPASS Alliance Needs Some Pointers」, 「National Journal」, May 21, 2005, p.1518.

36 George C. Edwards, ibid., p.274.

37 Andrew Wroe, 「The Republican Party and Immigration Politics: From Proposition 187 to George W. Bush」(New York: Palgrave MacMillan, 2008), chapter 8; Daniel J. Tichenor, 「The Congressional Dynamics of Immigration Reform」, in Tony Payan and Erika de la Garza, eds., 「Undecided Nation: Political Gridlock and the Immigration Crisis」(Cham: Springer, 2014), pp.23~48.

38 Jim Yardley, 「Hispanics Give Attentive Bush Mixed Reviews」, 「New York Times」, August 27, 2000; Daniel J. Tichenor, ibid., pp.37~38; Andrew Wroe, ibid., p.175.

39 David Bacon, 「The Political Economy of Immigration Reform」, 「Multinational Monitor」 25:11(2004), pp.9~13; Judy Holland, 「High-Tech Companies Lobbying to Let More Educated Foreigners Stay Here」, 「Milwaukee Journal Sentinel」, March 21, 2004, 1D; Brian Grow, 「Embracing Illegals」, 「Business Week」, July 18, 2005, pp.56~64.

40 Andrew Wroe, ibid., p.189, 194; Ted Barrett and Steve Turnham, 「Moderates Seen As Key To Immigration Reform Passage」, 「CNN」, January 8, 2004; Daniel J. Tichenor, ibid., p.39.

41 Rachel Morris, 「Borderline Catastrophe」, 「Washington Monthly」, October 1, 2006; Brian Rosenwald, 「Talk Radio's America: How an Industry Took Over a Political Party That Took Over the United States」(Cambridge: Harvard University Press, 2019), chapter 16.

42 Katherine Rye Jewell, 「Dollars for Dixie: Business and the Transformation of Conservatism in the Twentieth Century」(Cambridge: Cambridge University Press, 2019).

43 Tyanne Conner, 「Nativism or Response to Globalization? Business Reaction to Immigration Reform」, 「Portland State University McNair Scholars Online Journal」 2(2006-2008), pp.18~47; Robert Pear, 「Employers Cite Problems with Immigration Bill After Crafting It」, 「New York Times」, May 20, 2007; Lisa Caruso, 「Behind Closed Doors」, 「National Journal」, June 9, 2007, p.60; Andrew Wroe, ibid., p.214; Brian Grow, ibid., p.64.

44 Andrew Wroe, ibid., p.209; Brian Rosenwald, ibid., p.157.

45 Nelson Lichtenstein and Judith Stein, 「A Fabulous Failure: The Clinton Presidency and the Transformation of American Capitalism」(Princeton: Princeton University Press, 2023), chapter 13; Thomas Ferguson and Robert Johnson, 「Too Big to Bail: The 'Paulson Put,' Presidential Politics, and the Global Financial Meltdown: Part I: From Shadow Financial System to Shadow Bailout」, 「International Journal of Political Economy」 38:1(2009), pp.3∼34.

46 Nelson Lichtenstein and Judith Stein, ibid., p.424; Thomas Ferguson and Robert Johnson, ibid.(38:1), pp.11∼13; National Commission on the Causes of the Financial and Economic Crisis in the United States, 「The Financial Crisis Inquiry Report」(Washington, DC: US Government Printing Office, 2011), p.xxii; Edmund L. Andrews, 「Fed Shrugged as Subprime Crisis Spread」, 「New York Times」, December 18, 2007; Thomas Herndon, 「Mortgage Fraud Fueled the Financial Crisis—and Could Again」, Institute for New Economic Thinking, September 7, 2018.

47 Manuel Adelino, Antoinette Schoar, and Felipe Severino, 「The Role of Housing and Mortgage Markets in the Financial Crisis」, 「Annual Review of Financial Economics」 10(2018), pp.25∼41; Thomas Ferguson and Robert Johnson, ibid.(38:1); Thomas Ferguson and Robert Johnson, 「Too Big to Bail: The 'Paulson Put', Presidential Politics, and the Global Financial Meltdown: Part II: Fatal Reversal—Single Payer and Back」, 「International Journal of Political Economy」 38:2(2009), pp.5∼45.

48 Thomas Ferguson and Robert Johnson, ibid.(38:2), pp.15∼16; Henry M. Paulson Jr., 「On the Brink: Inside the Race to Stop the Collapse of the Global Financial System」(New York: Business Plus, 2010), chapter 5; Ben S. Bernanke, 「The Courage to Act: A Memoir of Crisis and its Aftermath」(New York: W. W. Norton, 2015), chapter 10(벤 S. 버냉키, 안세민 옮김, 「행동하는 용기: 경제위기와 그 여파에 대한 회고」, 까치, 2015년); Adam Tooze, 「Crashed: How a Decade of Financial Crises Changed the World」(New York: Viking, 2018), p.171(애덤 투즈, 우진하 옮김, 「붕괴: 금융위기 10년, 세계는 어떻게 바뀌었는가」, 아카넷, 2019년).

49 Steven Lee Myers, 「Bush Supports Fed's Intervention」, 「Pittsburgh Post-Gazette」, March 18, 2008, A4; Maura Reynolds and Janet Hook, 「Markets

in Turmoil; White House Fallout; Central Bank Action」, 『Los Angeles Times』, March 18, 2008, A1; David M. Herszenhorn, 「Homeowners' Pleas Put G.O.P. Lawmakers in Bind on Defaults」, 『New York Times』, March 30, 2008.

50 Lee Fang, 「The Machine: A Field Guide to the Resurgent Right」(New York: The New Press, 2013), pp.24~25; 「Freedom Works Foundation to Host Policy Luncheon on Subprime Bailout」, 『Business Wire』, March 21, 2008; Michael M. Phillips, 「Mortgage Bailout Infuriates Tenants(And Steve Forbes)」『Wall Street Journal』, May 15, 2008, A1; Patrick O'Connor and Victoria McGrane, 「Conservatives Bemoan Mortgage Bailout」, 『Politico』, December 5, 2007.

51 Edmund L. Andrews, 「Democrats Split on Ways to Ease Housing Crisis」, 『New York Times』, October 4, 2007, C3; Reuters, 「Mortgage Bailout Plan Gains Traction in Congress」, 『Reuters』, March 13, 2008; Adam Tooze, ibid., pp.172~173; Stephen Labaton and David M. Herszenhorn, 「Debating Rebates and Bailouts: A Rescue for Fannie and Freddie Kindles Opposition and Political Duels」, 『New York Times』, July 15, 2008, C1; Carl Hulse, 「Behind a G.O.P. Revolt, Ideology and Politics」, 『New York Times』, July 26, 2008; 「Freedom Works: No Taxpayer Bailout for Fannie Mae, Freddie Mac」, 『Business Wire』, July 11, 2008.

52 Thomas Ferguson and Robert Johnson, ibid.(38:2), pp.18~23; Adam Tooze, ibid., pp.176~177; Jon Hilsenrath, Deborah Solomon, and Damian Paletta, 「Paulson, Bernanke Strained for Consensus In Bailout」, 『Wall Street Journal』, November 10, 2008.

53 Steven T. Dennis, 「Bailouts Whipsaw House GOP」, 『Roll Call』, September 22, 2008; John A. Lawrence, 「Arc of Power: Inside Nancy Pelosi's Speakership, 2005−2010」(Lawrence: University of Kansas Press, 2023), pp.112~114; Emily Pierce and Steven T. Dennis, 「Wall St. Plan Finds Support: Focus Turns to House GOP」, 『Roll Call』, September 25, 2008.

54 David M. Herszenhorn, 「Politics Take Hold of Bailout Proposal」, 『New York Times』, September 26, 2008; Tom Petruno and Walter Hamilton, 「Financial Crisis: Dissension on Capitol Hill」, 『Los Angeles Times』, September 27, 2008, A1; Donald Lambro, 「Bailout Plan Divides Free−Market Backers」, 『McClatchy−Tribune Business News』, September 29, 2008; June Kronholz, Sarah Lueck,

and Greg Hitt, 「'No' Votes Came from All Directions」, 『Wall Street Journal』, September 30, 2008.

55 John A. Lawrence, ibid., p.117; Atif Mian, Amir Sufi, and Francesco Trebbi, 「The Political Economy of the US Mortgage Default Crisis」, 『American Economic Review』 100:5(2010), pp.1967~1998.

56 Sarah Lueck, Damian Paletta, and Greg Hitt, 「Bailout Plan Rejected, Markets Plunge, Forcing New Scramble to Solve Crisis」, 『Wall Street Journal』, September 30, 2008; 「ELFA Joins 50+ Business/Financial Trade Associations to Urge Congress to Act This Week to Stabilize Credit Markets」, 『US Fed News Service』, September 30, 2008; Jeanne Cummings, 「Chamber Threatens Anti-Bailout Members」, 『Politico』, September 30, 2008; Jane Mayer, 『Dark Money: The Hidden History of the Billionaires Behind the Rise of the Radical Right』(New York: Doubleday, 2016), p.21(제인 메이어, 우진하 옮김, 『다크 머니: 자본은 어떻게 정치를 장악하는가』, 책담, 2017년).

57 Steven T. Dennis and Tory Newmyer, 「House Leaders Bullish on Vote: Support Grows on Both Sides」, 『Roll Call』, October 2, 2008; John A. Lawrence, ibid., p.117.

chapter 5

1 Conor Friedersdorf, 「Remembering Why Americans Loathe Dick Cheney」, 『The Atlantic』, August 30, 2011.

2 Cate Doty, 「Tancredo Quits Race, Endorses Romney」, 『New York Times』, December 20, 2007; Richard S. Dunham, 「Execs on the Sidelines」, 『Business Week』, June 4, 2007, pp.42~43.

3 Matt Grossmann and David A. Hopkins, 『Asymmetric Politics: Ideological Republicans and Group Interest Democrats』(Oxford: Oxford University Press, 2016), p.215; David Grann, 「The Fall」, 『The New Yorker』, November 8, 2008; Dan Balz and Haynes Johnson, 『The Battle for America 2008: The Story of an Extraordinary Election』(New York: Viking, 2009), pp.227~285.

4 Kenneth P. Vogel, 『Big Money: 2.5 Billion Dollars, One Suspicious Vehicle, and

a Pimp—On the Trail of the Ultra—Rich Hijacking American Politics』(New York: PublicAffairs, 2014), chapter 6; Tim Alberta, 『American Carnage: On the Front Lines of the Republican Civil War and the Rise of President Trump』(New York: HarperCollins, 2020), chapter 1.

5 Dan Balz and Haynes Johnson, ibid., chapters 19 and 20; David Grann, ibid.

6 Gary C. Jacobson, 『The 2008 Presidential and Congressional Elections: Anti—Bush Referendum and Prospects for the Democratic Majority』, 『Political Science Quarterly』 124:1(2009), p.13; Michael J. Malbin, 『Small Donors, Large Donors and the Internet: The Case for Public Financing after Obama』, 『The Campaign Finance Institute』, 2009; Peter H. Stone, 『Keeping Those Bundlers Happy』, 『National Journal』, August 2, 2008; Peter H. Stone, 『The McCain Money Chase Matures』, 『National Journal』, April 5, 2008, pp.64~65.

7 John Heileman and Mark Halperin, 『Game Change: Obama and the Clintons, McCain and Palin, and the Race of a Lifetime』(New York: Harper Perennial, 2010), p.381.

8 Lee Fang, 『The Machine: A Field Guide to the Resurgent Right』(New York: The New Press, 2013), p.44.

9 Robert Draper, 『Do Not Ask What Good We Do: Inside the U.S. House of Representatives』(New York: Free Press, 2012), pp.xv~xxii.

10 Theda Skocpol, 『Who Owns the GOP?』, 『Dissent』(Spring 2016), pp.142~148; Alexander Hertel—Fernandez, Theda Skocpol, and Jason Sclar, 『When Political Mega—Donors Join Forces: How the Koch Network and the Democracy Alliance Influence Organized U.S. Politics on the Right and Left』, 『Studies in American Political Development』 32:2(2018), pp.6~8.

11 Jane Mayer, 『Dark Money: The Hidden History of the Billionaires Behind the Rise of the Radical Right』(New York: Doubleday, 2016), pp.1~23(제인 메이어, 우진하 옮김, 『다크 머니: 자본은 어떻게 정치를 장악하는가』, 책담, 2017년).

12 Glenn Thrush, 『Pete Sessions: House GOP learning from Taliban』, 『Politico』, On Congress Blog, February 9, 2009.

13 Paul Burka, 『Daily 'Bad News for Republicans': The House GOP Memo』, 『Texas Monthly』, May 18, 2008.

14 Jane Mayer, ibid., chapter 7.

15 Lee Fang, ibid., chapter 1.

16 Lee Fang, ibid., chapter 1; Clarence Lo, 「Astroturf Versus Grass Roots: Scenes from Early Tea Party Mobilization」, in Lawrence Rosenthal and Christine Trost, eds., 『Steep: The Precipitous Rise of the Tea Party』(Berkeley: University of California Press, 2012), pp.100~101.

17 Clarence Lo, ibid.; Patrick Rafail and John D. McCarthy, 『The Rise, Fall, and Influence of the Tea Party Insurgency』(Cambridge: Cambridge University Press, 2023), p.4; Jane Mayer, ibid., p.183; Theda Skocpol and Vanessa Williamson, 『The Tea Party and the Remaking of Republican Conservatism』(Oxford: Oxford University Press, 2012); Rachel Blum, 『How the Tea Party Captured the GOP: Insurgent Factions in American Politics』(Chicago: University of Chicago Press, 2020).

18 Patrick Rafail and John D. McCarthy, ibid., pp.53~56.

19 Tim Dickinson, 「The Lie Machine」, 『Rolling Stone』, October 1, 2009, pp.45~49.

20 Andy Barr, 「'Tea party' Polls Better Than GOP」, 『Politico』, December 7, 2009; Chris Good, 「Tea Party More Popular Than Both Political Parties」, 『The Atlantic』, May 13, 2010; Theda Skocpol and Vanessa Williamson, ibid., p.41; Christopher S. Parker and Matthew Barreto, 『Change They Can't Believe In: The Tea Party and Reactionary Politics in America』(Princeton: Princeton University Press, 2013); Rachel Blum, ibid., pp.27~28.

21 Wendy K. Tam Cho, James G. Gimpel, and Daron R. Shaw, 「The Tea Party Movement and the Geography of Collective Action」, 『Quarterly Journal of Political Science』 7:2(2012), pp.105~133.

22 「Tea Party's Image Turns More Negative」, 『Pew Research Center』, October 16, 2013; Patrick Rafail and John D. McCarthy, ibid., p.102, 111.

23 Doug Bandow, 「Save Us from Social Security」, 『Chicago Tribune』, March 22, 1985, p.31; Dan Morgan, 「Think Tanks: Corporations' Quiet Weapon」, 『Washington Post』, January 29, 2000; Peter H. Stone, 「Grass-Roots Group Rakes in the Green」, 『National Journal』, March 11, 1995, p.621.

24 Theda Skocpol and Alexander Hertel-Fernandez, 「The Koch Network and Republican Party Extremism」, 『Perspectives on Politics』 14:3(2016), p.687; Alexander Hertel-Fernandez, Theda Skocpol, and Jason Sclar, ibid., p.19;

Alexander Hertel-Fernandez and Theda Skocpol, 「Billionaires Against Big Business: Growing Tensions in the Republican Party Coalition」, paper delivered at the 2016 Midwest Political Science Association Conference, April 8, 2016, p.14; Kenneth P. Vogel, 「How the Koch Network Rivals the GOP」, 『Politico』, December 30, 2015.

25 「Group: Bush Allies Illegally Helping Nader in Oregon」, CNN.com, July 1, 2004; Jonathan Mummolo, 「Nimble Giants: How National Interest Groups Harnessed Tea Party Enthusiasm」, in Paul S. Herrnson, Christopher J. Deering, and Clyde Wilcox, eds., 『Interest Groups Unleashed』(Los Angeles: Sage, 2013), pp.193~212; Mike Allen and Jim VandeHei, 「The Koch Brothers' Secret Bank」, 『Politico』, September 11, 2013; Kenneth P. Vogel, 「The Koch ATM」, 『Politico』, November 17, 2015.

26 Julie Bykowicz, 「Scott Walker Is King of Kochworld」, 『Bloomberg』, February 17, 2015; Jane Mayer, ibid., chapter 10; Tony Carrk, 「The Koch Brothers: What You Need to Know About the Financiers of the Radical Right」, Center for American Progress Action Fund, April 2011; Kenneth P. Vogel, ibid.(2014), chapter 7; Theda Skocpol and Alexander Hertel-Fernandez, ibid.

27 Charles Post, 「Why the Tea Party?」, 『New Politics』 14:1(2012); 「MEMO: Health Insurance, Banking, Oil Industries Met with Koch, Chamber, Glenn Beck to Plot 2010 Election」, 『Climate Progress』, October 20, 2010; Jane Mayer, ibid., p.12; Thomas Ferguson, Paul Jorgensen, and Jie Chen, 「How Money Drives US Congressional Elections: Linear Models of Money and Outcomes」, 『Structural Change and Economic Dynamics』 61(2022), pp.527~545; Alexander Hertel-Fernandez, Theda Skocpol, and Jason Sclar, ibid., p.13.

28 Kenneth P. Vogel, ibid.(2014), p.6; Haley Barbour et al., 「Growth and Opportunity Project」, Republican National Committee, 2013.

29 Kenneth P. Vogel, ibid.(2014), pp.37~39.

30 Peter H. Stone, 「Conservatives Johnny Appleseed」, 『National Journal』, September 8, 2007, p.52; Kenneth P. Vogel, ibid.(2014), chapter 3.

31 Kenneth P. Vogel, ibid.(2014), chapter 3.

32 Tim Dickinson, 「Rove Rides Again」, 『Rolling Stone』, May 27, 2010, pp.38~41; Ralph Z. Hallow, 「Steele's Side Pursuits Drive Away Big Donors」, 『Washington

Times』, January 7, 2010.

33 Nicholas Confessore, 「Ex-Romney Aide Steers Vast Machine of G.O.P. Money」, 『New York Times』, July 21, 2012; John J. Pitney Jr., 「Iron Law of Emulation: American Crossroads and Crossroads GPS」, in Paul S. Herrnson, Christopher J. Deering, and Clyde Wilcox, eds., ibid., pp.170~192; Tim Alberta, ibid., p.90.

34 Laura Myers, 「GOP's Angle Offers Apology to Unemployed」, 『Las Vegas Review-Journal』, July 23, 2010; Sam Stein, 「Sharron Angle's Advice For Rape Victims Considering Abortion: Turn Lemons Into Lemonade」, 『Huffington Post』, July 8, 2010; Naftali Bendavid, 「Insurgents Now Turn to Establishment」, 『Wall Street Journal』, June 15, 2010, A6.

35 John J. Pitney Jr., ibid., pp.180~185; Gary C. Jacobson, 「The Republican Resurgence in 2010」, 『Political Science Quarterly』 126:1(2011), p.40; The Campaign Finance Institute, 「Non-Party Spending Doubled in 2010 But Did Not Dictate the Results」, press release, November 5, 2010, Table 1(cfinst.org).

36 Nicholas Confessore, 「Outside Groups Eclipsing G.O.P. as Hub of Campaigns Next Year」, 『New York Times』, October 30, 2011, p.1; Dave Cook, 「Karl Rove 'Super PAC' Won't Favor Any 2012 Candidate During Primaries」, 『Christian Science Monitor』, June 24, 2011, p.16.

37 Eric Rauchway, 「Neither a Depression nor a New Deal: Bailout, Stimulus, and the Economy」, in Julian Zelizer, ed., 『The Presidency of Barack Obama: A First Historical Assessment』(Princeton: Princeton University Press, 2018), pp.38~39.

38 「Business Roundtable Calls for Immediate Enactment of Economic Stimulus Package」, 『Tax Notes』, January 18, 2008; Lisa Lerer, 「U.S. Chamber Heaps Praise on Dems」, 『Politico』, March 12, 2009; Greg Hitt, 「Businesses Focus on Finding Common Ground」, 『Wall Street Journal』, January 6, 2009, A6.

39 「Taxpayers Across Country Revolt Against Heralded Stimulus Package」, 『Courier Post』, February 24, 2009; 「AFP Regrets Passage of So-Called Stimulus Bill, Applauds Bipartisan Rejection」, 『Targeted News Service』, January 29, 2009; Jane Mayer, ibid., p.170; Eric Rauchway, ibid., p.39.

40 G. William Domhoff, 『The Corporate Rich and the Power Elite in the Twentieth Century: How They Won, Why Liberals and Labor Lost』(New York: Routledge, 2020), pp.353~356.

41 Jane Mayer, ibid., chapter 7; Tim Dickinson, ibid.(2009); Dan Eggen and Philip Rucker, 「Loose Network Drives Health Reform Opposition」, 『NBC News』, April 16, 2009.

42 Michael Beckel, 「U.S. Chamber Dominates Third Quarter Lobbying as Large Health, Energy Companies Also Continue to Spend Big」, 『Center for Responsive Politics』, October 21, 2009; Peter H. Stone, 「Health Insurers Funded Chamber Attack Ads」, Under the Influence, 『National Journal』, January 12, 2010; Alyssa Katz, 『The Influence Machine: The U.S. Chamber of Commerce and the Corporate Capture of American Life』(New York: Spiegel and Grau, 2015), p.24; G. William Domhoff, ibid., p.362.

43 Patrick Rafail and John D. McCarthy, ibid., pp.153~156; Christopher F. Karpowitz, J. Quin Monson, Kelly D. Patterson, and Jeremy C. Pope, 「Tea Time in America? The Impact of the Tea Party Movement on the 2010 Midterm Elections」, 『PS: Political Science and Politics』 44:2(2011), pp.303~309.

44 Christopher Leonard, 『Kochland: The Secret History of Koch Industries and Corporate Power in America』(New York: Simon & Schuster, 2019), chapters 19 and 20; Lee Davidson, 「Late Money Pours into U.S. Senate Race in Utah」, 『Deseret News』, April 30, 2010, B5.

45 Tim Alberta, ibid., p.66, 77; Robert G. Boatright, 「The voice of American business: The U.S. chamber of commerce and the 2010 elections」, 『Political Science』 54(2013), p.41~42; Josh Kraushaar, 「Conservatives Resent NRSC Nods」, 『Politico』, September 17, 2009; Allison Sherry, 「Long-Shot Senate Candidate Buck Hits Bull's-Eye in Colo.」, 『The Denver Post』, April 14, 2010. 마코 루비오의 중도주의에 대해서는 다음을 참조하라. Michael J. Mishak, 「What Kind of Leader Is Marco Rubio? An Investigation」, 『The Atlantic』, July 10, 2015.

46 Andrea Fuller, 「Chamber Starts Ad Campaign Against Obama on Health Care」, 『New York Times』, July 21, 2009; Michael D. Shear, 「Rift between Obama and Chamber of Commerce Widening」, 『Washington Post』, October 20, 2009, A3; Robert G. Boatright, ibid., p.42; Jane Mayer, ibid., chapter 10; Kenneth P. Vogel, ibid.(2014), p.53; The Campaign Finance Institute, 「Non-Party Spending Doubled in 2010 but Did not Dictate the Results」, press release, November 5, 2010, Table 2.

47 Gary C. Jacobson, ibid.(2011), p.27; Theda Skocpol and Vanessa Williamson, ibid., pp.160~163; Gary C. Jacobson, 「The President, the Tea Party, and Voting Behavior in 2010: Insights from the Cooperative Congressional Election Study」, paper prepared for delivery at the 2011 Annual Meeting of the American Political Science Association, Seattle, Washington, September 1-4, 2011, p.27; Patrick Rafail and John D. McCarthy, ibid., pp.156~160; Tilman Klumpp, Hugo M. Mialon, Michael A. Williams, 「The Business of American Democracy: Citizens United, Independent Spending, and Elections」, 『Journal of Law and Economics』 59:1(2016), pp.1~43; Anna Harvey and Taylor Mattia, 「Does Money Have a Conservative Bias? Estimating the Causal Impact of Citizens United on State Legislative Preferences」, 『Public Choice』 191(2019), pp.417~441.

48 Theda Skocpol and Vanessa Williamson, ibid., pp.169~171; Thomas F. Schaller, 『The Stronghold: How Republicans Captured Congress but Surrendered the White House』(New Haven: Yale University Press, 2015), p.17; Amy Gardner, 「Newcomers Backed by Tea Party Are Urged to Think Small-Government」, 『Washington Post』, November 12, 2010, A1.

49 Frank Rich, 「The Grand Old Plot Against the Tea Party」, 『New York Times』, October 30, 2010; John McCormick, 「Why Business Doesn't Trust the Tea Party」, 『Business Week』, October 13, 2010.

50 Tim Alberta, ibid., p.84.

51 Joshua Green, 「How Dick Gephardt Fixed the Debt-Ceiling Problem」, 『The Atlantic』, May 9, 2011.

52 Charles G. Koch, 「Why Koch Industries Is Speaking Out」, 『Wall Street Journal』, March 1, 2011, A15; Kenneth P. Vogel, ibid.(2014), p.139; Jane Mayer, ibid., p.298; 「Club for Growth Commends Senate GOP for Introducing Balanced Budget Amendment」, 『Targeted News Service』, April 1, 2011; Jennifer Liberto, 「Big Business: Quit Screwing around on Debt Ceiling」, 『CNN Money』, May 12, 2011.

53 Kate Ackley, 「Business Booming for Finance Lobbyists」, 『Roll Call』, July 27, 2011; Tim Fernholz, 「Wall Street: Raising Debt Ceiling Is a Done Deal-Right?」, 『National Journal』, May 26, 2011; Stan Collender, 「Debt Ceiling Questions Remain in the House」, 『Roll Call』, May 3, 2011; Michael Hirsch, 「Where's Wall Street in the Debt Debate?」, 『National Journal』, July 14, 2011. 도드 프랭크 법안에

대한 금융계의 캠페인에 관한 자세한 내용은 다음을 참조하라. Thomas Ferguson, Paul D. Jorgensen and Jie Chen, 「High Finance, Political Money and the US Congress: A Quantitative Assessment of the Campaign to Roll Back Dodd-Frank」, in Louis-Philippe Rochon and Hassan Bougrine, eds., 「Credit, Money and Crises in Post-Keynesian Economics」(Cheltenham: Edward Elgar, 2020), pp.152~205.

54 Tim Alberta, ibid., p.104; Samuel L. Popkin, 「Crackup: The Republican Implosion and the Future of Presidential Politics」(Oxford: Oxford University Press, 2023), pp.50~51.

55 Bryan T. Gervais and Irwin L. Morris, 「Reactionary Republicanism: How the Tea Party in the House Paved the Way for Trump's Victory」(Oxford: Oxford University Press, 2018), p.57; Emma Dumain, 「'Defund Obamacare' Letter to Be Unveiled After Heritage Push」, 「Roll Call」, August 20, 2013; Sheryl Gay Stolberg, 「Republicans Long Planned to Use Budget as a Weapon」, 「New York Times」, October 7, 2013.

56 Tim Alberta, ibid., p.173; Kenneth P. Vogel, ibid.(2014), p.23.

57 Anna Palmer, 「Trade Groups: No Shutdown」, 「Politico」, September 27, 2013; Neil King Jr., 「Poll Finds GOP Blamed More for Shutdown」, 「Wall Street Journal」, October 10, 2013; Philip Bump, 「Koch Industries Wary of Being Tainted by the Obamacare-Prompted Shutdown」, 「Atlantic」, October 9, 2013; Eric Lipton and Nicholas Confessore, 「Kochs and Other Conservatives Split over Strategy on Health Law」, 「New York Times」, October 10, 2013; Paige Winfield Cunningham, 「Defund Plot Upsets Some on Right」, 「Politico」, September 11, 2013.

58 Jane Mayer, ibid., pp.302~306; Tim Alberta, ibid., pp.117~118.

59 Mark Halperin and John Heilemann, 「Double Down: Game Change 2012」(New York: Penguin Press, 2013), chapter 11; Alexander Burns, 「Crossroads Brass Defend Forti's Role」, 「Politico」, June 24, 2011; Dave Cook, ibid.; Kenneth P. Vogel, ibid.(2014), pp.110~111; Alex Roarty, 「Understanding Romney's Base」, 「National Journal」, March 8, 2012.

60 Kenneth P. Vogel, ibid.(2014), pp.94~95; Connie Bruck, 「The Brass Ring」, 「The New Yorker」, June 23, 2008; James V. Grimaldi, 「Sheldon Adelson and Newt Gingrich: One Gained Clout From Friendship, The Other Funding」, 「Washington

Post」, January 19, 2012; Jane Mayer, ibid., pp.317~320; 「In Iowa, a Plague of Stealth Spending」, 「Detroit Free Press」, January 4, 2012.

61 Kendra Marr, 「Newt's Rough Roll-Out」, 「Politico」, May 17, 2011; Matt Bai, 「Newt Gingrich's Glory Days」, 「New York Times」, December 28, 2011; Tim Alberta, ibid., p.112; Samuel L. Popkin, ibid., pp.102~106.

62 Matea Gold, 「Koch-Backed Political Network, Built to Shield Donors, Raised $400 Million in 2012 Elections」, 「Washington Post」, January 5, 2014; Heath Brown, 「The Tea Party Divided: The Hidden Diversity of a Maturing Movement」 (Santa Barbara: Praeger, 2015), pp.75~76; Kenneth P. Vogel, ibid.(2014), chapter 9; Thomas Ferguson, Paul Jorgensen, and Jie Chen, 「Party Competition and Industrial Structure in the 2012 Elections: Who's Really Driving the Taxi to the Dark Side?」, 「International Journal of Political Economy」 42:2(2013), pp.3~41.

63 Tim Alberta, ibid., p.135; Thomas Ferguson, Paul Jorgensen, and Jie Chen, ibid. (2013), pp.25~26; Kenneth P. Vogel, ibid.(2014), p.176, 181; Dante J. Scala, 「Are Super PACs Arms of Political Parties? A Study of Coordination」, in R. Ward Holder and Peter B. Josephson, eds., 「The American Election 2012: Contexts and Consequences」(London: Palgrave MacMillan, 2014), pp.69~80.

64 Tim Alberta, ibid., p.135; Karen McVeigh, 「Todd Akin and Richard Mourdock Fall to Senate Defeats」, 「The Guardian」, November 6, 2012.

65 Timothy Noah, 「GOPocalypse: A Guide to Republican Purges」, 「The New Republic」, December 6, 2012; Daniel Newhauser and Alan K. Ota, 「Steve Scalise Hopes to Reposition RSC in Next Congress」, 「Roll Call」, October 25, 2012; Tim Alberta, ibid., p.139, pp.221~222; Bryan T. Gervais and Irwin L. Morris, ibid., p.23; Patrick Rafail and John D. McCarthy, ibid., pp.160~162.

66 Tim Alberta, ibid., pp.137~138; Amy Gardner, 「Freedom-Works Tea Party Group Nearly Falls Apart in Fight Between Old and New Guard」, 「Washington Post」, December 25, 2012; Jeff Zeleny, 「Top G.O.P. Donors Seek Greater Say in Senate Races」, 「New York Times」, February 3, 2013, p.1; Eric Lipton, Nicholas Confessore, and Nelson D. Schwartz, 「Business Groups See Loss of Sway Over House G.O.P.」, 「New York Times」, October 9, 2013.

67 Tim Alberta, ibid., chapter 8.

68 Rhodes Cook, 「The Primaries of 2014: More Than Meets the Eye」, in Larry J.

Sabato, ed., 「The Surge: 2014's Big GOP Win and What It Means for the Next Presidential Election」(New York: Rowman and Littlefield, 2015), pp.37~52; Tim Alberta, ibid., p.194.

69 Karl Rove, 「Republicans Won Big, So Now Go Big」, 「Wall Street Journal」, November 5, 2014.

70 Michael T. Toner and Karen E. Trainer, 「The Money Game: Emerging Campaign Finance Trends and Their Impact on 2014 and Beyond」, in Larry J. Sabato, ed., ibid., pp.111~127.

71 Thomas Ferguson and Walter Dean Burnham, 「Americans Are Sick to Death of Both Parties: Why Our Politics Is in Worse Shape Than We Thought」, 「AlterNet」, December 17, 2014.

chapter 6

1 Dylan Riley, 「What Is Trump?」, 「New Left Review」 II/114(2018), pp.5~31; Julia R. Azari, 「The Scrambled Cycle: Realignment, Political Time, and the Trump Presidency」, in Zachary Callen and Philip Rocco, eds., 「American Political Development and the Trump Presidency」(Philadelphia: University of Pennsylvania Press, 2020), pp.13~27.

2 Philip Bump, 「It's All but official: This Will Be the Most Dominant Republican Congress Since 1929」, 「Washington Post」, November 5, 2014; Aaron Blake, 「Nearly Half Of Americans Will Now Live In States Under Total GOP Control」, 「Washington Post」, November 11, 2014; Tim Alberta, 「American Carnage: On the Front Lines of the Republican Civil War and the Rise of President Trump」(New York: HarperCollins, 2020), p.236.

3 Daniel Newhauser, 「As Flores Wins RSC Race, Tension Simmers Between Leaders and Conservatives」, 「National Journal Daily A.M.」, November 19, 2014; Jim Norman, 「In U.S., Support for Tea Party Drops to New Low」, 「Gallup」, October 26, 2015; Ed O'Keefe and Matea Gold, 「Jeb Bush and Allied Super PAC Raise an Unprecedented $114 Million War Chest」, 「Washington Post」, July 9, 2015; Ben White and Marc Caputo, 「Inside Jeb's 'Shock And Awe' Launch」,

『Politico』, February 18, 2015.

4 Robert Costa, David A. Fahrenthold, and Sean Sullivan, 「Boehner Survives Leadership Challenge from Conservative Members」, 『Washington Post』, January 6, 2015; Tim Alberta, ibid., pp.240~243, 250~255.

5 Kenneth P. Vogel, 「How the Koch Network Rivals the GOP」, 『Politico』, December 30, 2015; Nicholas Confessore, 「Koch Brothers' Budget of $889 Million for 2016 Is on Par with Both Parties' Spending」, 『New York Times』, January 26, 2015.

6 Tim Alberta, ibid., p.94.

7 Tim Alberta, ibid., p.116, 323; James Oliphant, 「CPAC: Donald Trump Says He's Considering 2012 Presidential Run」, 『Los Angeles Times』, February 10, 2011; Michael Tesler, 「Birtherism Was Why So Many Republicans Liked Trump In The First Place」, 『Washington Post』, September 19, 2016; Samuel L. Popkin, 『Crackup: The Republican Implosion and the Future of Presidential Politics』(Oxford: Oxford University Press, 2023), pp.102~104.

8 Maggie Haberman and Alexander Burns, 「Donald Trump's Presidential Run Began in an Effort to Gain Stature」, 『New York Times』, March 12, 2016; Peter Baker and Susan Glasser, 『The Divider: Trump in the White House, 2017−2021』(New York: Doubleday, 2022), p.16.

9 Samuel L. Popkin, ibid., pp.72~74; Tim Alberta, ibid., p.226; Mark Halperin, 「Exclusive: New Ted Cruz Super-PACs Take in Record Haul」, 『Bloomberg』, April 8, 2015.

10 Tim Alberta, ibid., chapter 10.

11 Robert P. Saldin and Steven M. Teles, 『Never Trump: The Revolt of the Conservative Elites』(Oxford: Oxford University Press, 2020), p.94; Tim Alberta, ibid., p.273.

12 Tim Alberta, ibid., chapter 12.

13 Jon Herbert, Trevor McCrisken, and Andrew Wroe, 『The Ordinary Presidency of Donald J. Trump』(London: Palgrave MacMillan, 2019), p.16; Robert P. Saldin and Steven M. Teles, ibid., pp.97~98; Tim Alberta, ibid., pp.288~289; Peter Stone, 「Koch Donors Divided over Failure to Stop Donald Trump」, 『The Guardian』, March 15, 2016.

14 Marty Cohen, David Karol, Hans Noel, and John Zaller, 「Party Versus Faction

in the Reformed Presidential Nominating System」, 『PS: Political Science and Politics』 49:4(2016), pp.701~708; Samuel L. Popkin, ibid., pp.113~114; Jonathan Woo, Sean Craig, Amanda Leifson, and Matthew Tarpey, 「Trump Is Not a (Condorcet) Loser! Primary Voters' Preferences and the 2016 Republican Presidential Nomination」, 『PS: Political Science and Politics』 53:3(2020), pp.407~412.

15 Jon Herbert, Trevor McCrisken, and Andrew Wroe, ibid., p.24; Tim Alberta, ibid., p.310.

16 Theda Skocpol, 「The Elite and Popular Roots of Contemporary Republican Extremism」, in Theda Skocpol and Caroline Tervo, eds., 『Upending American Politics: Polarizing Parties, Ideological Elites, and Citizen Activists from the Tea Party to the Anti-Trump Resistance』(Oxford: Oxford University Press, 2020), pp.3~27; Theda Skocpol, 「Who Owns the GOP?」, 『Dissent』(Spring 2016), pp.142~148; Thomas Ferguson, Benjamin I. Page, Jacob Rothschild, Arturo Chang, and Jie Chen, 「The Roots of Right-Wing Populism: Donald Trump in 2016」, 『International Journal of Political Economy』 49:2(2020), pp.102~123; Patrick Rafail and John D. McCarthy, 『The Rise, Fall, and Influence of the Tea Party Insurgency』(Cambridge: Cambridge University Press, 2023), pp.180~186; Bryan T. Gervais and Irwin L. Morris, 『Reactionary Republicanism: How the Tea Party in the House Paved the Way for Trump's Victory』(Oxford: Oxford University Press, 2018), pp.210~216.

17 2016년 대선에서 부정적 당파성에 대한 논의는 다음을 참조하라. Alan Abramowitz and Jennifer McCoy, 「United States: Racial Resentment, Negative Partisanship, and Polarization in Trump's America」, 『Annals of the American Academy of Political and Social Science』 681:1(2019), pp.137~156.

18 Bryan T. Gervais and Irwin L. Morris, ibid., chapter 8; Tim Alberta, ibid., p.346.

19 Tim Alberta, ibid., p.392.

20 Jon Herbert, Trevor McCrisken, and Andrew Wroe, ibid., pp.55~58; Ross Douthat and Reihan Salam, 「The Party of Sam's Club」, 『Weekly Standard』 11:9(2005), pp.21~28.

21 Donald Kinder and Jennifer Chudy, 「After Obama」, 『The Forum: A Journal of Applied Research in Contemporary Politics』 14:1(2016), pp.3~15; John Sides,

Michael Tesler, and Lynn Vavreck, 「Identity Crisis: The 2016 Presidential Campaign and the Battle for the Meaning of America」(Princeton: Princeton University Press, 2018); Justin Grimmer, William Marble, and Cole Tanigawa-Lau, 「Measuring the Contribution of Voting Blocs to Election Outcomes」, 「SocArXiv」, February 28, 2023; Michael Zoorob and Theda Skocpol, 「The Overlooked Organizational Basis of Trump's 2016 Victory」, in Theda Skocpol and Caroline Tervo, eds., ibid., pp.79~100.

22 Erika Franklin Fowler, Travis N. Ridout, and Michael M. Franz, 「Political Advertising in 2016: The Presidential Election as Outlier?」, 「The Forum: A Journal of Applied Research in Contemporary Politics」 14:4(2017), pp.445~469.

23 Tim Alberta, ibid., pp.322~326, p.347; Kenneth P. Vogel, 「Big Money: 2.5 Billion Dollars, One Suspicious Vehicle, and a Pimp—On the Trail of the Ultra-Rich Hijacking American Politics」(New York: PublicAffairs, 2014), p.53; Richard D. Bronson, 「The War at the Shore: Donald Trump, Steve Wynn, and the Epic Battle to Save Atlantic City」(New York: The Overlook Press, 2010).

24 Tim Alberta, ibid., pp.117~118, p.332; Jonathan Martin, 「Pence Woos Conservatives」, 「Politico」, October 2, 2009.

25 Tim Alberta, ibid., p.335; Kyle Trygstad, 「RNC Looks to Refurbish Ailing State Parties, Build Infrastructure」, 「Roll Call」, January 24, 2013; Lucia Graves, 「Katie Walsh: The RNC's Rainmaker」, 「National Journal」, March 28, 2015; Shane Goldmacher, 「Trump Shatters GOP Records with Small Donors」, 「Politico」, September 19, 2016; Thomas Ferguson, Paul Jorgensen, and Jie Chen, 「Industrial Structure and Political Outcomes: The Case of the 2016 US Presidential Election」, in Ivano Cardinale and Roberto Scazzieri, eds., 「The Palgrave Handbook of Political Economy」(London: Palgrave MacMillan, 2018), pp.333~440; Kenneth P. Vogel, 「Big-Name Donors Skip Trump Event」, 「Politico」, July 18, 2016; Rich Lord and Paula Reed Ward, 「Pence Tries to Unlock GOP Donors」, 「Pittsburgh Post-Gazette」, July 21, 2016; Peter Stone, 「Turned off by Trump: Republican Mega-Donors Focus on Congressional Races」, 「The Guardian」, August 27, 2016; Josh Rogin, 「Inside the Collapse of Trump's D.C. Policy Shop」, 「Washington Post」, September 8, 2016.

26 Kenneth P. Vogel, 「American Crossroads Spends Big」, 「Politico」, August 20,

2012; Jane Mayer, 「The Reclusive Hedge-Fund Tycoon Behind the Trump Presidency」, 「The New Yorker」, March 17, 2017; Terry Gross, 「Inside The Wealthy Family That Has Been Funding Steve Bannon's Plan For Years」, 「Fresh Air, National Public Radio」, March 22, 2017; Kenneth P. Vogel and Ben Schreckinger, 「The Most Powerful Woman in GOP Politics」, 「Politico」, September 7, 2016.

27 Robert Costa, Jose A. DelReal, and Jenna Johnson, 「Trump Shakes Up Campaign, Demotes Top Adviser」, 「Washington Post」, August 17, 2016.

28 Jonathan Martin, Jim Rutenberg, and Maggie Haberman, 「In Appointment, Trump Scuttles a Gentler Tone」, 「New York Times」, August 18, 2016; Joshua Green, 「Steve Bannon's Plan to Free Donald Trump and Save His Campaign」, 「Bloomberg」, August 18, 2016; Thomas Ferguson, Paul Jorgensen, and Jie Chen, ibid., p.422.

29 Matea Gold, 「After Opposing Trump in the Primaries, Joe Ricketts Will Give at Least $1 Million to Support Him」, 「Washington Post」, September 20, 2016; Theodore Schleifer, 「First on CNN: Adelson to Spend at Least $45 Million on 2016 Races in Boost for GOP」, 「CNN Wire Service」, September 20, 2016.

30 Nicholas Confessore and Maggie Haberman, 「Sheldon Adelson Focuses on Congressional Races, Despite Donald Trump's Pleas」, 「New York Times」, September 20, 2016; Michael C. Bender, 「"Frankly We Did Win This Election": The Inside Story of How Trump Lost」(New York: Grand Central, 2021), p.335.

31 Sabrina Tavernise, 「Many in Milwaukee Neighborhood Didn't Vote-and Don't Regret It」, 「New York Times」, November 20, 2016; Kevin Robillard, Seung Min Kim, and Alex Isenstadt, 「Senate GOP Faces Late Cash Crunch」, 「Politico」, October 15, 2016; Alex Isenstadt, 「Panicking GOP Makes Major Last-Minute Senate Investment」, 「Politico」, October 25, 2016; Thomas Ferguson, Paul Jorgensen, and Jie Chen, ibid., pp.358~361.

32 Mike Davis, 「The Great God Trump and the White Working Class」, 「Catalyst」 1:1(2017), pp.151~171; David Autor, David Dorn, Gordon Hanson, and Kaveh Majlesi, 「Importing Political Polarization? The Electoral Consequences of Rising Trade Exposure」, 「American Economic Review」 110:10(2020), pp.3139~3183; Leonardo Baccini and Stephen Weymouth, 「Gone For Good: Deindustrialization,

White Voter Backlash, and US Presidential Voting」, 『American Political Science Review』 115:2(2021), pp.550~567.

33 Erica Frantz, Andrea Kendall-Taylor, and Joseph Wright, 『The Origins of Elected Strongmen: How Personalist Parties Destroy Democracy from Within』 (Oxford: Oxford University Press, 2024).

34 Stephen Skowronek, John A. Dearborn, and Desmond King, 『Phantoms of a Beleaguered Republic: The Deep State and the Unitary Executive』(Oxford: Oxford University Press, 2021); Nicholas F. Jacobs and Sidney Milkis, 「Our 'Undivided Support': Donald Trump, the Republican Party, and Executive-Centered Partisanship」, in Eric M. Patashnik and Wendy J. Schiller, eds., 『Dynamics of American Democracy: Partisan Polarization, Political Competition, and Government Performance』(Lawrence: University Press of Kansas, 2021), pp.291~322.

35 Jonathan Martin and Maggie Haberman, 「Fear and Loyalty: How Donald Trump Took Over the Republican Party」, 『New York Times』, December 21, 2019.

36 John L. Campbell, 「American Discontent: The Rise of Donald Trump and the Decline of the Golden Age』(Oxford: Oxford University Press, 2018), p.139; 「Read Donald Trump's Speech on Trade」, 『Time』, June 28, 2016; Rick Gates, 「Wicked Game: An Insider's Story on How Trump Won, Mueller Failed, and America Lost』(New York: Post Hill Press, 2020), chapter 5.

37 Zachary Albert and David J. Barney, 「The Party Reacts: The Strategic Nature of Endorsements of Donald Trump」, 『American Politics Research』 47:6(2018), pp.1239~1258; Tim Alberta, ibid., p.412; Peter Baker and Susan Glasser, ibid., p.34.

38 Alex Isenstadt, Kenneth P. Vogel, and Eliana Johnson, 「Trump Likely to Pick McDaniel to Lead RNC」, 『Politico』, December 9, 2016; Tim Alberta, ibid., chapter 18; Peter Baker and Susan Glasser, ibid., p.53; James Oliphant, 「Once on the Outside, Conservative Koch Network Warms to Trump」, 『Reuters』, June 27, 2017; Jeffrey D. Broxmeyer, 「The Patrimonial Turn in the American State」, 『Clio』 28:2(2019), p.6, pp.20~24.

39 Tim Alberta, ibid., p.411, 458; Jon Herbert, Trevor McCrisken, and Andrew Wroe, ibid., p.166.

40 Daniel J. Galvin, 「Party Domination and Base Mobilization: Donald Trump and Republican Party Building in a Polarized Era」, 「The Forum: A Journal of Applied Research in Contemporary Politics」 18:2(2020), pp.135~168.

41 Daniel J. Galvin, ibid., p.154; Nicholas F. Jacobs, Desmond King, and Sidney M. Milkis, 「Building a Conservative State: Partisan Polarization and the Redeployment of Administrative Power」, 「Perspectives on Politics」 17:2(2019), pp.453~469; Peter Baker and Susan Glasser, ibid., p.503.

42 Peter Baker and Susan Glasser, ibid., pp.37~38, 234~238.

43 Peter Baker and Susan Glasser, ibid., p.187; Bruce Cumings, 「Obama, Trump and North Korea」, in Oliver Turner and Inderjeet Parmar, eds., 「The United States in the Indo−Pacific: Obama's Legacy and the Trump Transition」 (Manchester: Manchester University Press, 2020), p.7993.

44 Peter Baker and Susan Glasser, ibid., chapters 17 and 19.

45 Michael Deibert, 「When the Sky Fell: Hurricane Maria and the United States in Puerto Rico」(New York: Apollo Publishers, 2019); John Bresnahan, Marianne LeVine, and Andrew Desidario, 「How the $2 Trillion Deal Came Together−and Nearly Fell Apart」, 「Politico」, March 26, 2020.

46 John L. Campbell, 「Institutions Under Siege: Donald Trump's Attack on the Deep State」(Cambridge: Cambridge University Press, 2023), pp.181~222.

47 Amanda Hollis−Brusky and Celia Parry, 「'In the Mold of Justice Scalia': The Contours and Consequences of the Trump Judiciary」, 「The Forum: A Journal of Applied Research in Contemporary Politics」 19:1(2021), pp.117~142; Jonathan M. King, Peter McAndrews and Ian Ostrander, 「President Trump and the Politics of Judicial Nominations」, 「The Justice System Journal」 43:4(2022), pp.524~543.

48 Dylan Riley, ibid.

49 Jon Herbert, Trevor McCrisken, and Andrew Wroe, ibid., p.152.

50 Lee Fang, 「GOP Lawmakers Now Admit Years of Obamacare Repeal Votes Were a Sham」, 「The Intercept」, March 31, 2017; Daniel Béland, Philip Rocco, and Alex Waddan, 「Obamacare in the Trump Era: Where Are We Now, and Where Are We Going?」, 「The Political Quarterly」 89:4(2018), pp.687~694.

51 Andrew S. Kelly, 「Finding Stability and Sustainability in the Trump Era: Medicare and the Affordable Care Act in Historical Perspective」, in Zachary Callen and

Philip Rocco, eds., 「American Political Development and the Trump Presidency」
(Philadelphia: University of Pennsylvania Press, 2020), pp.130~150; 「U.S.
Chamber Supports American Health Care Act」, 「US Chamber of Commerce」,
March 21, 2017.

52 Andrew S. Kelly, ibid., pp.142~146; Tim Alberta, ibid., p.433; Peter Baker and
Susan Glasser, ibid., p.130; Sarah Kliff, 「Republicans Killed the Obamacare
Mandate: New Data Shows It Didn't Really Matter」, 「New York Times」,
September 18, 2020.

53 John W. Schoen, 「Trump Touts Sweeping, and Costly, Tax-Cut Plan」, 「CNBC」,
August 8, 2016; Peter Baker and Susan Glasser, ibid., pp.138~139.

54 Christopher Leonard, 「Kochland: The Secret History of Koch Industries and
Corporate Power in America」(New York: Simon & Schuster, 2019), pp.542~543.

55 Christopher Leonard, ibid., pp.543~550; Bernie Becker, 「Border Adjustment,
Collecting Skeptics」, 「Politico」, January 5, 2017; Don Lee, 「Trump Elevates
Border-Tax Idea, but Also the Political and Legal Challenges」, 「Los Angeles
Times」, January 28, 2017; Peter Baker and Susan Glasser, ibid., p.141.

56 William Greider, 「The Education of David Stockman and Other Americans」(New
York: E. P. Dutton, 1982), p.58; Monica Prasad, 「Starving the Beast: Ronald
Reagan and the Tax Cut Revolution」(New York: Russell Sage Foundation, 2018),
p.124.

57 Jiakun Jack Zhang, 「The US Congress and the Business Lobby」, in Shiping
Hua, ed., 「The Political Logic of the US-China Trade War」(Lanham: Lexington
Books, 2022), p.243, pp.245~256; James Mann, 「Trump's China Policy: The
Chaotic End to the Era of Engagement」, in Julian Zelizer, ed., 「The Presidency
of Donald J. Trump: A First Historical Assessment」(Princeton: Princeton
University Press, 2022), pp.259~278; 「Schumer, Graham Urge Action Against
China's Unfair Currency Manipulation」, press release, August 2, 2006; Daniel C.
K. Chow, 「How the United States Uses the Trans-Pacific Partnership to Contain
China in International Trade」, 「Chicago Journal of International Law」 17:2(2016),
pp.370~402.

58 James Mann, ibid.; Ana Swanson, 「Trump Administration Goes After China over
Intellectual Property, Advanced Technology」, 「Washington Post」, August 14,

2017.

59 Jieun Lee and Iain Osgood, 「Firms Fight Back: Production Networks and Corporate Opposition to the China Trade War」, in Etel Solingen, ed., 「Geopolitics, Supply Chains, and International Relations in East Asia」(Cambridge: Cambridge University Press, 2021), pp.153~172.

60 James Mann, ibid., pp.262~263; Jiakun Jack Zhang, 「American Multinational Corporations and the US–China Trade War」, in Ka Zeng and Wei Liang, eds., 「Research Handbook on Trade Wars」(Cheltenham: Edward Elgar, 2022), pp.252~270.

61 James Mann, ibid.

62 Mike Davis, 「Riot on the Hill」, 「New Left Review」, Sidecar, January 7, 2021.

63 Amisa Ratliff, 「12 Numbers to Know About the Money in the 2020 Presidential Election」, 「Issue One」, December 14, 2020; Kenneth P. Vogel and Shane Goldmacher, 「Democrats Decried Dark Money: Then They Won With It in 2020」, 「New York Times」, January 29, 2022; Greg Ip and Ken Thomas, 「Business on Biden: Not So Bad, Given the Alternatives」, 「Wall Street Journal」, October 25, 2020; Matt Egan, 「America's CEOs Say Trump Failed on Coronavirus – and They're Backing Biden」, 「CNN Wire Service」, September 29, 2020.

64 Tom Wheeler, 「The 2020 Republican Party Platform: 'L'etat, c'est moi'」, 「Brookings Institution」, August 25, 2020.

65 Peter Baker and Susan Glasser, ibid., chapters 27~29.

66 Peter Baker and Susan Glasser, ibid., chapter 31.

67 Tom Krishner and Paul Wiseman, 「Top CEOs Met to Plan Response to Trump's Election Denial」, 「AP News」, November 13, 2020; 「Manufacturers Call on Armed Thugs to Cease Violence at Capitol」, National Association of Manufacturers, press release, January 6, 2021; Zhao Li and Richard DiSalvo, 「Can Stakeholders Mobilize Businesses for the Protection of Democracy? Evidence from the U.S. Capitol Insurrection」, 「American Political Science Review」 117:3(2023), pp.1130~1136.

68 「MEMO: Political Support for Candidates in Light of Events of January 6th」, 「US Chamber of Commerce」, March 5, 2021; Alexander Cohen, 「Can Corporations Support Democracy?: The Vanishing Financial Cost of Election Denial Among

House Republicans After January 6th」, 『OSF Preprints』, April 13; Laura Barrón-López and Shrai Popat, 「How 2020 Election Denialism Became a Litmus Test for the GOP」, 『PBS Newshour』, February 19, 2024.

69 James Oliphant, Jason Lange, Julia Harte, and Tim Reid, 「Republican Donations Surge Despite Corporate Boycott After Capitol Riots」, 『Reuters』, March 9, 2021; Jane Mayer, 「The Big Money Behind the Big Lie」, 『The New Yorker』, August 2, 2021; Justin Elliott, Megan O'Matz, and Doris Burke, 「Ubiquitous Boxes, Paper Bags from Wisconsin-Based Uline Fueling Election Denial」, 『Milwaukee Journal-Sentinel』, October 26, 2022; Julia Fishman and Ian Vandewalker, 「Big Donors Working to Overturn the 2020 Election Are Backing Election Denial Candidates in 2022」, 『The Brennan Center』, November 3, 2022.

70 Adam Bonica, 「Mapping the Ideological Marketplace」, 『American Journal of Political Science』 58:2(2014), pp.367~386; Sam Zacher, 「Polarization of the Rich: The New Democratic Allegiance of Affluent Americans and the Politics of Redistribution」, 『Perspectives on Politics』 22:2(2023), pp.338~356; Eitan Hersh and Sarang Shah, 「The Partisan Realignment of American Business: Evidence from a Survey of Corporate Leaders」, working paper, August 1, 2023.

71 Josh Dawsey and Michael Scherer, 「Trump Asserts His Dominance Inside GOP, Pushing Republicans to Embrace His False Claims of Fraud」, 『Washington Post』, October 14, 2021; David Siders and Stephanie Murray, 「'Get on the Team or Shut Up': How Trump Created an Army of GOP Enforcers」, 『Politico』, July 13, 2021; Julia R. Azari, 「Trump's Dominance in the GOP Isn't What It Seems」, 『Politico』, May 18, 2023; Isaac Arnsdorf, Josh Dawsey, Yvonne Wingett Sanchez, Patrick Marley, and Amy Gardner, 「MAGA-Dominated State Republican Parties Plagued by Infighting, Money Woes」, 『Washington Post』, November 13, 2023; Shane Goldmacher and Nick Corasaniti, 「Inside the G.O.P.'s State Party Problem」, 『New York Times』, February 22, 2024; Jon King, 「Michigan GOP Leaders Seek Karamo's Dismissal as Report Alleges the Party Is Facing Bankruptcy」, 『Michigan Advance』, December 11, 2023.

72 Nicholas Nehamas, 「DeSantis Keeps Getting Asked: Why Won't He Directly Criticize Trump?」, 『New York Times』, January 3, 2024; John McCormick, 「Why Business Doesn't Trust the Tea Party」, 『Business Week』, October 13, 2010; Sara

Dorn, 「Here Are the Billionaires Backing Nikki Haley as a Trump Alternative: LinkedIn's Reid Hoffman, Charles Koch and More」, 「Forbes」, December 5, 2023; Nidia Cavazos, 「Network Founded by Koch Brothers Says It Will Stop Spending on Nikki Haley's Presidential Campaign」, 「CBS News」, February 26, 2024.

에필로그

1 Nic Garcia and Jakob Maurer, 「Liz Cheney Says Dick Cheney Will Vote for Kamala Harris, and She Will Support Democrat Colin Allred in Texas Senate Race」, 「Texas Tribune」, September 6, 2024.

2 Jacob S. Hacker and Paul Pierson, 「Confronting Asymmetric Polarization」, in Nathaniel Persily, ed., 「Solutions to Political Polarization in America」(Cambridge: Cambridge University Press, 2015), pp.59~70.

3 Matt Grossmann and David A. Hopkins, 「Asymmetric Politics: Ideological Republicans and Interest Group Democrats」(Oxford: Oxford University Press, 2016), p.3.

4 Adam Hilton, 「True Blues: The Contentious Transformation of the Democratic Party」(Philadelphia: University of Pennsylvania Press, 2021); Matt Grossmann and David A. Hopkins, ibid.

5 민주당의 이익집단 동원 의존 정도에 대해서는 다음을 참조하라. Daniel Schlozman and Sam Rosenfeld, 「The Hollow Parties: The Many Pasts and Disordered Present of American Party Politics」(Princeton: Princeton University Press, 2024), chapter 7.

6 미국 시민 생활의 탈脫조직화에 대해서는 다음을 참고하라. Theda Skocpol, 「Diminished Democracy: From Membership to Management in American Civic Life」(Norman: University of Oklahoma Press, 2004).

7 Jared Abbott, 「Understanding Class Dealignment」, 「Catalyst」 7:4(2024), pp.76~132; Jiwon Choi, Ilyana Kuziemko, Ebonya Washington, and Gavin Wright, 「Local Economic and Political Effects of Trade Deals: Evidence from NAFTA」, 「American Economic Review」 114:6(2024), pp.1540~1575; Ilyana Kuziemko,

400

Nicolas Longuet-Marx, and Suresh Naidu, 「'Compensate the Losers?' Economic Policy and Partisan Realignment in the US」, National Bureau of Economic Research working paper 31794, October 2023.

8 Matthew Karp, 「Power Lines」, 『Harper's』, October 2024.

9 Alma Cohen, Moshe Hazan, Roberto Tallarita, and David Weiss, 「The Politics of CEOs」, National Bureau of Economic Research working paper 25815, May 2019; Eitan Hersh and Sarang Shah, 「The Partisan Realignment of American Business: Evidence from a Survey of Corporate Leaders」, working paper, August 1, 2023; Reilly Steel, 「The Political Transformation of Corporate America, 2001−2022」, Columbia Law and Economics working paper No.4974868, October 9, 2024; Sam Zacher, 「Polarization of the Rich: The New Democratic Allegiance of Affluent Americans and the Politics of Redistribution」, 『Perspectives on Politics』 22:2(2023), pp.1~19.

10 John Cassidy, 「Joe Manchin Kills the Build Back Better Build」, 『The New Yorker』, December 19, 2021; Eric Levitz, 「Give Manchin What He Wants Already」, The Intelligencer, 『New York Magazine』, January 20, 2022.

11 Jacob S. Hacker, Amelia Malpas, Paul Pierson, and Sam Zacher, 「Bridging the Blue Divide: The Democrats' New Metro Coalition and the Unexpected Prominence of Redistribution」, 『Perspectives on Politics』 22:3(2024), pp.1~21; Amelia Malpas and Adam Hilton, 「Retreating from Redistribution? Trends in Democratic Party Fidelity to Economic Equality, 1984−2020」, 『The Forum: A Journal of Applied Research in Contemporary Politics』 19:2(2021), pp.283~316; Michael Auslen and Justin H. Phillips, 「Divided by Income? Policy Preferences of the Rich and Poor Within the Democratic and Republican Parties」, working paper, February 2024.

12 Delia Baldassarri and Barum Park, 「Was There a Culture War? Partisan Polarization and Secular Trends in US Public Opinion」, 『The Journal of Politics』 82:3(2020), pp.809~827.

13 Doug Henwood, 「Soaking the Rich Is a Great Start—but It's Not Enough」, 『Jacobin』, October 20, 2019.

14 Andrew Prokop, 「Why Republicans Didn't Write A Platform for Their Convention This Year」, 『Vox』, August 24, 2020; Zachary B. Wolf and Curt Merrill, 「The

GOP's Trump—Centered Platform, Annotated」, CNN.com, July 9, 2024; Isaac Maddow—Zimet and Candace Gibson, 「Despite Bans, Number of Abortions in the United States Increased in 2023」, 『The Guttmacher Institute』, March 19, 2024; Luke Mullins, 「Freedom Works Is Closing—And Blaming Trump」, 『Politico』, May 8, 2024.

15 Quinn Slobodian, 「Crack—Up Capitalism: Market Radicals and the Dream of a World Without Democracy」(New York: Penguin Books, 2023)(퀸 슬로보디언, 김승우 옮김, 『크랙업 캐피털리즘: 시장급진주의자가 꿈꾸는 민주주의 없는 세계』, 아르테, 2024년); Zachary Warmbrodt, 「A JD Vance—Aligned Think Tank Is Stirring the Pot with Conservatives」, 『Politico』, July 25, 2024.

16 Oren Cass, 「Trump's Most Misunderstood Policy Proposal」, 『The Atlantic』, September 26, 2024; Patrick Wyman, 「American Gentry」, 『The Atlantic』, September 23, 2021; Alexander Sammon, 「Want to Stare into the Republican Soul in 2023?」, 『Slate』, May 30, 2023.

17 Meena Venkataramanan, 「Trump Is the 'Most Effective Uprooter of Liberalism': Newt Gingrich Talks GOP, Midterms, Space」, 『Good Morning America』, June 27, 2018; Alan I. Abramowitz, 「Explaining Republican Loyalty to Trump: The Crucial Role of Negative Partisanship」, 『The Center for Politics』, August 22, 2023.

18 Tia Mitchell, 「Marjorie Taylor Greene Remains a Top House Fundraiser」, 『The Atlanta Journal—Constitution』, July 14, 2023; David D. Kirkpatrick, 「How Marjorie Taylor Greene Raises Money by Attacking Other Republicans」, 『The New Yorker』, April 27, 2024.

극우의 시대

ⓒ 폴 하이드먼, 2026

초판 1쇄	2026년 3월 23일 찍음
초판 1쇄	2026년 3월 31일 펴냄

지은이	폴 하이드먼
옮긴이	신재일
편집	박상문
본문 디자인	디자인붐
표지 디자인	이창욱
독자 모니터링	박우주

인쇄	예림인쇄
제본	예림바인딩
종이	올댓페이퍼
물류	해피데이

펴낸곳	이글루
출판등록	제2024-000100호 (2024년 5월 16일)
이메일	igloobooks@naver.com

ISBN	979-11-994571-7-1 03300